第2版

中华文化常识全典

谭春虹◎主编

中国纺织出版社
北京·2016

内容提要

本书浓缩古代各门类知识精华，精彩呈现了中国传统社会厚重、独特、百态纷呈的生活景观。全书将各类知识分类编排，分为节日节气、饮食起居、民俗礼仪、称谓文化、地理名胜、宗教神话、哲学思想、政治军事、法律法制、经济贸易、科技发明、交通邮政、建筑园林、医疗卫生、器物工艺、天文历法、教育科学、语言文字、文学典籍、体育艺术等诸多部分，资料丰富，信息量庞大，一册在手，古代万事万物的文化脉络，一睹尽知，是大众了解、认识古代文化面貌的简明读本。

图书在版编目（CIP）数据

中华文化常识全典／谭春虹主编．—2版．—北京：中国纺织出版社，2016.8（2024.1重印）

ISBN 978-7-5180-2141-3

Ⅰ.①中…　Ⅱ.①谭…　Ⅲ.①中华文化—通俗读物　Ⅳ.①K203-49

中国版本图书馆CIP数据核字（2015）第272407号

责任编辑：张永俊　　　责任印制：储志伟

中国纺织出版社出版发行

地址：北京市朝阳区百子湾东里A407号楼　邮政编码：100124

销售电话：010－67004422　传真：010－87155801

http://www.c-textilep.com

E-mail: faxing@c-textilep.com

中国纺织出版社天猫旗舰店

官方微博 http://weibo.com/2119887771

北京兰星球彩色印刷有限公司印刷　各地新华书店经销

2009年5月第1版　2016年8月第2版　2024年1月第3次印刷

开本：710×1000　1/16　印张：24.5

字数：450千字　定价：68.00元

再版序言

中华文化源远流长，历代典籍数量之大简直浩如烟海。走进琳琅满目的中华文化宝库，我们会发现到处点缀着串串晶莹璀璨的明珠。

中华文化历史悠久，丰富多彩，凝聚着古人呕心沥血的至情，熔哲学、文学、艺术于一炉，蕴涵着深邃的哲理、智慧的思辨和宝贵的生活经验，凭借其思想性和艺术性叩动读者的心灵。

千百年来，中华文化的深厚积淀，渗进了中华儿女的血脉里，根植在自古至今的万物中，历经沧桑巨变。最后，静静地立在我们的身边，用其坚韧的存在，证明着文化特有的价值，影响或改变着我们的生活，成为人们代代流传的共同财富。

对于我们尤其是青少年来说，学习中华文化常识，可以开拓视野，升华境界，丰富知识结构，实现多元启迪，引发新的思考、探索和行动，带给他们借鉴和启迪。

然而，中华文化何其博大精深，对于学业繁重的青少年来说，让其翻阅查找历史文化典籍无疑不太现实。把重要的中国传统文化知识精华收入一本书中，不仅可以使青少年节约大量的时间，还可以让他们兴致勃勃且最大限度地获取历经时空变换却仍可鉴古知今的古代文化常识。

本书广采博取，精选了中华文化常识的精华，全面地阐述了中华文化常识的内涵，集纳了大量的中华文化细节，内容涵盖中国传统文化的方方面面，共分为节日节气、饮食起居、民俗礼仪、称谓文化、地理名胜、宗教神话、哲学思想、政治军事、法律法制、经济贸易、科技发明、交通邮政、建筑园林、医疗卫生、器物工艺、天文历法、教育科举、语言文字、文学典籍和体育艺术等部分，丰润、真切、逼真地再现了中国传统社会厚重、独特、百态纷呈的生活景观。

本书援引资料丰富，范围广，选择精，是一部独具匠心的中华文化常识读本。不仅能给青少年读者提供丰富的文化知识，还能引导他们透过现象看本质，从妙趣横生的中华文化常识中体悟到深刻的哲理。由于篇幅短小精悍，读者随时随地花三五分钟翻阅，即可有所收获。

本书初版于 7 年前，颇受读者欢迎，销量可观，值得欣慰。当然，编者在翻检此书的过程中，亦发现了一些不足之处，如少量条目所在的位置不当、个别条目所涉及的知识有交叉重复。另外，按照编排体例和入选原则，有一些条目是不必入选的，另有一些知识点，编者认为则是必须补充进去的。借此修订再版的机会，编者对初版内容进行了调整、合并、精简、增补，以期以更完善的面目再次出现在读者面前。

从甦先生说："给我一本好书，一杯清茶，一壁炉火，一曲古乐，吾愿足矣！"也许，你正在翻阅的就是这样一本好书，不妨随意地慢读慢赏，或许就能感受到传统文化的芳香四溢，你的心中便会漾起一种久违的古典情怀。

编者

2016 年 3 月

第 1 版序言

本书堪称一部了解中国古代文化常识的百科全书。

中华文化源远流长，以其深厚的文化内涵享誉世界。中华文化是中华民族生生不息、团结奋进的不竭动力。博大精深的中华文明需要一代一代去传承，才能启迪我们的心智，开阔我们的眼界，在前人的基础上创造出更辉煌的文明，让中华民族拥有更强的创造力和凝聚力。

文化是一个抽象的概念，它的缘起与传承，肇始于大自然的倾听与观察，酝酿于人类彼此间的合群与关照，形成于生活体验的启蒙创新和世世代代的口口相传。中华文化的深厚积淀，渗进了中华儿女的血脉里，根植在自古至今的万物中。中国古代各种各样的事物，沐浴着中华文化的雨露，历尽成百上千年的沧桑巨变，最后，静静地立在我们的身边，用其坚韧的存在，讲述着自己非凡的故事，证明着文化特有的价值，影响或改变着我们的生活。

追本溯源，知古鉴今，历史就在我们身边。万物之中皆存文化价值，有的微不足道，有的则与大历史紧密相连，独领当时风骚，创时代之潮流。无论其影响大小，有趣的永远是其背后的历史故事，有价值的则永远是其内在的文化魅力！

作为中华儿女，谁都希望了解我们传统文化的来龙去脉，希望了解古人们多姿多彩的生活场景。古代文化中蕴涵着深刻的思想和智慧，可以开拓视野，升华境界，丰富知识结构，启迪多元思维，引发新的思考、探索和行动，为中华民族的子孙万代造福祉。

本书集纳大量的历史文化细节，精选大量图片和文字，以丰富的知识和史料，娓娓讲述各类事物精彩的历史文化，内容涵盖政治军事、经济贸易、法律法制、日常用品、地理名胜、节日节气、民俗礼仪、称谓文化、宗教神话、哲学思想、科技发明、交通邮政、建筑园林、医疗卫生、器物工艺、天文历法、教育科举、语言文字、文学典籍、体育艺术等方方面面，真切逼真地再现了古代中国社会独特而百态纷呈的生活景观。

本书着重选编有意趣、人们最喜闻乐见的内容，是数千年来万物文化历史中最为精彩的部分。一个个生动丰满的人物，牵扯出跨越时代的历史文化；一桩桩妙趣横生的故事，营造出一个个具体的场景，引导你跨越时空，让你增知益识，博晓万事，零距离感受、触摸真实而生动的中华文化。

本书文史兼备，资料丰富，古代万事万物的文化脉络一睹尽知。让你在轻松玩赏的同时，浏览丰富多彩的知识美景，了解妙趣横生的文化历史，给你带来全新的知识盛宴，本书既可作为茶余饭后增知益识的消闲读品，也可以成为家庭的珍藏读本。

把重要的中国传统文化知识精华收入一本书中，而又能使读者兴致勃勃、最大限度地获取历经时空变换仍可鉴古知今的古代文化，尽可能地提高读者对中国传统文化知识的兴趣，一直是编者的最大心愿。为使本书更具完整性、鉴赏性、科学性和趣味性，在选编的过程中，我们查阅了大量的相关资料，由于资料来源广泛，编者难以一一核查处理，在此向有关的整理者表示诚挚的感谢。由于时间仓促，书中难免存在疏漏之处，恳请读者批评指正。

目录

第一编　节日节气

第二编　饮食起居

第三编　民俗礼仪

第四编　称谓文化

第五编　地理名胜

第六编　宗教神话

第七编　哲学思想

第八编　政治军事

第九编 法律法制

第十编 经济贸易

第十一编　科技发明

第十二编　交通邮政

第十三编　建筑园林

第十四编　医疗卫生

第十五编　器物工艺

第十六编　天文历法

第十七编 教育科举

第十八编 语言文字

第十九编　文学典籍

第二十编　体育艺术

第一编　节日节气

春节的由来

农历正月初一是春节，又叫阴历（农历）年，俗称过年，这是我国民间最隆重、最热闹的传统节日。从腊月二十四日开始，活动一个接着一个，“腊月二十四，掸尘扫房子”，就是所谓的“扫尘”，家家户户都要开展一次全面的卫生大扫除。到除夕之夜，也就是大年三十，亲人团聚，一起吃年夜饭，然后辞旧岁、迎新春，互相勉励，祝贺来年有个良好的开端。

春节的历史悠久，它起源于殷商时期的祭神祭祖活动。我国古代先民经过一年辛勤劳动，在岁尾年初之际，便用他们的农、猎收获物来祭祀众神和祖先，以感谢大自然的赐予，这就是“腊祭”。由于宗教、风俗自身的保守性和历代统治阶级的提倡，这种产生于生产力低下的原始时代的传统礼俗，一直保留在各个历史时期，沿袭到20世纪40年代，演化为“春节”的习俗。

另外，还有一种说法是：过年的“年”字，就是年景好、五谷丰登的意思。几千年来，人们一直把粮食收成好的年份叫作“年成好”，把正月一日作为“年日”，每逢这一天，到处锣鼓喧天，喜气洋洋。

《谷梁传》说：“五谷大熟为大年。”《尔雅·释天》说：“年者，禾熟之名，每岁一熟，故以为岁名。”甲骨文中的“年”字是果实丰收的形象；金文中的“年”原是预祝丰收喜庆的日子。人们为庆贺丰收，迎接新一年的生产，就在立春前后的正月初一这一天，欢聚庆祝，一起过年。

关于过年的来历，还有一个饶有趣味的传说。相传，远古时期，黄帝曾跟蚩尤大战，在农历正月初一那一天，黄帝战胜了蚩尤，人们就把这一天定为节日，以纪念黄帝的战绩。

民间还有另外一种传说：古时候，有一种叫作“年”的凶猛怪兽，每到腊月三十，便窜村串户，觅食人肉，残害生灵。

有一个腊月三十的晚上，“年”到了一个村庄，适逢两个牧童在比赛牛鞭子。“年”忽闻半空中响起了“啪、啪”的鞭声，吓得望风而逃。

“年”又窜到另一个村庄，迎头看到了一家门口晒着件大红衣裳，它不知其为何物，吓得赶紧掉头逃跑。

后来，“年”又来到了一个村庄，朝一户人家门里一瞧，只见里面灯火辉煌，刺得它头昏眼花，只好又夹着尾巴溜走了。

由此，人们摸准了“年”有怕响、怕红、怕光的弱点，便想到了对付它的方法，最后逐渐演化成现在过年的风俗。

古人“过年”，总是和祭祀活动分不开的。人们用自己劳动换来的肉食、谷物，祭祀祖先和鬼神，饮酒宴乐，祈求幸福。后来，佛教、道家的思想影响渐渐渗透进来，给过年的仪式又增添了许多内容，例如贴春联、放爆竹、吃年糕等。

除夕的由来

除夕就是一年最后一天的夜晚。“除”字的本义是“去”，引申为“易”，即交替；“夕”字的本义是“日暮”，引申为“夜晚”。“除夕”即旧岁到次夕而除，明日即另换新岁的意思。

据《吕氏春秋 · 季冬纪》记载，古人在新年的前一天，击鼓驱逐“疫疠之鬼”。这就是除夕的由来，它源于先秦时期的“逐除”。

最早提及除夕这一名称的，是西晋周处的《风土记》等书。在古代，除夕还有许多雅称，如除傩、除夜、逐除、岁除、大除、大尽等。

在我国民间，除夕有很多富有积极意义的习俗。岁晚相与馈问为馈岁，酒食相邀呼为别岁，除夕夜达旦不眠为守岁等。

除夕这天晚上，全家人都要团聚在一起，举杯祝酒，一起吃年夜饭。在外地的家庭成员，凡是能回家的，一般都在除夕之前赶回家中，所以年夜饭又叫“团圆饭”。

古代人吃年夜饭时，桌上放一个烧得很旺的火炉，全家人围着火炉吃年夜饭，因此也叫“围炉”，表示日子过得红火兴旺。

年夜饭是一年中最丰盛的晚餐。因为一年之中大家都很忙，只有过年才团聚在一起，所以特别重视除夕的团圆。这天的饭菜也很讲究，而且含有美好祝愿的意思，比方说一定要有一盘鱼，因“鱼”和“余”谐音，取“年年有余”的意思；还有叫“富永”之类的糕点，象征着永远富裕。

古人用餐时男女不同席，但吃年夜饭时，男女老幼都在一起吃，表示全家永远欢乐团聚。

爆竹贺新春

放爆竹贺新春，在我国已有两千多年的历史。《荆楚岁时记》曾经这样记载：“正月一日……鸡鸣而起，先于庭前爆竹，以辟山臊恶鬼。”

清代人们燃爆竹的情景。

爆竹早在我国汉代就已经出现，那时

的“爆竹”并不是纸做的，而是用真的竹子做的。当时的百姓于辞旧迎新之际，就在堂前阶下用火烧烤竹节，清脆的响声寄托了人们赶走恶鬼的愿望。

后来，我国发明了火药，有人便将火药用纸卷着用来燃放，这就是鞭炮。我国最早燃放鞭炮的时代是魏晋南北朝，在此后的一千余年间，一千多个除夕之夜，一千多个春节之昼，从皇宫到民间，从城市到乡村，都响彻着震耳欲聋的火药爆炸之声，弥漫着硝烟。

春联的起源

春联也叫门对、春贴、对联、对子、桃符等，它以工整、对偶、简洁、精巧的文字描绘时代背景，抒发美好愿望，是我国特有的文学样式。

春联起源于“桃符”。桃符的出现可以追溯到古代的传说。

上古时期，有神荼、郁垒两兄弟，他们住在度朔山上。山上有一棵桃树，树冠如盖。每天早上，他们便在这树下检阅百鬼，如果有恶鬼为害人间，便将其绑了喂老虎。

后来，老百姓为了驱鬼、压邪，便在大门左右各挂一块桃木，画上他们兄弟俩的神像（左为神荼，右为郁垒）用来镇邪。当时把这种桃木上的画称为“桃符”。

从桃符发展成春联，据说与两个皇帝有关。

公元10世纪，五代中的后蜀皇帝孟昶，有一年要求学士辛寅逊题桃符，但又觉得词句欠佳，于是便亲自题“新年纳余庆；佳节号长春”于宫外。这就是传说中最早的一副春联。

不过，那时还称桃符而不叫春联，一直沿袭到宋代。如王安石《元日》云：“爆竹声中一岁除，春风送暖入屠苏。千门万户曈曈日，总把新桃换旧符。”

到明朝时期，桃符才改称春联。据说这与明太祖朱元璋有关，据明朝陈云瞻《簪云楼杂话》载：“春联之设，自明太祖始。”

朱元璋建都金陵（今江苏南京）后，曾令各家贴对联，并将门联改名为春联，一律用红纸书写。据说有一次，朱元璋亲自到民间察看，见一户人家没贴春联。当他得知这户是不识字的杀猪人家后，他便亲自动笔为他写了一联：“双手劈开生死路，一刀割断是非根。”

由于历代大力提倡，春节贴春联便成为我国民间的一种风俗了。而且，春联也成为我国特有的文学形式，长盛不衰。

春节贴门神

门神的前身是桃符，又称“桃板”。古人认为桃木是五木之精，能制百鬼。故从汉代起，即有人以桃木做成桃人、桃印、桃板、桃符等辟邪。

门神，传说是能捉鬼的神荼、郁垒。然而，真正史书记载的门神，却是古代的一个叫成庆的勇士。

班固《汉书·广川王传》中记载：广川王（去疾）的殿门上曾画有古勇士成庆

的画像，短衣大裤长剑。到了唐代，门神的位置便被秦叔宝和尉迟敬德所取代。

唐太宗李世民在玄武门事变中，杀了自己的亲兄弟，所以心里总是疑神疑鬼的，弄得他整夜不得安宁。

为消除李世民心中的恐惧，秦叔宝和尉迟敬德二人披盔带甲，连续几夜站在宫门外守护。李世民心里踏实了，便安心地入睡。这使李世民满心欢喜，他称赞秦叔宝和尉迟敬德说："两位将军真是门神啊！"

中国古代民俗中的门神。

随后，又找来画师给他们画像，并把画像悬挂在宫门左右，李世民认为这样做同样可以驱邪。于是，这一习俗开始在民间广为流传。

在民间，门神是正气和武力的象征。古人认为，相貌出奇的人往往具有神奇的禀性和不凡的本领，他们心地正直善良，捉鬼擒魔是他们的天性和责任。

所以，民间的门神永远都怒目圆睁，相貌狰狞，手里拿着各种传统武器，随时准备同敢于上门来的鬼魅战斗。由于我国民居的大门通常都是两扇对开，所以门神总是成双成对。

春节为何吃年糕

我国很多地区都讲究春节期间吃年糕。年糕又称"年年糕"，与"年年高"谐音，意寓人们的工作和生活一年比一年提高。

年糕在我国有着悠久的历史，汉代时，人们称米糕为"稻饼""饵""糍"等。古人对米糕的制作也有一个从米粒糕到粉糕的发展过程。

在古食谱《食次》中就有年糕"白茧糖"的制作方法，即将糯米蒸熟以后，趁热舂好，然后切成桃核大小，晾干油炸，滚上糖即可食用。

将米磨粉制成糕的方法也出现得很早。其制作方法是，将糯米粉用绢罗筛过后，加水、蜜和成硬一点的面团，将枣和栗子等贴在粉团上，用箬叶裹起蒸熟即成。这种糯米糕点颇具中原特色。

年糕多用糯米制作，而糯米是江南的特产，在北方也有糯米那样黏性的谷物，古来首推黏黍（俗称小黄米）。这种黍脱壳磨粉，加水蒸熟后，又黄又黏，而且还甜，是黄河流域人民庆丰收的美食。

不难看出，"年年糕"是北方的"黏黏糕"的谐音而来。

年糕的种类很多，具有代表性的有北方的白糕、塞北农家的黄米糕、江南水乡的水磨年糕、台湾的红龟糕等。

据说最早年糕是为年夜祭神、岁朝供祖先所用，后来才成为春节食品。

“福”字倒贴的由来

过年时，把“福”字倒贴在门上，是我国民间由来已久的风俗。这是借“福倒了”的谐音“福到了”，以图吉利，寄托了人们对幸福生活的向往，也是对未来的美好祝愿。

据《梦粱录》记载：“岁旦在迩，席铺百货，画门神桃符，迎春牌儿……士庶家不论大小，俱洒扫门闾，去尘秽，净庭户，换门神，挂钟馗，钉桃符，贴春牌，祭祀祖宗”。贴春牌，即贴“福”字。

倒贴“福”字的风俗，传说起源于清代。

有一年的春节前夕，恭亲王府大管家为讨主人欢心，按例写了几个斗大的“福”字，叫人贴于库房和王府大门上。

凑巧的是，有位家丁目不识丁，竟将大门上的“福”字贴倒了。为此，恭亲王福晋十分气恼，欲鞭罚惩戒。幸好大管家是个能说善辩之人，他怕福晋怪罪下来殃及自身，慌忙下跪陈述：“奴才常听人说，恭亲王寿高福大造化大，如今大福真的到（倒）了，乃吉庆之兆。”

恭亲王福晋一听，倒也合乎情理，心想:“怪不得过往行人都说恭亲王福到(倒)了，吉语说千遍，金银增万贯。没学问的奴才，还真想不出这种着数呢！”遂赏管家和家丁各50两银子。

后来，倒贴“福”字的风俗由达官府第传入陌巷人家，贴过后都愿过往行人或顽童们念上几句：“福到了！福到了！”以图吉利。

压岁钱的由来

现在，人们遇到逢年过节、生日婚庆时，都习惯送红包。这个习俗是由以前的“给压岁钱”演变而来的。

“岁”是年的意思，所谓“压岁钱”，就是压住由年引起的恐慌的祝福之钱。为什么年会引起恐慌呢？

在我国的传说中，年本是一种凶恶的怪兽，每隔365天后的夜晚，它就会出来伤害人畜，践踏庄稼，人们为了不让年为害人间，就在它出现的那一天敲响各种东西驱赶它。后来过年时敲锣打鼓放鞭炮便由此演变而来。

年这样一种怪兽来了，孩子们当然会惊恐害怕，于是大人们就在年来到的时候，做出好吃的给孩子们压惊，久而久之，压惊逐渐演变为压岁钱。

据《宋史》记载，宋神宗时，王韶的小儿子南陔元宵观灯时，被贼人掳去，正巧碰上皇家车队，南陔呼救，官员们把南陔救出送进皇宫，当时的皇帝宋神宗连忙慰问南陔，同时送南陔压惊金犀钱祝福。从此，馈赠“压岁钱”更成为流行时尚。

早期的“压岁钱”是以彩绳穿钱，放在孩子床脚，待年过后方可花掉，明显有压惊和祝福双重含义。到了明、清年代，则把串起铜钱的彩线改用红线，更突出了驱凶辟邪和吉利祝福的愿望。

民国以后，流行用红纸包一百文铜元，寓“长命百岁”的意思。如今，大人们则喜爱选用新钞票，赠给孩子们作为春节的礼品。

随着社会的发展，压岁钱的含义，已由最初的压惊逐渐转化为节日的祝福。

元宵节的缘起

农历正月十五日叫“元宵节”，也叫“上元节”“过大年”。每逢这一天，家家户户都要挂彩灯、放焰火，大街上也高挂千万盏琳琅满目的花灯，东北和新疆等寒冷地区，还要制作千姿百态的冰灯。到了晚上，一家老小围坐在一起，品尝各种元宵的风味。那么，元宵节是从什么时候开始的呢？

据古书记载，汉代便有了这一节日，到现在已有 2000 多年的历史了。在历史上，这个节日曾带有迷信色彩。古时有“三官”，即天官、地官、水官，都是道教信奉的神，并说“天官赐福，地官赦罪，水官解厄”。后来道教以三官配三元，说天官正月十五生，为上元；地官七月十五生，为中元；水官十月十五生，为下元。从春秋战国开始，人们就有了过上元节的习俗。

据说，两千多年前的西汉，周勃、陈平等一起设计解除了“诸吕之乱”，汉文帝登基，这一天正是正月十五。汉文帝深感太平盛世来之不易，为纪念平息“诸吕之乱”，每年正月十五夜，他都要出宫游玩，与民同乐。“夜”在古语中，又叫“宵”，正月又叫元月，汉文帝就将正月十五定为元宵节。每逢这天晚上，举国上下都要张灯结彩，欢度元宵节。

不过，元宵节开始盛行还是在隋唐时期。隋文帝年间，每逢元宵节来临，京城长安和各州县，大街小巷人们熙攘往来，有的举着火炬，有的敲着鼓点，有的戴着动物面具，有的男人穿着女装，共庆元宵。

唐代，首都长安规定，为维护首都的治安，每天夜晚街鼓鸣响以后，所有行人要回到家里。但是，每年的正月十四、十五、十六三天夜晚，长安城内却允许百姓放三夜花灯。在当时的长安，“西域灯轮千影树，东华金阙万重开”。在当时的洛阳，“月下多游骑，灯着绕看人，欢乐无穷已，歌舞达明晨”。元宵节的玩灯、制灯、观灯，便逐渐形成了一种民间的风俗。到了宋代开宝年间，甚至延长到十七、十八两个晚上，有所谓“五夜元宵”之称。

唐代过元宵节的情景。

到了明朝，灯节还增设戏曲表演。明太祖朱元璋在南京即位，规定元宵从初八上灯，十七落灯，连续张灯十夜，成为我国最长的灯节。年年花灯烟火照耀通宵，鼓乐杂耍喧闹达旦。

清代灯市也盛行一时。北京灯市口、前门外、厂甸一带都曾设灯市，家家店铺都悬挂五色彩灯，观灯者摩肩接踵，热闹非凡。江南苏杭等地元宵放灯、赛灯、观灯，至今尤盛，相沿成俗。

元宵节与元宵

在中国，不管是南方还是北方，到了农历正月十五这一天都要合家团聚吃元宵。

“元宵”作为食品，在我国由来已久。北宋以前的元宵是实心的，无馅，煮在烧开的水中，配以白糖、蜜枣、桂花、桂圆等物。后来有了中间包糖的“乳糖圆子”，大概是较早的有馅元宵。

因为这种糯米丸子在锅中时沉时浮，所以最早叫“浮元子”。后来有人又改称为“元宵”，古时人们又称“元宵”为汤团、圆子或者粉果，生意人还美其名曰“元宝”。古时“元宵”价格比较贵，有一首诗说：“贵客钩帘看御街，市中珍品一时来。帘前花架无路行，不得金钱不得回。”其中“珍品”指的就是“元宵”。

民国初年，袁世凯篡夺革命成果做了大总统。他一心想当皇帝，又怕人民反对，一天到晚总是提心吊胆的，因为“元”和“袁”“宵”与“消”同音，“元宵”有“袁世凯被消灭”之嫌。他做贼心虚，便在1913年的元宵节前，下令将“元宵”改称“汤圆”。袁世凯垮台之后，大部分地区又恢复了“元宵”的名称。

中和节的起源

中和节是唐德宗李适在贞元五年（789年）所制定的，又名二月二日“龙抬头”。本来是在二月一日，后将土地神生日纳入其中，故改为二月二日。

据《唐书·李泌传》记载，唐中叶以前，春天只有三个节日——正月九、正月晦（三十日）和三月上巳节，二月没有节日。唐德宗时，李泌上书，废正月晦，以二月一日为中和节，以示务本。德宗十分赞同，并下令以正月初九、二月朔和三月上巳合称三令节。

这些记载表明，中和节是从唐德宗时期确立的。但是，中和节有些活动却非自唐代始，如周朝就有春分时去东郊祭日，中和节有吃太阳糕的习俗，此习俗来源也较早，后一直保留到隋唐。唐德宗时，从春分活动中吸取了祭日的内容，充实了中和节，于是中和节与春分混而难分。

清明节的起源

清明是我国农历二十四节气中的一个，清明节也是我国传统的节日，亦称“植枝节”“踏青节”“清明节”，时间在公历4月5日前后。

相传清明节起源于春秋时晋文公悼念从人介子推的寒食节。相传春秋时代，晋国有个叫介子推的人，跟随晋公子重耳流离十九年，历尽千辛万苦。一次，重耳一行逃到卫国，卫国拒不接待，只好再往齐国而去。在路上，一连好几天没有看到人烟，一行人饥渴难忍。重耳更是忍受不住，过度的饥饿使他病倒了。为了使重耳有力气走到齐国，介子推毅然地拿起尖刀在自己的腿上割了一大块肉下来，煮成肉汤拿给重耳喝。这样，重耳终于振作起来，来到齐国。后来重耳终于回到晋国当上了国君，历史上称为“晋文公”。

重耳当上国君后，大封当年追随自己的群臣，唯独没有封介子推。不过，介子推并不是一个热心名利的人，早就背着高龄的母亲在绵山隐居了起来。

后来，晋文公终于发觉自己的过失，他非常后悔。于是，他亲自去绵山寻找介子推，但介子推始终不露面。重耳没有办法，下令放火三面烧山，只留一面，想用大火逼介子推出来。哪知介子推仍不出山，和母亲一起抱着一棵大树烧死了。

晋文公见状，悲痛不已，下令将介子推母子厚葬于绵山下，改绵山为介山。为了纪念介子推，晋文公又下令将这一天定为寒食节，家家户户禁烟火，吃三天寒食。

第二年，晋文公率众臣登山祭奠，并晓谕全国，把寒食节的后一天定为清明节。清明节于是由此而来。大约在五代以后，民间逐渐将寒食、清明合为一个节日，也就有了清明起源寒食之说。

其实，据《淮南子》记载，清明最早的活动是修田畴的农事，后来才有扫墓、踏青、插柳、吃青团等习俗。扫墓始于夏朝的“墓祭”，汉魏时流传开来。到了唐代已“编入礼典，永为常式”（《唐会要》），成为“国家规定”。晚唐诗人杜牧《清明》诗云“清明时节雨纷纷，路上行人欲断魂”，活脱脱地写出了扫墓者的心境。

端午节起源四说

端午节是汉族传统节日，时间为农历五月初五。据统计，端午节的名称在我国所有传统节日中叫法最多，达二十多个，堪称节日别名之最。如有端午节、端五节、端阳节、重五节、重午节、天中节、夏节、五月节、菖蒲节、龙舟节、浴兰节、粽子节等。

端午节的起源有多种说法，人们熟悉的说法有三种：

第一种较为久远，认为这节日起源于纪念屈原。战国时期楚国的爱国诗人屈原被楚怀王流放以后，秦国攻陷郢都，楚国灭亡，屈原忧愤交加，于公元前278年农历五月五日投了汨罗江，以身报国，后人为怀念他，便把他投江这天，定为端午节。现在据学者考证，这是后世好心人附会之说。

第二种，认为端午是龙的节日，来源于吴越一带人民举行图腾祭的节日。随着吴越地区的开发和南北文化的交流，端午这个节日的风俗才逐渐传遍全国。

第三种，认为端午起源于恶日，这与夏季各类疾病瘟疫孳生为灾有关。因此我们的祖先规定在端午这一天，要插菖蒲，烧艾叶、苍术、白芷，捣大蒜，洒雄黄水、饮雄黄酒等习俗，都是重在卫生防疫。

后来又有人提出，有文字可考的端午始源应该是夏至节。因此端午的风俗，大多源自夏至的风俗，也曾有过如夏至祭祀等的活动。唐代韩鄂的《岁华纪丽》开宗明义对端午的第一个解释是："日叶正阳，时当中夏。"只有在夏至，太阳才可能完全合于正阳的位置，端午又叫天中节的原因也在于此。

端午龙舟竞渡

端午龙舟竞渡的习俗，起源于春秋战国。相传春秋时期，楚国的伍子胥因为父兄被楚平王所杀，投奔吴国，帮助吴王成就霸业。随后，他又举兵伐楚，攻破楚国郢都，鞭楚平王尸三百，报了父兄之仇。

后来夫差继位，打败越国后，骄傲轻敌，伍子胥力劝，夫差不听，反赐剑命令他自刎。伍氏为忠于君王而视死如归，深知吴国来日必将亡于越。所以吩咐属下说："我死之后，把我的眼睛挖出来悬挂在都城的东门，让我看着越军入城灭吴。"

这事被夫差获悉，一怒之下，下令把他的尸首投入大江，当时正是五月初五。后来，果真吴国被越国所灭，应验了伍子胥的话。后人因感念伍氏的忠贞，便用龙舟竞渡来祭其忠魂。

还有一种说法认为龙舟竞渡起源于屈原，据说中国古代百姓因舍不得贤臣屈原死去，于是有许多人划船追赶拯救。他们争先恐后，追至洞庭湖时不见踪迹，是为龙舟竞渡之起源。后每年五月初五划龙舟以纪念屈原，借划龙舟驱散江中之鱼，以免鱼吃掉屈原的尸体。

有关赛龙舟的起因，还有很多不同的说法：有一种推测说是史前图腾社会的遗俗，另一种认为早在春秋时期越族境内就盛行了。

龙舟图。

清代中国台湾开始有龙舟竞渡，当时台湾知府曾在台南市法华寺半月池主持友谊赛。现在台湾每年五月初五都举行龙舟竞赛。香港有竞渡，近来英国人也仿效中国人做法，组织队伍，进行竞赛活动。

端午节为何吃粽子

端午节吃粽子的习俗，是到了汉代才形成的。《荆楚岁时记》："夏至节日食粽。"《风土记》有"谓为角黍，人并以新竹为筒粽"的记载。粽，古称角黍。粽子要用菰叶、箬叶包裹，用水煮熟，吃起来才香。

而在民间，关于粽子的起源则有另一

番说法，据说屈原投江以后，江边的人民把米和草叶包成的粽子，投进水里，一方面祭祀他，一方面喂水里的鱼和蛟龙，希望它们吃粽子，不去伤害屈原的尸体。

端午节为何插艾挂蒲

每逢端午节，很多地方的人都要到野外去采艾和割蒲，然后整理好悬挂在门上。这天为什么要插艾挂蒲呢?

相传古人在这天插艾挂蒲是为了避邪除害。门上挂的艾被扎得像战马的形状，菖蒲的叶子又很像锋利的长剑。据说这样可以让英雄钟馗骑上战马、拿着长剑，勇敢地去捉拿害人的恶鬼。

但又有人说插艾挂蒲和采草药与防病、治病有关。古时，人们认为五月是“恶月”，农历五月，天气转热，瘟疫开始流行，蛇、蝎、蜈蚣等各种害虫也开始祸害人间。人们从长期的实践积累中认识到，艾和蒲都是良好的草药。菖蒲有镇痛、健胃、祛风、利尿的疗效；艾可以针灸治病，煮水消毒，艾的香味和艾烟还有驱除蚊虫的功效。这样看来，端午节插艾挂蒲，实际上是民间夏令预防疾病的一种良好习惯。

七夕乞巧节的传说

每年农历七月初七是民间的“七夕节”，或称“乞巧节”、“女儿节”。七夕节起源于牛郎织女的传说。

相传，织女是天上的仙女，本是王母娘娘的外孙女，却爱上了人间放牛的青年牛郎，牛郎在老牛的帮助下，与织女见了面，很快相爱结婚，生出一男一女，过着男耕女织的幸福生活。

王母娘娘知道此事后，把织女捉回天庭，当牛郎担着两个孩子到天上追织女的时候，王母娘娘用她头上的玉簪划出了一条银河，这条银河又长又宽，牛郎过不去，他们就这样被分开了。

牛郎织女会。

后来，王母娘娘只许牛郎和织女每年七月初七见一次面。每到七月初七夜里，成群的喜鹊都飞来给牛郎织女搭桥，让他们在桥上见面，这就是七夕节的来历。夏秋之夜，晴空万里，繁星满天，白茫茫的银河横贯南北，河的东西两岸，各有一颗闪烁的星星，遥遥相对，那就是“牛郎”星和“织女”星。

每年的七夕，各地的少女们往往结伙祭拜牛郎织女星。她们用茶、酒、水果、“五子”——桂圆、红枣、榛子、花生和瓜子作为供品，还有化妆用的花粉。这种仪式叫作贺双星。焚香礼拜之后，把所供花粉分为两半，一半投到屋顶上献给织女，余下的自已用。

七夕最重要的活动是乞巧，在七月初七这一天，姑娘们摆上瓜果，向织女乞巧。也就是说，希望织女把一手巧艺传给人间。

人们同情牛郎织女，关注鹊桥相会，还有许多感人的民间活动。比如有的地方，在七夕时把全村的雄鸡杀掉，意思是没有雄鸡报晓，牛郎织女就可朝夕相守，永不分离。

中元节有什么习俗

农历七月十五是传统的“中元节”，又称盂兰盆节。

中元节原本是道教节日。据《唐六典》称，道士有“三元斋”：“正月十五日天官为上元，七月十五日地官为中元，十月十五日水官为下元。”天官、地官、水官是道教的三神，三元节乃是道教节日。

按照道教的说法，由于地官要过生日，大赦孤魂游鬼，人间为免受鬼神干扰，便在七月十五日设“中元普度”，供奉食品及焚烧冥纸、法船，希望孤魂游鬼收到礼物后升到极乐世界去。

盂兰盆会，则是来源于佛教的习俗，比道教的中元活动要早，我国从南北朝时期的梁代开始仿行。“盂兰”是梵语音译，意为倒悬，“盆”是汉语，是盛供品的器皿，言此器皿可以解先亡倒悬之苦，因此，盂兰盆会实际是个“孝亲节”。依据《盂兰盆经》而举行仪式，始于梁武帝。自此以后，成为风俗，历代帝王以及民间无不举行盂兰盆会，以报祖德。

中元节的习俗，有中元法会、拜三官、盂兰盆会、烧法船、祭祖、放河灯、点莲花灯、送面羊等。

中秋佳节的由来

农历八月十五，是我国传统的中秋节。中秋节有许多别称，如八月节、八月半、月夕、秋节、仲秋节、八月会等。中秋节与元宵节、端午节并称三大节。每到这天，人们都要赏月、吃月饼、祝福团圆。

“中秋”一词最早出现于《周礼》，但它不是指中秋节，而是秋季的第二个月；汉代有秋节，时间定在立秋这一天，而不是八月十五。

唐朝初年，中秋节才成为固定节日。中秋节的盛行始于宋朝，至明清时，成为我国的主要节日之一。

中秋节的由来，可能与以下两种说法有关。

一是起源于古代帝王的祭祀活动。《礼记》记载：“天子春朝日，秋夕月。”夕月就是祭月亮，可见早在春秋时代，帝王就已开始祭月、拜月了。后来贵族官吏和文人学士也相继效仿，逐步传到民间。

二是与农业生产有关。“秋”字的解释是：“庄稼成熟曰秋。”八月是秋季中间的一个月，称为“仲秋”。此时，各种农作物相继成熟，为了庆祝丰收，表达喜悦的心情，便以八月十五这天作为节日。八月十五又在“仲秋”之中，所以称“中秋节”。

重阳节的来历

农历九月初九，二九相重，称为“重九”。中国人对重阳佳节历来有着特殊的感情。南宋女词人李清照的“佳节又重阳”中的“又”字，不知道表达出了多少情怀。

为什么把农历九月九叫“重阳”呢？这种说法最早见于《易经》，该书以阳爻为九，把九列为阳数，九月初九，两阳相重，故叫“重阳”。

关于重阳节的来历，南朝吴均《续齐谐记》上记载着这样一段很有意思的故事：相传东汉时有个叫恒景的人，为了使子孙后代免去瘟灾，决心到深山访求神仙，学法术除掉瘟魔。于是，恒景就跟着一个叫费长房的人学道。

一天，费长房对恒景说：“九月九日你们家有大灾难，假如用红色的囊袋盛茱萸，挂在臂上，登高山饮菊花酒，就可以免祸。”九月九日那天，恒景率领全家老小到山上避难去了，等到晚上回来的时候，发现家里的鸡犬全都死了，而人们却免受灾殃。

从此，每年九月九日，大家就成群结队地登山，为的是避灾，于是沿袭成俗，遂成佳节。

重阳节的习俗

登高，是重阳节的主要习俗，所以重阳节又叫“登高节”。历代汉族官民在九月九日成群结队去登山。住在平原地区的百姓苦于无高可攀，就仿制米粉糕点，再在糕面上插上一面彩色小三角旗，借“糕”与“高”同音，以吃糕表示登高消灾。

历代诗人都喜欢重阳登高赋诗。杜甫的七律《登高》，就是写重阳登高的名篇。唐代大诗人王维的《九月九日忆山东兄弟》：“独在异乡为异客，每逢佳节倍思亲。遥知兄弟登高处，遍插茱萸少一人。”这首诗表达了诗人在重阳这天登高时，思念亲人的浓烈感情。

重阳节还有插茱萸、饮菊花酒、吃重阳糕等风俗。

茱萸，也叫越椒，是一种中药植物，气味辛烈，古人认为折以插头，能够防止恶浊邪气的侵袭，燃熏后可以避虫虺，犹似端午节熏雄黄一样，是很符合传统卫生习惯的。

菊花是我国一种历史悠久的名花，饮菊花酒、赏菊，也是重阳节的主要习俗之一。东晋文人陶渊明在重阳节时沉湎在“采菊东篱下，悠然见南山”的意境中。唐代诗人孟浩然在《过故人庄》一诗中也留下了“待到重阳日，还来就菊花”的诗句。清代人把不同品种的盆菊放在庭院，并给它们起了各种美丽的名称：潇湘妃子、平沙落雁、杏林春燕、朱砂盖雪、玉池桃红、秋火芙蓉……

在民间还有吃重阳糕的习俗。讲究的重阳糕要做成九层，像座宝塔，上面还做成两只小羊，以符合重阳（羊）之义。

时至今日，重阳饮酒食糕、登高赏菊的习俗依然流行于世，同时还开展了敬老活动，以与“宜于长久”之古意完全合应。

腊八节的由来与习俗

农历十二月初八，是中国传统的腊八节，汉族的腊八节是典型的祭祀节日。腊是远古时代一种祭礼的名称，即一年辛勤耕作，喜获丰收后，在年底举行的一种对自然界风调雨顺的答谢祭。

腊八节制作“腊八粥”。

自秦以来，“腊日”都作为年节来庆贺，日期一般定在冬至后三戊日举行，至南北朝时才固定在腊月初八日。在古代，瘟疫多次侵扰我们的祖先，人们传说那位头触不周山的英雄共工有个儿子死后成了瘟疫鬼，到处散布瘟疫。这个鬼天不怕地不怕，却单怕赤豆。于是人们在腊八节的活动中又加入了以赤豆打鬼的内容，一面打还一面喊：“傩！傩！”这种民间大傩十分热闹，驱瘟疫的内容也越来越被游艺娱乐的成分所取代，最后竟发展为一种地方戏曲。

佛教传入我国后，借助腊八祭祖与吃粥的民俗，进行布道，又新编了十二月初八是佛祖释迦牟尼成道日的传说故事。其大意是释迦牟尼成佛之前，曾修苦行多年，饿得骨瘦如柴，决定放弃苦行。此时遇见一位牧女，送给他乳糜充饥。食后体力恢复，坐菩提树下沉思，于十二月八日成道。为纪念此事，佛教徒便以米加果物煮粥，届时供佛，称为腊八粥。

据周密《武林旧事》载：“八日，则寺院及人家用胡桃、松子、乳蕈、柿、栗之类作粥，谓之腊八粥。”大约至明代，家家百姓盛行自己煮腊八粥，祭祀祖先。同时全家团聚在一起食用，并馈赠亲朋好友。这一活动除了品味各种杂粮外，也包含有教人珍惜米粮，勿暴殄天物的意思。

元旦的由来

每年的一月一日，也就是新年的第一天，称为“元旦”。

从单个字来讲，“元”是第一或开始的意思；而“旦”则是指一天，或指早晨，把这两个字合起来，指的就是第一天。虽然我们现在都知道每年一月一日是元旦，可是，这是怎么确定下来的呢？

在历法上，人们习惯把地球绕太阳公转一周所用的时间，称为一年。但是在地球运行的轨迹上，也没法像学校操场的跑道，清楚地标上哪是起点，哪是终点。所以，一年的起点和终点其实都是人为规定的。

相传，“元旦”一词最早来自中国上古时期的皇帝颛顼，他规定正月为“元”，初一为“旦”，“元旦”因此得名。但以后各朝均对元旦的具体日期有所改动，直到西汉司马迁重定历法，才最后确定了正月初一为元旦。

1911 年，辛亥革命成功后，孙中山为了“顺农时”、“便统计”，定正月初一为春节，而以西历（公历）1 月 1 日为新年。

1949 年 9 月 27 日，中国人民政治协商会议第一届全体会议通过使用“公元纪年法”，将农历正月初一改为春节，将公历 1 月 1 日定为元旦。

二十四节气如何命名

中国传统历法中，有二十四个节气。它们分别是立春、雨水、惊蛰、春分、清明、谷雨、立夏、小满、芒种、夏至、小暑、大暑、立秋、处暑、白露、秋分、寒露、霜降、立冬、小雪、大雪、冬至、小寒、大寒。

“春雨惊春清谷天，夏满芒夏暑相连，秋处露秋寒霜降，冬雪雪冬小大寒。上半年是七廿一，下半年是八廿三，每月两节日期定，最多相差一两天。”这就是中国著名的二十四节气歌。“二十四节气”的出现，是对天象长期观察、反复探索的结果。

西汉时《淮南子》一书完整地记录了全部“二十四节气”。“二十四节气”同农业息息相关，是我国人民从事农业生产的法宝。

我国古代人民根据天文，划分出“二分”（春分和秋分）、“二至”（夏至和冬至）和“四立”（立春、立夏、立秋、立冬）。当太阳位于黄经 0 度时，太阳光线直射到赤道，这时是春分；当太阳位于黄经 90 度时，阳光直射北回归线，这时是夏至；当太阳位于黄经 180 度时，太阳又直射赤道，这时是秋分。

二十四节气中，大部分是反映气候的。比如：小暑、大暑、处暑，暑是炎热的意思。小暑表示还未达最热，大暑是最热之时，处暑是暑即将结束的日子。小寒、大寒是指天气进一步变冷，小寒还未达最冷，大寒是一年中最冷的时候。雨水表示降水开始，雨量逐渐增多。谷雨表示雨水增多，以有利于谷物的生长。白露表示气温开始下降，天气转凉，早晨草木上有了露水。霜降表示天气渐冷，开始有霜。小雪、大雪表示开始降雪，小和大表示降雪的程度。

其他的节气则是反映物候现象和农事活动的。比如：“惊蛰”表示地下的动物开始出土活动；“清明”表示草木茂盛，天气晴朗；“小满”表示夏熟作物籽粒开始饱满，但尚未成熟；“芒种”表示麦类等有芒作物成熟，夏种开始。

二十四候花信风

二十四候花信风以梅花为首，楝花为终。自小寒至谷雨共八气，一百二十日，每五日为一候，计二十四候，每候应一种花信。如：

小寒，一候梅花，二候山茶，三候水仙；

大寒，一候瑞香，二候兰花，三候山矾；

立春，一候迎春，二候樱桃，三候望春；

雨水，一候菜花，二候杏花，三候李花；

惊蛰，一候桃花，二候棠花，三候蔷薇；

春分，一候海棠，二候梨花，三候木兰；

清明，一候桐花，二候麦花，三候柳花；

谷雨，一候牡丹，二候酴醾，三候楝花。

楝花排在最后，表明楝花开罢，花事已了。

数九与消寒

我国民间将冬至称为“交九”，也叫“数九”。冬至后约一个月，就进入了三九，这是一年中真正寒冷的季节，俗语有“三九三，冻破砖”的说法。从冬至算起，每过九天算一“九”，八十一天结束，“九尽桃花开”，天气就暖和了，可以下地春耕了。

古代是没有天气预报的，人们要知道天气的变化，寒暑的转变，只有根据长期的实践经验来总结规律，因此就创造出了许多记述数九期间天气变化规律的方法。

至今，民间还流传有歌谣：“一九二九，伸不出手；三九四九，冻死猫狗；五九六九，隔河看柳；七九河开，八九雁来；九九寒尽，春暖花开。”另外，还有许多种用有趣的图、表或字句逐天记录九“九”的进程和天气变化的方法。

有的画素梅一枝，共八十一朵。从冬至起每天用红笔将其中一朵染上色，直到画梅红遍。九九也就结束了，谓之“九九消寒画”。

有的画表一幅，九行八十一格，每天涂一圈于一格上，上阴下晴，左风右雨，格满则寒消，谓之“九九消寒表”。

也有描九个中空影格字的，每格各为九笔，如：“屋前垂柳珍重待春风”，从头九的第一天开始填写第一字第一笔，以后每天写一笔，九天填完一个字为一“九”。九字八十一天填完则九尽，谓之“九九消寒句”。

还有人创作“九体”对联，每联九个字，每字皆九画，如：“前城秋荒屏栏树枯荣，庭院春幽挟巷草重茵。”把这些字描成空格，每天在上、下联上各填一笔，全联填完，春暖花开，谓之“九九迎春联”。

什么是三伏

我们通常把夏天最热的时候称三伏，包括初伏、中伏、末伏。那么，“三伏”的名称是怎么来的呢？

关于三伏的记载最早见于《史记》：“德公二年初伏。”秦德公二年（公元前 676 年），夏天酷热，宫廷用杀狗的方法来解热毒。这解毒的日子，就称为“伏日”。

热在三伏，据《渊鉴类函》载：“从夏至后第三庚为初伏，第四庚为中伏，立秋后初庚为后伏，为之三伏。”“庚日”就是干支中有“庚”的日子，如庚子日、庚辰日等。每隔十天就有一个“庚”日。秦汉时期盛行的“五行生克”说法认为，夏属火，庚属金，金最怕火将它烧熔，所以一到“庚”日，金必伏藏，于是夏火就大肆其热毒，天气就变得特别热了。

立春的风俗

立春的风俗很多，主要有以下一些。

1. 迎春。

立春日迎春，是中华先民于立春日进行的一项重要活动，是从天子到庶民都要参加的一项活动。在周代，立春时天子亲率三公九卿诸侯大夫去东郊迎春，祈求丰收。回来之后，要赏赐群臣，布德和令以施惠兆民。这种活动必然影响到庶民，使之成为后来世世代代的全民迎春活动。

在宋代，“立春日，宰臣以下，入朝称贺”（宋吴自牧《梦粱录》），这种立春的贺节，也是一种迎春活动。在清代，还有所谓“拜春”的习俗。这种“拜春”的活动，与元旦的“拜年”相似，也是迎春活动的一种。

2. 春帖子。

这是一种在“立春”日剪贴在宫中门帐上的书有诗句的帖子。诗体近于宫词，多为绝句，文字工丽，内容大都是歌功颂德的，或者寓规谏之意。“立春”日贴春帖、作春帖词，在宋代很盛行。

3. 春牛。

春牛是立春日劝农春耕的象征性的牛，泥捏纸粘而成，也叫“土牛”。立春日天子率群臣于东郊迎春，鞭春牛以示劝农耕，士民都出城围观。

4. 咬春。

立春日吃春饼称为“咬春”。民间在立春这一天要吃一些春天的新鲜蔬菜，既为防病，又有迎接新春的意味。在唐代，人们已经开始吃春盘、吃春饼了。

冬至的风俗

冬至经过数千年发展，形成了独特的节令食文化。诸如馄饨、饺子、汤圆、赤豆粥、黍米糕等都可作为年节食品。曾较为时兴的“冬至压岁宴”的名目也很多，如吃冬至肉、献冬至盘、供冬至团、馄饨拜冬等。

较为普遍的有冬至吃馄饨的风俗。早在南宋时，临安人就在冬至吃馄饨，开始是为了祭祀祖先，后逐渐盛行开来，民间有“冬至馄饨夏至面”之说。

吃汤圆也是冬至的传统习俗，在江南尤为盛行。“汤圆”是冬至必备的食品，是一种用糯米粉制成的圆形甜品，“圆”意味着“团圆”和“圆满”，冬至汤圆又叫“冬至团”。民间有“吃了汤圆大一岁”之说。冬至团可以用来祭祖，也可用于互赠亲朋。

北方还有不少地方，在冬至这一天有吃狗肉和羊肉的习俗，因为冬至过后天气进入最冷的时期，中医认为羊肉、狗肉都有壮阳补体的功效，民间至今有冬至进补的习俗。

在我国台湾还保存着冬至用九层糕祭祖的传统，用糯米粉捏成鸡、鸭、龟、猪、牛、羊等象征吉祥如意福禄寿的动物，然后用蒸笼分层蒸成，用以祭祖，以示不忘老祖宗。

冬至是一个内容丰富的节日，据传，冬至在周朝是新年元旦，曾经是个很热闹的日子。在今天江南一带仍有“吃了冬至夜饭长一岁”的说法，俗称“添岁”。

第二编　饮食起居

我国的传统菜系

我国的菜肴举世闻名，品种繁多，口味精美，可居世界之最。各种菜系，都有不同的配料，不同的烹饪方法，不同的风味，五光十色，美不胜收。一般说来，各地都有各地方的特殊口味，有各具特色的烹饪程序，并逐渐从民间风味发展为特定菜型。

在我国菜肴中，由民间风味发展起来的不下 2000 种，形成闽菜、川菜、粤菜、京菜、鲁菜、苏菜、湘菜、徽菜、鄂菜等著名菜系。不少菜系，都融合了很多不同地方、不同民族的菜肴特色，如北京菜，即是融合北方满、蒙、回、汉菜肴发展起来的。

菜肴的不同类型受很多方面条件的影响。一是原料生产的地方特色；二是受各民族各地方生产生活的需要和口味的制约；三是各地方各民族的调制方法。这些都是形成不同菜系的重要因素。

我国众多的菜系和丰富的饮食，犹如百花园中的奇花异葩，把一部古代文化史装点得分外艳丽，是值得我们引以为自豪的。

涮羊肉的由来

“涮羊肉”这道名菜，距今已有 700 多年的历史了。据说涮羊肉的创始者是元世祖忽必烈。相传忽必烈前往和林征讨其弟阿里不哥，宿营途中，突然想起草原的美味——清炖羊肉来。于是就命令厨师宰羊，谁知正当厨师准备将羊肉下锅的时候，忽然探兵来报：“敌军蜂拥而来，离此不远，已安营下寨，准备与我军厮杀。”

按照正常的烹调过程，清炖羊肉要炖一个多小时的时间，然而在这大敌当前的紧急关头，哪能坐等进餐呢？这时只见一个小厨师手持菜刀，将一块生羊肉切成薄片，放在沸腾的水中，用饭勺搅拌了几下，便急忙捞在了碗里，而后又加进了一些调料，送到忽必烈的面前。忽必烈饥肠辘辘，饱餐了一顿，并感到这肉片清香爽口，格外鲜嫩。

忽必烈得胜还朝，嘉奖了这位厨师，并让他做羊肉片大宴群臣。这位厨师便选取了上等的羊肉，又精心调配了多种佐料，加入香油、麻酱、辣子、韭花等，使羊肉片的味道更加鲜美。群臣大饱了口福，忽必烈高兴无比，便赐名为“涮羊肉”。

由于羊肉鲜嫩易熟，味道鲜美，并且边涮边吃，别具风味。明、清以来，这道菜盛行北方，成为冬令美味佳肴。北京各菜馆还不断改进，发展成为北京风味的涮羊肉。清咸丰四年（1854 年），前门外“正阳楼”开业，专以涮羊肉闻名。后来，以摆粥摊发家的丁子青，于 1914 年创办“东来顺”饭庄，且在正阳楼涮羊肉的基础上，在选料、配料多方面作了改进，使这道适合蒙古民族口味的佳肴，也受到汉族人民的欢迎。

饺子的由来

饺子，是我国南北普遍食用的一种食品，中国人吃饺子的历史非常久远。

在饺子成为玉润玲珑、弯如弦月的佳肴之前，类似饺子的面食称为馄饨。其渊源可以上溯到汉代，扬雄在《方言》中记载“饼谓之饨……或谓之馄。”其来历据唐代李匡文《资暇录》的解释，是“以其浑沌之形”。

饺子源于古代的角子，早在三国时期，魏张揖所著的《广雅》一书中，就提到这种食品。后来，更出现了南北朝至唐朝时期的“偃月形馄饨”和南宋时的“燥肉双下角子”。这种用屑米面做成的偃月形馄饨，原称为粉角。北方人读“角”作“矫”，于是，饺子的名字诞生了。

我们还可以看到 1300 多年前完整的唐代饺子。它是从新疆吐鲁番县唐墓里出土的。出土时，一只饺子和四只馄饨放在一个木碗中。由此可见，至少在唐代，饺子已传入我国的边远地区。

除夕吃饺子的习俗据专家考察，在明代已广为流行，在《明宫史》《宛署杂记》等书籍中已有春节吃饺子的记载，到了清代则已成为定俗。

清朝有关史料记载说：“元旦子时，盛馔同离，如食扁食，名角子，取其更岁交子之义。”又说：“每届初一，无论贫富贵贱，皆以白面做饺食之，谓之煮饽饽，举国皆然，无不同也。富贵之家，暗以金银小锞藏之饽饽中，以卜顺利，家人食得者，则终岁大吉。”这说明新春佳节人们吃饺子，寓意吉利，以示辞旧迎新。

近人徐珂编的《清稗类钞》中说：“中有馅，或谓之粉角——而蒸食煎食皆可，以水煮之而有汤叫作水饺。”

包子的由来

包子大约在三国时期出现。包子有馅，馒头无馅。但包子原名却是“馒头”，晋代束皙《饼赋》说，初春时的宴会上宜设“馒头”。这里所说的“馒头”就是包子。

包子这个名称，始于宋代。北宋陶谷的《清异录》就谈到当时的“食肆”（卖食品的店铺）中已有卖“绿荷包子”的。南宋《都城纪胜》中说，临安的酒店有包子酒店，包子酒店专卖鹅鸭肉馅的包子。可见此时人们食用包子已很普遍了。

有个有趣的故事说，宋朝时，有个叫孙琳的大夫，为宋宁宗治病，就是用馒头包大蒜，淡豆豉，每日服三次，三日后病除，被时人视为神医。

宋代诗人陆游的《笼饼》诗云：“昏昏雾雨暗衡茅，儿女随宜治酒肴，便觉此身如在蜀，一盘笼饼是豌巢。”陆游的注释为：“蜀中杂彘（即猪），肉作巢（即馅）的馒头，佳甚，唐人止谓馒头为笼饼。”由此可见，当时四川用猪肉合面做的包子，就已经很有名了。

小话面条

我国的面条起源于汉代。那时面食统称为饼，因面条要在“汤”中煮熟，所以又叫汤饼。

到了魏晋南北朝时期，面条的种类增多。《齐民要术》中便收录有“水引”和“博饨”。“水引”是将筷子般粗的面条压成“韭叶”形状；“博饨”则是极薄的“滑美殊常”的面片。

隋唐五代时期，面条的品种更多。有一种叫“冷淘”的过水凉面，风味独特。著名诗人杜甫对这种面十分赞赏，称其“经齿冷于雪”。还有一种面条，制得有韧劲，有“湿面条可以系鞋带”的说法，被人称为“健康七妙”之一。

宋元时期，“挂面”出现了，如南宋临安市上就有猪羊庵生面以及多种素面出售。及至明清，面条的花色更为繁多。如清代戏剧家李渔在《闲情偶寄》中就收录了“五香面”、“八珍面”。这两种面条分别将五种和八种动植物原料的细末掺进面中制成，称得上是面条中的上品。

汤的历史

“宁可食无肉，不可食无汤”，由此可见，“汤”已成为中华饮食文化中的一个重要组成部分。汤是指将食物或药物主要以煎煮去渣取汁的方式制成的液体。

我国最早的医书《灵枢经·邪客篇》中就有治疗目不瞑的半夏汤，晋代皇甫谧撰写的《针灸甲乙经》自序中“伊尹……撰用神农本草，以为汤液”的记载，说明我国早在商周时代已开始应用汤液。汉代张仲景著《伤寒论》一书中 113 个方，就有 95 个方是汤液，可见汤液在汉代就很盛行了。

古代餐具。

汤属流质，能很快被胃肠吸收和利用，使血液稀释、血管扩张，进而促进血液循环，改善心、肝、胆、胰和肾脏功能，刺激内分泌。不同的汤，具有不同的养生保健功能。明代戏剧理论家李渔认为，靠汤下饭、咽菜还在其次，重要的作用是养生，“养生之法，食贵能消；饭得羹而即消，其理易见，故善养生者，吃饭不可无羹”。

一般看来，一种食物的养分经过煨炖，大都能溶于汤中，这跟煎熬草药如出一辙，因此显得珍贵。宋人黄庭坚、苏东坡爱喝一种“养生长松汤”，说是：“一饮须教百年千岁。”大学者朱熹则爱喝一种“罗汉汤”，称“从遣山僧煮罗汉，未妨分我一杯汤”。

还有一种“仙茅汤”，被道士们视为喝之成仙的灵物，连范成大在江西玉虚观喝过后也说：“白云堆里仙茅飞，香味芳辛胜五芝”。在我国还流传着这样一句谚语：“一天一碗汤，神仙都不当。”人们对汤的钟爱可见一斑。

食粥略谈

粥，是我国的一种传统主食。食粥在我国已有数千年的历史。春秋时的《礼记·檀弓》上就载有关于粥的记载。因为粥是煮米使其糜烂，故古时亦称为糜。又以粥厚的叫飦，薄的叫酏。

粥据《汲冢周书》，也为黄帝所作。凡六谷皆可为粥。此外加以他物而称某某粥的，名目更多，如《本草纲目》里，就列举有赤豆粥等有五十种之多。还有茗粥梅粥，均为前书所未有。

中国历史上，凡遇荒年就有官家或大户人家设粥场或粥棚，这种粥棚是专为救灾而设的，由于灾民多，经常出乱子，如《宋史·富弼传》记，以前立粥场救灾，灾民聚集在城里，互相传播瘟疫，抢食粥又相互践踏，还有的等待数日吃不到粥而饿死。

在时节上也有两种粥，到现在还为人们所煮吃，一为腊八粥，于农历腊月初八以菜果入米煮粥，因为是在腊八日，故名。一为口数粥，于腊月二十五夜用赤豆煮粥，一家大小均得分食，所以叫作口数粥。两粥始于何时，已不得而知了，但宋时已很盛行，可知由来也很久远了。

筷子史话

我国是筷子的发源地，以筷进餐少说也有 3000 年的历史了。

远古时，人们吃饭是用手抓的，但在吃热的食物时，因烫手便用木棍来佐助。这样便不自觉地练出使用棍条夹取食物的本领。时间一长，就练就了使用筷子的技术。

而在民间传说中，却认为筷子是大禹发明的。据说尧舜时代，洪水泛滥成灾，大禹奉命治水，带领人民日夜与凶水恶浪搏斗，别说休息，就是吃饭、睡觉也舍不得耽误一分一秒。有一次，大禹乘船来到一个岛上，饥饿难忍，就架起陶锅煮肉。肉熟后，因为烫手无法用手抓食。但大禹不愿浪费时间，就砍下两根树枝把肉从热汤中夹出，吃了起来。

从此，为节约时间，大禹总是以树枝、细竹从沸滚的热锅中捞食。这样可省出时间来制服洪水。如此久而久之，大禹练就了熟练使用细棍夹取食物的本领。手下的人见他这样吃饭，既不烫手，又不会使手上沾染油腻，于是纷纷效仿，就这样渐渐形成了筷子的雏形。

夏商时，我国已经出现了经过琢磨的牙筷和玉筷。春秋战国，出现了庄重古朴的铜筷和铁筷；汉魏六朝，各种规格的漆筷也生产出来了。稍后，又有了精制名贵的银筷和金筷。

古代的炊具

古代的炊具包括灶、鼎、鬲、甑、甗、釜、鬶、斝等类别,其中又以灶为核心用具。

最原始的灶是在土地上挖成的土坑,直接在土坑内或在其上悬挂其他器具进行烹饪。这种灶坑在新石器时代广为流行,并发展为后世的用土或砖垒砌成的不可移动的灶,至今仍在广大农村普遍使用。新石器时代中期发明了可移动的单体陶灶,为商周秦汉各代所继承,并发展出了铜或铁铸成的炉灶,较小的可移动灶称为灶或镟,实际就是炉。

鼎是先秦时期的主要炊具之一,商周时期盛行青铜鼎,有圆形三足,也有方形四足。因功能的不同,又有镬鼎、升鼎等多种专称,主要是用来煮肉和调和五味的。

鬲产生于新石器时代晚期,至战国时已渐趋消亡,故秦以后的文献中此字已很少见。陶鬲是炊具,青铜鬲则同时也作为祭祀用的礼器而存在于夏商周时期。

甑就是底面有孔的深腹盆,是用来蒸饭的器皿,它的镂孔底面相当于一面箅子。甑只有和鬲、鼎、釜等炊具组合起来才能使用,相当于现在的蒸锅。自新石器时代晚期产生后,甑便绵延不绝,今天的厨房中仍能见到它的遗风。

釜就是圆底的锅。它产生于新石器时代中期,商周时期有铜釜,秦汉以后则有铁釜,带耳的铁釜或铜釜叫鍪。釜单独使用时,需悬挂起来在底下烧火,大多数情况下,釜是放置在灶上使用。

甗是一种复合炊具,上部是甑,下部是鬲或釜,下部烧水煮汤,上部蒸干食。陶甗产生于新石器时代晚期,商周时期有青铜甗,秦汉之际有铁甗,东汉之后,甗基本消亡。

将鬲的上部加长并做出流,一侧再安装上把手就成了鬶,它只流行于新石器时代晚期的大汶口文化和山东龙山文化。

斝外形似鬲,而腹与足分离明显。陶斝产生于新石器时代晚期,当时也是空足炊具之一。进入夏商周时期的斝变为三条实足,且多青铜制成,但已是酒具而不是炊具了。

古代的进食具

中国传统的进食器具可分为勺子和筷子两类。

筷子古称“箸”,至明代始有今称。在商代以前,我国就已经出现了箸。

勺在功能上可分为两种,一种是从炊具中捞取食物入盛食具的勺,同时可兼作烹饪过程中搅拌翻炒之用,古称匕,类似今天的汤勺和炒勺。另一种是从餐具中舀汤入口的勺,形体较小,古称匙,即今天所俗称的调羹。

考古发现最早的餐勺距今已有七千余年的历史,属新石器时代。当时的勺既有木质、骨质品,也有陶质的。夏商周时期出现铜勺,带有宽扁的柄,勺头呈尖叶状,自铭为匕,即勺头展平后形如矛头或尖刀。“匕首”之称即指似勺头的刀类。

自战国起，勺头由尖锐变为圆钝，柄也趋细长，此形态一直为后代沿袭。秦汉时流行漆木勺，做工华美，并分化出汤匙，此后金、银、玉质的匕、匙类也日渐增多，餐桌上的器具随着食具的多样而更加丰富了。

在古代的饮食活动中，餐勺与箸往往是一同出现并配合使用的。周代时曾规定，箸只能夹取菜类，而食米饭米粥时则必须用匕，分工十分明确。

古代的盛食具

盛食具指进餐时所使用的盛装食品的器具，相当于今天所说的餐具，包括有盘、盆、碗、盂、钵、豆、敦、俎、案等类。

新石器时代已广泛使用陶盘作为盛食器皿，自此而后，盘一直是餐桌上不可或缺的用具，直到今天仍与我们朝夕为伴。

古代取食具。

碗最早产生于新石器时代早期，历久不衰且品类繁多。商周时期稍大的碗在文献中称为盂，既用于盛饭，也可盛水。碗中较小或无足者称为鉢，或写作钵，也是盛饭的器皿，后世专以钵指称僧道随身携带的小碗。

盘之大而深者为盆，新石器时代的陶盆均为食器，式样较多，秦汉以后食盆的质料虽多，但造型一直比较固定，与今天所用基本无别。

盘下附高足者称为豆，豆即是此类物品的泛称，也专指木质的豆，陶质豆称为登，竹质的豆则称为笾，都是盛食的器皿。

平板下安有足谓之俎。俎既可用来放置食品，也可用作切割肉食的砧板，故鸿门宴上张良自谓“人为刀俎，我为鱼肉”，其意昭然。

案的形态功用与俎多有相似，但秦汉及其后多言案而少称俎。食案大致可分两种，一种案面长而足高，可称几案，既可作为家具，又可用作进食的小餐桌；另一种案面较宽，四足较矮或无足，上承盘、碗、杯、箸等器皿，专作进食之具，可称为槃案，形同今天的托盘。

酿酒小史

我国有着悠久的酿酒历史。远古时代，在农业还没有兴起之前，野果和蜜是可供中国人酿酒用的理想而又容易得到的原料。它们含有发酵性的糖分，接触了空气中的霉菌和酵母，就会发酵成酒。这种酒“清冷可爱，湛然而美”，引起原始人类极大兴趣。以后，人们便逐渐有意识地去利用野果发酵酿造果酒。

进入农业社会以后，人们发现一些粮食作物由于保存方法不当，导致粮食受潮而发芽、霉变，这些长霉的粮食形成天然的曲蘖，遇水后便发酵成酒。当人们总结了这种自然现象，有意识地让粮食谷物发酵来获取酒浆时，酿酒技术便开始出现了。

商周时期，先民们已普遍使用谷物来酿酒了。考古学家在商代遗址中还发现了规模壮观的酿酒作坊的遗址，还有许多专用酒器，有酿酒的基，有盛酒的尊、壶、卣，有温酒的盉，有饮酒用的爵、觚、觯等。有铜制的，有陶制的，数量众多，制作精致，反映了当时酿酒业的发达。

到了周朝，政府还设有专门管理酿酒的官员“酒正”，《周礼》还指出酿酒要用煮熟的谷物，投曲须掌握时机，制酒用的器皿要选优良清洁的陶器，造酒用的水质要好，火候要适宜。这是对古代酿酒技术的科学概括，也是世界上最早的酿酒工艺规程，可见当时酿酒技术已相当完备。

酒器小话

我国有着悠久的酿酒历史，有了酒，自然需要盛酒的器具。因此，可以说，酒器是酒文化的产物，是酒文化的载体。

最原始的酒不是人工酿造的，而是水果自然发酵而成的。人们饮用这种酒，最先可能是伏地而饮，手捧而食。后来随着人类的进化和智力的提高，自然会选取一些极简便的工具来饮用了。如经过简单加工的兽角、硬瓜果壳及蚌壳等。我们从最古老的酒的名称上，可以充分看到这一点。如当时的酒器觚、觥、觞、觯等，就都带有一个“角”字旁，而“觚”字，是“角”“瓜”全有。

陶制品发明以后，开始出现陶酒具。大量出土陶器证明，在距今七八千年左右就有了专用陶制酒器。

人们掌握了炼铜技术以后，青铜酒器开始出现。夏商周时的青铜酒器可分为三类：一是储酒器，如尊缶、大壶、鉴缶等。二是温酒器和盛酒器，其中主要有尊、壶、卣、彝、觥、瓮、瓿、缶等。这些酒器的每一种都有各种不同的样式，许多动物造型的酒器已令人叹为观止。三是饮酒器，如爵、角、觥、觯、杯等，其中很多都堪称工艺品。

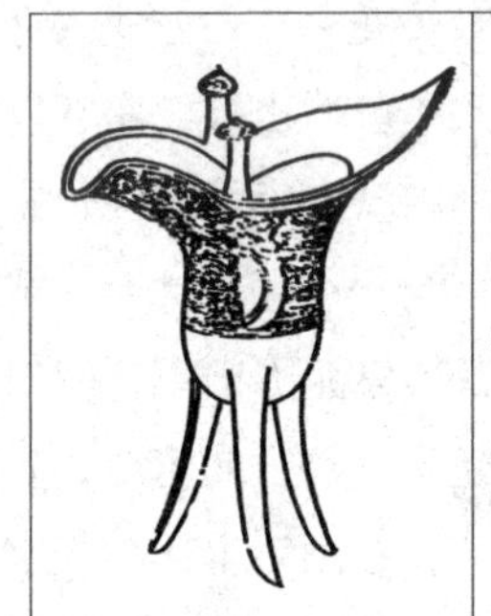

中国古代的饮酒之器，爵一直是民间常见的。《博古图·爵志说》云：『凡彝器有取于物者小，而在礼实大，其为器也至微，而其所以设施也至广，若爵之为器是也。盖爵于饮器为特小，然主饮必自爵始，故曰礼实大。』

商周以后，青铜器逐渐衰落，代之而起的是秦汉及其以后盛行的漆制、瓷制、铜制、金制、玉制等多种酒器。当时许多珍贵漆制酒器，已成了人们身份高贵的标志。漆制酒器品种也很多，如樽、钟、壶、钫、卮、勺、耳杯等。

最早的原始瓷制酒器在商代就已出现，到汉代，出现了“彩瓷”和“白瓷”

酒器。唐宋两代的瓷制酒器发展到鼎盛时期，已成为广泛应用的酒器。

在我国历史上，还出现过许多其他质地的酒器，如锡制、玻璃制、景泰蓝制、珐琅制、象牙制、犀牛角制、角制、皮制、木制、竹制等等，千姿百态，美不胜收。

古代的酒令文化

饮酒行酒令是我国古代饮酒风俗的一个重要内容，它可以起到渲染气氛、增添雅兴的作用。酒令起源于儒家的“礼”。大约在唐代时，酒令开始在社会上盛行，此后经由宋、元、明、清几代得以发展。

酒令有很多形式，随饮者的身份、文化水平和趣味的不同而不同，大致可分为游戏令、赌赛令和文字令三种。

游戏令有“击鼓传花令”。方式为令官拿花枝在手，使人于屏后击鼓，座客以次传递花枝，鼓声停时花枝在手的人饮酒；或是令官报数，按 1234……顺报，至 7 或 7 的倍数时，应报者拍桌而不出声，脱口出声报数的罚酒。还有一种竹制筹令，始于唐代，盛行于明清，在酒筹上铭刻经书或诗、词、曲成句，或《西厢记》《水浒》《红楼梦》中人名，并由此引申出敬酒、劝酒、罚酒等名目。

赌赛令有投壶，酒宴时，宾主依次取箭在同样的距离向壶中投掷，中者为胜，可以罚不中者饮酒。投壶赌酒，两汉六朝，极为普遍，唐宋以后才逐渐衰微，只有少数人使用了；还有赌棋饮酒，盛行于三国两晋时期；另有掷骰饮酒，流行于唐代。还有猜物饮酒，把某物藏起来，使在席之人猜测其所藏之处，猜中者胜，猜错者饮。

文字令比较文雅，需要一定文化水准才可操作使用，它们大多是争奇斗巧的文字游戏，也是斗机智、逞才华、比试思维敏捷与否的智力比赛。当然，文人雅令也和其他酒令一样，目的是活跃饮酒气氛，求得宾主尽欢。

茶的起源

我国是茶叶的故乡，是最早种植并食用茶叶的国家。据唐代陆羽《茶经》记载：“茶之为饮，发乎神农氏，闻于周鲁公。”相传神农氏在位时，就已经发现了苦茶这种植物。那时候，人们称茶叫苦荼。

最初的时候，人们是把“原生茶树”上的鲜叶采下来，在锅里烹煮熬汤，以用作解毒治病的一种良剂。春秋时代，人们把茶叶当作一种蔬菜食用。到了秦汉时代，饮茶逐渐流行，人们把茶叶制成饼状，饮时捣成碎末放入瓷壶中，加上葱、姜、橘子等类调味，药、饮兼用，并用它款待宾客。后来，茶叶才逐渐不作药用，而成为经常的饮料。

茶最初的名称叫“槚”、“荼”等。东汉人许慎在他的《说文解字》里，把“槚”解释为“苦荼”，而且说：荼，“即今之茶字”。可见，早在东汉时期，茶这种植物已经在文字上定型化了。

在东晋郭璞的《〈尔雅〉注》里有这么一段话：“今呼早采者为荼，晚取者为茗……”可见，当时人们对采茶的迟早与茶质的关系，已经有了相当精辟的总结。

喝茶为何被称为吃茶

在我国古代，人们常将喝茶称为“吃茶”，这是为什么呢？原来这与我国人民早期制茶和饮茶的方式密不可分。

我国在唐朝以前，饮茶的方式是比较原始的，只有药饮和解渴的粗放饮法。把鲜茶叶放在锅里“做羹饮”，其实就是熬成汤喝。但是，鲜叶既无法存储，也不好运输，这就要求出现干茶。干茶的最早形式仅是把茶叶晒干而已，谈不上加工制作。

唐代时，“茶圣”陆羽大力倡导饼茶及饮法，从而使唐宋两代五六百年间，饼茶得以独领风骚。

以茶待客。

所谓饼茶或团茶是指制茶人将从树上采摘下来的茶叶放入釜中蒸煮，用杵臼捣碎，拍成茶饼团，再将茶饼团串起来焙干封存，当时人们称之为“龙凤团茶”、“蜡面饼茶”或“研膏”。人们在饮用这种茶时，需将茶饼研成粉末，然后用纱绢做的罗筛筛出极细的茶末，再将茶末放入釜内，用滚水煎煮。人们在品尝这种茶时，咂嘴、嚼末、渍舌，所以就叫作“吃茶”。

“吃茶”从唐代流传到明代，出现了转折性的变化。明朝洪武年间，散茶取代了团茶，冲饮取代了煮饮。明崇祯年间，中国各大城市的市井街巷中开始出现了茶馆、茶室、茶铺，特别是到了清代和民国年间尤盛行，但人们仍习惯于将喝茶称为“吃茶”，并一直流传至今。

古代的制醋法

醋是日常生活的必需品，其历史晚于酿酒。在古代，醋还称为醯、酢、苦酒。春秋战国时，醋还是比较贵重的调味品，汉代才普遍生产。

从汉人所著的《食经》中“作大豆千岁苦酒法”的记载来看，我国人民在汉代时已能以酒酿醋。酿醋是借醋酸菌的作用使酒精进一步氧化成醋酸。由于曲中微生物种类繁多。酿醋时除产生醋酸外，还产生乳酸、葡萄酸等有机酸，使醋的味道鲜美。

南北朝时期，醋在社会上的产销量很大，推动着酿醋技术精益求精。南北朝时贾思勰在《齐民要术》中就记载了 22 种制醋法，有些至今仍被沿用。

使不同谷物发霉成曲，然后用它来使更多的谷物糖化、酒化和醋化，这是一次重大的发明。历史上制醋的方法很多，大致有三类，一是酿陈醋，二是酿米醋，三是酿药醋。

古代的制糖法

糖在人们日常生活中占有很重要的位置，我国制糖历史悠久，它是我国劳动人民长期积累经验的结果。

我国最早的糖，除蜜糖外，主要是麦芽糖。麦芽糖在古代又名“饧”、“饴”等。一般说来，植物种子在发芽时产生的糖化酵素可以把淀粉水解成麦芽糖。中国早在 3000 年前就知道用麦芽来制造麦芽糖了。远在西周至春秋时代，人们就开始做蜜饯了。战国时代，我国人民已用饴糖来调制食饼了。

北魏贾思勰《齐民要术》中详细记载了制作麦芽糖的方法，其工序从发芽、浸米、蒸米、糖化、过滤、煮饴、搅拌到加工，已与现代的制饴过程大致相同。

到明朝时期，人们巧妙地用各种方法把麦芽糖做成美味食品，多得难以一一列举，并且出现了更为详细的制饴记载。

我国用甘蔗制糖的历史也很久。甘蔗产于南方，从战国至汉末，已种甘蔗，并喝其浆汁。汉朝，人们已经能用蔗浆熬制的糖膏塑成各种动物的形状，虽产品仍较低级，但较之战国时代人们食用蔗浆，已是一个很大的进步。不过这还不是白砂糖，从东汉到唐初，我国蔗糖质量并不好，唐太宗派人赴印度摩揭陀国学习制糖技术，引进新的制糖法，从此，我国的蔗糖生产才进入一个新阶段。

据《唐会要》记载，白糖生产是从唐代开始的。明代宋应星《天工开物》有手工制糖的详细记载，这种手工制糖的方法，一直沿用到新中国建立前。

用甜菜制糖，18 世纪始于欧洲。清末，我国东北地区开始用甜菜制糖。

古代的制盐法

盐是人们生活中的日常必需品。盐因其产地不同，有海盐、井盐、池盐、岩盐之分。

海盐是在滨海地区以海水灌注盐田，然后晒干，或用铁锅煎煮海水而成。早在周朝时，我国河北、辽宁、山东一代，便有了海盐，并和人们的日常生活有着极为密切的关系。此外，广东、福建盐场的历史也很悠久。

池盐是用铁锅煎煮或摊晒从盐池中捞取的卤水而制成的，又名课盐。主要产于山西、陕西、宁夏、青海、甘肃等地区。最为著名的是山西解池和宁夏盐池县的马花池。

井盐是在有卤源之地凿井取卤，或于天然咸水之井汲水煎煮而成，产于四川、云南等处。据《华阳国志 · 蜀志》记载，秦始皇时，四川临邛县（今邛崃县）就有盐井。云南的井盐区，在汉代就已设官来管理了。

岩盐是地壳中沉积成层的盐，为古代的海水或湖水干涸后形成，也叫石盐、矿盐。岩盐产于云南、西藏等地。《史记 · 西域志》中说高昌（今新疆吐鲁番）出产味道极美的赤盐和白盐。这是岩盐见于史书的最早记载。

古代的家具

在漫长的原始社会里，生产力非常低下，人们吃饭、休息都坐在地上，当然没有家具可言，即便睡觉，也只是将兽皮、树叶等铺在地上。后来，人们在实践中逐渐掌握了编织技术，将树叶等原料编织成席子，就用席子铺垫。我国古代一直保持席地而坐的风俗，到了汉代，席子还是人们生活中离不开的“家具”。

由席子发展而来，最早出现了床，商代甲骨文里就有床的形象，这时的床一般较矮，有横带、竖带、案、几、屏风等饰物，一直持续到汉代。

战国时已有专门用于装衣物的和装食具、酒具的箱子。

汉灵帝时，从北方传入了“胡床”。其样子犹如矮凳，由两木相交叉，床面用绳索连成，可张可合，适应游牧民族的生活特点，携带十分方便，颇像后来的交椅，又像今天的布马扎，它可能就是椅子的前身。

魏晋之后，生产技术进步，人们室内日渐宽敞，家具也发生了很多变化。晋代的床已和今天差不多，隋代的凳也和现在基本相同。到了唐代，桌子增多，出现了椅子。桌椅的广泛使用，改变了人们席地而坐的习惯，也引起了许多生活用具的变化。宋代的家具种类更多，有床、桌、椅、屏几、长案、柜、巾架、衣架、镜台等。之后的朝代基本上沿用了这些家具，只是做工上更为精细一些而已。

床的演变

床，这一睡眠用具的起源，可追溯到我国的商代。

原始社会时期，人们生活简单，睡觉时只是铺垫植物枝叶或兽皮等，掌握了编织技术后就铺垫席子。商代甲骨文中，已有像床形的字，说明商代已有床。迄今为止，发现的床的最早实物，位于信阳长台关一座大型楚墓中，床上刻绘精致的花纹，周围有栏杆，下有6个矮足，高仅19厘米。

古时的床、柜、箱、凳。

春秋以来，床往往兼作其他家具。人们写字、读书、饮食都在床上放置案几。魏晋南北朝后，很多建筑物加高加大，扩展了室内空间，许多家具相应加高，床的高度也有所改变。晋代著名画家顾恺之的《女史箴图》中所画的床，高度已和今天的床差不多。另外，还出现一种四足的高床。但床仍未成为睡卧的专用家具。

唐代出现桌椅后，人们生活饮食等都是坐椅就桌。床由一种多功能的家具，退而成为仅供睡卧的专门用具。

明代，出现了用纱或网状织物围起来的床。同一时期，西欧出现了同时可睡几个人的特大床。其背部是一块镶板，正面两边是雕花的圆柱，上有可以垂挂帐帷的天盖。

19 世纪 20 年代出现了弹簧床。19 世纪后期，金属床开始出现。

火炕起源

火炕是用土坯或砖垒成的用灶取暖或直接烧火取暖的床。这种用具在我国北方地区极其普及，以至于流行着“三亩地一头牛，老婆孩子热炕头”的说法。

火炕源于我国春秋时代。《左传》记载:“宋寺人柳炽炭于位，将至则去之。”这种可烧炭的“座位”，显然是炕的雏形了。

其后，人们通过实践，发明用灶来取暖，如《新序》记载：“宛春谓卫灵公曰：君衣狐裘，坐熊席，隅隅有灶。”这种灶相当小，由于它置火于地下，保温性能好，人或坐或睡其上，异常舒服。汉代使节苏武在天寒地冻的匈奴牧羊 19 年，之所以顽强地生存下来，主要就得益于这种“灶式”的炕。《汉书》说他“凿地为坎，置煴火”度日，是真实生活的写照。

名副其实的火炕至少在唐朝就出现了。它区别于灶之处是不用掘地，而是在地面上构筑。火炕在古代北方一直很盛行，宋朝的《三朝北盟会编》上说，当时几乎家家户户“环为土屋床，炽火其下，相与寂食起居其上，谓之炕，以取其暖”。

随着现代化步伐的逐渐加快，火炕逐渐被现代家居所取代。不过一些地区仍然保留这种传统习惯，享受着“热炕头”的乐趣。

蚊帐溯源

蚊帐是中国发明的。由于中国古代很早就已发明了床，大约与床配套的蚊帐也出现得很早。

古代的床和蚊帐。

古代的蚊帐有好几种形状，有四方形的，有弓形的，有上窄下宽如覆斗样的，此外还有扇帐、荷花帐等。但古代的蚊帐并不全是用来防蚊虫的，而主要起遮蔽作用。

至于制作蚊帐的材料，则品种繁多。富豪人家多用丝绸绫罗为材料，故称“丝罗帐”，一般平民用粗布缝制。历代皇帝后妃所用蚊帐则用银鼠皮、黑貂皮来制作。这些用名贵兽皮做的蚊帐，冬天特别暖和，但由于密不透风，“如入暗室，晓夜不能辨”，所以皮帐前往往开一个大圆孔，另用透明纱缝上，以便通光线，所以古时的蚊帐不仅有遮挡、防虫等作用，还可用来保暖。

据清代秀才曹庭栋的养生专著《老老恒言》记载，江西还出产一种纸帐：“大以丈许，名皮纸，密不透气，冬得其暖。”苏东坡咏：“困眠得就纸帐暖。”刘克庄也有“纸帐铁檠风雪夜”的诗句。

枕头的由来

原始时代，人们用石头或草捆等将头部垫高来睡觉，这是比较原始的枕头。

到战国时，枕头就已经相当讲究。1957年，在河南信阳长台关一个战国楚墓里，出土了一张保存完好的漆木床，床上就有竹枕。

北宋著名政治家、史学家司马光，用一段圆木当枕头。睡觉时，只要稍动一下，头就会从枕上滑落，便立即惊醒。这样可以保证自己不睡熟，以便抓紧时间，发奋读书。他把这个枕头取名为“警枕”。

为了强身健体，古人还在枕内放药以治病，并称之为“药枕”。李时珍《本草纲目》说：“苦荞皮、黑豆皮、绿豆皮、决明子……作枕头，至老明目。”民间有多种多样的药枕，大都以“清火”、“去热”为目的。

古人午休图。

现代，枕头越来越广泛地用于医疗保健，如“磁疗枕”，能够治疗神经衰弱、失眠、头痛、耳鸣等疾病。美国和香港流行一种“颈椎枕”，睡这种枕头能使颈、肩和颅底的肌肉完全放松，消除疲劳。

古代的洗涤剂

现在，我们常用合成洗涤剂洗衣服，而古人是没有这种洗涤剂的，那么，他们又是用什么来洗衣服的呢？

先秦和秦汉时期，我国人民主要使用三种洗涤剂。

其一是粮食浸泡液，即将粮食浸泡在水中，达到一定程度即可以洗去污垢。

其二是灰水，即草木灰的水浸液。草木灰中含有碳酸钾，所以能去污，在当时条件下，这的确是一种易于取用的洗涤剂。

其三是一种混合洗涤剂，即用贝壳灰

与栏木灰混合，可以生成氢氧化钾，用它的水溶液洗涤丝织品时，与丝表面附着的油脂发生作用，可以生成钾肥皂，能把丝洗得格外干净。

魏晋隋唐时新出现的洗涤剂主要有皂角和澡豆。皂角是豆科植物皂荚树所结的果实。

此外，我国古代曾用的洗涤剂还有碱和茶麸。碱是碳酸钙晶体。茶麸是油菜籽炸油后的副产品，将其捣烂用水浸出的液汁中含有皂素，也可以去垢。这两种洗涤剂使用的年代不详，在明清时期广泛运用，现在仍有人在使用。

古代的服饰

服饰的作用，照墨子的话说，是为了“适身体，和肌肤”。《易·系辞》则说：“黄帝、尧、舜，垂衣裳而天下治。”可见，服饰还是古代帝王治理天下的工具。

考古学家曾在北京周口店遗址发现有山顶洞人使用过的骨针，由此可知那时的人们已经知道缝制衣服了。在新石器时代的彩绘陶器上，还出现过穿衣服的人物图案。

进入阶级社会以后，商朝给我们留下了一些有关服饰的资料。从出土的商朝人物雕塑上，可以看到头戴扁帽，身穿右衽交领衣，下穿裙裳，腰间束带，裹腿，着翘尖鞋的奴隶主，和免冠、着圆领衣，手上戴枷的奴隶的形象。从这些材料看来，古代华夏族这时已经形成了上衣下裳、束发右衽的装束特点。

周代留给人们最深刻的印象是服饰制度的系统化，是上衣下裳相连属的深衣式样的问世。这种时兴的衣饰，在后代又陆续演变为大袖宽衣的禅衣、腰线袄子、曳撒和旗袍。

春秋战国时代，在服装方面最重要的变化，是中国人已能相当自如地控制衣着宽窄大小，中国服饰进入了按头制帽、量体做衣的阶段。

此外，战国时期的胡服骑射，是中国历史上一次著名的服装改革。公元前299年，赵武灵王下令全国不得穿原有的宽衣长袍，改穿游牧民族的短衣长裤，以利骑射。伴随着胡服也传来了带钩。带钩是束结革带用的。带钩的制作自战国以至两汉都很盛行，所以式样繁多，有些制作也很精美，成为一种优秀的工艺品。

东汉时，一种直裾的襜褕开始流行开来。襜褕的再发展，就是唐、宋时代的交领袍。汉代服装还有一个重要的特点，就是冠制。在汉代，冠分十几种之多，如委貌冠、皮弁冠、通天冠、远游冠、进贤冠、法冠、武冠、建华冠、巧士冠、方山冠、却敌冠、樊哙冠、术氏冠等，供不同身份的人和不同场合使用。

魏晋南北朝时期，由于大量少数民族入居中原，紧腰身、圆领口、袍下开衩、下着裤的胡服成为社会上司空见惯的装束，着装者也显得精干利索。

在琳琅满目的唐代服饰中，胡服别具一格。盛唐时期，贵族妇女最时髦的衣服式样之一是对襟、褶领、下摆有锦边装饰、窄袖，下着带竖条的小口裤的胡服。辽、金、元时期，契丹、女真和蒙古族人民，在保留本民族服饰特色，如团衫、髡鬟、姑姑冠等的同时，也沿袭了汉、唐、宋代的汉族礼服制度。

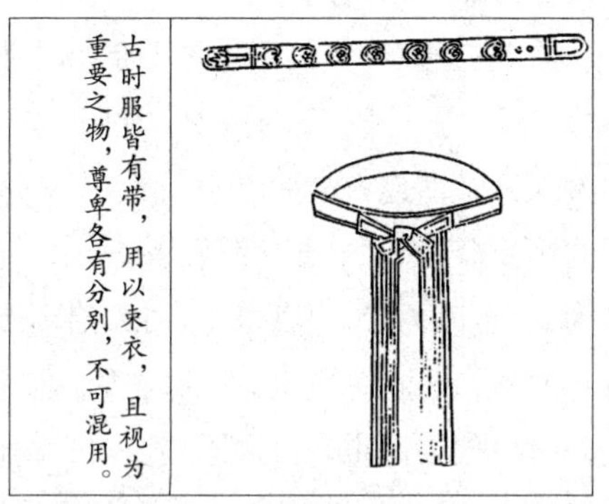
古时服皆有带，用以束衣，且视为重要之物，尊卑各有分别，不可混用。

清代男子剃发梳辫，着长衫。马褂在康熙以后日趋普遍，还有不带袖子的坎肩、套裤。一般女子服饰，满族有上下连裳的旗袍，喜罩马甲。汉族妇女因南北而不同，南方多系裙，北方扎裤脚。衣有对襟、大襟、琵琶襟。裙有凤尾裙、百褶裙等。

服饰的等级制度

我国封建社会，等级森严，服饰也成为一种身份的象征。

周朝时，制定了一套较为完整的阶梯式宗法等级制度，以明示官职上朝、公卿外出、后嫔等的上衣下裳各有差等，并对衣冕的形式、质地、色彩、纹样、佩饰等做了详细的明文规定，成为周代礼制的重要内容。

从隋唐时起，黄色成为君王的专用服色，隋文帝以赭黄色文绫袍为常服，唐高祖在听朝时也必穿赭黄色袍服。

唐代服装等级分明，贞观年间规定，亲王及三品以上官服为大科绫罗紫色袍衫，三品官服紫色，四品官服绯色，五品官服浅绯色，六品官服深绿色，七品官服浅绿色，八品官服深青色，九品官服浅青色。

在服饰的等级制上，宋代是唐代的嫡传。赵匡胤即位后，将五代时卑不逾尊的服饰制度重加厘定，仅衣带的等级就有二十八种。

在服饰的等级制度上，元代独具特色。质孙服（汉语意为“一色衣”）是宫廷宴饮时穿着的服装。从天子到官宦，质孙服的面料、颜色、花纹以及装饰的粗细，皆因身份不同而不同。最漂亮的质孙服，无疑是天子所服，其冬服有十一种，夏服有十五种，包括穿红粉皮服、戴红金答子暖帽，穿白毛子金丝宝服、戴白藤宝贝帽等。

官服中，装饰品发挥了特殊的效用，如一品官用雕花之玉，二品官用花犀，一直到八品用榨。龙凤纹样在平民中严格禁止使用，明柳芳绿、红白闪色、迎霜合、鸡冠紫、橘子红、胭脂红六种颜色的使用，也被限制在贵族中。服饰的等级区分是如此分明，以致陌生的人在街头巷尾相遇，凭借对方服饰便可断定其身份。

“补子”即在常服中加缀饰区别品级，是明代的发明。当时，文官一品绣仙鹤；二品绣锦鸡；三品绣孔雀；四品绣云雁；五品绣白鹇；六品绣鹭鸶；七品绣鸂鶒；八品绣黄鹂；九品绣鹌鹑。武官一品、二品绘狮子；三品绘虎；四品绘豹；五品绘熊；六品、七品绘彪；八品绘犀牛；九品绘海马。文武官员一品至四品穿红袍；五品至七品穿青袍；八品、九品穿绿袍。这些都为清代承袭，只是略有调整而已。

平民百姓的衣服，因经济水平的不同，也有差别。秦汉时期富裕人家的男子，经常穿着宽袍大袖的禅衣，下着长裙丝履，头戴高冠，服饰质料多是上好的锦缎。而农夫们则只能穿着麻布制成的被称为“襦”的短衣和短裙裤（即裤子）。歌伎、舞女的装束，另有一番风貌，长袖宽衣束胸。无疑是为了增加舞姿的优美和艺术表演的魅力。

古代“衣”“裳”的区别

古代的“衣”和“裳”是两个不同的概念。“衣”的狭义概念指上衣，“裳”指下衣，多指裙子。“衣裳”连起来才是服装的意思。我国传统服装有上衣下裳制和衣裳连属制两种基本形制，两种形制的服装交相使用，兼容并蓄。

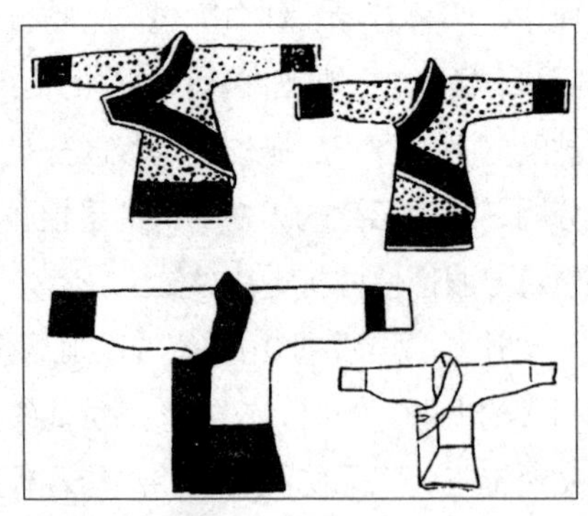

上衣下裳的服制。

上衣下裳的服制，即上身有衣，下身有裳。传说这种服制起于黄帝时代，《易·系辞下》称：“黄帝……垂衣裳而天下治。”在甘肃出土的彩陶文化（辛店期）的陶绘中，就有这种上衣下裳的形制，可与传说相印证。这可以说是我国最早的衣裳制度的基本形式，对后世的服饰形制有很大的影响。

衣裳连属制，其雏形也见于原始时期。古称“深衣”（《礼记·深衣》注曰：“名曰深衣者，谓连衣裳而纯之采者。”），它的用途很广，《礼记·深衣》篇云：“可以为文，可以为武，可以摈相，可以治军旅。完且弗费，善衣之次也。”深衣的这一形制，对后代服饰也有很大影响。汉时的命妇以此为礼服，古代的衫、袍等都采用这种衣裳连属的形式，甚至现今的连衣裙都是古代深衣制的沿革，其影响可谓深远。

旗袍源流

旗袍，这一具有中华民族特色的服装，被当代国际服装界誉为“东方女装”的代表，中外妇女都对其青睐有加。

旗袍起源于我国满族旗人妇女的民族服装。至于这种旗袍是谁设计的，满族民间还流传着一个有趣的传说。

传说在镜泊湖畔，住着一位漂亮的渔家姑娘。因为长得脸黑俊俏，心灵手巧，所以人们都叫她“黑妞儿”。她觉得穿着古代传下来的肥大衣裙，打鱼不方便。就自己剪裁了一种连衣带裙多扣襻长衫，既省布合体，又劳动方便。后来她被选入宫，被封“黑娘娘”。

因过不惯宫廷生活，穿不惯又肥又大的山河地理裙，就穿起了自己从前的多扣襻长衫。皇上认为她擅自改变宫中的规矩，就撵她出宫，并一脚踢中她后心致死。关东满族人听到黑娘娘死去的消息，大哭了三天，还穿起那种长袍来纪念她。后来，旗人女子认为她的长袍十分方便，于是穿的人越来越多，后来就干脆叫它旗袍。

汉代袍服。

不过，这仅仅是民间传说，但也说明这种满族的民族服饰旗袍由原始的宽腰身直筒式逐渐形成现代妇女喜爱的线条流畅、贴身合体的流线型旗袍，是经历了多么漫长的演变。最早，旗人穿的旗袍，一般不过脚。只有满族妇女出嫁时，才穿过脚的旗袍，作为出嫁礼服。

后来清兵入关，建立了清王朝。旗袍也被带入中原，据资料记载，最早穿旗袍的汉族妇女是上海的女学生。她们穿着新式的旗袍，引起了各界妇女的羡慕，并纷纷仿效。同时，社会舆论对此也大加赞扬。

到了20世纪20年代的末期，旗袍衣长缩短到膝下。到了20世纪30年代，旗袍盛行，成为女子最时髦的服装。旗袍的式样五花八门，领子有高有低，袖子时长时短，衣长更是长短兼有。

衫子简说

衫，又称衫子、大衫、大袖，由深衣演变而来。起于秦汉，以后成为妇女的常服之一，长久不衰。

魏晋南北朝时期，超世脱俗的玄学思想的影响反映在服饰上，特别讲究飘逸狂放，男女服饰都以宽衣博带为尚，衫子的形制为其代表。进入隋唐，虽受胡服的影响，曾一度讲究紧身窄袖，但在盛唐以后，宽衣大袖又风行起来。晚唐五代的妇女多以轻如烟雾、薄如蝉翼的纱罗为质料，穿着时里面不衬内衣，着色上喜用红色。

宋代崇尚理学，社会风气比较保守，服饰的风格渐趋拘谨，故宋代妇女衫子的着色和穿着都不同于汉唐。一般多以素罗为料，着色比较浅淡，穿时一般在衫子里衬有内衣，有的干脆在衫子内缀一层衬里。

到了明代，衫子的作用更加普遍，除作常服外，还可充作礼服穿，成为当时“品官命妇冠服”，列诸服之首。入清以后直至民国，穿衫也很流行，尽管款式长短有不少变化，但仍为人们所钟爱，直到新中国成立前后，还可看到它的遗韵。

裙子史话

裙子在我国有着悠久的历史，相传 4000 多年前黄帝即定下“上衣下裳”的制度。那时的“裳”即裙子，裙子在古代男女通用。后来，男子渐渐穿起裤、袍来，裙子才成为妇女的专用服饰。

汉末时，史书记载妇女穿裙的文字颇多。《西京杂记·赵飞燕外传》载，赵飞燕十分讲究自己穿的裙子。一天，她身着云英紫裙与汉武帝同游太液池，鼓乐声中赵飞燕翩翩起舞，突然刮来一阵大风，将她像燕子一样吹起。幸亏宫女们拉住裙子才救下她，而裙子被拉出了许多皱褶，但结果却比原来的平挺裙子更好看。此后，打褶的裙子便在宫中流行。

到唐代，上至皇妃宫女，下至平民女子都着裙子。于是，“裙钗”也便成了妇女的代称。唐诗中也常常见到“裙”，如“白妆素面碧纱裙”、“新换霓裳月色裙”等。说明当时裙子流行的广泛程度以及裙料的瑰丽多彩。

在汉朝时，宫廷妇女们已经十分讲究穿裙子了。魏晋时代，男女也大体皆穿裙。晋时，裙子的花色品种较多，如绛纱复裙、丹碧纱纹双裙和紫碧纱纹绣缨双裙等。

唐朝以后，裙子渐渐成了妇女专用的装饰，在异常繁荣的元朝后期，妇女们以素淡为裙子的流行色。明朝，又以褶裥长裙为主，盛行红色。

古代的裙子，色泽及款式已很多，现代的裙子就更加丰富多彩了。汉族妇女流行喇叭裙、旗袍裙、西装裙、连衣裙等；少数民族中有傣族的筒裙，壮族、苗族的百褶裙，朝鲜族的长裙，维吾尔族的艾蒂丝长裙等。它们不仅美化了人们的生活，而且也为我们中华民族的服饰文化增添了丰富的内容。

女性裤装漫话

裤装历史悠久，在不同的历史时期有其独特的款式和穿着习惯。

据记载，裤装最早出现于春秋之际，那时叫作“胫衣”。胫，即小腿，就胫衣名称的直接意义而言，是穿在小腿上的衣服。因此，它的形制如同今天的套裤，只有两条裤管，穿时将它分别套在两条小腿上，膝盖以上并未着裤。为了礼貌起见，当时的人们必须在胫衣的外面再罩上围裳或者深衣。

战国以后，裤装得到了改良，出现了所谓的“穷裤”，即“绲裆裤”，它较胫衣的改良之处在于裤管由小腿上延至大腿，抵于两股；在两只裤管的上端各接出一裆；裆未缝合，穿时用绳带系上，“以便私溺”。这种裤子盛行于两汉南北朝，到了唐代，上层妇女中还在穿用。

宋元之际出现了开裆裤，开裆裤就是在绲裆裤的基础上形成的，其形制与绲裆裤没有多大的差异，只是加上裤腰，穿时不再用绳带系扎了。明清以后，一般来说，成年人不再穿用了，成了儿童服装，并延续至今。

战国时期也出现了合裆裤，当时叫“浑”。它的形制特点是将两裆缝合起来，裤管相连后向腰际延伸。在当时有两种样式：一种形制短小，类同今天的短裤衩，叫作“犊鼻裈”；一种形制较长，裤管下长过膝，直接叫作“裈”。两汉时期，这种裤装在下层妇女中穿着比较普遍。

汉代的浑，在形制上要肥大些，好像今天的“灯笼裤”，上束至腰，下长及踝，在裤脚处还用绳带系上。东汉末年，演变为“大口裤”，其特点是整个裤装宽松，裤管肥大，并常常同紧窄的上衣配套穿用，时称这套服饰为“裤褶”。

到了唐代，因为较多的受西域风俗习惯的影响，故妇女很喜欢穿裤装。这时的裤装在形制上恰恰与魏晋时期相反，人们以紧窄为美，裤脚部分有明显的收束，并常与当时流行的胡服配套穿用。胡服是当时西域少数民族的服装，一般为窄袖翻领的长袍，因此具有异域风情。

宋明时期还出现了“膝裤”，样子就像今天没有袜底的长筒袜，上长至膝，下长至踝，所以又叫“袜头裤”。入清以后，还出现了套裤，在北方妇女中穿者稍多。

进入近代以来，妇女穿裤装日益普遍，且因受到西方服饰文化的影响，逐渐改良为西裤。当代妇女的裤装形制多变，尤其青年人的裤装更是多彩多姿，不胜枚举。

最早的雨衣

我国先民使用的蓑衣和笠帽，应该说是我国最早的“雨衣”了。

蓑衣，最早是用草编制而成的挡雨器具。我国在上古时期，人们为了抵挡风雨的侵扰，起初只是用野草裹住身子以遮雨水，久而久之形成了蓑衣。春秋战国时代，百姓在下雨天通常是身着这种草衣来从事劳作的。

蓑和笠的关系，就好像今天的雨衣和雨帽的关系，所不同的是“笠”的制作原料是竹子，而不是草。而且“笠”晴雨两用，既可以避风雨，也可以防烈日酷暑。

我国古代另一种常用的雨具就是“伞”，亦作“繖”。《正字通》说：“伞，御日避雨。可以卷舒者。”先秦时，伞又称为“簦”。我国远在夏商周三代时已发明了雨伞。据《事物纪厚》《六韬》曰：“天雨不张盖幔，周初事也。”《通俗文》曰：“张帛避雨，谓之伞盖，即雨伞之用，三代已有之。”所谓“张帛避雨”，即是用布帛制作的雨伞。

帽子的演变

我国人民在很早以前就发明了帽子。古语中的“冠”、“冕”、“弁”、“帻”等指的就是帽子。

清时人们戴的帽子。

冠是贵族男子的头衣。《礼记·曲礼》：“男子二十，冠而字。”即男子 20 岁就要开始戴冠，戴冠时，要举行“冠礼”，表示已成年。不过那时的冠和现在的帽子是不同的，它只有狭窄的冠梁遮住头顶的一部分，不像帽子盖住全部。

冠产生之后，冠帽之间有了贵贱等级之分，贫贱无身份的人不准戴冠。每一个朝代的冠式、冠制与前代相比都有不同。

汉代冠的形式大体已与帽式相类。冠还得与头帕配合，卑贱者只能戴头帕，未成年者只能戴空顶头帕。这种冠制一直影响到明代。

“冕”比“冠”出现要早，黑色，是一种最尊贵的礼冠。这种“冕”前低后高，表示恭敬，前面用丝线垂面，使目不斜视，两旁用丝线遮耳，表示不听谗言。这种“冕”是帝王专用的，皇子继承皇位，才能加“冕”。

弁是古代贵族戴的比较尊贵的帽子，有皮弁（武冠）、爵弁（文冠）两类。皮弁是用白鹿皮做的，尖顶，类似后来的瓜皮帽。鹿皮各个缝合的地方，缀有一行五彩的玉石。爵弁是红中带黑的弁，也作“雀弁”，比冕低一级，顶上有檐，但前后相平。

帻，即包头发的巾，古代庶民百姓所着头衣的通称。按古代规定，庶人不得戴冠，只能覆以帻。庶人佩戴的帻一般是黑色或青色的，后来发展到贵族也带帻，不过在帻上还要加冠。帻与东汉的幅巾类似，幅巾后来又称陌头，隋唐时叫幞头，它是一种包头用的黑色布帛。中唐以后，幞头逐渐由巾帕变成了乌纱帽。

我国各民族的帽子、头巾，更是五彩缤纷。在古代，辽金人多戴皮帽，元人多戴盔式折边帽，还有维吾尔族的小花帽、土族的毡帽、蒙古族的狐皮帽等。

我国的“冠文化”

冠来源于束发器，它和帽子的区别是，冠上罩住发髻，而帽则盖住整个头颅。冠制也是我国服饰制度中的一个重要组成部分。

上古时代，冠是贵族服饰的标志。夏商时期有了讲究的礼服、礼冠制度，用来显示贵族的身份。那时的冠形还比较简单，通常作帽箍式，它的基本形制与早期的束发器相同。

周代冠的形制有冕、弁两种，冕的基本形制是冠上加一块木笄，前后有垂旒，施以玉珠穿成，随等级差别以及种类、用途的不同而垂旒的数目也有差别，天下最尊贵的衮冕是十二旒，等级最低的大夫玄冕仅二旒。周代以后，这种冕一直为历代所用，作为正式的礼服，一直沿用到清末。

汉代的冠式，都是前高后低，倾斜向前形，其中最主要的有两种，一是文官所戴的进贤冠，一是武官所戴的武弁大冠。

魏晋南北朝时，正式官服多袭汉冠制度，但人们戴冠帽的习惯却有了一些重要的变化。宋代的礼服中仍用冠冕，而一般公服则多戴幞头，帽形平直，辽、宋、元、金各代大多沿用旧制。明代公服中的乌纱帽就是从前代的幞头演变而来的。而清代的冠帽，民间大体沿用明的旧制而稍有变更，官服之帽则废明代旧制，换上凉帽、暖帽。

乌纱帽的由来

在戏曲舞台上，凡是古代当官的，都要戴一顶“乌纱帽”。那么，什么是“乌纱帽”呢？

据说乌纱帽最早是从东晋开始使用的，之后到了隋代，乌纱便成了文官的正式官服，到了唐代，乌纱帽才成为官服最后固定了下来。

东晋时，纱帽并不是只有官员才能带的，而是不分贵贱，臣民皆可戴。而且颜色也并不仅仅是黑色。贵族们用白纱制作，品级低下的官员才用黑纱。

到了唐代，乌纱才定为官服，官员们上朝和宴请宾客时都必须戴，而平时在家则不必戴，有点类似于今天某些行业的大盖帽。1370年，明朝政府规定，凡文武官员入朝，都要戴乌纱帽，穿圆领衫。

乌纱帽起初是用藤条编制的，以藤为里，纱为表，表上涂漆。由于纱经油漆后坚固而又轻便，所以官服用的乌纱帽就去掉了藤里。但在帽的两侧添出两支硬翅。这两支硬翅，从宋初开始，逐渐加长，目的是防止官员们上朝时交头接耳说悄悄话。如果交头接耳，两只帽翅互相碰触，很可能会把纱帽碰掉在地上，皇帝就会发现。

到清朝，乌纱帽虽被顶戴花翎所取代，可“乌纱帽”仍成为人们口头上指称官员的代名词。

顶戴花翎有讲究

满清入主中原后，官服形制和历代均有不同。由于等级观念森严，对官员的服饰有严格的规定，依品质、数量、颜色的不同来区别官位大小，绝对不许滥用。

顶戴，俗称“顶子”，就是官员戴的帽顶。它用不同材料标示出官级：一品为红宝石，二品为珊瑚，三品为蓝宝石，四品为青金石，五品为水晶，六品用砗磲，七品为素金，八品用阴文镂花金，九品为阳文镂花金。无顶珠者无官品。

顶珠下有翎管，用以安插翎枝。翎枝分蓝翎和花翎两种。蓝翎是鹖翎，花翎是孔雀翎，它有单眼、双眼、三眼之分，眼多者为贵。六品以下的官员只赏给蓝翎，五品以上赏给单眼花翎，双眼花翎赏给大官，三眼花翎则是赏给亲王、贝勒等皇族和有特殊功勋的大臣。到道光年间开捐官之例，花翎、蓝翎可由捐而得。

鞋的演变

鞋的历史，已十分久远。新石器时代的中国先民就已经可以用草、麻、葛、木等原料，制成双层底的舄、单层底的屦和履。

到了汉代，履的家族中又增添鞋头的分叉状、双尖翘头方履“歧头履”，鞋头呈圆状的圆头鞋，以及丝线履、素履等等。

魏晋时期一般鞋的前端织有双兽纹饰，配色和谐，鞋式优美。北齐时，上至天子，下至百姓流行穿屐，所谓屐，指有木齿的鞋，它由扁、系、齿三部分组成。

皮靴是战国时孙膑发明的，真正流行却在南北朝时期。这时，高、低两种式样的靴子风靡中国北方。高靴至膝，低靴至踝，上面绣花织纹，是北方游牧文化和中原文化融合后所产生的一系列成果之一。隋统一后，又将袍褂改作通行的装束，自此，贵族不论礼服或便服，皆穿靴子，只有在家闲居时才着鞋。但到唐朝，又一度在正式的朝服上规定，皇帝是白袜黑鞋，大臣为红袜红鞋，而平常才穿靴穿袍。

宋代在中国履制史上是一个重要的时期，一方面履制的等级性大为强化，文武官员分别按品级服色饰靴边缝滚条。更重要的是，由于妇女的缠足习俗，女鞋形小而尖，弓鞋对缠足习俗起了推波助澜的作用。

明、清时期，鞋的式样趋向精美，也趋向实用。饰有“福”字的福字履，寄托着人们对未来的祝福。睡觉时穿的睡鞋柔软舒适。大棉鞋又称“老头乐”，厚实而暖和，在寒冷的冬季，老年人穿着它能免却冻困之虞。草鞋、布鞋、拖鞋也已遍及民间，其式样与现代几乎并无二致。

高跟鞋的来历众说纷纭，也有人说高跟鞋源于中国。六朝时已有高跟木屐。满族妇女古时所穿旗鞋，有的跟部高达五寸以上。

在中国，凉鞋最早是由拖鞋演变而来。拖鞋，古称鞋，始于汉代。随后，相继出现了麻凉鞋、布凉鞋、皮凉鞋。

古代的袜子

袜子，在古代又称为“足衣”。它大体上是随着衣服、鞋子同时出现的衣饰。

袜子的最初形式，可能只是用一小块布、皮包裹于足上，后来才按足形缝制。汉代以前的袜，都是用皮革制作的。到了东汉，才有丝织品制成的罗袜，是较贵重的足衣，非一般常人所能穿用。

布袜从文献上看要到唐代才有，但以理推之，当在罗袜出现的同时就应有了。至此，古代袜子的种类齐备（针织袜要至近代才有），后来不过在式样上有长筒（长筒袜多上半截开衩，穿入后用带结束）、短筒，圆头、尖头之分，装饰上有刺绣、纹饰等新花样罢了。

制袜工艺。

古代男子多穿素色袜而女子则穿织绣各式花纹的袜子。穿袜的习俗也有所演变，在以跪坐为主要礼节时，登堂入室不仅要脱履，而且要解袜，其后又仅脱履而不解袜，跪坐转为高坐之后，则在正式场合跣足为不敬。

熨斗小史

据说熨斗最早历史可追溯至商代，原

作为刑具而发明，专门熨烫人的肌肤，到了汉代，其功能才开始用于熨烫衣服，后来流传越来越广，并流行于明清。

晋代的《杜预集》上写道："药杵臼、澡盘、熨斗……皆民间之急用也。"由此可见，熨斗已是那时民间的家庭用具。汉魏时期的熨斗，是用青铜铸成，有的熨斗上还刻有"熨斗直衣"的铭文，可见那时候的我国古代劳动人民就已懂得了熨斗的用途。

有关"熨斗"名称的来历，基本上有两种解释。一是取象征北斗的意思，东汉的《说文解字》中解释："斗，象形有柄。"清朝的《〈说文解字〉注》中写："上象斗形，下象其柄也，斗有柄者，盖北斗。"二是熨斗的外形如斗。

熨斗在汉时称"威斗"，唐时称"金斗"，宋时称"火斗"，明时称"焦斗"，一样的东西，各时期叫法不同，各地叫法也不同。

在古代，熨斗为民间常用器，富贵人家则用料华贵，制作精巧，雕龙刻凤，柄也考究。汉唐时"斗"内加入热水就可以使用，明清时期改用木炭加热使用。

可见，熨斗在我国很早就开始使用了，但自 1913 年美国理查德森研制成功电熨斗后，中国式的古代熨斗便逐渐退出了历史舞台。

古代的眼镜

我国考古学家曾多次在明朝以前的坟墓中挖掘出眼镜来，说明在明代以前，我国就有眼镜了。

早在 13 世纪末，从欧洲大陆千里迢迢来到中国旅行的意大利著名旅行家马可・波罗，曾经在 1260 年记下了一些中国老年人佩戴眼镜阅读图书的事。可见在那时候，眼镜在我国已经很普遍了。

多数的考古学家认为，眼镜出现于中国南宋时期，发明者是狱官史沆。那时，中国眼镜的外形是一个椭圆形的透镜，透镜是用岩石晶体、玫瑰色石英、黄色的玉石和紫晶等材料制成的。

当时，人们把佩戴眼镜看作是一种尊严的象征。因为制作眼镜镜框的玳瑁被认为是一种神圣和珍贵的动物，而透镜的制作材料又是各种非常稀有的宝石，价格异常昂贵。所以，那时的人们佩戴眼镜并不是为了改善视力，而为的是能交到好运和提高身份。正是因为当时人们只重视眼镜的价值而不注重它的实用性，所以在平民百姓当中并不十分流行。

古代香料的使用

香料，是指在常温下能发出芳香的有机物质，天然香料一般从植物或动物体内获得。在日常生活中，香料的应用很广泛，除用于医药保健外，还用于烹调和化妆等许多方面，至于宫廷典礼和宗教活动中，香料更是不可缺少的常物。

香料的使用方法，最早是直接将芳香物挂于衣间房中，使其自然挥发。稍晚一点，用火焚，就是靠温度把芳香蒸送于空气中，叫作"薰香"，我国早在汉朝时已用此法。用于日常起居，清洁空气的“薰香”，一般使用特制的香炉，焚香时，香气自炉中冉冉而出，浮漾于室内。

古代用香料，还讲究各种香的配合，以造成种种不同的香气，古书中曾记载了许多配香的“香方”，就是人们长期实践，行之有效的配方。这些对我们今天的香料制造业来说，也是很有价值的。

古代妇女的发式

自从新石器时代结束了原始先民们披发覆面的习惯之后，辫发、绾发，成为人们通行的发式，这是人们生活起居习惯的一个显著进步。

夏、商、周时期“女子许嫁笄而礼之”。女子 15 岁如已许嫁，或 20 岁未许嫁都要举行笄礼，即将头发梳向头顶挽髻，插上笄。在商末周初，妇女梳髻之后，在髻上再横贯一支长十五六厘米以上的笄，以固定髻。

古代妇女头上的发髻。

东周时期辫发又分为双股、长辫两种，垂于腰部以下。此时妇女的发式以辫发和发髻为主要样式，大约到战国以后，发髻才广为流行，梳理出各式各样的发髻来。

战国至秦汉的 700 年间，社会上层妇女以梳发髻为主，战国时梳的发髻，先挽发到头顶，再盘发为髻，也有的梳髻如银锭式，垂于颅后。秦时妇女，不在头顶上绾发髻，髻梳得很低，垂于颅后。

汉时，宫中及上层社会的妇女梳髻多样。有的妇女为美饰发髻，除用金玉发簪插髻以外，还常常以缀珠的步摇插在头上作装饰，显得美丽、高贵。

魏晋时期，贵族妇女中广为流行一种叫“倭堕髻”的发式，梳髻方法是总发于顶，于颅正中绾一发髻，髻根松低，这种发式直到隋唐仍受到妇女们的青睐。

隋唐五代年间，妇女发式总体上来说，有两种类型，一种是发髻梳在颅后；一种是发髻梳在头顶；同时还流行“义发”，即假发，即使真发，也有人在其中夹假发，用以增加髻的高度或者使发髻蓬松。

宋代妇女发式继承唐风，也流行高髻。明朝自都城北迁之后，逐渐融合北方少数民族的生活习俗，妇女的发式也有所变化。明初，妇女发髻尚平，发髻钗簪多用珠翠，不用金银。到明末，妇女发式趋向高髻，并以蓬松为尚，发髻上装饰趋于华贵，头饰以金银钗簪为主。

古代妇女如何化妆

化妆术在中国很早就有了。单从出土的战国时期楚俑，便可看出当时已有敷粉、画眉及胭脂的使用，再往前甚至可追溯到夏、商时期。

古代的农业社会一向自给自足，连化妆品也不例外，大都以天然植物、动物油脂、香料等为原料，经过煮沸、发酵、过滤等步骤而制成。先秦时期，人们已懂得用红颜色涂在脸上当胭脂，将琐（即美玉）挂在耳上作为装饰品。秦朝时，已有人用修画眉毛、脸上涂红来化妆了。

到了汉朝，女子化妆很是普遍，化妆品也有所发展。当时不仅已能制作化妆用的粉，而且可以专门生产颜料。

随着社会的发展，一些贵族妇女已不满足于一般的涂脂抹粉，她们争艳斗奇地在脸上画上各种花纹图案，或将翠珠、金铂镂贴在脸上作“妆靥”。南北朝的宋武帝刘裕之女寿阳公主，就曾摘取梅花，粘贴在前额上作为装饰，时人称为“梅花妆”。后来，“梅花妆”便流行开来，历经隋唐五代，至宋代时仍盛行不衰。

晚唐时最为流行的化妆术是花钿或花子，即在妆靥中所贴的花纹图案，大都贴在额上、眉间、两颊、鬓旁。

唐时妇女盛行化妆，出现了很多妆容样式，如催妆、红妆、晓妆、醉妆、泪妆、桃花妆、仙蛾妆、血晕妆等等。

古代化妆人多为贵族妇女，化妆时多有婢女相助，一般要花一两个小时，有时半天才能完毕。而民间女子一般只有在出嫁时才能精心化妆一番。

在强调女性“大门不出，二门不迈”的古代社会，“女为悦己者容”无疑是女性最大的乐趣及关注所在。

古代妇女不仅以粉饰面，两颊涂胭抹红，修眉饰黛，点染朱唇，甚至用五色花子贴在额上，增添美丽的效果。每一个朝代由于社会背景、政治经济制度、道德观念、风俗民情等的不同，对美也都各有不同的定义。可以说，环肥燕瘦，美或不美，真的是要因人因时因地而异了。

现在使用的化妆品大都是化学制剂，它们是否具备治疗作用姑且不论，不少化妆品还刺激皮肤、黏膜，引起过敏，往往弊大于利。其实，早在唐代我国就已有药物化妆品和中药美容剂。那时，人们十分注重仪容，贵族阶层盛行使用面脂、手膏，口脂等药物化妆品。《红楼梦》里的荣宁二府的公子、小姐乃至丫环都有搽香的习惯，他们自己制作香脂，涂于脸上、手上，有保肤、美容等作用。

耳的修饰

戴在耳垂的妆饰，古时称为填、珰，也称珥。有的呈环形，戴时穿过耳洞。有的为坠形，上部制成一弯钩，将弯钩钩在耳洞中，下坠以各种形状的饰件。

穿耳的习俗始于周代，据文献记载：“母之于女，恩爱至矣，穿耳附珠。”历朝妇女的耳饰也不断地丰富发展，多彩多姿。

到汉代，已有后妃戴耳环的记载。随着妇女妆饰的发展，耳环由大变小，又由小变大，从简单到复杂，经历了许多创新、改造的过程。到清代，耳环、耳坠、耳钳等名称都是珥的同名。

清朝统治者在入关前，满洲贵族男女都有扎耳洞戴耳环的习俗。宫廷女眷，耳饰时兴戴多环，五六环或八九环不等。后来又戴珠串耳钳，一耳四钳，都属正常。清入关后，男子“耳垂金环”被废止，女子戴耳钳的习俗仍沿袭下来。

清代服饰制度规定，皇后、妃、嫔、公主、福晋戴耳环，多至三对。耳环都以珍珠为质料，每串两颗，用金片间隔，上端饰金钩。在制度规定以外，后妃平日戴耳环、耳坠多种多样。清后期，满汉融合，风俗习惯逐渐统一，满族妇女耳饰也由多副变为一副。这些耳饰选材精良，花式多样，寓意吉利。

戒指漫话

戒指，是一种戴在手上的饰物。史书中称其为“约指”“彄环”“手记”“代指”等。中国古代在原始社会就有戒指了。大汶口－龙山文化时期的墓葬中有骨戒指出土，有的戒指上还嵌有绿松石。

最初，戒指是一种“禁戒”“戒止”的标志。当时皇帝有三宫、六院、七十二嫔妃，在后宫被皇帝看上者，宦官就记下她陪伴君王的日期，并在她右手上戴一枚银戒指作为记号。当后妃妊娠，告知宦官，就给戴一枚金戒指在左手上，以示戒身。宫廷中，后妃群妾将戒指作为避忌的一种特殊标记，当有了身孕或其他情况不能接近君王时，皆以金指环套在左手，以禁戒帝王的“御幸”，平时则用银指环，套在右手。

后来，戒指传到民间，去其本义，以为美观，久之便成为风气。明代都邛《三余赘笔》记曰：“今世俗用金银为环，置于妇人指间，谓之戒指。”从字面分析“戒”字含有禁戒之意。因此，妇女在当时戴戒指，并非为了炫美，也非为了装饰，而是以示警慎，起着禁戒的作用。

在今天，戒指已脱离了原来的含义而变为纯粹的装饰物品。男女互爱，互相赠送，山盟海誓，以此为证，它象征着友谊、爱情和幸福。

荷包趣说

荷包原是宫廷贵族佩戴的饰物，是可以装盛零星物件的小囊。古人很讲究“腰间杂饰”，佩戴荷包的历史可以追溯到先秦或更早的时期。《礼记・内则》已有记载，当时的年轻人在去往父母、舅姑处时，随身都要佩戴香囊，以表示对长辈的尊敬。

佩戴荷包、香囊的习俗从唐、宋、元、明一直延续到清末民初，应用十分广泛，上至王公贵族，下至黎民百姓，无不随身戴着荷包。

荷包精美实用，是随身必备之物，因此深受人们喜爱，也成为男女传情的重要信物。定情荷包做工考究，样式上有长方形、圆形、菱形、鸭蛋形、葫芦形、鸡心形、腰果形、花瓶形、银锭形等；刺绣针法上有平绣、锁绣、钉线绣、戳纱绣、十字绣、盘金绣等；花纹更是多种多样，“并蒂莲”“鸳鸯鸟”“两鲤鱼”“双蝴蝶”“和合二仙”等，都寄托了对情人的爱恋之情。

第三编　民俗礼仪

何谓五礼

在古代，“礼”字本有广狭二义。广义的礼，可以是指一个时代的典章制度，比如夏礼、周礼等；狭义的礼，则专指人们的行为规范、规矩、礼节。

春秋以后，社会发生变革，古代礼仪逐渐被废弃。礼家着手整理、阐析其意义，并加以系统总结，编辑为五大类，以吉、凶、宾、军、嘉为类目名称，总称为“五礼”。

五礼之首是吉礼。吉训为福，是事神致福的意思。

凶礼包含五种，为丧、荒、吊、襘、恤五种典礼。

宾礼包含八种，其中朝、宗、觐、遇、会、同、问、视都是天子款待四方诸侯来朝会的典礼。

军礼包含五种。军旅与祭祀同样重要，诸侯有不顺服的行动，或者在执行王朝所颁制度时有僭越行为，就得用暴力威慑。

嘉礼包含六种，有的包含两种相近的典礼，有的只有一种典礼，有的只是杂仪。

冠礼与笄礼

在古语中常会看见“二十而冠，十五而笄”的语句，这说的其实是古代的一种成人礼。冠礼是古代汉族男子的成人礼，而笄礼则是古代汉族女子的成年礼，又称“上头礼”。

在我国古代，男子在加冠前称为“童子”，接近加冠的年龄称为“弱冠”之年。据《礼记·曲礼》：“男子二十，冠而字。”“冠而字”就是“加冠称字”。这是因为在古代，每个人都有名和字。名是在人出生三月便取定的，而字则要等进入成年后才取，由成年礼上制定宣布后使用。因此，成年礼也就是人生中的第二次命名礼，或叫称字礼，有着十分重大的意义。

冠礼的过程就是男子到了 20 岁时，在宗庙所行仪式中，将头发盘起来，戴上冠（即穿礼服时所戴的一种帽子），然后再由父亲或其他长辈、宾客给取一个表字。加冠这一年，称“冠年”或“及冠”。加冠时，要隆重设宴，宴请宾客，宾客则应送上礼物表示祝贺。

“笄礼”多流行于汉族地区。即是把头发盘结起来，加上一根簪子。两周时女子“加笄”礼一般在15岁时举行，所以人们用“及笄之年”代指女子从14～16岁这个年龄阶段。这个仪式民间也多在临嫁前举行，届时，请一位多子多孙的老妇，给女孩修额，用细丝线绞除面部汗毛，洗脸沐发，换髻加簪，然后再拜祖先和父母，聆听父母教诲。

其实成年礼最早来自原始社会中男女青少年进入成年阶段时举行的一种仪式。亦称“成丁礼”、“入社式”。目的在于把达到性成熟期的青少年引进成年人的生活中，主要内容是进行一种带有宗教色彩的社会教育。

男左女右的由来

结婚照相的时候，男的往往排在左边，女的排在右边，如果颠倒位置，就违反了“男左女右”的习俗。那么，这种习俗是怎么形成的呢？

说起来，“男左女右”已有两千多年的历史了，它和古代人的哲学观关系非常紧密。我国古代哲学认为，宇宙中通贯物质和人畜的两大对立面就是阴阳。大自然和生活中的上下、前后、左右、大小、长短、高低等等，古人将其归类为上、前、左、大、长、高为阳，下、后、右、小、短、低为阴。阳者刚强，阴者柔弱。人的性格或性情，男子性暴刚强，属阳为左；女子性温柔和，属阴为右。

“男左女右”在中医应用上也有实际的科学意义。中医把脉诊病，若病人是男子，则先诊左手脉，且以其为主，叫作气分脉，把此脉已可判断病情；如病人是女子，则取右手血分脉，诊脉断病才十拿九稳。

磕头习俗的由来

在两三千年以前，中国人就以磕头跪拜来表示礼貌尊敬了。现在，虽然用得少了，但在祭祀、拜神、或是婚丧大礼的时候，仍经常看到磕头的礼节。磕头是怎么来的呢？

在东汉之前，是没有椅凳的，人们都是席地而坐，下至平民百姓，上至豪门贵族甚至万人之上的帝王，一律坐在地上。区别只在于有没有坐垫，何类坐垫而已。当时，人们坐于地时，为了方便站立起来和臀部下腹不受潮湿和寒气的侵袭，人们习惯两膝着地，屁股坐在自己两腿和脚跟上，有点相当于现在日本人的坐姿。

这样坐时，当有客人或长辈到来，或谈话中要表示感谢时，很自然地就会从跪坐变成引身而起，即上半身直立起来，变成小腿着地的跪姿，接着俯身曲背双手撑地表示恭敬，跪拜礼由此形成。再后，发展成多次俯身，即是磕头礼了。

汉代后，有了凳子、椅子，出现了双手抱拳的作揖礼，以及后来的点头鞠躬礼。但在表示最大恭敬时，人们仍沿用下跪磕头的习俗，直到现在。

跪拜礼

在一些反映古代历史的戏剧和电影

中，我们经常看到古代人民行跪拜礼。为什么会产生这样的生活礼节呢？这要从古代人们的物质条件和生活习惯谈起。

我国在汉以前，还没有正式的凳椅。人们在进食、议事、看书时，只是在地上铺一条用芦苇、竹篾等编成的铺垫用具，即席子，人就坐在席子上，故称“席地而坐”。

但这种“坐”的姿势，和我们现代人的“坐”完全不一样。坐时要两膝着地，然后将臀部坐于后脚跟之上，脚掌向后向外。古人的“坐”，实际上就是我们现在的跪。在接待宾客中，每当“坐”着向客人致谢时，为了表示尊敬，往往伸直上半身，也就是“引身而起”，使坐变成了跪，然后俯身向下，就这样，逐渐形成了日常生活中的跪拜礼。

古人认为，不跪不叫拜。拜，在古代就是行敬礼的意思。按照周代礼仪的规定，当时对跪拜的动作和对象，作了严格的规范，共分稽首、顿首、空首，称为“正拜”。行稽首礼时，拜者必须屈膝跪地，左手按右手，支撑在地上，然后，缓缓叩首到地，稽留多时，手在膝前，头在手后，这是“九拜”中最重的礼节。一般用于臣子拜见君王和祭祀先祖的礼仪。

行顿首礼时，其他和稽首相同，不同者拜时必须急叩头，其额触地而拜。一般用于下对上的敬礼。

行空首礼时，双膝着地，两手拱合，俯头到手，与心平而不到地，故称“空首”，又叫“拜手”，这是“九拜”中男子跪拜礼的一种。

“抱拳”和“合十”

抱拳，在旧小说里也称“拱手”。在古代，抱拳是一种常用的礼节性动作，是指两拳相抱，用来表示敬意。现在也有，在过春节时，人们习惯以抱拳的方式来向人发出“恭喜发财”的祝福。

而佛教徒或僧人见面时，为表示尊敬的礼仪，并不是抱拳，而是将双手伸平合在一起，放在胸前心门窝上，欠身行礼，这称为“合十”，也叫作“合掌”。

古代抱拳礼。选自《百孝图》。

“抱拳”或“拱手”在很早的时候就有了。《论语》中便有“子路拱而立”的句子，可见两千多年前孔夫子的学生已拱手行礼了。

那么，将两只手抱在一起，是什么意思呢？这要追溯到古代奴隶社会了，古代部族间征战，胜利的一方总会俘虏大批异族，然后强迫这些俘虏做他们的奴隶。这些奴隶在劳动之余，像囚犯般被戴上枷锁以防逃跑。后来人们的“抱拳”礼，即做出双拳合抱，像是戴着枷锁的样子，意思是愿作对方奴仆，用来表示最大的恭敬。

“合十”或“合掌”也有着悠久的历史，这种佛教礼仪应是从印度传入我国的。将两只手掌合在一起，当然是十指两两相对，所以叫“合十”。十指合一，放于胸前以示恭敬，人们常说十指连心，现在，将合一之连心手，向被敬之人诚心献上，当然是最崇敬的礼节，是佛徒佛门必作之礼。

因此，抱拳和合十虽都是对人表示尊敬的意思，但抱拳人人都可以用，而合十则只适合于佛教徒或僧侣。

古代请安的礼节

请安是旧时的一种问候礼节，也就是问安，是卑幼对尊长起居的问候、问好。古人讲究礼仪，对父母尊长要早、晚请安，远别和回归时的请安更为隆重。

古人请安问好往往是拱手高举，自上而下的相见礼，即“长揖”，这是不分尊卑皆可使用的礼节。除了“长揖”之外，较为重要的请安礼节还有“拜”、“叩首”等。长跪、弯腰，垂手直至地为“拜”，拜时，头低垂至地，并略停留，叫“稽首”或“叩首”，俗称“磕头”。

官场上的请安较为正式和繁琐。宋代下级参见上级，就在堂上列拜，又有“趋庭”之仪，就是碎步疾行通过庭院，以表示敬意，当然顶头上司是用不着回拜的。但同级官员相见，是要行对拜行礼的。明代官员相见，仅揖拜行礼。大小衙门官员每日见长官行揖礼，见副长官行肃揖礼（直身推手）。

老百姓请安，则相对简单得多。一般是幼者向长者行礼，子孙弟侄甥婿等晚辈见尊长、学生见老师、奴婢见家长，一般只是行揖礼，久别不见会四拜行礼。其余亲戚久别行二拜礼，近别行揖礼。

“裹足”史话

旧时，妇女都裹足，以使足部变得纤细弱小，这种风气始于五代十国南唐后主李煜时期。

李煜，是五代十国南唐最后一个君主，他好读书，善作文，工书画，知音律，但在政治上却是一个昏君，在南唐政权岌岌可危之时，他仍怠于政事，用情声色。

有一个宫女轻盈善舞，用帛缠足，足纤小，弯屈如月，她穿着素袜在六尺高的金制莲花上跳舞，飘飘然若仙，很得后主喜爱。于是李煜便传令让宫中嫔妃都要缠足，并且认为足缠得越小越好，走起路来婀娜多姿，并以什么“三寸金莲”、“三寸弓鞋”作为衡量“娇娘”的标准。

到了宋朝以后，民间妇女也争着效法，缠足之风很快遍及全国，男子求偶也将大脚小脚作为衡量女方美丑的标准之一。

但是，女人缠足实际上是一种陋俗。缠足使女性肢体深受其害，“骨节折落，皮肉溃脱，创疡充斥，脓血狼藉”，还使女性无生存自卫能力。据《陔余丛考》记载，清康熙三年，曾下诏禁止女子裹足，但仅仅过了七年，又开禁了。太平天国也曾禁止缠足，在势力所及的范围内，女子停止了裹足。但在全国范围内，直至辛亥革命以后，缠足之风才渐渐废绝。

报生礼习俗趣谈

所谓“报生礼”，就是婴儿出生后，父亲和家人以不同方式到婴儿外公外婆家、亲朋邻居家报告喜讯的礼节。我国疆域广阔，各地流传的报生礼也不尽相同。

婴儿诞生后，首先要去外婆家报喜，这俗称为“送喜果”，是我国古代普遍流行的一种习俗，今天大部分农村仍保留有这种习俗。有去报喜的新生儿父亲，常会携带荔枝、龙眼、花生及染成红色的鸡蛋（俗称“红蛋”或“喜蛋”）等礼物，但以红蛋为主。红蛋的数目，生男为单，生女为双，有的地方生女不送红喜蛋。

外婆家接到礼物后，会准备喜蛋、衣裙等物送还。接到外婆家所送的喜蛋，要按照男单女双的数目分送亲友，而亲友则以火腿、桂圆馈赠，现在社会生活中的“发喜糖”、“发红蛋”的习俗就是这种“送喜果”习俗的沿袭和继续。

从我国古代的报生礼仪中，还可以看出一种明显的“男尊女卑”思想。旧时，生男被称为“弄璋之喜”，璋是佩玉，表示富贵、尊贵，要大庆贺；生女被称为“弄瓦之喜”，瓦是纺锤，表示女工，庆贺从简。

在“报喜”时也一样，小孩出世时，如果是男孩，接生婆就会对生母大叫“大喜”，如果是女孩，接生婆则不说话。一些地区或一些少数民族，若生女孩，娘家的贺生礼物会明显少于生男孩。

抓周习俗的由来

古时候，父母在孩子刚满一周岁那天，在吃中午那顿“长寿面”之前，要在他（她）面前放上一些有象征意义的物品，诸如笔墨纸砚、珍宝玩具、服饰胭脂、瓜果点心等，不予任何诱导，任其挑选，看孩子抓取何种物件，预测其一生的性情和志趣。这种仪式名叫“抓周”，又称“晬盘”、“试儿”，它是我国一项古老的风俗。

抓周。

据史书所载，此风俗始于魏晋南北朝。《颜氏家训·风操》有述：“江南风俗，儿生一期为制新衣，盥浴装饰，男则用弓矢纸笔，女则用刀尺针缕，并加饮食之物及珍宝服玩，置之儿前，观其发意所取，以验贪廉智愚，名之为试儿。”一期，即一周岁。

当时，人们认为，如果婴儿抓弓矢，长大后习武为将；抓纸笔，长大后习文为儒；如抓珍宝服玩，则长大后贪婪爱财或玩物丧志；女婴如抓刀尺针缕，长大后即为贤妻良母……

唐宋时期，抓周已很流行，民间十分重视，仪式也很隆重。《梦粱录·育子》篇中有关南宋时杭州风俗说：“至来岁得周，名曰‘周晬’，其家罗列锦席于中堂，烧香秉烛，顿果儿饮食，及父祖诰敕、金银七宝玩具、文房书籍、道释经卷、秤尺刀剪、升斗戥子、彩段花朵、官楮钱陌、女工针线、应用物件、并儿戏物，却置得周小儿于中座，观其先拈者何物，以为佳谶，谓之‘拈周试晬’。”

舞龙习俗的来历

舞龙，又称“龙舞”、“耍龙”、“闹龙灯”、“玩龙灯”、“龙灯会”。每逢节日来临之时，我们一般都会看到舞龙的盛景。

舞龙主要是为了祈雨祈福。有这样一个传说，战国时的鬼谷子一次和金角老龙相遇，鬼谷子说：“我通过掐算得知，最近有雨，城内三十六点，城外四十八点。”金角老龙有意让鬼谷子的预言落空，便故意在城内下了四十八点，城外下了三十六点，结果城内不少老百姓死于水患。

后来这件事被玉皇大帝知道了，大为震怒，贬黜了金角老龙。为了赎罪，老龙便在每年的新春到来之际，逐门逐户地向老百姓鞠躬赔礼，并承诺一年的风调雨顺。

于是，人们便根据这个传说，用竹条、铁丝、绸缎、纱布扎制成彩龙，每逢过节时都拿来舞耍一番，表达欢快喜悦之情，也寓意老龙臣服，天遂人愿。

据考证，在先秦时期，舞龙已经很流行了，到汉代已有了相当大的规模，形式也多有讲究。汉代人春旱求雨舞青龙，炎夏求雨舞赤龙或黄龙，秋季求雨舞白龙，冬天求雨舞黑龙。这些龙长达数丈，每次出动五至九条不等。

现在，在不同的地方，舞龙也各具特色。在湘西山区，流行舞一种“龙头蚕身灯”。该灯由“龙”的头和“蚕”的身与尾组成，制作考究，形体小巧。南方一些地方流行舞草龙，由柳条、青藤、稻草扎成，夜晚舞耍时，龙身上满插香火，因而又称“香龙”、“香火龙”。

舞狮习俗的缘起

舞狮在我国有着悠久的历史，但是我国原本并没有狮子。从西汉起，狮子才开始由“丝绸之路”进贡到我国。由于狮子是舶来品，因此它就被翻译成了各种名称。汉朝文献中最常见的是“狻猊”或“狻麑”，后来取第一音“师”，加个犬字旁，成为现在习称的“狮子”了。

狮子从西域传入我国之时，随行的“驯狮郎”也在皇宫禁苑表演驯狮舞蹈。后来，驯狮舞蹈与我国早先扮兽做戏的演出方式相结合，演变成舞狮的形态。

自晋及隋唐，随着佛教的盛行，舞狮的风俗也逐渐在民间得到普及。尤其是唐代，各式各样的舞狮蔚然形成，已经有如今常见的两人舞狮的形式。宋、元期间，舞狮已是各种节庆应景的必不可少的表演。明代开始，舞狮的技巧越来越高，从室外舞到室内。清代以后，舞狮更结合了武术艺术，变成广受喜爱的民间活动，声名远播海外。

生日为何送寿桃

在中原和豫北地区，每逢祝寿，尤其是给老年人祝寿，儿女们都要送上一份寿礼，以此来向老人祝寿，祝贺他（她）们健康、长寿、幸福。而民间寿礼中经常要送个寿桃。

据说送寿桃祝寿的习俗是从孙膑开始的。

战国时，齐国的孙膑 18 岁时离家，到千里之外的云蒙山，拜鬼谷子为师学习兵法。在孙膑刻苦学习的 12 年中，从来没回过一次家，也没写过一封家信。

有一年五月初五这一天，孙膑猛然想起，今天是母亲 60 岁生日，便向师父告假回家探母，临行前，鬼谷子摘下一个桃送给孙膑说：“这桃是不轻易送人的，我送你一个带回去给令堂上寿。”

孙膑回到家，看见母亲面容憔悴，赶忙从怀里取出师傅送的桃给母亲，老母亲接过桃吃了后，容颜大变，皱纹一扫而光，青丝如墨，双目明亮，牙齿重生。

后来，人们纷纷效仿孙膑，也在父母生日的时候，送上鲜桃祝寿。在冬春初夏没有桃子时，人们就用面粉做成寿桃，蒸熟了送给父母拜寿。此后，这个风俗广为流传，一直到今天。

历代的婚龄

我国在西周时期，通行的婚龄制是男子三十而娶，女子二十而嫁。那时的人们认为，男子三十时筋强骨壮，可以做父亲；女子二十发育成熟，可以当母亲，这反映了当时人们对生理知识认识水平的提高。

媒人陪伴新郎进女家。

西周以后，历代王朝开始逐渐将婚龄降低。春秋时期，各诸侯为了争夺霸权，需要加快人口增殖，以便增加劳动力和兵源，于是采取了一系列的早婚政策。如齐桓公就规定，男子三十成家，女子十五出嫁。越王勾践规定：男子二十不婚，女子十七不嫁，罪及父母。

汉代也规定，女子年满十五岁还未出嫁者，就要缴交五倍的赋税。以法律的形式强迫人们早婚，这也造成了很多父母不懂怎样抚养教育儿女，婴儿死亡率增高的现象。

西晋规定，女子年满十七岁，父母不为其出嫁的，由地方官吏择配，北齐时甚至曾把杂户中子女年二十以下，十四以上未婚嫁者全部征集服役。北周时男十五，女十三以上都要婚嫁。

唐朝初年，为了缓和社会矛盾，曾对婚龄有所放宽，规定男子二十娶，女十五嫁。到唐中叶时，又改为男十五以上，女十二以上都要婚嫁，否则就会由官府干预。此后，自宋至清，法定的婚龄都在男十六、女十四左右。

在历代统治者的压迫下，广大社会民众也逐渐接受了这种早婚政策，并形成了一种早婚早育的传统观念。直到近代，法定婚龄才开始逐渐提高。民国“民法”规定男未满十八岁，女未满十六岁，不得结婚。新中国成立初期，我国婚姻法规定男二十岁，女十八岁，始得结婚。现在婚姻法规定：结婚年龄，男不得早于二十二周岁，女不得早于二十周岁。

婚姻中的“六礼”

所谓婚姻“六礼”，是指六种婚姻礼节。以六礼为代表的婚姻礼仪，是古代婚姻礼制的主干，在我国延续了 2000 多年。

“六礼”，早在周朝时期就已经出现了。六礼的名称分别是纳采、问名、纳吉、纳征、请期、亲迎。

纳采，是婚姻程序的开始，即男方派人送礼品到女家，表示愿和女家结亲。女方如不同意，便拒绝收礼。

问名，即女家接受男家的求婚意向后，男方修书与女家，询问女方的生辰年月，以及姓名排行等。问名不单专对女方，男方也向女方出具其子的姓名、生辰等。

纳吉，即男方将探问的结果，到宗庙里卜问这门婚姻的吉凶，如得凶签，便止婚；如得吉签，就通知女方，双方婚姻关系正式敲定。

纳征，也叫“纳币”，即男方遣使带财礼与女家订立婚约，也就是后世所说的“下彩礼”、“下茶礼”，这是正式的订婚仪式。聘礼通常是深红和浅红的衣物、束帛、鹿皮三样，不重不丰，多是礼敬的象征。

请期，即男方确定婚期后，就将日期写在帖上，备上礼物通知女家。女家若收下礼物，说明女家同意这个婚期；若不收，婚期只好另择。这就是后世所称的“下日子”、“定日子”和“下婚书”。

亲迎，即婚姻六礼的高潮。指到了结婚的日子，男方先去女家，女方父亲在门外迎接，带女婿去祠庙拜祭祖先。车或花轿停在大门外，女方来到车（轿）旁，男方长揖，请女方上车（轿）与之同归，亲迎以后，整套婚仪结束。

陪嫁溯源

嫁妆，古时称为“妆奁”，原指女子梳妆用的镜匣，后则泛指女家陪送出嫁女儿的一切兼备实用性和礼仪性的物品，故又叫“陪奁”或“陪嫁”。

关于陪嫁的缘起，民间有不少传说。有一种说法称，嫁女办陪奁是文成公主出嫁时兴起的。

唐朝贞观年间，吐蕃王派使臣带上黄金珍宝为聘礼来到长安，请求娶公主为妻。吐蕃使臣能说会道，唐太宗无法推却，于是答应将文成公主嫁给吐蕃王。公主听说皇上要将自己嫁到几千里远的地方去，非常不愿意，终日茶饭不思，以泪洗面。

这可把唐太宗急坏了，便找大臣魏征商量。魏征建议皇帝将公主平时使唤的丫环、奶娘一齐陪嫁，再把她喜爱的家具用品、珠宝玩器也一同送给她。唐太宗将此计划对公主一说，公主也不好再说什么，就答应了下来。

唐太宗十分高兴，立即命匠人根据公主平时的喜好，做了龙凤床、鸿雁柜、孔雀屏、八仙桌、象脚凳、锦缎被、彩虹镜。镜子背面还嵌进了唐太宗夫妇的画像，好让公主思念父母时见像如见面。到公主远嫁启程那天，唐太宗亲扶公主上车，又选了一位王子率领300名亲兵护送，凡公主使唤的丫环、奶娘及其他珍宝器玩、经典书籍、琴棋书画、梳妆器具等，一概陪送入藏。

此后，唐太宗嫁女陪嫁物品的礼节传到民间，人们便把这些物品称为陪奁，而送陪奁的礼俗也一直流传至今。

媒妁婚与聘娶婚

古代，在宗法组织日益巩固时，家境富有的女子，便开始请媒人来代办婚嫁手续，于是兴起了媒妁婚。

媒妁婚制在东周时已确立。《礼记·曲礼》上说“男女非有行媒，不相知名”，《礼记·坊记》说“男女无媒不交”，其意都是表明媒妁是介绍男女交往的中间人。《战国策》上曾说，处女无媒，即使年龄再大，也不能出嫁，倘若不用媒妁而自媒出嫁，那就要落得世人耻笑，甚或疑为不贞。

婚礼中的聘礼。

与媒妁婚同时出现的是聘娶婚。“聘”的含义有三点：第一是父母之命，第二是媒妁之言，第三是要有聘约。男子要以聘的程序而娶，女子也要按聘的程序而嫁。聘娶婚的关键是受币交亲，其性质仍然具有买卖性。

聘娶婚在周代已从礼制上加以确立，这就是规定了“六礼”。

“父母之命，媒妁之言”坑害了不知多少青年男女，它完全无视婚姻当事人的意志。孟子说：“不待父母之命、媒妁之言，钻穴隙相窥，窬墙相从，则父母国人皆贱之。”没有父母的同意，媒人的牵线，就从门缝看看对方，或是穿墙私奔，都将被父母或世人视为极端可耻的事情。

童养婚与指腹为婚

所谓童养婚，即指男家有了子嗣之后，抱养幼女并包办订婚，到适龄期与本家儿子结婚的一种婚姻形式。这是一种包办婚姻和买卖婚姻相结合的典型形式，带有极大的剥削性和强迫性。被抱养之幼女或少女，即童养媳，她们往往被迫早婚，生儿育女，还要侍奉公婆丈夫。这种婚姻多不相匹配，造成夫妻不睦甚至终生痛苦。

童养媳的名称，一般认为起于宋代。《宋史·后妃传》记载，宋仁宗的周贵妃，四岁时随姑姑进宫，由张贵妃抚养大，后被仁宗宠幸。元、明、清各朝，童养婚已从帝王家普及到社会。在一些小康之家，无钱买奴婢，但可花少许钱买一童养媳，既可当奴婢役使，长大后又可作子弟之妻，而且还可节省聘礼。贫苦人家，男方因纳不起聘金娶媳，也有招童养媳的。

而所谓指腹婚，亦是封建包办婚的一种特殊形式，婚姻形式表现为“预订”，即子女尚在母胎中，就由父母指定二人为婚。《后汉书·贾复传》记载，贾复征讨贼寇受重伤，光武帝为表彰他的功劳，当众宣布：听说贾复之妻已有身孕，若生女孩，我儿子将娶她为妻；若生男孩，我女儿则嫁他为妇，不使贾复为妻儿担忧。这可视为指腹婚的开端。

南北朝时，“指腹婚”传向民间。金时，也多指腹为婚，并且一旦约定，男女成人之后，不管个人家庭有何变化，都必须履行前约。宋代指腹为婚的现象更加普遍，司马光曾批评这种风气引发了诸多社会问题。由此，元代以后，法律开始禁止这种陋习。明、清法律也禁止指腹婚，但在实际生活中往往屡禁不止，直至今日，在一些偏远落后地区仍有指腹婚的遗存。

赠婚与赐婚

赠婚与赐婚，均属强制婚性质。所谓赠婚，指父母或有权者依自己意志将其女儿或所支配的女子赠送给人为妻；所谓赐婚，指帝王将强行搜来的民女、犯罪者的妻女或战场上俘虏来的女子赐予子弟或臣下为妻。

自春秋战国时起就有赠婚的事例。当时诸侯娶一国之女，有妹侄为媵，这种婚姻的实质就是赠婚。《左传·僖公二十五年》记载，晋公子重耳出亡居狄期间，狄人将俘虏来的名叫季隗和叔隗的两个女子赠给重耳，重耳自娶季隗，将叔隗转赠给他的亲信赵衰，这是典型的赠婚。

赐婚的事例，以把选入宫掖的女子

赐予子弟者为多，从汉代开始，几乎历朝都有。汉朝吕后赐窦姬给文帝，三国时吴国孙权赐向姬给子和，唐代宗赐庄宪给顺宗。历朝不胜枚举。清朝选“秀女”除备妃嫔之外，亦常赐给近支宗室。此外，帝王常以敕旨命婚，称“指婚”或“口旨婚”，这种婚姻与赐婚相近。

选婚与罚婚

选婚，指封建统治者利用权力，在民间搜选良家女子或挑选犯罪者家中的女子纳入后宫，专供统治者玩乐之用的婚姻。罚婚指统治者将没有选中的犯罪者的妻女，或断配给臣下，或断配给奴隶，以便让奴隶传宗接代，世代为自己服役，这种婚姻形式称“罚婚”。选婚与罚婚均属强制性婚姻。

选婚在西汉时期就已开始实行。孝文窦皇后就是先选入宫而后赐给文帝的。东汉时，将选婚作为一种制度固定下来，规定“八月等（算）人”，即每年8月派人到各地挑选13岁以上、20岁以下的良家美女纳入后宫。以后各朝，包括辽、金、唐、宋都采取此制，只是唐、宋对于皇后的身份比较重视，都采取聘娶婚形式。清朝，每隔3年一次，从旗人中选取“秀女”。

罚婚，在西汉时是强行将犯罪者的妻女配给边疆军卒为妻。魏、晋时仍沿用此法，将死刑或重刑犯的妻女都配给军卒为妻。隋唐以后，则将罪犯妻女没收编为官妓，不许她们自由结婚。唐朝开始，罚婚的方式又有所变化，将犯罪人家属统编为贱民，其所生子女也永为贱民。法律规定，只有贱民之间才能相互通婚，禁止贱民与良民之间的婚姻。

元初，平定各国，将俘虏来的男女强制配成夫妻，这些人被称为“驱”，即供驱使之意，属奴隶身份，其子孙永远是奴隶身份，亦不许与良人通婚。清代入关以前，将从各部落俘虏来的战俘编为“包衣”，亦属奴仆身份，只允许其内部通婚。凡此种种均属罚婚，较之其他婚姻形式更具有强制性。

什么是入赘婚

入赘婚，亦称“招女婿”、“倒插门”，形式上是女子不出嫁，男子出嫁至女家为婿。

入赘婚发端于战国时代。据《史记》记载，淳于髡是战国时代齐国的学者，就是赘婿出身，可见战国时代就有赘婿的形式。

秦汉时，赘婿的地位极低，为人轻视。当时，男子入赘主要是因家境贫穷，无力置备聘礼，遂以身为质来与女家完婚。社会上则对赘婿加以虐待，秦始皇时，曾勒令赘婿和囚徒一起开发边疆或作战；汉武帝时，也曾使用囚徒和赘婿去征讨朔方，开发边疆；唐代与宋代也轻视赘婿，称为“疣赘”。

宋代，入赘婚变成了“赘婚补代”，即女家在无子的情况下，为了传宗接代、补充劳动力、赡养女方老人而招婿入门。明朝时，《户律》附例中将赘婿分为两种：

一种是女家有女无子，招婿养老，称为“养老女婿”；另一种是规定一定年限，至期仍回男家，称为“出舍女婿”。

我国南方的壮、瑶、傣等少数民族都实行过“赘婚”，在有些山区，至今还保存着“赘婚”的习俗。如黎族称入赘为“上门”，结婚仪式在女家举行，女家不给男家送聘礼，婚后，赘婿要从女姓，有继承女方财产的权利。居住在东南地区闽、浙、赣等省的畲族，自古以来以婿为子的风尚甚浓，一些无儿户都要招女婿上门。

原配和结发夫妻

自古以来，人们习惯将原配夫妻称为结发夫妻。为什么要这样称呼呢？要弄清这个问题首先得弄明白“结发”的含义。

结发是中国古代婚礼中的一个重要仪式。上古社会的结发婚仪已不可考。据《曲礼》云：“女子许嫁，缨。”“缨”是一种丝绳，女子许配人家以后，便用它来束发，以此表示她已有了对象。即“示有从人之端也”。直到她成婚时，那条丝绳才由新郎亲手从她的头发上解下，这就是《仪礼·士婚礼》中说的“主人（婿）入，亲脱妇之缨”。

可见，“缨”确是夫妻间的信物。汉、唐诗歌中，多有“结发为夫妻，恩爱两不疑”（汉·苏武诗）、“与君初婚时，结发恩义重”（曹植《种葛篇》）、“结发为君妻，席不暖君床”（杜甫《新婚别》）之类的诗句，说的就是这种结发婚仪。

到了唐代中后期，“结发”由婚前系缨、成婚时脱缨，演变成新婚夫妇在喝交杯酒前，各剪下一绺头发，绾在一起表示夫妻同心。宋代孟元老《东京梦华录·娶妇》记载道：“凡娶妇，男女对拜毕，就床，男左女右，留少头发，二家出匹缎、钗子、木梳、头须之类，谓之合髻。”文中写的，就是这种婚仪。后来，人们就习惯将结发夫妻作为原配夫妻的代名词了。

闹洞房习俗的起源

“洞房”是新婚的房间，我国更有闹洞房的传统习俗：新媳妇过门头天晚上，不论男女老少都拥挤在新房里，大家七嘴八舌，向新娘提出些五花八门的问题和要求，闹得小两口面红耳赤，啼笑皆非，大家却哄堂大笑。有时，“洞房”的门口还要贴上喜联“桃之夭夭，灼灼其华；之子于归，宜其室家”，用来增添新婚的喜庆气氛。

闹洞房的习俗起源于战国晚期，由河北一带向其他地区传播。燕太子丹曾被作为人质押在秦国，后来伺机逃回。为了保卫燕国，广纳宾客，搜罗勇士，企图刺杀秦王。为此，宾客们调戏他的姬妾美人，他亦无所谓，甚至主动献媚以结欢心。

太子丹这种看重宾客轻视女眷的行为，对民众产生了很大的影响，导致一国形成愚悍轻薄的风气。有客人上门，主人会荐妇伴宿，以为体面。举婚礼时，听任调笑戏弄，男女无别，认为是荣耀风光。

山东一座汉画像石墓中，就有一幅“闹洞房图”的画像石，画中一男一女在第三者的强制下作亲吻状。这说明闹洞房习俗在汉代已经流行。

不只是汉族，甚至北朝当政的鲜卑族，也有闹洞房的习俗，并以“弄女婿”为重点，甚至贵为皇帝亦不能免俗。北齐文宣帝高洋纳殷昭仪的新婚之夕，殷昭仪的嫂子元氏也去闹房，竟然用世俗之“弄女婿法，戏文宣”，高洋为此怀恨。

今天，闹洞房已经成为向新人道喜、致贺亲友共聚的活动。比起古俗来也更文明，且具有现代色彩。

“红盖头”来源漫话

古时候的婚礼中，新娘头上蒙着一块别致的大红绸缎，被称为红盖头，这块盖头要入洞房时由新郎亲自揭开。

最早的盖头约出现在南北朝时的齐代，当时只盖住头顶，用以避风御寒。以后各族人民纷纷仿效，成为一种社会风气。到唐朝初期，便演变成一种从头披到肩的帷帽，用以遮羞。

据说，唐朝开元天宝年间，唐明皇李隆基要求宫女以“透额罗”罩头，也就是在唐初的帷帽上再盖一块薄纱遮住面额。

从后晋到元朝，盖头在民间广为流行，已成为新娘不可缺少的装饰，而且新娘的盖头一般都选用红色的。

关于新娘蒙盖头的习俗，有一个神话传说。据唐朝李冗的《独异志》载，宇宙初开的时候，天下只有女娲兄妹二人。为了繁衍人类，兄妹得配为夫妻。于是，兄妹俩上到山顶，向天祷告：“天若同意我兄妹二人为夫妻，就让空中的几个云团聚合起来；若不让，就叫它们散开吧。”

结果那几个云团聚合为一。于是，女娲就与兄成婚。女娲为了遮盖羞颜，“乃结草为扇以障其面”。扇与苫同音。苫者，盖也。

以扇遮面，终不如丝织物轻柔、简便、美观。因此，执扇遮面就逐渐被盖头蒙头代替了。其他许多关于人类起源的传说中，都有用树叶、兽皮或编织物遮面避羞的描述。也许，新娘蒙红盖头就是由这演变过来的。

古代的婆媳之礼

传统家礼要求女子恪守“妇道”。媳妇怎样侍奉公婆才算是恪守“妇道”呢？公婆又应如何对待媳妇呢？

媳妇的职责就是侍奉公婆。《礼记·内则》说：“妇事舅姑，如事父母。”但由于男女、内外有别，媳妇主要职责是侍奉婆婆，唯婆婆之命是从。媳妇侍奉舅姑，必须抱着“如事父母”的心情，把做女儿时所学到的礼节，搬到夫家来应用。

侍疾，是家礼中媳妇侍奉婆婆的一项重要内容。封建社会不少“孝妇”，就是靠侍疾于婆婆而博得好名声的。

古代男子未娶叫“中馈犹虚”，女子出嫁到夫家，“主中馈”是责任之一。“妇主中馈”就是“烹治饮食”。媳妇主持一家的烹饪，要调和五味，照顾长辈的饮食。

媳妇除了照顾公婆的饮食外，对于公婆的起居生活，也有照料的责任。平时，舅姑要坐，媳妇就立刻端上“席具”请舅姑就座。到了晚间，安排好舅姑寝具。

媳妇在夫家，在财物方面，不能有私货，不敢有私蓄，不敢有私器，更不敢把物品私自出借别人，也不能私自把财物送给别人。媳妇得到别人的馈赠，应首先献给婆婆，公婆收下，应该感到高兴；如果不收，或还给媳妇，媳妇应再三辞谢后才接受。

婆媳之礼。

婆婆是媳妇恪守妇道的监督者，媳妇如有令人不满意的地方，婆婆可以体罚她。封建社会，婆婆打媳妇是天经地义的事，媳妇在婆婆的捶楚下，只能默默忍受，不得有丝毫怨言。但家礼规定，婆婆若有过错，媳妇还必须为她隐瞒，不得告发。

如果说，夫妻之礼是男性对女性的压迫，那么，婆媳之礼则是女性对女性的压迫，并且这种压迫同样显出它的残酷性和不公平性。

传统丧葬礼仪

丧葬礼仪是人结束了一生后，由家属、邻里、友人等进行哀悼、纪念、评价的仪式，同时也是殓殡、祭奠、安葬的仪式。

中国传统的丧葬礼仪包括居丧礼仪和安葬礼仪，居丧礼仪还可分为丧礼、丧服礼制以及“谥”礼。

居丧礼仪中的“丧礼”，民间俗称“办丧事”，古代视其为五礼中的“凶礼”之一。它是从死者初死至埋葬过程中，生者对死者所施行的各种礼节、仪式、祭奠等。《周礼·春官·大宗伯》载：“以丧礼哀死亡”。以汉族为代表的丧礼，都是从周礼演变而来的。通行的“办丧事”名目繁杂，择其大的仪式就有招魂、停尸、报丧、吊孝、入殓、送葬、葬后祭祀与扫墓等，无数繁文缛节杂陈其间。随着各代风俗的变化，丧礼在细节上也有所增改，至于各民族的丧礼更是显得复杂多样。

丧服礼制是有关死者亲属吊丧时所穿衣服、服丧期限等规定。中国传统丧服制度中著名的“五服”制度是宗法制度的表现形式，它清楚地显示了父系母系有别、男女有别、亲疏有别、嫡庶有别的特点。

“谥”制是人死后获得“谥号”的规定，也就是获得一个褒贬善恶的“评价”称号。能够获得这种“身后名”的妇女仅仅是皇后、妃嫔、公主、命妇们。作为一种礼制，谥的内容、赐谥的仪节都有严格的规定。

“葬”是指处置死者遗体的方式。因

而安葬礼仪是丧葬礼仪的重要组成部分。中国是个多民族国家，处置死者遗体的方式是多种多样的，安葬方法与形式五花八门，有土葬、火葬、天葬、水葬、崖葬、塔葬、荒葬等区别。

“五服”制简况

五服有三方面的意义：一是统治阶段的五等服饰，即天子之服、诸侯之服、卿之服、大夫之服和士之服。二是天子直接管辖的地区以外的地方，以五百里为率，视距离的远近分为五等，依次为甸服、侯服、绥服、要服和荒服。三是指丧葬中用的五种服饰，五服由重至轻的名称是斩衰、齐衰、大功、小功、缌麻。一般说的五服，即丧葬中用的五服。

丧服又叫孝服，或叫成服，按“五服制度”来穿孝、戴孝，称为“遵礼成服”。一般说来，关系越近，服制越重，其丧服形式也就越复杂，以示所表达的哀痛之情的程度差别。

最重的孝服是“斩衰”。这种孝服上身曰“衰”，下身曰“裳”。所谓“斩”，就是孝服不缉边。斩衰裳并非贴身而穿，内衬白色的孝衣，后来有的直接用麻布片披在身上代替，故有“披麻戴孝”的说法。斩衰之服的居丧期是三年（一说是25个月，一说是27个月）。

次于斩衰的孝服是“齐衰”。齐衰又分为四等，即齐衰杖期、齐衰不杖期、齐衰五月、齐衰三月，这四等连同斩衰、大功、小功、缌麻合称“五服八等”。齐衰丧服用较斩衰略细的粗麻布做，齐谓衣边缝缉而显齐整。齐衰三年，丧期名为三年，实际上25个月（一说为27个月）而毕。

大功丧期为九个月，丧服用熟麻布做。小功丧期为五个月，丧服以较细的熟麻布做。缌麻丧期为三个月，丧服以细麻布做。

以上“五服”根据服孝人与死者血缘关系及其他具体情况，还有所谓“正服”、“义服”、“加服”、“降服”的说法。此外，还有“殇服”的规定。对尚未举行冠笄礼就死去的男女的服丧规定，叫殇服，“殇”之丧轻于成人，一律从大功开始。

古代葬法漫谈

在传统丧葬方式中，土葬是最主流的。此外，还有一些非典型的丧葬方式，如天葬、火葬、树葬、悬棺葬等。

天葬，又称鸟葬、凤葬、野葬等，是我国古代一些少数民族安葬亡灵的方法，主要是西藏等一些草原和边远山区。由于原始宗教和佛教的影响，人们认为人是上天赐予的，人死后灵魂还要上天，但肉体不能遭到非礼，最好的办法便是让人们心中的神鸟——鹰来把人的肉体带上天。在天葬习俗中，尸体会被悬挂在树上或运到荒野、山顶，任由秃鹫啄食，只余下一堆白骨。

火葬在我国有悠久的历史。据考证，在原始社会时，火葬就已出现。先秦时期，关于火葬的记载开始见诸文献。明、清时，统治者认为火葬“有失人伦”，于是下令禁止火葬，因此火葬制渐趋式微，但仍有一些地方实行火葬。清代虽也严禁火葬，但同治年间苏松太三府火葬仍很盛行。此外，许多古代少数民族如羌族、氐族都采用火葬的方式。在现代社会，由于火葬环保节地，已经成了最主流的一种丧葬方式。

树葬是彝族古老的一种葬俗。人们把逝去亲人的骨灰深埋在一棵指定的大树下，或者把骨灰撒在土壤里，上面种上一棵树作为纪念。树葬没有墓穴，不留坟头，不立墓碑，只占很少的土地。只作标记，如：仅在树下放一块石头，石头上钉一块铜板，写上死者的姓名、生卒年月即可，或者在树上悬挂死者的纪念牌。

悬棺葬是一种处置死者尸体的特殊方式，就是利用木桩或天然岩缝把棺木悬置在悬崖峭壁之上，或者把棺木放在天然或人工凿成的岩洞之中的一种葬法。这种葬法在我国主要分布于古代南方少数民族地区。悬棺的形制主要有船形和长方形两种。

古代的“人殉制”

所谓“人殉制”，是指以活人从葬，它是中国自原始社会末期至整个奴隶社会广泛流行的一种古代葬俗。从考古资料上看，中原地区和西北地区早在公元前 2800 年就有人殉的现象存在了。考古学家认为，当时用于殉葬的人可能是被杀害或被活埋的俘虏，也可能是妾奴。

到商周朝时，人殉极为盛行，《墨子·节丧篇》载：“天子杀殉，众者数百，寡者数十；将军、大夫杀殉，众者数十，寡者数人。”而且，在殉葬者中，大部分是女子。西汉时，广川王盗掘西周末代君主周幽王的坟墓时，见“百余尸，纵横相枕藉，或坐或卧，亦独有立者，衣服形色，不异生人”，墓中“唯一男子，余皆女子”。

春秋时期，人殉制度曾引起一番争议。《礼记·檀弓下》记载：齐大夫子车死后，其妻和总管商定用人殉葬。子车的弟弟子亢却对他们说：“如果哥哥在阴间需人侍候的话，没有比他的妻子和总管更合适的了。这件事要不就算了，如果一定要坚持，我就准备用你们二位生殉。”子车的妻子和总管不愿去死，只好同意取消人殉。

秦始皇死时，秦二世称“先帝后宫非有子者，出焉不宜，皆令从死。”《史记·秦始皇本纪》记载，后宫妇女殉葬者达几千人。

从汉到元、明，强制性的“用人殉葬”作为一种制度，已不复存在。可是到了明朝，却一度死灰复燃。《朝鲜李子朝世家实录》记载了永乐二十二年逼殉宫女的悲惨情景：“帝崩，宫人殉葬者三十余人。当死之日，哭声震殿阁……”

据资料记载明朝天顺八年（1464 年）正月，英宗病危时下遗诏表示：“用人殉葬，吾不忍也，此事宜自我止，后世勿复也。”这样，这种野蛮的人殉制才算最终被废止。

第四编 称谓文化

三皇五帝指哪些人

我国古代有把远古三个帝王和上古五个帝王合称为三皇五帝的说法。那么，三皇五帝究竟是指哪些人呢?

《史记·秦始皇本纪》说，天皇、地皇、泰皇为三皇，且认为泰皇最贵。那么，泰皇是谁?《太平御览》卷七十八引《春秋纬》提出天皇、地皇、人皇为三皇，似乎泰皇即人皇。

《尚书大传》和《白虎通义》等，则又主张三皇应为燧人、伏羲、神农，而《运斗枢》《元命苞》等纬书，除了认同伏羲、神农外，补上了创造人类的女娲。此外，《帝王世纪》以伏羲、神农、黄帝为三皇，《通鉴外纪》又以伏羲、神农、共工为三皇。此外，还有典籍提到三皇是伏羲、神农、祝融。

从上述观点中的大多数观点看，伏羲、神农占了三皇之两席，但在第三位上分歧较大。

至于五位古帝，说法也各异。《世本》《大戴记》《史记·五帝本纪》列黄帝、颛顼、帝喾、唐尧、虞舜为五帝；而《礼记·月令》以太皋（伏羲）、炎帝（神农）、黄帝、少皋、颛顼为五帝；《尚书序》《帝王世纪》则视少昊（皋）、颛顼、高辛（帝喾）、唐尧、虞舜为五帝。

此外，又有把五方天神合称为五帝的神话。东汉王逸注《楚辞·惜诵》中的“五帝”为五方神，即东方太皋、南方炎帝、西方少昊、北方颛顼、中央黄帝。

三皇五帝究竟指谁?对于五帝，一般采取《史记·五帝本纪》的说法，至于三皇，则无从确定了。

主要朝代名称的来源

夏：禹原为夏后氏部落首领，因此禹的儿子启建立的奴隶制国家取名叫“夏”。

商：商部族的始祖契封于商（今河南商丘），所以酋长汤灭夏后以“商”为国名。后来传至盘庚时，将都城西迁到殷（今河南安阳），所以商朝也叫殷朝。

周：因太王（古公亶父）居于岐山下的周原，所以武王姬发灭商后，就以“周”为国号，定都于镐京（今西安西），传至周平王时，将都城迁至洛邑。历史上将前阶段称为西周，后阶段称为东周。

秦：秦国祖先被周孝王封于“秦”地（今天水陇西一带），到秦始皇嬴政统一全国时，就以“秦”为国号。

汉: 因汉高祖刘邦在秦末农民战争中，曾被西楚霸王项羽封为汉王，所以在公元前 202 年，刘邦建立的政权就称汉朝。

晋：司马昭在魏国先封为晋公，后为晋王。他的儿子司马炎（武帝）建国，以“晋”为国号。

隋：因隋文帝杨坚的父亲杨忠在北周时曾被封为隋国公，故 581 年杨坚废掉 9 岁的周静帝而称帝后，就将其王朝定名为隋朝。

唐：因唐高祖李渊在隋为官时，被封为唐国公，所以他在 618 年建立的政权称为唐朝。

宋：因宋太祖赵匡胤在夺取政权前，为后周宋州节度使，故而在 960 年的陈桥驿兵变、黄袍加身后，将所建立的政权称为宋朝。

元：元世祖忽必烈取《易经》中“大哉乾元”之句，将其政权称为元朝，以表示无比强大之意。

明：出于明教，明教有明王出世的传说。朱元璋（太祖）建国后，以“明”为国号，显示应天顺时。

清：原称金。1616 年努尔哈赤所建。1636 年，其子皇太极即位，改金为清。其原因是朱元璋所建的明朝，朱明二字有火的意思，只有用水才能灭火，故取名清。

姓氏小考

我们每个人都有自己的姓，那么，你可知道，我们的“姓”是从什么时候开始出现的吗?

据考证，最早的姓可以追溯到母系氏族社会，当时的人由于血缘关系的不同，也会分为若干氏族，每一个氏族都有一个族号，这个族号就是“姓”。不过当时还没有文字，“姓”也只是在口头上流传。经历了无数世代以后，开始有了文字记载，才有了现在的“姓”字。姓字的古形字是“人”和“生”组成的，意为人所生，因生而为姓。《说文解字》说：“姓，人所生也。古之神圣，母感天而生子，故称天子。从女从生，生亦声。”

秦朝以前，姓和氏是含义不同、各有所指的两个单音词。氏字的出现，早在甲骨文中就有。清代文字学家朱骏声在其名著《说文通训定声》中，释“氏”字本意为木本，是植物之根，为象形字，后来被转注为姓氏的氏，应是取木之根本的意思。刚才说过“姓”的社会职能是表示一个人的血统来源，氏则是姓的分支和发展。

商周以前，“姓”用以区别婚姻，故有同姓、异姓、庶姓之说。中国最早的姓都带有“女”字，如姬、姜、妫、姒等，姓是由母权制社会中妇女的地位所决定的，其作用就是便于通婚与鉴别子孙后代的归属。“氏”用以区别贵贱，贵者有氏，而贫贱者有名无氏。氏同姓不同，婚姻可通；同姓不可通婚。西汉时期，姓和氏的区别已经微乎其微。后来就逐渐将姓氏混为一谈，成为不可分割的词了。

据说周代，是氏产生最为频繁的时代。据知周王室同姓封国得氏近 50 个。还有异姓封国得氏高达 60 个。周朝过后，各种不同的氏也陆续出现，越来越多，甚至在数量上超过了姓。

姓氏在形成上也很有意思，有的以古国名为姓，如夏、商、周等；有的以城邑名为姓，如詹、鲍等；有的以先人名或字为姓，比如高、刁等；有的以职官名称为姓，比如史、司徒、司寇等；有的以职业技艺为姓，比如巫、屠、优、卜等。

中国人的姓氏，现在来统计竟达数千上万个，古代最早统计是 408 个单姓，76 个复姓，记载在宋代成书的《百家姓》中。

我国究竟有多少姓呢？唐初《大唐氏族录》收 293 姓，唐中叶林宝编的《元和姓纂》收 1233 姓，明人王圻撰《续文献通考》收 4657 姓，现代人编的《中国姓氏汇编》收 5730 姓，《中国姓符》收录 6363 姓，《姓氏辞典》收录 8000 多个，《中华姓氏大辞典》收入 11969 姓，《中华古今姓氏大辞典》收录 12000 多个。

由于姓氏本身在不断地发展变化，任何一种姓氏书都无法也不可能毫无遗漏地把我国所有的姓氏都收录进去。据专家估计，我国实际使用过的姓氏大约有 18000 个。

名、字、别号的区别

古人的“名”，是社会上一个人的特称。古代早期的人名一般都很朴素，后来，随着语言文字和文化观点的发展，人名才变得越来越复杂。

“字”是男女成年后才加取的，这表示他们已经开始受到人们的尊重。“字”与“名”在意义上存在一定的关联。《白虎通》曰：“闻名即知其字，闻字即知其名。”一般来说，二者有以下五种关系：同义、意义相关、近义、反义、基本相同。如三国周瑜，字公瑾，瑜和瑾都是美玉；诸葛亮，字孔明，“亮”与“明”的字义十分相近；宋代词人辛弃疾，字幼安；唐人王绩，字无功；唐代诗人李白，字太白。

历代人名特点

我国人名最早有章可循的是夏代。当时人崇拜太阳，通行的历法是干支纪年，因此，当时的帝王和贵族都喜欢用天干命名，如夏商太康（康即“庚”）、孔甲、太乙等。

到了周代时，人名制度日臻完善，当时的人取名开始注重文采，显得优美动听，如姬发、孔丘、庄周、宋玉等。

周代的人名特点一直持续到春秋战国及秦朝以后，直到汉代才有所改变。当时，我国封建社会正处于上升和繁荣时期，人们渴望建功立业报效国家，因此在名字问题上也体现了这种时代精神，如孔安国、张禹、苏武、曹操等。

两汉之际，王莽崇尚单名，下令禁止使用双名，于是人们取名很少再用双名，这种风气一直持续了近 300 年，直到南北朝时才略有改观。

魏晋南北朝时期，人们喜欢在名字中加“之”字表明宗教信仰，如王羲之、祖冲之等。另外，信奉佛教的人喜欢在名字中加“僧”、“惠”、“昙”等字，如王僧达、陆惠晓等；信奉道教的人喜欢在名字中加“道”、“玄”、“灵”等字，如萧道成、王玄谟、谢灵运等。

唐末五代时，由于“彦”字指有才能德行的人，因此许多人都以“彦”字取名，如王彦章、杨彦洪等。

入宋以后，由于文化的高度发达，一些饱学之士在为人取名时开始喜欢引经据典，如词人周邦彦的名字就来源于《诗经》“彼其之子，邦之彦兮”等。此后，这种风气便愈演愈烈，持续至今。

古人的自称

古人对自己的称呼，有一套颇为严格的规矩。

通常来讲，古人在相互交往和言谈中，只要提到自己均会使用谦称或卑称，最常见的为“鄙人”。“鄙人”的本意是指居于郊野的农人，引申为无地位、无文化之人，即所谓鄙俗之人，古人常用来表示自己地位不高，见识短浅。

与“鄙人”类似的谦称还有“臣”、“妾”、“仆”等，这些本是殷周时对奴仆的称呼，所谓“男人为臣，女人为妾”，地位最为低下。但后来也被用作自谦，一般男子自称臣、仆，女子自称妾。

在古人的自我谦称中，使用较广的还有“不才”、“小人”、“不佞”、“不敏”等几种。

古代的谦辞和敬辞

“家大、舍小、令外人”是概括古人谦辞与敬辞的七字诀。古人在同别人说话时用到这些谦辞与敬辞，才能显示出一个人有修养，要不然就会被人耻笑。

先说“家大”，“家”是用于对别人称自己长辈和年长的平辈的谦辞。例如自称父亲为“家父”或“家严”，称母亲为“家母”或“家慈”，叔父为“家叔”，哥哥为“家兄”等。

其次说“舍小”，舍的本意是指房屋。如说“茅庵草舍”、“寒舍”、“茅舍”，都是自谦之词。“舍”是用于对外人称比自己年龄小的家人用的谦辞。凡是辈分小、年龄小的家人都应冠以“舍”字，如“舍弟”、“舍妹”、“舍侄”等。

再说“令”。“令”是敬辞，凡是称呼别人家的人，无论辈分大小，男女老少，都冠以“令”字，表示尊敬。如称别人的父亲为“令尊”，母亲为“令堂”，亲属为“令亲”、“令兄”、“令妹”，儿子为“令郎”，女儿为“令爱”等等。

华夏的由来

我们常将自己的国家称为“华夏”，这是为什么呢？

在中国历史上，夏朝是第一个正式建立的王朝，影响巨大。建国的民族就叫“华夏族”，因此中国就有了“华夏”

之称。“华”是美丽的意思，“夏”有广大的意思，两字组合成“华夏”一词，是说又大又美。据《左传》记载，“有利益之大故称夏，有服装之美谓之华”。这个解释便把“又大又美”上升到一个精神文化和物质文明的境界。

周朝时曾将国土称为“中土”，“中土”加上“华夏”，所以中国自古又有“中华”之称。此词后来出现在《三国志》中，有“游步中华”句。

“炎黄子孙”说法的由来

中华民族又可以称为“炎黄子孙”，这是为什么呢？

原来，“炎”和“黄”是中国古代传说中著名的两个部落的首领。“炎”指炎帝，“黄”指黄帝。

有典籍说，大约在距今5000年以前，有一个名叫蚩尤的部落首领，为了扩大自己的地盘，打败了炎帝所统辖的部族，并经常侵扰其他部落。黄帝愤于蚩尤的霸道，率兵与之决战。双方在涿鹿（今河北省的涿鹿、怀来一带）进行激烈的战斗，蚩尤部落被打败了。

黄帝和炎帝战胜后，两个部落结合在一起，并融合其他部落组成了部落联盟，共同开发中原地区。各部落在语言、习惯、生产、生活等各方面的交流逐渐加强，经过长期的融合和发展，形成了华夏族的主体。华夏族是汉族的前身，是中华民族的主要组成部分。华夏族把黄帝、炎帝看做自己的祖先，故中华民族称“炎黄子孙”。

中国人为什么自称“龙的传人”

海内外的中国人都常自豪地称自己为“龙的传人”，那么，你知道这种称呼是从何而来的吗？

在山东省嘉祥县东汉武氏墓群石刻中，有一组古代帝王画像。画的是伏羲、祝融、神农、黄帝、唐尧、夏禹等十位帝王。其中九位帝王是人头人身，唯独伏羲氏形象奇异，并且和女娲画在一起，两人都是人身而龙尾，像是由龙转化来的。

而我国古代神话中，说人类是由伏羲与女娲结合而来的，人类当然也就是龙的子孙，故称为“龙的传人”。

“海外赤子”一词是怎么来的

现在，我们通常将我国旅居海外的同胞称为“海外赤子”，那么，“海外赤子”一词是怎么来的呢？

“赤子”的本来意思是指初生的婴儿。《孟子·离娄下》中有：“大人者，不失其赤子之心者也。”意思是讲，大人是不会失去像婴儿一样赤诚纯洁之心的人啊。

“赤子”一词也引申为子民百姓，最早见于《汉书·龚遂传》：“故使陛下赤子，盗弄陛下之兵于潢池中耳。”

唐贞观年间，唐太宗殿试射箭比赛。大臣和官员们都劝道：“人们张弓挟矢立在殿前，观看时不要距离太近，如果万一有个鲁莽狂妄的人，暗中向您射上一箭，您没有防备，可对江山社稷极为不利呀！”

唐太宗说：“王者视四海为一家，封域之内，皆朕赤子，朕一一推心置其腹中，奈何宿卫之士亦加猜忌乎？”意思是说，当皇上的人，把四海之内的人们都看为一家，我们国土之内的人民，都是我的百姓，我把所有人都放在我的心中，以诚心相待，怎么可以猜忌怀疑我宫中驻守的警卫人员呢？

于是，人们便从唐太宗的话中，抽出了“海内赤子”四字，指普天下善良忠心赤诚的百姓。而“海外赤子”，则是从“海内赤子”转换而来的。后来被海外侨胞用以表达他们热爱祖国、向往祖国的赤诚之心。

何谓六亲

我们现在经常说的“六亲不认”中的“六亲”指的是哪“六亲”呢？这个问题有不同说法，常见的有三种。

《老子》把父子、兄弟、夫妇定为六亲，但这里少了亲戚。

《左传》将父子、兄弟、姊姑、甥舅、婚媾（指妻子方面的家庭成员）、姻娅（指丈夫方面的亲属）定为六亲，但这样又显得有点重复，因为那些婚媾和姻娅中的一位，可能同前四类亲属同指一人。

《汉书》中以父、母、兄、弟、妻、子为六亲。这个说法得到很多人的认同，“父母”可理解成包括夫妻双方的，“兄弟”亦是夫妇双方的而且可借代姐妹，子可解释为子女。它较前两种提法更全面广泛且明确简单。

岳父为何称“泰山”

古代帝王常临名山绝顶，设坛祭祀天地山川，显示帝王的威仪，史称“封禅”。封禅时，还要封赏公侯百官。据说，将妻父称为泰山，与“封禅”有关。

据记载，唐玄宗李隆基于开元四年前往泰山主持拜祭天地的封禅大典，丞相张说担任封禅使，他把女婿郑镒也带去了。按旧例，随皇帝参加封禅者，丞相以下的官吏都可以升一级。郑镒本来是个无名九品小官，丞相张说凭借职权，带女婿上山之后，立即将其官阶连升四级。唐玄宗在宴会上看到郑镒穿着五品官服，便去问他。郑镒张口结舌不知该如何答复。

这时，擅长讽刺的宫廷艺人黄绰说：“此泰山之力也！”这话明说泰山大典使他升官，暗指郑镒的妻父帮忙。后来人们便开始称呼妻父为“泰山”。

因为泰山又称东岳，为五岳之首，所以又转而把妻父称为“岳”、“岳翁”、“岳父”、“岳丈”等。据文献记载，这些称谓大致始自宋代。妻母则称为“岳母”，在书面文献中，后来也有称为“泰水”的。

“丈人”“丈母”的由来

在我国，已婚男子习惯将妻父称为“丈人”“老丈人”，将妻母称为“丈母”“丈母娘”。这种称呼，在唐代的时候就已经有了。

魏晋以前，妻子的父亲称为舅或妇翁。而丈人，则是对老年人和长辈的尊称，自然也包括妻的父亲在内，但并非仅仅指妻的父亲。

《论语·微子》有这样的记述：“子路从而后，遇丈人，以杖荷蓧（古代耘田用的竹器）。”这个“丈人”指老汉。汉代王充在《论衡·气寿》中说：“名男子为丈夫，尊公妪为丈人。”这里把老年妇女也尊称为“丈人”。汉代乐府诗《病妇行》则有“病妇连年累岁，传呼丈人前一言。”这里的“丈人”则是病妇对她丈夫的称呼。同样，那时候“丈母”一词也是对长辈妇女的尊称，并不专指妻母。

后来，唐朝文学家柳宗元在《祭杨凭詹事文》中写道：“年月，子婿谨以清酌庶羞之奠，昭祭于丈人之灵。”宋朝人《猗觉察杂记》和《鸡肋编》都据以为证，认为将妻子的父亲称为丈人，是从此时开始的。既然丈人成了妻父的专称，丈母也就随着成了妻母的专称。

但是，现在对妻父、妻母不直呼丈人、丈母，而是称为爸爸或爹、妈妈或娘。

“东床”的由来

“东床”是女婿的代称，这一词语来源于南朝宋时刘义庆所撰的《世说新语》一书中。

据说东晋太尉郗鉴有一位千金小姐，名叫郗浚，天资聪慧，仪态万方，温柔端庄，正当妙龄，尚未婚配。郗太尉很疼爱这位女儿，一心想给她找一个人品出众、相貌不凡的佳婿。后来他听说宰相王导家的子弟个个相貌堂堂、才华出众，便想从中为女儿择一佳婿。

于是，他就给王导写了一封信，表明了自己的意思。王导看后非常高兴，早就听说郗太尉千金才貌双全，能到他家选女婿当然是他的荣幸，于是找了一个时间，让郗家人前来相看。

郗鉴于是派了一个信得过的人，到王府查看，时值盛夏，又是午休，王家五兄弟听说郗家来人相亲了，急忙整理衣冠，正襟危坐，和来人交谈，都表现得文雅谦逊。只有一个人表现得毫不在意，依旧敞开上衣，袒胸露腹，在东面的一个房间里呼呼大睡。

那人相看完毕，即回府复命，向主人禀报道：“王家公子个个英俊，相差无几。听说选婿，个个矜持恭候，唯有一人坦腹东床，毫不在意。”

郗太尉听了之后觉得那个坦腹东床的后生，心胸坦荡，毫不做作，决非等闲之辈，将来必成大器。于是就选定那个坦腹东床的人为自己的女婿。原来这坦腹东床的人，就是后来大名鼎鼎的大书法家王羲之。

从此以后，人们就将别人的女婿称为“东床佳婿”了。

“丈夫”的由来

“丈夫”，从字面上来看，“丈”是旧时长度的计量单位，“夫”则指男人，这两个字连起来，意思就成了“一丈高的男人”。那么，夫妻中，为什么把男方称为“丈夫”呢?

古往今来，每个民族、每个国家、每个地方，都有不同的风俗习惯，婚俗自然也各不相同。

相传，我国某些部落，有抢婚的习俗。女子选择夫君，主要看这个男子是否够高度，一般以身高一丈为标准（当时的一丈约等于七尺）。有了这个身高一丈的夫婿，才可以抵御强人的抢婚。根据这种情况，女子都称她所嫁的男人为“丈夫”。

“妻子”的由来

“妻”字最早见于《易·系辞》：“入于其宫，不见其妻。”但妻在古代不是男子配偶的通称。《礼记·曲礼下》载：“天子之妃曰后，诸侯曰夫人，大夫曰孺人，庶人曰妻。”那时的妻只是指平民百姓的配偶。后来，妻才渐渐成为所有男人配偶的通称。

古时，妻的别称很多。如孺人、内子、内人等。妻还被称为内助，意为帮助丈夫处理家庭内部事务的人。贤内助成为好妻子的美称。对别人谦称自己妻子时，则称之为拙内、贱内。

“老公”“老婆”的由来

有关“老公”“老婆”这一称谓的来源，有个传说：

从前，有一位学士叫专爱新，嫌妻子年老色衰，欲休妻另讨娇娘，但一时却难于启齿。

有一天，专爱新灵机一动，故意在妻子面前写了副对联：“荷败莲残，落叶归根成老藕。”妻子看后，已明白丈夫的意思，便伤心地续了下联：“禾黄稻熟，吹糠见米现新粮。”

新粮与“新娘”谐音，对得甚为巧妙。专爱新对妻子的才学甚为钦佩，对自己的一时冲动感到很内疚。妻子见他面有愧色，亦趁机提笔写道：“老公十分公道。”专爱新提笔续道：“老婆一片婆心。”后来，人们就将丈夫称为老公，妻子称为老婆了。

这只是一个传说，其真实性值得怀疑，因此有人说“老公”“老婆”的说法，是先在港台等地流行起来后，才传进内地的。

其实，老公、老婆的称呼在内地古已有之，《水浒传》中便有称丈夫为老公的用法。如《水浒传》第四十五回：潘巧云对裴如海说：“你且不要慌，我已寻思一条计了。我的老公，一个月倒有二十来日当牢上宿。我自买了迎儿，教他每日在后门里伺候。若是夜晚老公不在家时，便掇一个香桌儿出来，烧夜香为号，你便入来不妨。”

至于称妻子为老婆的例子，古书中亦不胜枚举，《梦笔生花·杭州俗语》中有：“打老婆，骂老婆，手里无钱卖老婆。”《蜃中楼》杂剧：“你就是怕老婆的乌龟了。”《红楼梦》第七十五回：“这个怕老婆的人，从不敢多走一步。”看来，港台的“老公”“老婆”的称呼，应该是从内地传过去的才对。

“拙荆”的由来

古人在称呼自己的妻子时，常称为“拙荆”，这是为什么呢？这和梁鸿与孟光的故事有关。

东汉人孟光相貌丑陋，但她知书达理，德行高尚，平日里荆钗布裙，十分尊重梁鸿，举案齐眉，被传为佳话。在“荆钗布裙”这个词中，钗，是女子的一种首饰，一般用金银珠宝镶嵌而成。而荆，则是一种很普通的灌木，荆钗，即用荆的枝条做的钗。布裙，指用粗布做的裙。这样的穿戴是够朴素的了，一般是贫苦人家妇女的穿戴。所以荆钗、荆妻、荆妇、荆人、拙荆、寒荆、贱荆、老荆、山荆等便成了古时男人对自己妻子的谦称了。

这样的例子有很多，如：宋朝范成大《分岁词》诗：“荆钗劝酒仍祝愿，但愿尊前且强健。”刘克庄《盖竹庙》诗：“寄书报与荆妻说，十袭荷衣莫要焚。”赵翼《移寓春树胡同》诗：“赁舂尚未偕荆妇，祭灶仍先请比邻。”《聊斋志异·公孙九娘》：“女遍问妗姑，生曰：‘俱各无恙，但荆人物故矣。’”史磐《梦磊记·刘公送婚》：“又谁知说与寒荆，便艴然与他争竞。”《红楼梦》第三回：“天缘凑巧，因贱荆去世，都中家岳母念及小女无人依傍，前已遣了男女船只来接。”《醒世恒言》卷八：“刘公道：‘六嫂，你陪小娘子坐着，待我教老荆出来。’”《聊斋志异·陆判》：“朱曰：‘山荆，予结发人。’”

“连襟”小史

在我国民间，大多数人称姐妹们的丈夫为连襟，也有的地区称之为连桥、一担挑。这个俗称的由来与杜甫有关。

杜甫晚年寓居川东，结识了当地一位姓李的老汉，细论起来，两家还是远房亲戚。两人挺谈得来，经常一起聊天喝酒。后来杜甫要出峡东下湖湘，写了一首《送李十五丈别》的诗，回忆二人的结交过程，其中有这样几句诗：“孤陋忝末亲，等级敢比肩？人生意气合，相与襟袂连。”用“襟袂连”来形容彼此关系密切，但不是指姐妹们丈夫之间的那种关系。

宋朝时，“连襟”这个称谓已通行，并具有与现在相同的含义。北宋末年，著名诗人洪迈，有个堂兄在泉州做幕宾，不很得意。他妻子的姐夫在江淮一带做节度使，便为他写推荐书推荐他到京城任职。洪迈的堂兄很感激，托洪迈代写了一份谢启，其中有几句是：“襟袂相连，素愧末亲之孤陋；云泥悬望，分无通贵之哀怜。”

洪迈之前的马永卿，在所著《懒真子》里提及：江北人呼友婿为“连袂”，也呼“连襟”。这个称呼至今仍在使用。

“妯娌”溯源

妯娌，是指哥哥的妻子和弟弟的妻子的合称。那么，为什么叫“妯娌”呢？

《康熙字典》里称，“妯娌”的称呼来自“扬子方言”，应属于现在的上海及其以西的长江流域地区的方言。

但是这个地区原来的方言并不是妯娌，而是“筑里”。筑的意思是“居室”，杜甫诗中有一句“畏人成小筑”，“小筑”就是小的居室；“筑里”则是乡里小居室的意思。

后来，人们就把住在同乡同里的小居室中的人称为“筑里”。在古代，一个大家庭是住在一起的，因此“筑里”的本来意思是指兄弟，后来又发展成指兄弟的妻子们了，人们称兄弟的妻子们为“筑里”。又由于“筑里”属于兄弟的妻子们专用，便造了近音的“妯娌”二字代替，由二字均是“女”字旁可以看出，“妯娌”就是专指妇人了。

“月老”和“红娘”

“月老”是“月下老人”的简称，和“红娘”的意思相似，都是帮助人们完成美满婚姻的热情人士。但是，这两者也有区别：前者是媒人、介绍人；后者是帮助促成婚姻的人，帮忙者。因此，在使用这两个词时，应分清是介绍人，还是热心帮助者。

唐代李复言《续幽怪录·订婚店》记载，唐代元和年间，有一个名叫韦固的少年，虽多次有人提亲均不成功。在去长安路经宋城时，见一老人靠着一个布袋坐在石阶上，映着月光在翻看一本书。韦固好奇地走过去，然而那书上的字他却一个也不认识。

后来，经询问他才知道老人是掌管人间婚姻的神仙。他连忙问自己的婚姻大事，神仙查阅后说：“你的妻子，今年 3 岁。当她 17 岁的时候，就会嫁到府上。”说完还带韦固去看他的妻子——一个被人抱着的 3 岁丑女孩。韦固气极，派人去刺杀那丑女孩。刺客没杀成，只把女孩的眉宇间刺伤了。

14 年后，韦固才找到合意妻子结婚，妻子漂亮年轻，仅 17 岁。婚后韦固发现妻子眉间有个伤疤，恍然大悟，她正是月老说的女孩。“月老”自此成了媒人的代词。

红娘则是元代著名剧作家王实甫《西厢记》中的重要人物，崔莺莺的侍女。书生张君瑞和崔莺莺一见钟情，情愫暗生，但由于崔家老夫人不许，致使一对情人苦苦相思。这时，机灵的红娘，便帮他们传递书信，替主人试探、约会，莺莺终于不顾礼法束缚，在红娘的帮助下与张生私订终身。

后来，老夫人知道了，要棒打鸳鸯。机智的红娘勇敢地站出来，抓住老夫人的弱点加以要挟，使老夫人不得不承认既成事实，使得一对有情人终成眷属。

从此以后，人们就把帮助他人完成美满婚姻的人称为“红娘”，表示尊敬和感激。

“东道主”的来历

请客吃饭，应邀的宾客泛称主人为“东道主”。表示自己要请客，也称“做一下东道主”，也有简称“做东”的。由此引申出的词有租房卖房的“房东”、公司商号的“股东”、产权所有人或是赌博时的“东家”等。为什么要用“东”

来指这些词呢？

古人除了君王平日上朝要坐北朝南，以北为上之外，习惯于在饮宴待客时，若无分尊卑，即分坐东西。此东西两方，又把主位设在东，宾位设在西。所以后人便用“东”字造出那么多词语来。

追溯“东道主”的来历，还有一个有趣的故事。

春秋时期，晋公子重耳因遭骊姬之难，流亡在外。因为重耳是晋国的公子，又很有谋略，当时身边还有赵衰等一班能人追随，所以虽然失势流亡，却仍然得到不少王公贵族的善待。谁知当他来到郑国时，郑文公不但没有以礼相待，反而把他拒之门外，重耳对此耿耿于怀。后来重耳在秦国的帮助下回到晋国，当上了国君。晋国在他的治理下日渐强盛，成了春秋一霸。

身为国君的重耳想起当年郑国对他的无礼行为，很是恼火，就联合秦国攻打郑国。郑国是个小国，经不起两个大国的进攻，眼看就要国破家亡。郑文公急得团团转。情急之中，才想起郑国能说会道的老臣烛之武。他想，或许他能想出点办法。

郑文公见到烛之武后，烛之武却拒绝了郑文公的请求。郑文公无可奈何地说：“我以前没有重用你，而现在又在情况危急的时候请你帮助，实在感到惭愧。但是，如果郑国灭亡了，对你也没有好处。”烛之武沉吟了半晌，说：“好吧，我去试试。”

当天晚上，烛之武用绳子从城上坠下来，悄悄来到秦国的军营，见到秦穆公问道：“秦国和郑国，本来是友好的邻邦。现在，如果你帮助晋国灭掉了郑国，晋国就更强大了。而秦国呢？相比变弱了。这样，对秦国十分不利。如果你撤走秦国的军队，让郑国做你的东道主，那么，秦国的使者经过郑国，我们一定会好好地招待。这样，大家都有好处。”

烛之武说得秦穆公动了心，便同意与郑国结盟，撤回围郑的大军。为了帮助郑国，秦穆公还留下几员大将同郑国一道守卫都城。晋文公看到秦国撤走军队，也只好把军队撤回本国。

这就是有名的“烛之武退秦师”的故事。这个故事给我们留下了一个舌退千军的辩士形象，也出现了“东道主”这一亘古弥新的词语。

古人交友杂谈

古人对于交友是非常重视的，流传下来的很多成语和俗语都和交友有关，如：八拜之交、莫逆之交、心腹之交、三朋四友、高朋满座等等。

但是，古人交友是很讲究原则的，对朋友的概念作了很明确的界定。明代苏浚在《鸡鸣偶记》中将朋友划分为四等：即畏友、密友、昵友、贼友。他是这样说的：在道义上互相砥砺、有了过错互相规劝，这是畏友；不论在平时还是在情况危急的时候，都可以很好相处，生死关头，也可以作为依靠，这是密友；甜言蜜语像糖一样可口，东游西逛形影不离，这是昵友；见利益互相争夺，遇到祸患互相倾轧，这是贼友。

由此可见，古人最推重的是畏友，很珍视“道义相砥、过失相规”的情意。

古代帝王的自称

在古装影视剧中，我们经常可以听到帝王或诸侯自称为“朕”、“孤”、“寡人”、“不谷（穀）”等。那么这些称谓是什么含义呢？又有什么来由呢？

其实，“朕”这个称呼在上古时，是很普遍的自称，没有高低贵贱之分，相当于现在的“我”。如爱国诗人屈原在《离骚》首句中云：“帝高阳之苗裔兮，朕皇考曰伯庸。”到秦始皇统一天下后，群臣在议尊号时，李斯等人建议“天子自称曰朕”（《史记·秦始皇本纪》），自此以后，这个贵贱通用的称呼便成为皇帝专用的自称了。

“孤”的意思是说自己不能得众；“寡人”即少德之人；“不谷（穀）”即不善之意，因为“谷”可以养人，为善物。这些都是君主们的谦称，隐藏着笼络人心，以求巩固一己统治的目的。

“孤”原是先秦时王侯的自称。《礼记·玉藻》：“凡自称……小国之君曰孤。”《庄子·盗跖》：“凡人有此一德者，足以南面称孤矣。”《吕氏春秋·君守》：“君民孤、寡，而不可障壅。”秦朝以后沿用为皇帝的自称。

“寡人”原是古代王侯或士大夫自谦之词。《左传·隐公三年》：“请子奉之以主社稷，寡人虽死亦无悔焉。”《孟子·梁惠王上》：“寡人之民不加多。”朱熹注：“寡人，诸侯之称，言寡德之人也。”自唐代之后，“寡人”一词成了皇帝的专用自称。

“不谷（穀）”是古代君王的谦称。《战国策·齐四》：“虽贵必以贱为本，虽高必以下为基，是以侯王称孤、寡、不谷。”

陛下、殿下、阁下

老百姓称呼皇帝、国王时，常用“陛下”的称谓。陛，原指帝王宫殿高高的台阶。官员们在拜见皇帝时，按照礼节要在陛下（即台阶下）恭敬地等候。《国策·燕策》：“秦舞阳奉地图匣，以次进至陛下。”说的是秦舞阳走到皇帝高台阶下等候。

“陛下”专用于恭敬地等待皇帝召见之处，逐渐成了官员对皇帝的谦称，再演变成了对帝王的尊称。

殿下一般是对太子、亲王、皇太后、皇后的尊称。“殿下”不难理解，当然指上述这些地位低于皇帝之人。他们生活起居在宫殿之中，所以有此称谓。例如，南北朝时丘迟《答陈伯之书》“中军临川殿下，明德茂亲”中的殿下，即指临川郡王萧宏。但是殿下主要用于太子和亲王。

阁下一词盛行于唐代，当时是对高级官员的尊称。因为古代高级官员的官署往往称阁，例如龙图阁、天禄阁、东阁、文渊阁等等，称官署内的官员即叫“阁下”了。

“万岁”的含义

古代大臣在朝见皇帝时，一般都会高呼“万岁”。此外，“万岁”也用来表示欢呼、祝愿的意思，如中华人民共和国万岁。

唐时皇帝宫中接待学士图。

这个含义，古书中即出现过。《事物纪原》卷一：“战国时，秦王见蔺相如奉璧，田单伪约降燕，冯谖焚孟尝君债券，左右及民皆呼万岁。盖七国时，众所喜庆于君者，皆呼万岁。秦汉以来，臣下对见于君，拜恩庆贺，率以为常。”

因此，万岁有永远存在的意思，是一种祝颂辞。用“万岁”来称呼帝王，有两种说法：一种说法认为是在朝贺时对君主经常使用，久而久之，便成了皇帝的尊称；另一种说法认为是从西汉元封元年（公元前110年）汉武帝登华山后，由他开始自称“万岁”，而相沿下来的。

有人说，刘邦定都关中后曾说：“吾虽都关中，万岁后，吾魂魄犹乐思沛。”这里的“万岁”有“死亡”的意思，其实这是曲解。这里的“万岁后”即指“万岁以后”，转意才能是“活到死后”。如今人惯用“百岁之后”，就不能说“百岁”是“死亡”的意思。

“太上皇”一词的由来

众所周知，“太上皇”是古代社会皇帝父亲的称号，现在则成了至高无上的同义语。那么，“太上皇”一词是怎么出现的呢？

“太上皇”一词始于秦代。秦始皇的父亲庄襄王一生坎坷，曾经在赵国被扣作人质，深受拘禁之苦，后来得到吕不韦的扶助才登上王位，却又壮年先逝，秦始皇统一天下后，想起父亲的终生不称意，便追封其父为“太上皇”，以期其父死后能安享荣华。这是第一个皇帝对其死后的父亲所给予的称号。而第一个对其在世的父亲给予“太上皇”称号的皇帝则是汉高祖刘邦。

刘邦在谋士张良、萧何、大将军韩信等一班人的辅佐之下，经过多年的争战，最终打败了楚霸王项羽，登上了皇帝宝座。刘邦这时就想衣锦还乡，接他父亲到京城。于是，他挑了个良辰吉日动身回乡。一路上春光明媚，刘邦心情极好，不觉吟道：“大风起兮云飞扬，威加海内兮归故乡。安得猛士兮守四方。”

刘邦回到家乡后，本打算父子亲亲热热叙叙别后事宜，谁知他刚到家门口，就见他父亲挟着扫帚站在门口，倒退着将刘邦迎入家门。刘邦见到此情此景，心里非常不快，问父亲为什么这样。

刘父答道：“您是当朝天子，天下谁敢不敬？我虽是您父亲，也不过是个平民百姓。百姓不敬皇帝，这不是犯了欺君之罪吗？”

刘邦听后，顿觉左右为难，不知道该不该让自己父亲参拜自己。事后有人为了讨好他，就讲了秦始皇尊先父为“太上皇”的例子，建议刘邦封其父为“太上皇”。刘邦一听正中下怀，采纳了这个意见。于是立即筹备，举行大典，名正言顺地封他父亲为“太上皇”。这样一来，父子相见就不必行大礼了。

自此以后，“太上皇”这一称呼就成了一种制度，历代诸帝都沿用这种做法。有些皇帝在活着的时候，就将皇位传给了后人，后人做了皇帝后，退了位的皇帝也被尊为“太上皇”。

“丞相”是什么职位

丞相，是我国历史上的一种职位称号。在我国君主专制时期，丞相的权力很大，仅次于天子。丞相的职责是辅佐皇帝，总揽政务。

据历史记载，早在商周时代，就已经出现了太宰、尹、太师等官职，起着辅佐天子、管理国家的作用，但不具备后来丞相的权势。到了春秋战国时期，相的名称开始出现。

史载，秦悼武王二年（公元前 309 年）设左右丞相，其后或置丞相，或置相国，秦朝统一六国后仍旧。汉朝承袭秦朝的制度。置丞相，间或亦置相国或左右丞相。成帝以后，丞相改为大司徒，与大司马、大司空同行相权。东汉相权转归尚书台行使，丞相变成的司徒只是“备员而已”（《后汉书·仲长统传》）。东汉末年，又恢复了丞相之职。

魏、晋时期，以中书监、中书令、侍中、尚书令、仆射以及重要的将军等执政者为相，无定名也无定员。南北朝期间，宋、齐、梁、陈、魏、周等朝，均设丞相或相国。隋代，废除丞相，以中书令、侍中、尚书令、仆射行相权。

唐承隋制，行相权者多不称丞相，仅在唐玄宗时尚书省长官称左右丞相，宋因唐制而损益之，直至南宋孝宗时，改尚书左右仆射为左右丞相，行相权者复称丞相。

元朝时，中书省的实际长官称左右丞相。明初沿元制，到公元 1380 年，明太祖朱元璋宣布废除中书省，罢左右丞相，此后因此不再有丞相之称。但明清两代的内阁大学士虽无相名而有相职，故尊称为相。

“尚书”是什么职位

尚书，或称掌书，是古代官名，始置于战国，“尚”是执掌的意思。到了秦朝，尚书成为少府（九卿之一）的属官，掌政务文书，地位相当之低。

西汉时期，汉武帝设尚书五人，开始分曹治事。汉成帝也设尚书，群臣奏章都得经过尚书，地位虽不高，权力却很大。东汉时期，尚书正式成为协助皇帝处理政务的官员。从此三公权力大为削弱。

魏晋以后，尚书事务愈来愈繁杂。隋代设置尚书省，分为六部；唐代确定六部为吏、户、礼、兵、刑、工，以左右仆射分管六部。宋代以后，三省分立之制渐成空名，行政全归尚书省。

元代仅存中书省之名，而以尚书省各官隶属其中。明代初期，尚存此制，后来废去中书省，直接以六部尚书分管政务，六部尚书等于国务大臣，相当于今天的部长。清代相沿，末期改官制，合并六部，改尚书为大臣。

何谓九卿

九卿是中国古代中央政府机构和官员的合称。

“卿”为官名。周曾以少师、少傅、少保、冢宰、司徒、宗伯、司马、司寇、司空为九卿，前三卿专辅天子，后六卿分管政务，按其次序，相当于后来的吏、户、礼、兵、刑、工六部尚书。

战国时期，一般以中央政务机关之首长为卿。秦以奉常（主管礼仪祭祀）、郎中令（主管宫外警卫）、卫尉（主管宫内警卫）、太仆（主管车马）、廷尉（主管刑狱）、典客（主管内外客使）、宗正（主管皇族谱籍）、治粟内史（主管盐铁钱谷）、少府（主管皇帝财产）这些机关首长为九卿。

汉承秦制，只是将奉常改为太常、郎中令改为光禄勋、典客改为大鸿胪、治粟内史改为大司农。秦汉九卿，隶属宰相，在其指挥下负责执行政务，且参与朝议，职权较重。

魏晋南北朝大体沿汉制，梁时曾增设机关，置十二卿，虽然增太府、大匠、大舟三卿，但仍以旧九卿为骨干。

隋、唐、宋诸代，仍有九卿之称，其官署改为寺、监，增减裁并，变化颇多，因六部执行政务，九卿仅为中央办事机构的长官，且要受六部的指导。

明代九卿有大小之分，一般以六部尚书和都察院都御史（主管监察）、通政司使（主管奏章）、大理寺卿为大九卿；以太常、光禄、太仆、鸿胪、苑马（主管御马）、尚宝（主管印玺）六机关首长和詹事府詹事、翰林院学士、国子监祭酒为小九卿。

清代则不把六部列入大九卿，除都察院、大理寺、通政司之外，其余具体指某官并无明文规定。而小九卿则一般为宗人、太常、太仆、光禄、鸿胪五机关首长、詹事府詹事、国子监祭酒、左右春坊庶子、顺天府尹。

宦官与太监

很多人觉得，自古以来，“宦官”和“太监”就是一回事。其实，这并不确切。第一，最初的宦官不都是阉人；第二，“宦官”和“太监”并非自古以来就是同一概念。

“宦官”之称，古已有之。当时，人们把在皇宫中为皇帝及皇族服务的官员，统称为宦官。东汉以前，充当宦官的有阉人，也有其他人。东汉时期，宫廷之禁愈来愈严，于是宦官一职开始“悉用阉人”。

“太监”一词，最早见于辽代，是辽代政府机构中的官员。辽代太府监、少府监、秘书监等机构，均设有“太监”一职。元代承袭辽制，所设各监也多有“太监”。元代太监是诸监中的二级官吏，并非尽是阉人。

到了明代，太监才和宦官发生较固定的关系。充当太监者必是宦官，但宦官却不尽是太监。太监是宦官中的上级官员，是具有一定品级、俸禄的高级宦官。

太监成为宦官的专称是从清代开始的，因为清代将侍奉皇帝及皇族的宦官都冠以太监之称。所以，宦官便同太监混为一谈了。

知府名称的由来

在中国的许多朝代中，都设置了“知府”这一职位。

“知府”这一官职，是由“知”和“府”两词结合而来。府作为一级地方行政单位，它的演变经历了一个较长的过程。

在魏晋时期，州刺史兼任将军之职。州刺史是文职，将军是武职。州有州的衙门和幕僚，将军另外有将军的衙门和幕僚。将军的衙门，就叫作“府”。

到了唐朝，中央政府在首都、陪都以及皇帝登基前任职的州设置府，例如京兆府、河南府、太原府等等。府的长官，统称府尹。

宋朝时，府的设置逐渐多了起来。府隶属于路（路是介于中央与州之间的一级行政区划）。

明、清两朝，省、县之间的一级行政单位被称为“府”。除了首都、陪都所在地的府长官仍然称府尹外，一般的府长官，都称为“知府”，意思是“知（即主持）某府事”。

知府之下，设同知、通判等官员，辅佐知府处理公务，分掌粮税、盐税、江海防务、水利等等。

在明朝，按照缴纳税粮的多少，“府”被分成三等：纳粮20万石以上为上府，20万石以下为中府，10万石以下为下府。当时，全国有150多个府。清朝时，各府因自然条件的差异、人口多寡、路程远近，相互间的差别也很大。

知州溯源

在中国，许多地方的名称，都带有一个“州”字。如杭州、福州、广州、永州、青州等。而且先秦时期还有刻“九州”于一鼎之说。这些名称都是历史上延续下来的，那么州的由来是怎么样的呢？

在西汉时期，州这一名词开始出现。但当时的州，并不是行政区划。据史书记载，汉武帝为了有效地管理地方，将全国划分成13个监察区，称为“州”。每州都由中央派遣一长官，负责监察郡、县的官吏。这一长官，便被称为刺史。

到了东汉后期，州慢慢演变成为一种地方行政区划。州辖郡、县，刺史又称州牧，就是州的行政长官，拥有行政军事权。

隋朝时，郡的建制被取消，只保留州、县。唐朝继承隋朝的制度，将地方分成州、县两级。当时州的行政长官仍称为刺史。

在宋代，开始把州的行政长官叫作“知州”，知州下属的官员有同知、通判，分别掌管财政、刑法、治安等。

明清两朝，州有两个级别：直隶州和散州。直隶州直属于省，级别与府相同；散州隶属于府，级别与县相同。

何谓知县

知，本来的意义就是管理、主持的意思。知县就是管县，管理、主持一县的政事。知，解释为管理、主持，古诗文中常常遇到。《左传》中说“子产其将知政矣”，就是说子产将要主持政事了。宋朝魏了翁《读书杂钞》指出，后世官职上加“知”字，就是从这里开始。

《宋史·苏轼传》说苏轼“知徐州”、“知湖州”、“知杭州”，就是说派苏轼去主持徐州、湖州、杭州的政事，也就是担任这些州的知州。唐宋以后的知府、知州、知县、知事，都是这种意思。

古诗词中，知也解为“管”。杜甫：“翠襟浑短尽，红嘴漫多知。”多知即多管，意谓鹦鹉学人语，多管闲事。王维：“坐看红树不知远，行尽青溪忽值入。”不知即不管，是说为看红树不管路远。

“土司”是什么

土司，是指元、明、清时在西南等少数民族地区分封各族首领世袭官职，以统治当地人民的行政制度。

土司一职，始于元世祖忽必烈。公元1253年，忽必烈消灭大理政权后，想将西南各少数民族置入自己的统治之下，但遭到少数民族的反抗，使元朝难以直接委官统治，于是忽必烈开始大量使用当地各部族酋长为地方官，史称土官。元朝的土官，有宣慰使、宣抚使、安抚使、招讨使、知府、知州、知县等职。

明朝建立后，承袭元制，规定只要是归附的西南夷，均以原官设职。以宣慰使、宣抚使、安抚使等统领士兵，改属兵部，土知府、土知州、土知县等官隶属吏部，并陆续制定了土官的承袭、等级、贡赋、征调的制度。

到明朝中叶，土官开始改称土司，土司均为世袭制，他们既是朝廷命官，对中央要履行规定的职责和义务，又在辖区内保存传统的统治机构与权力，是土皇帝。

古代的外交官

现在世界各地，“使节”是指一国派往常驻他国的外交官，或派驻他国的临时代办，是指人。但是“使节”一词，最初的意思却并不是指人，而是指物。

“使节”原来的本意，“使”是出使，“节”指的是“符节”，也就是信物。因此，使节就是指古代出使之人奉命去外国时手拿的信物。

“符节”也有不同式样，一种是用竹石等刻上文字，然后一分为二，每人各拿一半作为信物；另一种是君王用上乘物料精工细作的，他人不易仿制的特殊信物，不必一分为二。出使之人所用的这类特殊信物称为“使节”，这种帝王特制信物多用铜铸造而成，装上一条长竹为柄，上面点缀着牦牛尾之类的装饰物，也叫旄节。由出使之人手持这种“使节”出访他国。

西汉时，张骞出使西域，苏武出使匈奴，都拿着这类“使节”。

何谓三姑六婆

元人陶宗仪的《南村辍耕录》中记载，三姑是指尼姑、道姑、卦姑（算卦的）；六婆是指牙婆（介绍人口买卖从中取利的妇女）、媒婆、师婆（女巫）、虔婆（鸨母）、药婆（给人治病的）、稳婆（接生婆）。旧社会里三姑六婆往往借这类身份干坏事。

因此，“三姑六婆”通常比喻不务正业的妇女。如《怜香伴》杂剧：“闺门蠹，自古传；三姑六婆尼最先。”《红楼梦》第一一二回：“我说那三姑六婆是最要不得的，我们甄府里从来是不许上门的。”

古代年龄的称谓

古人称人初生时为“婴儿”，也叫“婴婗”；七岁称“悼”，还叫“龆龀”，也叫‘毁齿”；十岁称“幼学”；十五岁称“童”；二十岁为“弱冠”；三十岁曰“壮”，也叫“而立之年”；四十岁称“强”，也称“不惑之年”；五十岁曰“艾”，也叫“知命之年”；六十岁曰“耆”，也称“花甲之年”；七十岁曰“老”，也叫“古稀之年”；八十岁曰“耄”，九十岁也曰“耄”，也叫“鲐背”、“冻梨”、“齯”等；百岁曰“期颐”。

另外，还有称童年为总角或垂髫，称青少年为束发，女子十五岁称及笄，女子成年待嫁称待年或待字，称老年为皓首或白首，称长寿老人为黄发等等。

死的别称

在古代，“死”的别称不但众多，而且从中能够窥见等级观念、心理活动以及情感色彩。

天子之死叫“崩”，“驾崩”的意思是皇帝的车驾崩坏了，诸侯或相当于诸侯的封国国君、封爵王侯，以及贵妃、公卿大臣之死称“薨”，大夫之死叫“卒”，这从西周一直到唐宋以前都是如此。唐宋以后，普通百姓死，才敢称“卒”，古时只有平民之死，才直言不讳地通称“死”。

受佛教轮回观念的影响，“死”的别称上，出现了诸如归天、厌世、下世、上仙、归净土、入冥，甚至直言下地狱、见阎王、上西天等。

革命志士、爱国忠臣、民族英雄，白刃横于前而宁死不屈，为国家赴汤蹈火，其死堪称英烈，人们用殒（殉）国、殉难、殉节、殉命、殉身、捐躯等来称誉他们。对于那些死于非命的奸臣、祸孽、恶人、盗匪贼寇等，往往称其死为毙命、毙、绝、灰灭等。

古代人未及15岁而死，称夭，未成年而死，称殇，此外还有短折、夭折等别称。至于杀、诛、戮、醢、战亡、病没、弃市、伏诛、伏法、就义、正典刑、正法、凌迟、戮首、腰斩、寻短见、自经、自缢、自溺、遇害、遇难、牺牲等，都属于死的不同方法，不能视为死的别称。

关于“死”的别称，数量最多的还是如下这些大众化的中性别称，诸如亡、殁、没、丧、终、故、逝、殒、不起、绝命、弃手足、弃堂帐、捐馆、捐馆舍、物故、溘逝、弃养、亡躯、作古、谢世、弃世等。

古人如何称呼妻子

从古至今，对妻子的称呼有很多，具体有以下一些。

小君、细君：最早是称诸侯的妻子，后成为妻子的通称。

皇后：皇帝的妻子。

梓童：皇帝对皇后的称呼。

夫人：古代诸侯的妻子称夫人，明清时一二品官的妻子封夫人，近代用来尊称一般人的妻子，现在多用于外交场合。

荆妻：旧时对人谦称自己的妻子，又谦称荆人、荆室、荆妇、拙荆、山荆。贱荆，有表示贫寒之意。

娘子：古人对自己妻子的通称。

糟糠：形容贫穷时共患难的妻子。

内人：对他人称自己的妻子，书面语也称内人、内助。尊称别人妻称贤内助。

内掌柜：旧时称生意人的妻子为“内掌柜”的，也有称“内当家”的。

太太：旧社会一般称官吏的妻子为“太太”，今有尊敬的意思。

妻子：指妻子和儿女，早期也称“妻室”，有的人为了表示亲昵，在书信中常称贤妻、爱妻。

夫妻琴瑟相和。

老伴儿：指年老夫妻的一方，一般指女方。

堂客：江南一些地方俗称妻子为堂客。

媳妇儿：在河南农村普遍叫妻子作媳妇儿。

老婆：北方城乡的俗称，多用于口头语言。

屋里人、做饭的：都是方言中对妻子的称谓。

爱人：婚后男女互称。

古代如何称呼教师

中国古代对教师的称呼比较复杂，所涉及的典故也比较多，现列名录如下：

师父、师傅：对老师的尊称，师傅原为春秋时国君的老师。

夫子：古代对老师的一种尊称，尤其流行于旧时私塾。

师长：对教师的尊称。

外傅：古代对教师的特称。

博士：经学教师称博士，至唐朝时，各专业学校更有律学、算学、书学博士之分。

教授：原为学官称谓，自宋开始，律学、医学、武学等科均设教授，以传授学业，后世相沿。

讲师：讲授武学或讲解经籍的教师。

助教：古代学官名，西晋武帝咸宁四年（278 年）设置，协助国子、博士教授学生。南北朝、隋代相沿设置助教。唐代国子学、太学、广文馆、四门学等都设有助教。明清两代，仅仅设有国子监助教，为国子学（即后来的国子监）教师。

教谕：宋代京师所设小学和武学中的教师称谓，到元、明、清的县学沿袭此设置。

教习：明朝入选翰林院的进士之师称教习，到清末，学堂兴起后，仍用教习这个名称。

经师：汉代以后历代在校传授经学的教师称经师。

训导：明清时府设教授、州设学正、县设教谕，来教育生员，其副职皆称训导。

先生：古时对门馆、私塾中老年老师的尊称。

老师：原为宋元时期小学教师的称谓。

朋友关系称谓知多少

金兰之交：指情意契合、亲如兄弟的朋友。

八拜之交：旧称异姓结拜的兄弟姐妹为八拜之交。

管鲍之交：春秋时，齐人管仲和鲍叔牙相知最深。后常比喻交情深厚的朋友。

贫贱之交：指贫贱而地位低下时结交的朋友。

杵臼之交：指不分贵贱而交的朋友。杵臼：舂米的棒槌与石臼。

患难之交：指在遇到磨难时结成的朋友。

泛泛之交：交情不深的朋友。

刎颈之交：指同生死、共患难的朋友。

莫逆之交：指情投意合、友谊深厚的朋友。

竹马之交：指从小一块儿长大的异性好友。

布衣之交：指以平民身份相交往的朋友。

总角之交：也作“总角之好”，指童年时结交的朋友。总角，古代儿童把头发梳成小髻，用以代指童年时代。

忘年交：指辈分不同、年龄相差较大的朋友。

车笠交：指不因贵贱的变化而改变深厚友情的朋友。

第五编　地理名胜

中国的由来

“中国”一词的由来，可以追溯到很早以前。在古时，“中国”的含义不一。

“中国”本意是指京城，如《诗·大雅·民劳》中说:“惠此中国，以绥四方。”毛传在解释这句诗时说：“中国，京师也。”《史记·五帝本纪》：“夫而后之中国，践天子位焉。”刘熙在解释这句话时说：“帝王所都为中，故曰中国。”

“中国”在古时更多是指华夏族、汉族所居地区。因为华夏族、汉族居于四夷之中。《诗·小雅·六月序》中有：“小雅尽废，则四夷交侵，中国危矣。”《礼记·中庸》中也有“是以声名洋溢乎中国，施及蛮貊。”以上两例所说的“中国”均指华夏族、汉族所居地区。

因为华夏族、汉族多建都于黄河南北，因此，便称这块地方为“中国”。与“中土”、“中原”、“中州”、“中夏”、“中华”含义相同。初时本指今河南省及其附近地区，后来华夏族、汉族活动范围扩大，黄河中下游一带也被称为“中国”。

因为古时候的王朝或政权，只有国号，没有国名，所以在古时候，“中国”一直没有作为正式的国名出现，仅是地域、文化上的概念。直至19世纪中叶以来，“中国”一词才开始专指我国全部领土，不做他用。

支那与震旦

近代日本称中国为支那，但你可能不知道，印度、伊朗、希腊、罗马等国很早就用这个名称来称呼中国了。

中国汉文典籍中的支那，多见于佛典，为梵文 Cina 的音译，Cina 一词的译名很多，从西晋到梁代近 300 年间，Cina 的译名固定为真丹。梁以后，震旦使用渐多，逐渐取代了真丹。自唐开始，脂那、至那、支那广泛使用。唐以后，又以震旦用得最多。

一般认为，“支那”是“秦”的音转。公元前 2 世纪以前，中国与印度已经发生贸易关系，秦国之名由此达于印度。古代波斯及其他亚洲诸国所用的 Sin、Chin 等，也源出秦国。

称中国为震旦，一种解释是：东方属

震，是日出之方，故云“震旦”，通行的说法是“震”为“秦”的音转，“旦”乃“嘶坦”的简称。

古代九州的划分

“九州”是中国的代称，这是许多人都知道的。但这个代称究竟是怎么来的呢？

“九州”，也就是传说中的我国中部地区，相当于黄河和长江的中下游地区。此说出自春秋战国时代而上达夏禹。《尚书·禹贡》开头即是：“禹敷土，随山刊水，奠高山、大川。”意思是夏代的开国君主禹，平定洪水后，跟着划定疆域。

九州计为冀、兖、青、徐、扬、荆、豫、梁、雍。《周礼·职方》所记有幽、并州，无徐、梁州。《吕氏春秋·有始览》所记有幽州，无梁州。这九个“州”，实际上包括了当时中国政治、经济、文化最发达的中原地区、淮海地区、华北、华南、华东、西南、西北地区。

九州又有“九有”“九囿”“九原”等别称。古人既分当时的中国为九州，天长地久，“九州”也就自然成为中国的代称，这在历代诗人的喻咏中时有所见。如唐王昌龄“情乐动千门，皇风被九州”（《放歌行》）等句，都是其例。

所谓“九州”虽然并非是完全准确的行政区划，但对我国后世的政区划分却影响甚大，特别是以“州”作为行政区域名称，自汉以后，很多朝代都采用过。

省、县的来历

大家都知道，我国的行政区划实行的是省、县制，现在全国有省级区划单位 34 个，其中包括 23 个省，5 个自治区，4 个直辖市，2 个特别行政区。每个省、自治区、直辖市又包括数量不等的县。那么，你知道，“省”、“县”这两级的区划名称是什么时候出现的吗？

在我国历史上，“县”的名称比“省”的名称出现得早。“县”作为行政区划名，始于春秋时期。最初设置在边地，秦、晋、楚等大国往往把新兼并得的土地置县。到春秋后期，各国才把县制逐渐推行到内地，而在新得到的边远地区置郡。郡的面积虽较县大，但因地广人稀，地位要比县低。所以晋国赵简子说：“克敌者上大夫受县，下大夫受郡。”（见《左传·哀公二年》）

战国时期，边地逐渐繁荣，才在郡下设县，产生郡、县两级制。秦统一六国后，确立郡县制，县隶于郡。之后的历朝历代，县一直作为我国的最基本的行政区划单位存在着。

而“省”的区划名称是直到元代才产生的。元世祖忽必烈统一中国以后，整顿中央和地方的行政机构，创立了行省制度。在中央设中书省，相当于今天的国务院。它不仅统管全国行政，还直辖大都附近的河北、山东等地区。在地方则设行中书省，置丞相、平章政事、左右丞、参知政事等官职，总揽该地区的政务。当时全国共有河南、江浙、湖广、陕西、岭北、辽阳、四川、甘肃、云南、江西等十一个行中书省。这是地方最高行政区划。

行中书省简称“行省”或“省”。元代的十一个行省划分，成为后来我国行政省区的雏形。明朝朱元璋虽改行中书省为承宣布政使司，但人们习惯上仍称行省。到清代，不仅恢复了省制，而且增为十八行省，后又增为二十二行省，已很接近我国现行的区划了。

乡的由来

以乡作为行政单位的历史很悠久，在《周礼·大司徒》中就有“五州为乡”的记载。说明我国在西周时就有乡制的设置。

春秋战国时期，各诸侯互相残杀和吞并，但乡的建制却保留下来了。《国语·齐语》载：“三十家为邑，十邑为卒，十卒为乡，三乡为县。”后又有“五家为轨，十轨为里，四里为连，十连为乡”的记载。从齐国的情况来看：乡是县以下的一级行政单位，管辖 2000～3000 户。

秦汉时，则以十里为一亭，十亭为一乡。每个亭有亭长，乡有三老，还有一些乡官，如秩、啬夫、游微等，用以帮助县令处置乡里的事务。

到唐代时，我国人口增多，经济进一步发展，于是改为“百户为里，五里为乡”。里设里正，乡设耆老，每乡管辖约 500 户。后来的宋、元、明、清各代，均沿袭效仿，不废乡的设置，只是在辖治范围和管理人户的多寡上有些变化。

新中国成立后，沿袭了以前的设置，乡这一基层政权机构得以保留了下来。

“三晋”的来历

山西省简称晋，又称为“三晋”，这是为什么呢？

原来，在春秋末年，曾经非常强大的晋国大权旁落，朝政被六家大夫把持，他们是赵氏、魏氏、韩氏、智氏、范氏、中行氏，史称“晋国六卿”。他们各自有自己的武装和地盘，互相攻打，范氏和中行氏两家先后被打败，还剩下智氏、赵氏、韩氏、魏氏。这四家中，又以智氏的势力最大。

智家的大夫智伯瑶想侵占其他三家的土地，于是提出“每家都拿出一百里土地和户口来归给公家”。三家大夫都知道智伯瑶存心不良，想以公家的名义来压他们交出土地。可是三家心不齐，韩氏和魏氏不愿得罪智伯瑶就答应了，而赵襄子却不答应。

智伯瑶见赵家敢违抗自己，就胁迫韩、魏两家一起发兵攻打赵家。赵家兵马被围困在晋阳（今山西太原市），智伯瑶又引入晋水，想用水消灭赵军，赵襄子的军队危在旦夕。

智伯瑶约韩康子、魏桓子一起去察看水势。韩康子和魏桓子表面上顺从地答应，但心里却都在想自己家的地形地势也与晋阳相近，倘若用水，两家也会被消灭。

此时，赵襄子派他的门客张孟谈去说服韩、赵二人。张孟谈偷偷地出城，先找到了韩康子，再找到魏桓子，约他们反过来一起攻打智伯瑶。韩、魏两家正在犹豫，被张孟谈一说，自然都同意了。

后来三家联合杀死了智伯瑶，智军全军覆没，赵、韩、魏三家灭了智家，不但把智伯瑶侵占两家的土地收了回来，连智家的土地也由三家平分。以后，他们又把晋国留下的其他土地瓜分了，并于公元前 420 年暗杀了形同虚设的晋幽公。

由此韩、赵、魏分别建立了独立的政权。公元前 403 年，周威烈王正式册命韩虔、赵籍、魏斯为诸侯，史称“三家分晋”。因为韩、赵、魏是从一个晋国分出的三个国家，所以习惯上称为三晋。由于晋国当时的势力范围主要在现今的山西省，而且从晋国分出的赵都城就在今天山西省会太原的东南，所以，现在山西又称为三晋大地。

历代都城

商——奄、殷（今河南安阳小屯村）。

西周——镐京（今陕西西安西南）。

东周——洛邑（今河南洛阳）。

秦——咸阳（今陕西咸阳市东北二十里）。

西汉——长安（今陕西西安）。

东汉——洛阳（今河南洛阳）。

魏——洛阳（今河南洛阳）。

蜀——成都（今四川成都）。

吴——建业（今江苏南京）。

西晋——洛阳（今河南洛阳）。

东晋——建康（今江苏南京）。

隋——大兴、洛阳（今陕西西安、河南洛阳）。

唐——长安（今陕西西安）。

北宋——汴京（今河南开封）。

南宋——临安（今浙江杭州）。

辽——上京（今内蒙古巴林左旗南波罗城）。

金——中都（今北京）。

元——大都（今北京）。

明——北京（今北京）。

清——北京（今北京）。

历史上的“五京”

我国现在有北京、南京两个大城市，而在历史上，不光出现过北京和南京，还有东京、西京、中京，其地理位置也和现在的不一样。

汉代时，称洛阳为东京，长安为西京。因为东汉定都洛阳，洛阳在长安的东方，故名东京，长安则为西京。

西晋定都洛阳，江南在洛阳之南，因此江南人称洛阳为北京。东晋时，南朝人则称洛阳为中京。

南朝宋时，丹徒（即京口，今江苏镇江市）则被称为北京。

北魏原来的都城是平城（今山西大同），后迁都洛阳后，称平城为北京。

北周时定都长安，称东边的洛阳为东京。

隋时称洛阳为东京，长安为西京。

唐初沿用隋的称呼，以洛阳为东京，长安为西京。到至德二年时，则以凤翔为西京，长安为中京，成都府为南京，太原府为北京。

五代时，后唐以兴唐府（今邺城）为东京，太原府为西京，后改称北京；后晋、后汉、后周以开封府为东京，河南府（今洛阳）为西京，太原府为北京。

宋时，则以开封府为东京，河南府为西京，应天府（今河南商丘市）为南京，大名府为北京。

辽朝以辽阳府为东京，大同府为西京，幽都府（即燕京，今北京）为南京，大定府（今内蒙古宁城西）为中京。

金朝时，以辽阳府为东京；大同府为西京；曾先后分别以辽阳、汴梁、平州为南京；金改辽上京临潢府为北京，后改辽中京大定府为北京；金初以大定府为中京，后改河南府为金昌府（今洛阳），建号中京。

明朝朱元璋建国时，以应天府（今南京）为南京，开封为北京。后明成祖朱棣定都于顺天府，称北京（今北京）。

楼兰古城在哪里

楼兰是西汉时期西域的一个城郭小国，形成于公元前 3 世纪。古代“丝绸之路”的南、北两道从楼兰分道，从而使这里成为当时亚洲腹地的一个交通要冲。在东西方文化交流中，楼兰曾起过重要作用。在战争年代，这里也是中原与匈奴、吐蕃的必争之地。

楼兰城曾经有繁荣的历史。但是，唐代以后，这座著名的古城默默地从中国历史上消失了。

中原地区知道楼兰是从西汉时期开始的。西汉初年，张骞出使西域，跋涉万里之遥，开拓了丝绸之路。从此，人们才知道楼兰的存在。然而，楼兰从唐代开始失去了记载。

到 1900 年，瑞典探险家斯文赫定终于在今天新疆巴音郭楞蒙古族自治州若羌县北境找到了这座神秘的古城，并进行了挖掘。在楼兰遗址中，出土了很多有价值的文物，如栩栩如生的佛像，古代的钱币、陶器，以及 36 张写有文字的纸片和一百多块竹简，具有美丽图案的丝绸碎片。他们还发现了叙利亚出产的精致的玻璃器具和来自波斯的狮形器皿。这就是历史上有名的楼兰城。

酆都“鬼城”的由来

酆都鬼城位于重庆东部，是一座风景秀丽的江城，可为什么称之为鬼城呢？

鬼城之说大约源于隋唐时期。据当地民间传说，东汉和帝刘肇皇后的曾祖父阴长生，跟着马明生学道炼丹，于汉延光元年（122 年）在紧靠酆都的平都山（即今名山）白日飞升。时隔十多年，朝廷里有一个叫王方平的人在平都山上的五云洞（又名天星眼）修道成仙。

隋唐时期，当地的统治者就把这些传说加以拔高，把阴、王二仙的姓加在一起附会为阴间之王，还专门给这两个道士在名山顶上塑起二仙像，取名仙都观，并以阴、王成仙故事作为依据，相继在仙都观的基础上，修建了大小佛寺、道观及殿宇 75 座。

其中这些殿宇雕有判官小鬼、查察司、

赏善司、罚恶司等，又有磨子推、锯子解、下油锅等各种刑具。这样，鬼城就在人们的传说中形象化了。到了明清时期，鬼城的发展达到空前的繁荣，朝山敬香的游客络绎不绝，四季香火不断。

楚河汉界有何来历

在中国的象棋盘中，一般写着“楚河”“汉界”四个大字，这是在模拟历史上的楚汉相争。楚汉相争是秦朝末年项羽和刘邦之间的一场战争，以成皋之战为中心展开，最后以垓下之战汉胜楚败而结束。

据《史记》记载，公元前 204 年，刘邦和项羽在河南荥阳和荥阳西北的成皋一带展开激战。经过一段时间的对峙和战斗后，汉军危急。将军纪信假扮刘邦东门诈降，刘邦趁机逃跑，项羽怒焚纪信。

公元前 203 年，刘邦趁项羽东进时引兵渡黄河，攻取成皋。项羽在齐地闻成皋失守，急归来。刘邦屯兵广武，在西山筑城。项羽进军广武，隔广武涧在东山筑城，形成楚汉对垒。当时刘邦有充足的粮草做后盾，以逸待劳，士气高昂，而项羽兵疲粮少。刘邦又派韩信攻克赵、齐等地，使项羽两面受敌，不得不妥协，提出“中分天下，割鸿沟以西为汉，以东为楚”的要求，从此，就有了“楚河”“汉界”之说。

在如今荥阳县城东北的广武山上有两座城，东边的叫霸王城，西边的叫汉王城，就是当年刘邦、项羽所筑的。两城中间有一条宽约 300 米的大沟，就是楚汉分界的鸿沟。“楚河汉界”的说法就由此而来。

历史上的三山五岳

“三山五岳”的提法，在我国古代很早就出现了。传说中的“三山”因是“神仙”居住的地方，格外受到古人的神往。

一种流传最广的说法认为，三山是指三神山，即古代传说中的东海蓬莱、方丈、瀛洲三山，总称“三神山”，据说山上长有长生药，宫殿都是用黄金、白银建造的。《史记》载：“齐人徐福等上书，言海中有三神山，名曰蓬莱、方丈、瀛洲。”从此以后，三山的名字便在古代小说、戏曲、笔记中经常出现，然而它只不过是传说而已，现实中并不存在。

也有人将江苏省南京市西南长江东岸南北相连的山，称为“三山”。诗人李白《登金陵凤凰台》有“三山半落青天外”的诗句。江苏省镇江市长江江滨和江中的金山、焦山、北固山夹江相峙，世称“金口三山”。

现在，所谓的五岳是指我国的五大名山，它们是东岳泰山、北岳恒山、中岳嵩山、西岳华山和南岳衡山。但在历史上，五岳的称呼却不是这五座，而是另有其山。

汉宣帝时确定了以河南嵩山为中岳，山东泰山为东岳，安徽潜山县的天柱山为南岳，陕西华山为西岳，河北曲阳县的大茂山为北岳，其后又改湖南的衡山为南岳，隋以后遂成定制。明代的时候开始以山西的恒山为北岳，到清朝时祭祀北岳才改为山西的恒山。

一些封建割据政权也曾将其境内的名山封为五岳。如三国的吴末帝就将今江苏宜兴县的离里山为中岳，又封其南的荆南山为南岳等。五代闽帝王延钧封今福建宁德县的霍童山为东岳，永泰县的高盖山为西岳等。唐朝时南诏统治云南，则以境内点苍山为中岳，乌蒙山为东岳，无量山为南岳，玉龙山为北岳，高黎贡山为西岳。

现在所说的三山五岳，泛指我国的所有的名山大川。

我国著名的四大佛山

五台山、峨眉山、普陀山、九华山因其为四大菩萨的道场，所以自明清以来被称为佛教的四大名山。

菩萨是佛教中位居第二的尊神，菩萨是梵语菩提萨苟的音译，意为“觉有情”、“道众生”。上求佛道是菩萨的最高奋斗目标，普化众生是菩萨最美好的宏愿。

在佛教中，菩萨的数量之多无法统计，在中国人的心目中，以文殊、普贤、观世音和地藏四位菩萨最为有名，被称为“四大菩萨”。

“四大菩萨”虽都以普度众生为己任，但各有分工。文殊菩萨表“大智”、普贤菩萨表“大行”、观世音菩萨表“大悲”、地藏表“大愿”。“四大菩萨”在中国都有自己显灵说法的地方，这些地方被称为“道场”。

文殊菩萨的道场在山西省五台县的五台山；普贤菩萨的道场在四川省峨眉市的峨眉山；观世音菩萨的道场在浙江省普陀县的普陀山；地藏菩萨的道场在安徽省青阳县的九华山。

“四大佛山”以五台山最为有名，明朝时曾有“金五台、银普陀、铜峨眉、铁九华”之说。这些地方风光秀丽，古木参天，壮美的自然景观和丰富的人文景观交融渗透，成为佛教信徒参拜的圣地和旅游者的游览胜地。

中原的两处卧龙岗

熟悉三国历史的人都知道，诸葛亮在未出山前隐居在卧龙岗。可是在辽阔的中原大地上，却有两处卧龙岗，一处是湖北省襄阳的古隆中，一处是河南省南阳的卧龙岗。

山冈古寺秀煞人。

襄阳的古隆中卧龙岗，距襄樊市 13 公里，这里山清水秀，风景宜人。建于此地的三顾堂是一座具有民族特色的四合院。据说这里以前是一片树林，是刘备三顾茅庐下马的地方。三顾堂背后是一座六角形双层亭阁，门楣上有“草庐”两个字。相传这里就是诸葛亮少年时代弹琴读书的地方。草庐的左下方是武侯祠。在隆中，与诸葛亮有关的景物还有六角井、躬耕田、抱膝石、伴月溪、梁父吟、野云庵等。它们环布在三顾堂周围，使隆中显得更加富有诗意。

南阳的卧龙岗，距离南阳市区只有 3 公里，平岗古祠，翠柏修竹，别有一番景致。卧龙岗上的武侯祠，相传建于唐、宋年间，后于战乱中被焚毁，直至清朝时重修，保存至今。武侯祠的主要建筑分前后两部分，规模宏大，景物集中。前部以大拜殿为中心，是过去祭祀诸葛亮的地方，后部有茅庐、三顾堂、古柏亭等 10 景，名称大多和隆中相同。大拜殿两旁的柱子上，有一副醒目的对联，是清朝的南阳知府顾嘉蘅写的：“心在朝廷，原无论先主后主；名高天下，何必辨襄阳南阳。”

我国历史上的名关

山海关：在河北省秦皇岛市，是万里长城的起点，有“天下第一关”之称。

居庸关：旧称军都关、蓟门关，在今北京昌平县西北，为长城要口之一。

紫荆关：在今河北易县西北，为河北平原进入太行山的要口之一。

娘子关：在今山西平定县东，建于唐初，平阳公主曾率娘子军驻此，故名。

关塞，选自《三才图会》。

平型关：在今山西繁峙县东北，为长城的要口之一。

雁门关：在山西省代县，是长城的要口之一。

嘉峪关：在今甘肃嘉峪关市西，是长城的终点，自古为东西交通要冲。

武胜关：在河南省信阳县，为大别山隘口之一。

镇南关：现名友谊关，在广西壮族自治区凭祥市西南，为中国通往越南的交通要口之一。

函谷关：在今河南灵宝市东，为旧时通往关中的交通要道。

石钟山名称的由来

石钟山位于江西省湖口县，以其秀丽

的自然景色，吸引了很多文人学士甚至帝王将相前来一游，如陶渊明、郦道元、李白、白居易、苏轼、黄庭坚、陆游、文天祥等都在这里留下字迹。但石钟山为何以此为名呢？

“石钟山”之称，最早见于汉代桑钦的《水经》“彭蠡之口，有石钟山焉”。北魏时著名地理学家郦道元广泛地收集了前人关于全国水道的著作，再加上自己游历各地山川的见闻，在《水经》原有的基础上大量地补充修订，写成《水经注》四十卷。他认为石钟山下临深潭，每当风起浪涌，水石相击，发出如击钟的声音，故而前人以石钟山取名。

这就是传说中石钟山名称的由来。

长江名称溯源

长江发源于青海省西部的唐古拉山脉，流经青海、西藏、四川、云南、重庆、湖北、湖南、江西、安徽、江苏十省市自治区，在上海吴淞口附近注入东海，全长6300公里，是我国第一大河。在世界上仅次于南美洲的亚马逊河和非洲的尼罗河，居第三位。长江就是以其源远流长而得名的。

长江又名扬子江。此名来源于扬州以南至镇江丹徒的扬子津。起初有人把扬子津这段长江叫扬子江，后来又有人把长江下游称为扬子江，至于把整个长江称为扬子江的则是外国人。

长江因穿行于许多省区，所以还有许多地方名称。它的最上游叫作沱沱河，与当曲河合流后，又被叫作通天河。

因川藏之间的峡谷江流盛产沙金，这段长江便被叫作金沙江。金沙江流至四川省宜宾附近的岷江口以后，便叫作川江。川江东段200余公里的河床穿行于峡谷之中，所以又称为峡江。从湖南城陵矶到湖北枝江这段称为荆江，以其流经古荆州地区而得名。从四川奉节到武汉龟山这段，唐宋时称蜀江。九江市附近一段又称浔阳江，因唐代在九江置浔阳郡而得名。长江流经安徽境内古时称楚江，因安徽春秋时属楚国而得名。

黄河名称由来

据说，在很早很早以前，在黄河上游，有个黄家庄，一个叫“黄河”的姑娘被恶霸逼死了。她的家人听说她是投河自尽的，便驾船沿河而下，寻找她的尸体，一路走一路呼唤她的名字，“黄河”之名由此而来。

这只是一个民间传说。事实上，在2000多年以前，黄河只是叫“河”，没有“黄”字。《诗经》中许多篇章都提到过。那时的黄河水还比较清亮。《尚书·禹贡》载：“导河积石，至于龙门。”这里的河指的就是黄河。

后来，由于气候变迁，以及大兴土木、滥砍森林，导致环境恶化。黄土高原泥沙大量流失，注入黄河，黄河才变成一种浑浊黄汤般模样，战国末期称其为浊河。西汉初年始称“黄河”，至宋代时，这一名称已经被广泛使用了。

泾渭清浊的演变

“泾渭分明”是人们常用到的一个词语,《现代汉语词典》的解释是:“泾河水清,渭河水浑,泾河的水流入渭河时,清浊不混,比喻界限清楚。”但在清代文人朱维鱼《渭城竹枝词》十二首中，却说：“君来定识泾水浊，妾意终怜渭水清。”诗句中的“泾水浊”，“渭水清”，似乎与传统说法泾清渭浊不同。这是为什么呢?

泾清渭浊之说，最早在《诗经》中已经出现。《诗·邶风·谷风》中有“泾以渭浊，湜湜其沚”的句子。但在后来的历史中，泾渭两河的清浊问题并不是一成不变的。春秋时期是泾清渭浊，战国后期到西晋初年却成了泾浊渭清，南北朝时期再度成为泾清渭浊，南北朝末年到隋唐时期又复变成泾浊渭清，隋唐以后又成了泾清渭浊。

泾渭清浊的历史变化，与当地植被的保存与毁坏以及水土流失是否严重有密切的关系。不同历史时期在泾水和渭水上游地方开发程度的不同，导致了这两条河流含沙量的变化，故在不同时期呈现出不同的清浊状况。

六个杏花村今安在

晚唐诗人杜牧写过一首七绝《清明》:“清明时节雨纷纷，路上行人欲断魂。借问酒家何处有？牧童遥指杏花村。”虽然这首诗被人千古传诵，但人们对诗中所指的“杏花村”究竟在何处，一直众说纷纭，莫衷一是。

据称，我国共有19个杏花村，其中最著名的有6个。

其一是山西汾阳县城北15公里处的杏花村。相传唐代最兴旺时，全村有72家烧锅酒坊，该村盛产全国八大名酒之一的“山西汾酒”，1916年曾荣获巴拿马万国博览会金质奖章。

其二是山东水泊梁山黑风口东南崖下的杏花村。这里的王林酒家素有“杏花飞霞”之称。据说《水浒传》中黑旋风李逵常来饮酒。还有孔子问礼于老子的问祖堂石窟，也在这里。

其三是湖北省麻城古镇岐亭附近的杏花村。古时，这里的杏花村酒店非常有名，有首民谣称：“三月桃花店，四里杏花村，村中有美酒，店中有美人。”

其四是江苏丰县杏花村。苏东坡有《朱陈村嫁娶图》诗云:“我是朱陈旧使君，劝耕曾入杏花村。”指的就是这里。

其五是南京城西南隅新桥西信府河、凤凰台一带金陵杏花村，它地傍郊外，岗峦叠翠，绿水环绕，前临大江，下为秦淮，是唐以来历代风景名胜区，也是沽酒雅处。

还有一个是安徽省贵池县杏花村，这里在隋唐时就是产酒盛地，以“杏花大曲”誉满江南。

那么，“牧童遥指”的那个“杏花村”到底是哪一个呢？前四个杏花村，因无史料记载，所以无法顺理成章。金陵杏花村，虽有较多记载，杜牧也曾数过金陵，但是否在金陵杏花村写过《清明》诗，无史料可证，何况金陵杏花村遗址历经元、明、清战火摧毁殆尽，没有留下寻踪觅迹的线索，只好存疑。唯独安徽省贵池县杏花村，既有众多的史料可供佐证，又有遗址可寻。

二十四桥的地理位置

“青山隐隐水迢迢，秋尽江南草未凋。二十四桥明月夜，玉人何处教吹箫？”这是晚唐诗人杜牧写下的一首千古传诵的七绝，名为《寄扬州韩绰判官》。这首诗的问世，使二十四桥成了旧时扬州禁苑繁华、风流盛事的象征；同时，二十四桥也成了众说纷纭而迄今尚无定论的一桩疑案。

不光是杜牧，在另一晚唐诗人韦庄的《过扬州》诗中，也提到了二十四桥：“二十四桥空寂寥，绿杨摧折旧官河。”

有人称二十四桥是唐时扬州桥梁的总称。但扬州是江南著名的水乡，其桥梁设施，不应由二十四座桥所局限。北宋时，扬州城区南移至蜀冈南麓的平地上，原在蜀冈上的唐城早成废墟，沈括只看到以宋城区为中心的桥，而唐城区及其西北郊一带的桥大多已无踪迹。因此，这样看来，此“二十四”桥只可能是扬州府西湖里的那座冠名为“二十四桥”的桥了。

天涯海角的由来

海南省三亚市南面海滩上有一立石，上刻“天涯”二字，据清代《崖州志》记载，乃雍正年间知州程哲所刻。其右侧又有卧石，上刻“海角”二字。而在“天涯”“海角”两块大石左侧的两大石栏上，有“南天一柱”四个大字，是清末所刻。

我国古代有“天圆地方”之说，是不是古人真的以为这里就是“天之涯，海之角”呢？当然也有可能。但另一解释是，此乃因为在漫长的封建社会，海南岛被用来作为流放犯人的地方。充军到这里的人历尽跋涉之苦，九死一生。由于这种心情，视崖州之滨为“天涯海角”也。

“扶桑国”在哪儿

在我国古籍中，“扶桑”作为国名多次出现，这个“扶桑国”的位置在哪里呢？

古人把传说中的神木大桑树称之为“扶桑木”，他们将神话里东方大海中的极东国家称为“扶桑国”。

“扶桑”一词，在战国时代就有史迹可寻，有关“扶桑国”的具体地理环境和地理位置的记载，最早可以从《梁书》中找到材料，而扶桑之谜的争议也是从《梁书》的记载引起的。

有人说扶桑国是指美洲的墨西哥。他们说，在公元499年，我们的祖先已经与扶桑国互相往来。早在1492年哥伦布发现新大陆之前的十个世纪，中国人已经在美洲大陆留下了足迹，古时候中国人民称其国度为“扶桑国”。

四海与天下

古人由于自然科学知识的缺乏，把海看做是世界的边际。商朝时，人们认为中国四方都是海，因此用四海或海内来称呼中国，范围同九州相同。

在汉代刘邦的诗“威加海内兮归故乡”和唐代王勃的诗“海内存知己，天涯若比邻”中的“海内”与四海的含义相同，指的都是当时中国疆域全境。此外，四方、四表等也可作为全国的代称。

而现在，“四海”的含义已经扩大，如我们通常所说的“四海之内是一家”、“放之四海而皆准”等语句中的“四海”，指的则是全世界了。

除了四海，古人还在当时世界的东南西北四方各寻出一个最远的地点作为那一方的极，称为四极，四极所支撑的是天下。西周时，天下不仅指四方之内，而且泛指普天之下。从春秋到战国，随着华夏民族意识的逐渐明朗，天下观逐步成熟，最终形成了由方位、层次和夷夏交织而成的天下，它可以指四方、四至或四海，也可以指世界各国各地的普天之下。

何谓六合、八荒

六合，有三个方面的意思。

一指武术方面，在武功演练时人体的内外三合。“内三合”指心、意、气三者相合，即“心与意合，意与气合，气与力合”。“外三合”指“手脚、肘膝、肩胯”三者相合，即“手与脚合，肘与膝合，肩与胯合”。内外合一，即为六合。

二是指道教理论，“六合”是道教的概念，它的含义是四方上下组合的空间（前后左右上下）。

另外，秦朝灭六国也说“秦王扫六合”，此六合指六国合并，泛指天下。

八荒也有两个方面的意思。

其一，指的是方向上的八个方位，常代指天下。如汉代刘向在《说苑·辨物》中说：“八荒之内有四海，四海之内有九州。”据唐代训诂学家颜师古解释：“八荒，乃八方”，虽然古今对“八荒”的具体指认不同，但其含义却一直不变，就是泛指四方，即全国各地。如《过秦论》：“囊括四海之意，并吞八荒之心。”

其二，上古传说大地分九州，中原繁华之地为中州，其他八州地处荒原，合称八荒。例如：序八州而朝同列。

因此，六合八荒泛指天地之间，四海之内。

江东、河东、东吴

江东又名江左。长江在芜湖、南京之间为西南偏南、东北偏北流向，自此以下的长江南岸地区（即今苏南、浙江及部分皖南地区），习惯上称为“江东”。三国时期，这个地区是孙权的根据地，所以当时又称孙吴统治区为江东。

战国至汉时，河东是指今山西省西南部，唐以后泛指山西省。黄河流经河套后，流向为由北向南，本区位于黄河以东，故得名。

三国时期，孙吴因地处江东（指芜湖以下的长江南岸地区），所以又叫“东吴”。

关外、关内、关西

在历史上，关外有两种说法：其一，秦、汉、唐王朝定都陕西，称函谷关或潼关以东地区为“关外”；其二，明、清称今辽宁、吉林、黑龙江三省为关外，因位于山海关以外而得名。

关内也有两种说法：其一，古代在陕西建都的王朝，统称函谷关或潼关以西王畿附近叫“关内”；其二，明、清称山海关以西地区为关内。

汉、唐时，泛指函谷关或潼关以西地区为“关西”。

中原、剑外、塞外、西洋

中原：狭义的“中原”，指今河南省及其附近地区。广义的中原指黄河中下游地区，或指整个黄河流域，和中土、中州是同义词。

剑外：四川省北部有剑门关，关南的蜀中地区称“剑外”。唐代京都长安在剑门关东北，以长安为中心，称此关以南地区为剑外。杜甫《闻官军收河南河北》中“剑外忽传收蓟北”的“剑外”，即指剑门关以南的蜀中地区。

塞外：“塞”指长城要塞，“塞外”又名塞北、朔北、漠南，指长城以北，今内蒙古自治区的中部和西部一带。

西洋：明代把今南海以西（约自东经110°起）的海洋及沿海各地（包括印度、阿拉伯半岛和非洲北部），统称为“西洋”。永乐至宣德年间，郑和八次远航南海，通常称为下西洋。明末清初以后，西洋泛指大西洋两岸，即欧、美各国。

何谓五山十刹

五山十刹，是佛教禅宗圣地五山与十刹的合称。

五山指杭州径山的兴圣万福寺，灵隐山的灵隐寺，南屏山的净慈寺，宁波天童山的景德寺，阿育王山的广利寺。

十刹指杭州中天竺的永祚寺，湖州的万寿寺，江宁的灵谷寺，苏州的报恩光孝寺，奉化的雪窦资圣寺，温州的龙翔寺，福州的崇圣寺，金华的宝林寺，苏州虎丘的灵岩寺，天台的国清寺。

深山古刹图。

第六编　宗教神话

佛教在中国

佛教是传入中国较早而又传播最广的外域宗教，在儒学与道教的影响下，渐渐地蒙上了中国色彩，成为适应中国封建统治阶级需要和满足一般中国百姓精神寄托的汉地佛教，它对中国社会的政治、经济、思想文化，乃至人民社会生活都产生了重要影响。

东汉末期，汉译佛经大量出现，佛教教义开始同中国传统思想结合，得到迅速传播。

魏晋南北朝时，佛教开始在中国社会大流行，诸朝君臣大多信佛，中国佛教的发展达到第一个高潮。北魏都城洛阳城中有1367座佛寺，其中的永宁寺规模宏大，僧房达1000余间。唐朝诗人杜牧的“南朝四百八十寺，多少楼台烟雨中”的名句，则反映了六朝时江南佛风的弥漫。

到隋唐时期，统治者普遍对佛教采取利用政策，佛教进入繁荣鼎盛时期，并形成了若干宗派：天台宗、三论宗、法相唯识宗、律宗、华严宗、密宗、净土宗及三阶教，并传播到朝鲜、日本和越南，形成了亚洲佛教文化圈。

佛教不仅在汉族地区得以广泛传播，在少数民族地区也得到了传播和发展。公元7世纪初，大乘佛教由汉族地区、印度和尼泊尔分别传入西藏地区，经过长期传播与发展，至10世纪后期，形成了既区别于东南亚、日本甚至印度的佛教，又与我国汉地佛教有所不同的、独树一帜的藏传佛教。

唐末以后，佛教开始衰微。宋、元、明、清时，佛教更是每况愈下。各宗思想，由于诸宗间及“三教”日益融合，其界限已越来越模糊。

天台宗：中国佛教最早的宗派

天台宗为中国佛教宗派之一，以其创始人智顗常住浙江天台山而得名。其教义主要依据《妙法莲花经》，因此又称“法华宗”。天台宗学统自称是龙树、慧文、慧思、智顗、灌顶、智威、慧威、玄朗、湛然九祖相承。但实际上直到智顗才继往开来，著“天台三大部”，形成“一心三观”与“三谛圆融”为特征的独立宗派。

智颢五传至湛然，集前辈之大成，著《金刚碑》，提出了无情有性的观点，力辟他宗，中兴天台，被定为“天台九祖”，世称“荆溪大师”。

此后，经“会昌法难”及五代纷争，天台宗大衰，典籍湮没。到北宋知礼再兴天台教义，又由衰转盛，并掀起“山家”与“山外”之争。知礼之后，天台宗在元、明两代再度式微。明末有智旭自称“私淑天台”，对天台教观颇有发挥。但像其他佛家宗派一样，天台也是有名无实了。

天台宗以《法华经》为主旨，《大智度论》为指南，《大涅槃经》为扶疏，《大般若经》为观法。智颢的天台三大部，是该宗的根本典籍。它以“圆教”自居，判佛说一代法为“五时八教”。该宗主要思想是“实相”与“止观”学说：以“实相”阐明论理，“止观”指导修行，用“一心三观”和“三谛圆融”两层实相说作为观法修行的“不思议境”，成一圆顿止观法门。

天台宗是中国佛教最早创立的一个宗派，它集合南北各家义学和禅观之说，加以整理和发展而成一家之言，当时得到朝野的支持和信奉，对隋唐以后成立的各宗派多有影响。元明以后，该宗学者往往兼倡净土，形成“教在天台，行归净土”之风。

宣扬法界缘起的华严宗

华严宗也是中国佛教宗派之一。该宗因以《华严经》为根据，故名，又因其以“法界缘起”为基本教义，故又称“法界宗”。

华严宗的法统一般认为是：杜顺、智俨、法藏、澄观、宗密。唐杜顺和尚被尊为初祖，为该宗的“无尽缘起”说和五阶次第的判教说奠定了理论基础。智俨被奉为二祖，作《华严经搜玄记》十卷，创“十玄缘起”新说。第三祖法藏，实为创宗人，继承和发展了智俨的学说，作《探玄记》《游心法界记》《一乘教义分齐章》等，总判释尊一代教化为五时八教，集华严宗之大成。四祖澄观，作《华严经大疏钞》，博大精微，总括小大行相，无倚无偏，大振华严宗风。五祖宗密，著《原人论》《禅源诸诠集都序》等，强调“会合宗教”及“会通本末”的儒佛一源论。

其后不久，华严宗在“会昌法难”中，受到打击，一蹶不振。宋初，长水子璇，弘传宗密之说，至其弟子净源时，华严宗又得中兴。元、明、清三朝，华严宗相继不绝，名人层出，但终未能恢复和振兴到从前的地位。清末杨文会等也因弘扬华严而著称，并培养了一批信奉华严的学者弟子。

华严宗作为宗教，把原始典型的“毗卢遮那佛”视为无限本体，其显为用，一方面展现在文殊菩萨的高超智慧上，另一方面又印证于普贤菩萨的愿行中。二者一体俱融而形成善财童子所代表的未来新佛。

作为哲学，华严宗的理论主要是“法界缘起”说：融万法一切差别，世间出世间，以及三世诸佛一切功德，一举而摄之于“一真法界”，无上圆满。此一真法界，分而为“四法界”，交彻互融，各放异彩，又相映成趣，以显示相摄、互依、周遍含容的意蕴。

专修净土法门的净土宗

净土宗属中国佛教宗派，因专修往生阿弥陀佛净土法门，故名。因其始祖慧远曾在庐山建立莲社提倡往生净土，故又称莲宗，实际创立者为唐代善导。

慧远于东晋元兴元年（402 年），在庐山东林寺建莲社（亦称白莲社），参加的僧人、居士达 123 人。此为中国净土思想的第一传。其后，有昙鸾于北方专修净业，立难行、易行二道之说，主张以弥陀如来本愿力为根本，为建立净土宗奠定了基础。昙鸾以后有道绰，立圣道、净土两门，确立了净土宗立教的宗旨。善导继承道绰的传统，正式创立了净土宗。昙鸾、道绰、善导为中国净土思想的第二传，也是净土宗的正传。

善导之后，净土宗名师辈出。著名的当属洛阳慧日（慈愍三藏）系，提出禅净一致的念佛禅。五代至宋，净土宗仍盛行。五代末有永明延寿，提倡禅净兼修，著《万善同归集》等，弘扬净土思想。

宋元两代，净土结社成风，出现了白莲社、净业会、净土会等。专弘净土著名的有宋初省常、元代普度等。明代弘传净土者，有袾宏、智旭等；清初以来则有普仁行策、梵天实贤、资福际醒等。晚清灵岩印光（圣量），专修净土，创弘化社，办灵岩净土道场，为近代弘扬净土的典范。

净土宗的经典有所谓“三经一论”：《无量寿经》《观无量寿经》《阿弥陀经》和《往生论》。它的宗旨主要是以修行者的念佛行业为内因，以弥陀的愿力为外缘，内外相应，因缘和合，往生极乐世界。它提倡念佛与“写经”，对保存佛教典籍，研究佛教文化等提供了宝贵资料。它的“净土变相”有很高的艺术价值，如善导“所画净土变相三百余壁”以及在佛教文化艺术上的佛教群雕、佛像、佛堂建筑等，都是宝贵的艺术财富。

主张修习禅定的禅宗

佛教传入中国后，禅宗成为中国佛教一大宗派。由于该宗主张修习禅定，故名。又因以参究的方法，彻见心性的本源为主旨，亦称佛心宗。

禅定图。

传说禅宗的创始人为菩提达摩，于六朝齐、梁间从印度渡海东来，到洛阳弘扬禅法，弟子慧可跟随达摩6年，达摩授以《楞伽经》4卷。后来，慧可隐居于舒州皖公山（今安徽潜山县东北），传法于僧璨。僧璨受法后又隐于舒州司空山（今安徽太湖北），肃然静坐，秘不传法，只有侍从道信得其衣法。道信在湖北黄梅县双峰山30多年，主张“坐禅守一”，并传法于弘忍。

弘忍以后，禅宗分为南宗惠能，北宗神秀，时称“南能北秀”。后来以惠能为首的“南宗”逐渐取代了“北宗”，成为禅宗的主流和正统。其倡导不立文字、教外别传、直指人心、见性成佛的顿悟法门，是中国化佛教的典型代表。

禅宗的思想，包含在其宗经《坛经》中。主要是：自心是佛、顿悟成佛、无念普宗等。

禅宗在中国佛教各宗派中流传时间最广，至今仍绵延不绝。它在中国哲学思想上也有着重要的影响。宋、明理学的代表人物如周敦颐、朱熹、程颢、陆九渊、王守仁都从禅文化中汲取营养。禅文化也是近代资产阶级思想家如谭嗣同、章太炎等建立思想体系的渊源之一。

藏传佛教小史

藏传佛教是指在我国西藏地区流传的佛教，一般又称为喇嘛教。“喇嘛”是藏语，意为“上师”，是藏族人对有地位、有学问的和尚的尊称，也指“活佛”。

佛教很早就开始传入了西藏，但由于那时西藏没有文字，所以佛教传播很慢，影响范围小。当地所流行的宗教是带有原始性质的“苯教”。直到公元7世纪，文成公主入藏后，吐蕃赞普松赞干布受其影响，开始信仰佛教，佛教才逐渐在西藏发展起来，并最终取得了统治地位。

公元838年，赞普朗玛下令灭佛，这使藏传佛教遭到了毁灭性的打击。直到一百多年后，藏传佛教才再度复兴起来。为了吸引更多的人入教，这时的藏传佛教很注意吸收西藏地区的民族特点，特别是在宗教仪式和神灵方面吸收了苯教的不少东西。由于修行方式不同，到11世纪中叶已形成了宁玛派、葛当派、萨迦派、葛举派四大宗派。后来又创立了格鲁派，由于这派僧人穿戴黄色衣帽，又被称为“黄教”。

藏传佛教主要以印度传入的密教经典为主，吸收了苯教的某些仪式和神灵，形成了具有西藏特色的所谓“藏密”，各派都有严密的寺院组织和学经制度，后来流传于青海、内蒙古地区以及蒙藏附近的国家。

达赖与班禅

达赖与班禅是西藏喇嘛教黄教教派的两大首领。

清朝统一中国以后，为了对西藏进行有效的管理，先后赐封达赖和班禅，并形成了制度。

达赖的称号始于三世达赖喇嘛锁南嘉错，达赖的全称是“圣识一切瓦齐尔达喇达赖喇嘛”。“圣识一切”是汉语，系指受封者的佛学知识博大精深、无所不知；“瓦齐尔达喇”为梵文，原意为金刚菩萨，有坚强、不坏的意思；“达赖”是蒙语，意为大海；只有“喇嘛”才是藏语，意为“上人”，与汉语称佛教僧人为“和尚”的意义相同。整个称号的大意是，对佛学无所不知的、坚不可摧的、像大海一样伟大的和尚。

三世达赖虽然被尊为达赖喇嘛，但并没有经过中央政府的正式册封。直到 1652 年，顺治帝邀请达赖五世进京，并特地为他修建了规模宏伟的黄寺，作为他在京的住所，达赖五世在北京受到了隆重款待。第二年，顺治帝正式册封他为“西天大善自在佛、所领天下释教普通瓦赤喇怛达赖喇嘛”。此后历代达赖喇嘛都要经过中央册封，才算合法。

班禅的称号比达赖略晚。1645 年，领兵在藏的蒙古旅首领，为了削弱和分散达赖五世的政教权力，尊扎什伦布寺的寺主罗桑却吉坚赞为“班禅博克多”，这是班禅称号的正式开始，后又加封“额尔德尼”名号。

其中“班”就是梵语“班弟达”的简称，印度称学识高深的学者为“班弟达”；“禅”是藏语“大”的译音；“博克多”系蒙语，为智勇双全之意；“额尔德尼”是满语，意为珍宝，全称意为智勇双全的珍贵的大学者。

何谓佛藏

佛藏即大藏经，乃是汇集佛教一切经典成为一部全书的总称。古时也作“一切经”，因为内容主要是由经、律、论三部分组成，所以又称为“三藏经”，略称“藏经”。其中，经是佛为指导弟子修行所说的言教；律是佛为他的信徒制定的日常生活所应遵守的规则；论是佛弟子们解释和研究教义的著述。“藏”有容纳、收藏的意思，系印度梵语的意译。

佛教三藏的分类起源很早。相传释迦牟尼去世后不久，他的弟子们为了永久地保存他所说的教法，开始进行遗教的结集，即通过会谈的方式，把他说的话加以统一固定下来，佛教的藏经是经过几次结集会议才形成的。

佛与菩萨

佛教寺庙中的塑像被统称为“佛像”，其实，在佛教中，这些像是有区别的，有的是佛，有的是菩萨，有的是罗汉。

释迦牟尼图。

佛在狭义上说，是指释迦牟尼，从广义上来说，是指智慧与悟性都已达到最高境界的觉悟者。他不仅自己觉悟，而且帮助他人觉悟，使自己和他人的觉行共同得到圆满。

而菩萨仅次于佛，是因为菩萨虽能自觉，并发大心愿为众生求最高的觉悟方法与觉悟的道理，但却没能使自己与众生的觉悟、行为一起圆满。所以，他们所达到的不过是大乘佛教中的上乘境界。

天下“罗汉”知多少

在我国各地的许多寺庙中，都会发现很多造型各异的罗汉塑像，有的16个，有的多达500个，甚至1000多个。

罗汉是佛祖的一群高足弟子，佛教认为，修行可以达到不同的境界。从等级上来说，罗汉在和尚之上、菩萨之下。因为他们比较注重自我觉悟，自我解脱，而较少把佛教的教义扩大化。通常人们称他们为“自了汉”。所以，他们到达的只是小乘佛教中的最高境界。

据一般佛典记载，罗汉似乎没有佛和菩萨那样无边的法力，只是受佛的派遣，留在世间，执行普度众生的任务。

罗汉有多少，说法很多。有十六罗汉说，十八罗汉说，一百零八罗汉说，五百罗汉说，甚至还有一千二百五十罗汉说。现在寺庙中的塑像，常见的是十八罗汉和五百罗汉两种。

据经典说，有四位佛的弟子受了佛的嘱咐，不入涅槃，留在世间普度众生。这就是四大比丘或四大声闻，也就是通常说的四大罗汉。但天地间太广阔了，一个罗汉掌管一方任务太重，得充实力量，于是，四四一十六，又出现了十六罗汉的说法。罗汉由十六位扩充到十八位，是中国人五代时的创造。

关于五百罗汉的来历在唐代高僧玄奘写的《大唐西域记》中有这样一则故事：摩揭陀国有1000个佛僧，其中，500个是凡夫僧，500个是罗汉僧。国王无忧王对他们很敬仰，一视同仁。这500罗汉僧平时不露真相，连无忧王也不知道他们是罗汉僧。在500凡夫僧中，有一个名叫摩诃提婆的，经常发表一些违背教规的言论，影响了一大批佛僧。

无忧王很生气，想把1000个佛僧全部淹死。这时五百罗汉僧才各显本相，腾云驾雾而去，在迦湿弥罗国的一个山谷里隐居起来。无忧王知道后，又悔恨又惧怕，亲自到罗汉僧隐居的地方向他们承认自己的过错，并请他们回去。罗汉僧们不肯，无忧王便在国都建起一座寺庙，照500罗汉僧的模样塑造了500尊像，不时供奉。从此，“五百罗汉”像就流传下来，也传到了我国。

现存的五百罗汉塑像在全国有二十来处，各处造型不尽相同。比较著名的有武汉汉阳归元寺的五百罗汉堂、四川省新都县宝光寺罗汉堂等。

和尚、尼姑称谓的由来

僧尼是指出家修行的男女佛教徒。但

是，为什么人们口头上常称他们为“和尚”和“尼姑”呢？

先说和尚。佛教认为，人的生老病死都是痛苦的，其根源归咎于各种欲望。因此，为了摆脱痛苦，必须清心寡欲。因而，佛教的处世哲学是主张调和一切。“和”就是忍耐、服从，是僧侣所崇尚的。崇尚“和”即“和尚”，这就是称僧侣为“和尚”的缘由。

和尚做佛事图。

尼姑是汉族人对信佛出家的女子的俗称。确切的称谓应是“比丘尼”，这是梵语的译音。

佛教第一个出家女子是摩诃波·波提，她是释迦牟尼的姨母。释迦牟尼出生后7天，生母摩耶夫人逝世，他由姨母抚养成人。释迦牟尼成道后，摩诃波·波提随他出家。

东汉时期，佛教传入我国。由于佛教经典传译不广，一般人只知剃除须发即为出家，不晓得受戒仪式。直到东晋末年，我国尚无符合戒法的比丘尼。

南北朝宋元嘉六年（429年），狮子国（今斯里兰卡）有8位比丘尼乘海船到宋都城建业（今南京），她们是最早来到中国的外国比丘尼。元嘉十年（433年），又有狮子国比丘尼铁萨罗等11人来到中国。她们在南林寺修筑戒坛，为中国女佛教徒慧果、净音等300余人重新受戒。

从此以后，我国才出现了真正的比丘尼。

何谓南无阿弥陀佛

我们经常看到“南无阿弥陀佛”一词，那么，“南无阿弥陀佛”是一尊什么“佛”呢？

“南无”，是梵文Namas的音译。读作那谟，译作“南谟”、“那谟”等，意为致敬、归敬、归依，是佛教信徒一心归顺于佛的用语，常用来加在佛、菩萨名或经典题名之前。表示对佛、法的尊敬和虔信，如南无喝罗、南无三宝等。

“阿弥陀佛”本是一句梵语（古代印度的一种语言），为西方“极乐世界”教主的佛号。“阿”是“无”的意思，“弥陀”是“量”的意思，“佛”即指佛主。故“阿弥陀佛”翻译过来即“无量寿佛”或“无量光明佛”。当和尚或佛教徒进行祈祷、感谢神灵或请求佛主宽恕的时候，就口头诵念着“阿弥陀佛”。

“南无阿弥陀佛”合起来就是一种佛教术语，意思是“向阿弥陀佛皈依”，诵读此语即谓“念佛”。

弥勒佛的原型

大腹便便的“皆大欢喜”大肚弥勒佛在我国各地寺庙中都可以见到，他袒露着肚皮，成天笑眯眯的，似乎能让你把世界上的忧愁烦恼忘个精光。

佛教认为，弥勒是释迦牟尼佛婆婆国土中的一位大菩萨，原来在兜率天宫内院说法度生，后来降生到下界，又继承释迦牟尼成了佛，是释迦牟尼的继承人。

弥勒虽是佛教人物，但他的形象却是以真人作原型来塑造的，这个人就是历史上著名的“布袋和尚”。布袋和尚真名叫契比，五代时吴越（今浙江奉化县）人，他自号“长汀子布袋师”。他常常袒胸露腹，寝卧随处，成天用一根拐杖挂着布袋，内装随身用具，四处化缘。后梁贞明三年（917年），他在岳林寺说偈曰，“弥勒真弥勒，分身千百亿，时时示时人，时人自不识”，自称是弥勒化身，然后去世。

此事传开后，人们以为他真是弥勒佛的化身，于是塑其像作为供奉的偶像。五代以后，很多原供奉头戴五佛冠天人相状的天冠弥勒塑像的寺庙逐渐变为供奉布袋和尚塑像。

文殊菩萨的传说

文殊的全称为“文殊师利”，是梵文 Manjusri 的音译，意译有“妙德”、“妙首”、“妙吉祥”等。文殊形象开始是非男非女的，宋代以后成为面目秀丽、腰肢窈窕、乳房丰满的美妇人形，常骑一青狮、持一柄宝剑，顶结五髻。据说以青狮为坐骑是表示智慧威猛，手持宝剑是表示智慧锐利，顶结五髻则表示五智。

文殊菩萨。

文殊的身世来历众说纷纭，其最流行的一说出自《文殊师利般涅槃经》：文殊生于舍卫国一个婆罗门家庭，有大慈心，成人后投奔释迦牟尼处学道，成为其弟子，后被释迦佛推为众菩萨之首。但实际上文殊“菩萨之首”的地位未能保持多久，观世音信仰流传以后，文殊的地位便降而处于次了。

自唐代以来，五台山被佛徒公认为是文殊圣地，李渊起兵太原而得天下以后，便将太原府境内的五台山视为“龙兴之地”，于是，唐时五台山上佛寺建有三百余座，僧民上万。至今，历史悠久的五台圣地仍文物荟萃，趣典繁多。

五台山五大丛林之一的塔院寺东边有一座文殊发塔，据称塔内藏有文殊菩萨显圣时遗留的头发。

说是有一年五台山设无遮大会斋，忽有一女乞丐拖带着两个孩子和一只小狗挤到前面向和尚要饭说：我有急事，先分给我饭吧。和尚看了她和孩子一眼，给了她三份。女人说，狗亦是活物，该有一份，和尚勉强补加一份。哪知女人又说，我肚内还有一子，应给他一份。和尚耐不住了，没出生的孩子也要分饭吃，你也太贪了吧。

女人争辩道，众生平等，肚里的胎儿不也是人吗？说完从袖里取出一把剪子，剪下一把头发放在桌上，口念偈语：“苦瓠连根苦，甜瓜彻蒂甜，是吾超三界，却被阿师嫌。”说罢腾空而起，现出文殊法相，狗成坐骑青狮，两个孩子变为两童子。人们再看桌上所遗文殊的头发，只见发色若金，光彩无定，于是专门修塔以存文殊遗发。

观世音菩萨的由来

观世音，又称“观音”、“观自在”，是佛教的重要的菩萨之一，民间对她的崇拜极盛，老百姓称她为“大慈大悲救苦救难观世音菩萨”。

唐朝时候，因为唐太宗李世民名字中有个“世”字，为了避讳，才将观世音菩萨之“世”字免去，改称“观音”菩萨。

送子观音。

观世音这个名字是释迦牟尼给取的，因为释迦牟尼要她随时观听世人的声音。观世音菩萨是大慈大悲的菩萨，能现三十三化身，救十二种大难。遇难众生只要念诵她的名字，就可以得到她的拯救和超度，带到西方极乐世界去。观音殿堂的匾额上，有所谓“普度众生”、“慈航普度”、“大慈大悲”、“救苦救难”等字符，就是这个意思。

在中国的民间传说中，有说观音是春秋时期楚庄王的第三个女儿，名叫妙善，生而素食，后来楚庄王病重，只有用亲生女儿的肉做药，才能治好。楚庄王的大女儿、二女儿都不肯，只有妙善舍身救父，她的这份孝心感动了天上诸神，终于成了菩萨。

现在寺庙里的观世音塑像，大部分

是披着白大氅的女士，叫白衣大士；也有的塑着很多手臂和眼睛，叫千手千眼观世音。

佛教中的龙女

佛教中的龙女，是观世音菩萨的右胁侍。

按佛教说法，龙女本是佛教护法天神——二十诸天之一娑竭罗龙的女儿，是一个极为聪明的女子。八岁那年，偶然听了文殊菩萨在龙宫说法，顿然觉悟，即只身赴灵鹫山礼拜释迦，以龙身成就佛道。

除佛教中传说的立即成佛的龙女外，中国还有着自己土生土长的龙女，这就是神话中龙王的女儿，且从唐代开始一直被民间所奉祀。

唐代诗人岑参写的《龙女词》云：“龙女何处来，来时乘风雨，祠堂青林下，宛宛如相语。蜀人竞祈恩，捧酒仍击鼓。”唐代李朝威还写有著名的传奇小说《柳毅传》，使龙女的故事广泛流传民间。此外，元代和明清时期都出现过以龙女为题材的文艺创作，大都是写人与龙女的爱情婚姻生活，情节浪漫，人情味很浓，深受民间欢迎。

中国的龙女与观音身旁的那位右胁侍完全不同，她没有丝毫布道者的气味，而是一位美丽善良，追求幸福爱情的开朗姑娘。

济公其人

济公是在中国民间影响较大的佛教神仙，与弥勒一样，济公也是真有其人。有书记载，济公是宋朝人济颠，家住浙江天台山，出家在杭州灵隐寺当和尚，后来居住在净慈寺。

济公像。

在佛教中，济公本是一个排不上名次的和尚，甚至连五百罗汉都没有把他列进去，但因为传说中他热心为百姓做好事，在民间倒比一些菩萨更出名。济公信佛，但不吃素、不念经，喜欢管闲事。济公是弱者的救星，常常用一些巧妙的办法捉弄、惩罚坏人，帮助穷苦百姓。

人们为纪念这位“哪里不平哪有我”的活佛，在杭州西湖的“虎跑”泉还建有“济颠塔院”，并塑有半立体的济公石雕。雕像左右还有四幅浮雕《济公斗蟋蟀》《古井运木》《飞来峰传说》《装疯扫秦》。苏州的西园寺也有济颠塑像。

佛像种种

佛像，指佛的造像。佛像的形象、材料、种类等随着年代而有很多变化，造成了种种不同的佛像。佛教早期没有佛像，认为制作佛像是对佛的亵渎。公元前后，始有佛像出现，一些佛教徒和俗人认为造佛像是积善积德的举动。在许多种佛像中，依其身份的不同，可分为佛、菩萨、明王、天、罗汉等数种。

佛：诸佛的名字在经典上记载的，有卢舍那佛、大日佛、释迦佛、阿弥陀佛、药师佛等，还有宝生佛、开敷华王佛、天鼓雷音佛、阿闪佛、不空成就佛、多宝佛、定光佛等较少听到的。佛有时称如来，这是梵语多陀阿迦度的意思。

菩萨：有文殊、普贤、弥勒、日光、月光、虚空藏、地藏，以及随侍阿弥陀佛的二十五菩萨、观世音等，不胜枚举。

明王：有不动明王、降三世、军荼利、大威德、金刚夜叉等统称“五大明王”。明王是拥护三宝、护持国土、保护人民的。有时现佛的愤怒身，以光明的智慧来制伏一切恶魔和障碍，看起来具有极恐怖的威严。

天：天的种类更多，形象较威猛的，有四天王、梵王、帝释天等；较温柔的，有辨才天、吉祥天、技艺天。另有所谓天龙八部、十二天、药师十二神将、般若十六善神、观音二十八部众等，其中男性均手持剑戟，身穿甲胄，勇猛异常；女性均秀丽、高雅，好似仙女下凡。

何谓“四谛”

四谛法是佛教最基本的教法，是大小乘各宗的共修必修之法。“谛”即真理，“四谛”就是四个真理。佛教认为，世界是一个痛苦的过程，即所谓的“苦海无边”。“四谛”说就是一套说明苦难和解决苦难方法的学说。“四谛”即苦、集、灭、道。

苦谛：“苦”是身心逼迫义。佛教认为众生生命的根本特征就是苦。这些苦又分为“四苦”和“八苦”。“四苦”指生、老、病、死；“八苦”是在生老病死外加四痛，怨憎会（不愿相见的敌对的人偏偏在一起）、爱别离（亲爱的人在一起又往往分离）、求不得（物质生活的需求常常得不到满足）、五阴盛。

集谛：“集”是招集义，即招感集起苦果的因，包括一切烦恼和由烦恼所生的业。

灭谛：“灭”即寂灭义，即圣者以无漏智慧的简择力，灭尽惑业苦，达至静妙安稳的境界，即涅槃果。

道谛：“道”即能通义，由此道能通往涅槃城，是证得灭果的因，通常指佛教最常见的八正道。

何谓“八戒”

说起八戒，很容易让我们想起《西游记》中的猪八戒，其实，八戒是一个佛教名词，全称叫“八关斋戒”、“八斋戒”，指佛教为在家的男女信徒制定的八条戒条。

这八条戒条为：不杀生；不偷盗；不淫欲；不妄语；不饮酒；不眠坐高广华丽的大床；不装扮、打扮及观听歌舞；不食非时食（正午过后不能吃饭）。

和尚烧戒的由来

有些和尚的头上，有用香头烧出的几个伤疤，这就是烧戒，俗称烧香疤。在中国，正式的佛门弟子都会烧香疤，但是，在佛教发源地的印度，却没有这项规定，这是为什么呢？

原来，中国和尚烧香疤始于南北朝的梁武帝，梁武帝十分崇尚佛教，在做皇帝期间，他曾三次舍身佛寺当和尚，又三次被大臣们缴纳重金从寺庙赎回。当时，他赦天下死囚，让他们信佛当和尚，但又怕这些死囚逃出寺院重新犯罪，就以黥刑（在脸面刺字的一种刑法）为范本在头上烧戒疤以便随时识别，加以捕获，这就是中国佛教烧戒的开始。

到了元代，烧戒开始普遍流行，据说元人提倡和尚烧戒，是为了以此作为区别喇嘛和汉僧的标志，实际上是歧视汉僧。

后来，烧戒逐渐演变为佛家弟子的入门礼，表示信徒虔诚信佛的决心。香疤，不仅头顶上有，身上的某一部位也有。头顶上的香疤数量不等：有1点，有2点，有3点，有6点，有9点，有12点，点越多表示越虔诚。

僧衣颜色

僧衣是和尚身份的标志，但不同僧侣的服装颜色却是不同的，这是为什么呢？

佛教对僧衣服色主要有两条规定：一是不许用上色或纯色；二是所有新衣必须有一处点上另一种颜色，以破坏衣色的整齐而避免贪图穿着，这被称为“坏色”或“点净”。

僧人图。

尽管僧衣的颜色避开了上色和纯色，但它对颜色的选择余地还是很大的。在佛教刚传入中国时，多选用赤色作为衣色，那时的僧侣是“披赤衣”的。到了三国时期，僧侣的衣色受到道士服色的影响而逐步趋向于缁色（即黑色之中微有赤意），因而那时开始称僧徒为“缁衣”或“缁流”。

唐朝时，武后依唐代三品以上服紫的规定，赐给沙门法朗等九人紫袈裟，所以在唐宋时代一直都以赐紫色袈裟为荣。另一方面，也因执着于赤色而以朱红袈裟为最尊重。唐宋以后，僧衣的色彩自由度较大。到明朝洪武初年，制定了完善的僧侣服色制。当时佛教分禅（禅宗）、讲（天台、华严、法相宗）、教（又称律，从事丧仪、法事仪式）三类，规定禅僧穿茶褐常服、青绦和玉色袈裟；讲僧穿玉色常服、绿绦和浅红色袈裟；教僧穿皂常服、黑绦和浅红色袈裟。现在的僧衣大多是褐、黄、黑、灰等颜色，也有湘色（即黄绿色）的，没有一定的规制。

中国本土宗教道教

道教是中国本土产生的宗教，它正式形成于东汉的后期，迄今已经有近 2000 年的历史了。道教是由古代的巫术和战国、秦汉时的神仙方术发展而来的。战国时，巫术衰落，神仙方术兴起。方士虽也从事巫祝术数，但主要是求仙和炼不死之药。巫术和方术，都是不成系统的鬼神迷信，要成为宗教，还需有一定的组织形式和系统的理论与之配合。

这时，先秦道家学说开始为道教提供了很好的思想来源。在先秦老子、庄子的哲学里，宇宙万物的起源被归结于形而上的“道”，它看不见、摸不着，从无中生出有，分化阴阳，产生天地万物。在庄子哲学之中还塑造出了真人、圣人、神人的理想境界，也是道教的一个精神资源。

东汉末年，沛国丰邑（今江苏丰县）人张陵西来巴蜀的鹤鸣山（今四川大邑县境内），创立早期道教——五斗米道。同巴蜀五斗米道相呼应，巨鹿人张角则在东方为创立太平道而奔波。由于张角兄弟利用太平道组织黄巾起义失败，太平道随之瓦解，而曾经被贬称为“米贼”的五斗米道在张陵的孙子张鲁等人的努力下，不断扩大势力，正式成立。老子被奉为教主，尊为太上老君，并以《道德经》作为主要经典。

东晋南北朝时，一些文人士大夫开始信仰道教，先后出现了如葛洪、寇谦之、陆修静、陶弘景等著名道士，他们给道教注入了更多理性因素，并吸收儒、释学说，丰富了道教的教义，建立了庞大的道教神仙谱系。

唐朝皇帝姓李，与老子同姓，道教由于得到唐朝皇帝的支持而得到进一步兴盛和发展。宋朝的皇帝也都信奉道教，尤其是宋徽宗，自称“教主道君皇帝”，下诏全国求仙访道，信道到了痴迷的地步，使道教获得更大发展。

元、明两代也十分尊崇道教，明世宗甚至自号“玄都境万寿帝君”，不理朝政，任命道士担任朝廷要职，使政教关系更为密切。明朝以后，道教渐渐衰落，分化成民间秘密宗教，如八卦教、白莲教、红阳教、黄天教等。

道教作为中国的特产，还一度远传到朝鲜、日本、越南和东南亚一带，甚至远渡重洋传到南北美洲，成为世界七大宗教之一。

道教符咒

道教的“符箓”，是道教的基本法术之一，又称为“符书”、“丹书”等。“符”本是古代用以调动军队的凭信，大约在汉代的时候，道教吸收过来作为道术的一个手段。

道教认为，“符”本是三清天云气自然形成的，把它描摹在纸张、丝帛之上，就成了体现在笔墨之中的道之精气，用它可以祛邪辅真、制御生死、安镇五方。

道士画符，据说是假借某位神仙帝君给鬼神下的一道命令。道教认为这些文字图片是天神的文字，正是它们可以起到遣神役鬼、镇魔压邪的作用，因而道士受道，首先就要受符箓。

道士的符咒。

符与箓二者之间有细微的区别：符主要是写一些祈禳之辞，而箓常常是录一些鬼神的名姓。“符”、“箓”合起来就是按照天神的旨令和所授的信符，依据诸神名册所定的职责去命令和役使某个神灵。所以说，在道教看来，掌握了符箓，也就具有了代天神役使三界官属的权威。

在汉朝时，中国的文字已经出现隶书，道士为了防止别人伪造符命，就用汉以前的篆书或鸟虫书书写。到后来道士专门把它写得如龙蛇缠绕，就变得越来越离奇古怪了。

道士给人治病祛邪，或者作法事的时候，常常是掐诀念咒，手指做成特殊的姿势，或模仿某种形象，嘴里念念有词，那即是所谓的“禁咒”，又称为神咒、神视，意指天神所说的话。

在上古之时，有一种专门从事巫术的人，说他们有念神咒来役使鬼神的法术。道教引为己用，认为对患病的人念神咒，就能够把神召来为他祛病，或者把给他带来疾病的妖魔鬼怪吓跑。所以在道教的坛醮、祈禳法事之中，常常配合符箓念禁咒。也就是说，咒语表达的是人们的愿望，即通过对神灵的祈求或命令，使自己这一方消除灾祸或给敌人那一方增加灾祸。

道家之“三”

三世：夙世、现世、来世，即三世。道家以前生为夙世，今生为现世，来生为来世。

三心：道教指天心（居脑）、地心（居腹）、人心（居绛宫）为三心。

三身：道家谓神仙所现的三种身态——法身、应身、化身。道教认为，天神真仙，其所显现自性真身者，为法身；其所应他性之报身者，为应身；其所变化别性之分身者，为化身。

三昧：道教指元神、元气、元精，认为以三昧修炼可生真火。

三清：又称“三肖境”，道家指玉清、上清、太清。

另一说，道教谓元始天尊、灵宝天尊、道德天尊为三清。因元始天尊为玉清境洞真教主，灵宝天尊为上清境洞玄教主，道德天尊为太清境洞神教主，故称。

历史上的十大名道

我国历史上著名的十位道士：

张道陵：原名张陵，字辅汉，沛国丰（今江苏丰县）人。

葛洪：字稚川，自号抱朴子，丹阳句容（今江苏省）人。

寇谦之：字辅真，上谷昌平（今北京）人。

陶弘景：字通明，自号华阳隐士，丹阳秣陵（今江苏南京）人。

孙思邈：京兆华原（今陕西耀县）人。

吕洞宾：号纯阳子，京兆（今陕西西安）人。

陈抟：字图南，自号扶摇子，亳州真源（今河南鹿邑东）人。

林灵素：本名灵噩，字通叟，温州（今浙江）人。

丘处机：字通密，号长春子，登州栖霞（今山东）人。

张三丰：又作张三峰，名全一，字君宝，号玄玄子，辽东懿州（今辽宁阜新）人。

古代的“炼丹”术

炼丹是道教的一项主要宗教活动，它源于先秦方士的神仙方术。据资料记载，早在战国和秦汉时期就有统治者招致方士寻求“不死之药”之事。方士们认为“仙人食金饮珠，然后寿与天地相保”。因而研究以丹砂冶铸黄金之法，若“黄金成，以为饮食器则益寿”，这就是所谓的“金丹术”。

实际上，由于丹丸中含有大量的汞、铅等有毒物质，吃了之后非但不能长生不老或成仙，反而会中毒而亡。秦汉时期不乏有人直接服用金屑而丧命的例子。

方士们转而讲求炼制神丹，或直接饵服，或用以点化药金，再饵服以求长生。于是方士的炼丹方术中，就有了“金丹术”和“黄白术”之分，在炼制“黄白”的人中，也有的不是为了长生，而想以此谋利发财。

约在此前后，道教开始兴起，神仙方术被道教承袭，作为宗教修炼之法，创五斗米道的张陵即曾以《黄帝九鼎丹经》传弟子。

中国的炼丹术还具有世界影响，大约在唐代中期甚至更早，即已通过阿拉伯人传往西方，中世纪欧洲的炼金术的来源之一，就是中国的炼丹术。

五斗米道的缘起

五斗米道是在先秦方仙道和黄老思想的基础上，结合古代巴蜀地区的民族信仰，由东汉顺帝时期的张陵所创立的一个道教早期教派。

张陵（34？～156年），沛国丰（今江苏丰县）人。相传是汉朝开国功臣张良的后代，东汉顺帝时入蜀，在鹤鸣山（今成都市大邑县境）学道，并造做道书（或称符书），说自己是“天人下降”，特地来给百姓们传授“正一盟威之道”，以为人治病为名开始传教。因那些想要入道和请求治病的人要先交五斗米作为“信米”，故俗称“五斗米道”。又因太上老君还降命他“天师”的称号，所以又叫“天师道”。

张陵死后，其子张衡继续传道。衡殁，孙张鲁继之。祖孙三代，世人统称“三张”，儿子张衡为“嗣天师”，孙子张鲁为“系天师”。后来，“天师”也就成了对少数道士的尊称。

张鲁当政时，自号师君，他教人民诚信不欺诈，特设“静室”，宣称有病的人去静室里“思过修善”，病就可以不治而愈，还专门设立了“鬼吏”为病人祷告。

张鲁还在汉中地区建立了政教合一的地方政权，雄踞巴汉近三十年。至建安二十年（215年），曹操攻汉中，张鲁降曹，而五斗米道也随之传往北方中原地区，成为魏晋时期的主要道教流派。大书法家王羲之父子，就曾加入五斗米道。

后来，南朝刘宋时期的陆静修、北魏时期的寇谦之在士族所信奉的五斗米道基础上发展创立了南天师道和北天师道。唐宋以后南北天师道与上清派、净明道、灵宝派等合流，元朝以后都归于正一道。

太平道是一种什么教

太平道同五斗米道一样，也是道教早期的教派之一。它的创始人是东汉末年巨鹿（今河北平乡）人张角，因崇奉《太平经》而得名。关于《太平经》的来历，传说是汉顺帝时的方士于吉，在曲阳泉水之上巧遇太上老君，得到一本神书《太平清领书》，有一百卷之多，这就是道教最初的重要经典《太平经》。这本书把老子神化为至尊天神九玄帝君，宣扬长生不死的神仙思想，提出建立公平而没有灾害的“太平世界”的政治理想。

东汉末年，这本书被张角所得，他于是以此书为经典，创立了太平道，教练弟子，以符水咒语、跪拜首过给人治病，收了很多信徒。张角自称大贤良师，派遣弟子到四面八方去传教，在十多年间，就有了数十万信徒。

太平道尊奉“中黄太乙”为其主神，崇尚黄色，以阴阳五行相生相克的原理为基础，宣称要建立“黄天”之治。张角率领徒众起义后，口号是“苍天已死，黄天当立，岁在甲子，天下大吉”，张角自称“天公将军”，他的弟弟张宝称“地公将军”、张梁称“人公将军”。这就是东汉末年著名的黄巾军大起义。

由于起义准备仓促和张氏兄弟的先后病故和战死，这次起义最终被残酷地镇压下去。以后，太平道的教团组织渐渐散落沉寂，传授不明。其信徒一部分加入到五斗米道，也有一部分在民间秘密活动着。

全真教的创始原由

全真教是道教的一个教派，始创于金代初年，兴盛于金元时期，元代以后，与正一道作为两大道派延续至今。

该教创始人王喆（1112～1170 年），号重阳子，陕西咸阳人，出身富家，早年曾应金朝武举，为小吏，后辞职还家入道。他自称于正隆四年（1159 年）在甘河镇遇异人授以真诀，自此隐居终南山，修道三年，号其穴为“活死人墓”。

大定年间，王喆出关去山东传教，招收马钰、谭处端、刘处玄、丘处机、王处一、郝大通、孙不二等七大弟子，号称全真七子，全真道至此正式成立。

该教教义受时代思潮影响，力主三教合一，以《道德经》《般若心经》《孝经》作为信徒必读经典。修行方术以内丹为主，不尚外丹符箓，主张性命双修，先修性，后修命。认为修真养性是道士修炼唯一正道 ，除情去欲，识心见性，使心地清静，才能返璞归真，证道成仙。还规定道士必须出家住观，严守戒律，忍耻含垢，苦己利人。对犯戒道士有严厉惩罚，从跪香、逐出直至处死。

金元之际丘处机嗣教时，全真教得到大发展。元中期至元末时，教风有变，趋于蜕化，教内高道缺乏，开始落入发展平平的局面。明代朝廷重视正一道，全真道势力相对削弱。清初著名道士王常月整顿教门，曾一度复兴全真教，但终难挽救全真教在清代日渐衰落的总趋势。

说说玉皇大帝

在《西游记》里，我们看到富丽堂皇而又等级森严的灵霄宝殿中有一位至高无上的统治者，他就是玉皇大帝。玉皇大帝简称玉帝，道经中全称为“昊天金阙无上至尊自然妙有弥罗至尊玉皇上帝”。他被道教尊为最崇高的神，天上的神、地上的仙、水中的龙王、人间的君王，不论是太白金星，还是如来佛祖，都必须向他致敬朝拜，听从他的召唤。

据道经记载：玉皇大帝是昊天界上光明妙乐国王与宝月光皇后所生的儿子，出生之时，满身的宝光火焰，全国都可以看到。他从小就很敏慧，长大了又非常仁慈。在国王驾崩后，他登上王位，治政有方，但他还不满足已有的成绩，于是舍弃了国王之位，去普明香岩山修道，历经无数劫而得道成真，最后得了“玉帝”地位。

玉皇大帝图。

信仰玉皇、崇拜玉帝最早于公元 4 世纪就已经开始了。南朝道士陶弘景所作的

《真灵位业图》中记载有玉皇、玉帝道君这样的神灵，列右位第十一位，仅是元始天尊的辅佐。信奉玉皇大帝最盛的是在唐宋之时。不过，唐朝的玉皇、玉帝主要还是一位神仙，还没有获得天上人间最高统治者的地位。

北宋时，宋朝皇帝多尊玉帝为“太上开天执符御历含真体道玉皇上帝”和“太上开天执符御历含真体道昊天玉皇上帝”。这样，玉帝就被官方尊为至上神，变成了天上人间的主宰，上掌三十六天，下握七十二地，掌管一切神、佛、仙、圣和人间、地府之事。玉皇有制命九天、征召四海五岳之神的权力。万神都列班随侍左右，犹如人世间的皇帝和公卿。天地万物阴阳造化无不在玉皇大帝掌握之中。

玉帝住在金阙云宫灵霄宝殿，那里有三十三座天宫和七十二重宝殿，“殿殿柱列玉麒麟”，“寿星台上有千千年不谢的名花；炼丹炉边有万万载常青的瑞草”。玉帝手下十代冥王管人间生死；四海龙王管天气变化；九曜星、五方将、二十八宿、四大天王等神勇盖世；太白金星、二郎真君、五方五老各路神仙，个个法力无边。

道教传说正月初九是玉皇大帝的圣诞日。这一天，道士们要举行祝寿道场，诵经礼忏，称“玉皇会”。每年腊月二十五日，玉皇大帝都要出巡天上人间，考察众生的善恶祸福，所以道教徒要在这一天开设道场，隆重接驾。

西王母的传说

民间惯称的王母娘娘，官名为西王母，她原是中国西部一部族首领。据说此部族位于昆仑山，此说出自《山海经·大荒西经》：“西海之南，流沙之滨，赤水之后，黑水之前，有大山，名曰昆仑之丘……人有……穴处，名曰西王母。此山万物尽有。”按说古老的西王母部族虽不一定生活在传说中的昆仑山上，但应该在今甘肃、青海一带。该部族首领被称为西王母，大约在西周时期与中原开始交往。

西王母图。

初始的西王母形象有些狰狞恐怖，那是一副蓬头、虎齿、豹尾、长啸的模样。这种半人半兽的怪模样，源于我国古代动物崇拜和图腾崇拜的思想。西王母部族大概将虎、豹作为部族图腾神（即部落保护神），所有人都以虎豹的皮毛、爪牙用作饰物或护身符，所以他们崇拜的部族首领（部族保护神）就是“其状如人，豹尾虎齿而善啸”的凶猛模样了。

这位凶神的性别开始时并不分明，在漫长的历史进程中，人们逐渐将它由狰狞的部族首领演变为恶神，由恶神变为善神，最终成了女仙之首。

太上老君是什么神

在道观的大殿正中一般都供奉着“三清”的尊位，其中的太清就是太上老君（其他两位是玉清元始天尊，上清灵宝天尊，他们统领所有天神，为神王之宗，飞仙之主）。

太上老君是道教对老子的尊称，历史上实有其人。据《史记》记载，老子姓李名耳，字伯阳，谥号聃，是楚国苦县（今河南鹿邑东）人。他是道家学派的创始人，春秋时期的思想家，后来被道教尊奉为始祖，并受到历代帝王的青睐。

老子与道教其实并无关系，老子是哲学家，不是宗教家，也未创立宗教。老子的著作是学术性的，不是宗教性的。后来道教奉他为始祖大致有三个原因：一是他的《道德经》正合道教宗旨；二是老子出生年代早；三是老子有许多神奇的传说。

有关老子的传说，最著名的要数“紫气东来”的故事。相传周敬王时，东宫宾友尹喜观星望气，见东方紫气西移，天文呈现出祥瑞之象，知道将有圣人入关，就求为函谷关令。第二年夏天七月，老子果然离开中原西行入关，尹喜就把他挽留下来，对他执弟子之礼，邀请到玉楼观。老子给他讲授了《道德五千言》。次年，老子升天而去。尹喜继续留在玉楼观清修三年，撰写了《关尹子》。尹喜后来远赴蜀地追寻老子，也升天成仙。

道教在关于老子的传说上，进一步加以神化。魏晋时老子已成为玄妙玉女所生，并认为他是宇宙生成的根本，是万物之源。

小谈白莲教

白莲教，一种民间宗教，因依托佛教的一个宗派白莲宗而得名，元、明、清三代在民间流行。白莲教始于南宋初年茅子元创立的白莲宗，其教义源于佛教的净土宗，崇奉阿弥陀佛（无量寿佛），提倡五戒（不杀生、不偷盗、不淫邪、不妄语、不饮酒）。

到了元代，该教渗入了其他宗教观念，主要是弥勒下生说，逐渐转为崇奉弥勒佛，改称白莲教。元朝统一中国后，白莲教受到朝廷承认和奖掖，进入短暂的全盛时期，明初，朱元璋为了巩固政权，明令禁止白莲教。白莲教从此势落。清代乾隆年间山东王伦起义和嘉庆年间川、鄂、陕白莲教大起义，白莲教又一次震惊朝野。

在白莲教中，教主的权力是至高无上的，而且是父死子继，教内实行封建家长制统治，等级森严。教徒入教交纳钱财，定期集会，烧香礼拜，宣讲经卷，教习拳棒，其基本信徒有农民、手工业者、城市贫民和流民，也有胥吏、差役和下层知识分子等。

白莲教的经卷繁多，主要有《金锁洪阳大策》《玄娘圣母经》《镇国定世三阳历》《弥勒颂》和《应劫经》等。

明教漫谈

明教是由波斯（今伊朗）传入的摩尼教发展演变而成的。因其崇拜光明，奉摩尼教创始人摩尼为光明之神，故称明教。摩尼教于公元3世纪中叶由波斯人摩尼所创，摩尼教传入中国的确切时间是武周延载元年（694年）。据《佛祖统记》卷三十九记载，延载元年，有波斯人佛多诞来唐朝，携带摩尼教重要典籍《二宗经》，武则天被佛多诞广博的学识所折服，遂力排众议，留其在宫中讲经。从此，摩尼教开始在中国流行。

唐武宗灭佛（包括一些外来宗教）之后，摩尼教和佛教、道教相融合，同时又和从佛教中分化出来的民间宗教大乘教、三阶教结合，到北宋末期又和佛教净土法门的两支——白莲宗、弥勒教结合，从而成为元末红巾军大起义的一个理论武器。

元明两朝，“明教”一直存在，同时，明教也和其他民间宗教处在不断的融合过程之中。到了清朝，民间宗教思想发展到一个新的阶段，明教思想化入到其他民间宗教的教义中去，明教作为一个独立的教派已不复见于文献。

演化为民间宗教的明教从其思想组成来说和摩尼教多有联系。明教继续以摩尼教的《二宗三际经》为经典。二宗为光明与黑暗，也就是善和恶；三际是初际、中际和后际，即过去、现在和未来。三际的内容就是二宗在过去、现在、未来三个时期的不同表现。

摩尼教认为，在世界创造（中际）之后，黑暗侵入光明王国，并与光明相混同。光明王国的主宰——大明神或大明尊为摆脱世界的黑暗，率领其使者与黑暗王国的主管进行了长期的斗争。在斗争中，大明神创造了原人——人类始祖，但原人被黑暗王国的凶神所败，被投入地狱。大明神为拯救原人，派出其先知摩尼，在摩尼及其宗教的感化下，于世界终末的后际将战胜黑暗，光明与黑暗又恢复各自的王国，彼此分离。

明教的教义显然袭自摩尼教。他们认为，光明与黑暗的斗争，已经经历了明暗各殊、势均力敌的“初际”，发展到当今黑暗压迫光明的“中际”，人们应该助明斗暗，使人类进入明暗各复本位的“后际”。明教尊汉代农民起义领袖张角为教祖，要求明教教徒站在光明的一边，和黑暗斗争，迎接光明的未来。明教把摩尼教的复杂内容简化为“清净、光明、大力、智慧”八个字。

由于明教的“二宗三际”说很容易和现实生活挂起钩来，从而演变为推翻现存政权的现实性力量。所以一到社会危机深重的时候，明教便成为农民起义作为宣传、组织群众的工具。甚至明太祖朱元璋也曾加入过明教，立国后还以“明”为国号，但是当其统治政权建立起来时，就取消了明教的合法地位，禁止它的传播。

何谓八卦教

八卦教是清代影响最大的民间宗教之一，初名五荤道，又名收元教，清康熙元年（1662 年）由山东单县人刘佐臣创立。八卦即八宫，加上中央宫为九宫。自刘佐臣创教之日起，刘姓教首历来都位居中央宫，其他各教，则由刘姓教主委派卦长掌教，各卦教的力量大小不一，分布也并不严格遵守八卦所定方位。

八卦教以“无生老母”作为最高的崇拜偶像，以“真空家乡，无生父母”作为早晚拜诵祈祷的宗教口号。

教徒们视刘佐臣为弥勒佛转世，亦认为弥勒佛是孔子转化的，所以亦视刘佐臣为孔子转世。

八卦教的劫变思想反映出深刻的社会内涵。和许多民间宗教一样，八卦教的劫变思想也包含了“无生老母”观念、“真空家乡”观念、“弥勒下生”观念、“三期末劫”观念、“入教避劫”观念等。

八卦教的主要经书有：《五女传道书》（亦称《五圣传道书》）《禀圣如来》《锦囊神仙论》《八卦图》和《六甲天元》等。其中最重要的经典《五女传道书》，则是一部讲修炼内丹，追求长生不死的传教书。炼内丹（气功）修长生的教理，深受下层民众广泛信仰。

雷公：主雷雨之神

雷公是道教的九天应元雷声普化天尊，他是浮黎元始天尊第九子玉清真王的化身。也有说是轩辕黄帝升仙以后成为雷精，主雷雨之神。

传说中，雷公居于神霄玉府，在碧霄梵气之中，离雷城有 2300 里。雷城是天庭行雷之所，高 81 丈，左有玉枢五雷使院，右有玉府五雷使院。天尊前有雷鼓 36 面，行雷之时，雷公击鼓一下，即时雷公雷师兴发雷声。雷部有神 36 名，都是当时辅相有功之臣。

雷公。

在明代小说《封神演义》里，商朝的太师闻仲死后被封为雷祖，其率领之雷部催云助雨护法天君共有 24 名。其中有律令大神邓忠元帅、银牙耀目辛环天君、飞捷报应张节使者、左伐魔使苟章元帅、右伐魔使毕环元帅等天将。在《封神演义》中，他们都是闻仲的部下，都在武王伐纣的战争中丧命。

因为雷是最有威慑力的自然现象，所以对雷公、雷神的崇拜，古已有之。但是，在神系中设置雷部，并由九天应元雷声普化天尊主其事当是北宋末年的事。北宋时期，道教神霄、清微诸派，崇尚施行雷法。于是，雷之功能不仅在于施雨，而且扩大到了“主天之祸福，持物之权衡，掌物掌人，司生司杀”的地步。

电母：雷神的配偶和属神

“电母”称呼最早见于唐代。唐代崔致远的《补安南录弄图记》就有“然后使电母雷公，凿外域朝天之路”一说。此后，宋代苏轼也写有“麾架雷公呵电母”的诗句。元代著名杂剧《柳毅传书》中还有雷公、电母以配偶形式出台的场面，这时的电母已是两手持镜的形象。

用两手持镜来代表闪电，这表明古人的一种想象，以为闪电之光，有如镜子反射日光，于是有“两手运光”之说。这种持镜之形便成了后来电母的特殊标志。明代神魔小说《西游记》《封神演义》中都曾塑造过作为雷神助手的电母形象，《封神演义》还为她另取一名谓“金光圣母”。

作为雷神的配偶和属神，电母经常与其他气象神合祀。兰州著名的道观——全天观内，正门即有雷坛，中间供奉的是雷祖，左右分列十大雷神，侍立地下的分别有雷公、电母、风伯、雨师。

妈祖：海洋保护神

妈祖是我国东南沿海和海外华人供奉的海洋保护神，也叫“天妃”、“天后圣母”、“天后”等。到现在，她还是广大海外华人华侨归来寻根时必拜的“母亲神”。那么，妈祖的历史原型是谁呢？

有关妈祖的记载，从北宋就有了。相传，妈祖诞生于北宋初年福建莆田的林姓人家。她自打出生，从不啼哭，就取名为默娘。

林默娘从小聪慧过人，5岁就能诵《观音经》。她心地善良，乐善好施，孝顺父母，而且喜欢烧香礼佛。据说，她13就得到了“道典秘法”。到了16岁的时候，有一次她看见一口古井里红光闪现，便过去往井里一看，居然得到了一张灵符，从此，她就能站在布席上施医拯民。

18岁那年，她焚香诵经后，独自渡海，在天乐妙音中升上了五彩云中。自此以后，她云游海上，救助那些落难的渔民和百姓。据说千里眼、顺风耳就是妈祖的随从，她能解救人于千里之外。

她去世以后，人们都认为她是“升化”了，就是变成神仙了，都向她求福祈祷，而她有祷必应，非常灵验。

在沿海人民的心目中，妈祖是无所不能的天上神仙。人们为了纪念她，纷纷建造庙宇，烧香供奉，并把妈祖的诞生日——三月二十三日，定为妈祖节，以为纪念，进行一系列的祭祀活动。

财神：主管财货的神

赵公明，又称玄坛真君、赵公元帅，它是中国古代诸神中较重要的一位——财神。晋朝干宝所著的《搜神记》记载，他是一位人们避之唯恐不及的冥神，专门勾取人命。

到了明朝，赵公明才改变面目。《历代神仙通鉴》卷九说，赵公明原是终南山人，秦时避乱修行，功成后被玉帝封为“神霄副帅”。他头戴铁盔，手执铁鞭，面色黝黑，身跨老虎，曾被封为“正一玄坛元帅”，为张天师守护仙炉，永镇龙虎山。谁想求财，他能帮忙与协助。

后来，经过《封神演义》的宣传，他名气大增，手下又有了招宝等四天尊，成为名副其实的财神。明朝以后，民间开始修建财神庙，常年供奉，香火不绝。

还有一种说法，说财神共有四个，即“正财神”赵玄坛、“偏财神”五路财神、“文财神”财帛星君、“武财神”关云长。

“正财神”赵玄坛。就是指赵公明，身跨老虎，人向他求财，甚是灵验。

“偏财神”五路财神。相传，“五路财神”姓伍，被杀后阴魂不散，常常显灵，帮穷苦人家得财，让为富不仁者破财。

“文财神”财帛星君。他的脸白发长，态度潇洒，手上捧着一个宝盒。“招财进宝”四个字就是由此而来。

“武财神”关云长。他自己不想发财而肯帮助别人发财，所以受到人们的敬重。

灶神：主持炊灶的神

灶神，是主持炊灶的神，民间又称灶君、灶王爷、灶王菩萨，早在夏代，就是民间尊奉的大神。

古代传说中的灶神主要有三个：一是炎帝，二是祝融，三是黄帝。在我国民间，对灶神的信仰十分普遍。人们以为，灶神既是家庭的保护神，又是家庭的监察之神。不但驱除鬼怪，保障家人安全，还监察一家的善恶是非，定期上报天帝。天帝根据灶神汇报的情况，对每个家庭进行奖惩，包括赐福和降灾，甚至决定家人的寿命。

灶神。

周代天子的“七祀”中，就有“灶”一祀，当时平民百姓允许立一祀，“或立户，或立灶”。可见，远在周代，无论王公平民，灶神都是非常重要的崇拜对象。秦汉以后，人们对灶神的崇拜更是有增无减。

人们对灶神的祭祀活动，后来逐渐发展成为一种固定习俗——祭灶。时间大都在每年农历腊月二十三日或二十四日。这天，人们要用饭肉鱼酒等敬灶神，希望灶神吃了以后，不说人们的坏话。以后敬神还要用麦芽糖、胶糖等甜食，目的是封住灶神的口，据说如果不这样，一家人都会遭殃。

福、禄、寿三星趣谈

“三星高照”是我们常用的一句祝福语。这里的三星，指的就是福、禄、寿三星，他们都是中国民间信仰的神灵，据说是能给人们带来荣华富贵与健康长寿的星宿。

古代将木星称为岁星。人们认为，它所在的地方有福，能降福于民，所以又称福星，民间即有“福星高照”的说法。

但道教却另有一种说法，说福星本是汉代道州（今湖南道县）刺史杨成。传说汉武帝觉得道州的侏儒很有趣，于是下令让道州刺史每年进贡几名到宫里做宫奴，杨成认为这项规定不合人道，于是冒死上疏说：“我们这里只有长得矮的百姓，没有长得矮的奴隶。”要求废除这项进贡。

汉武帝听后，深感惭愧，于是取消了进贡。道州百姓感念杨成，纷纷建祠绘像供养，奉他为本州的福星，以后各地民间都将他视为福神，杨成后来成为道教里的福星。

禄星掌管人间的荣禄贵贱，其来历不太清楚，由于禄有发财的意思，所以民间往往以财神赵公明的形象来描绘他，头戴铁冠，黑脸长须，手执铁鞭，骑着一只老虎。但在道教的三星群像里，他却是一位白面文官。

寿星也称“老寿星”，是民间信仰的长寿之神，又叫南极老人。寿星本为天上星宿角、亢二星。秦始皇统一中国后，在长安附近杜县建寿星祠，后来寿星逐渐演变成仙人的名称。受道教的影响，民间传说老子为寿星，说他在天地存在之前就已在世了，经历了三皇五帝直到周朝，长生不老，所以称为老寿星。

寿星鹤发童颜，头部隆起，精神饱满，慈祥可爱。早在东汉时期，民间就有祭祀寿星的活动，并且与敬老仪式结合在一起。拜祭时，要向七十岁左右的老人赠送拐杖。

三星通常成为民间绘画的题材，常见福星手拿一个“福”字，禄星捧着金元宝，寿星托着寿桃、拄着拐杖。

城隍指的是什么

在古代，一般的城市中，最为常见的庙宇就是城隍庙了。那么，城隍是一个什么样的神灵呢？

在周代已经有城隍的名称，“隍”字的本意为护城河，“城隍”一词的古意就是护城之河。南北朝时，城隍正式被认为是一个“神”。

相传，城隍是由水庸神演化而来。古代的人们相信，护城河是由沟渠之神——水庸神主宰的。后来，城市安全越来越重要，城市的守护神应当一心一意保卫城市，不能像水庸神那样身兼二职。又由于护城河有保卫城市的作用，于是本指护城河的城隍就接替了水庸神的位置。

起初，城隍的名声并不显赫，只是保

障城市安全的神。随着城市的迅速发展，人们心目中城隍保佑人的职能也日益扩大。据说，他不但捍卫城市，还代天理物，剪恶除凶，护国安邦，判定生死，赐人福寿。凡民间有纠纷，就去拜城隍，于神像前立重誓，斩鸡头。

古时的人们还认为，城隍有着人的形象乃至性格。很多历史人物就被奉作城隍，受到人们的敬仰和崇拜，如汉朝名臣霍光、明代清官周新、清末将领陈化成等，均被奉为城隍。

城隍既然无所不能，历代朝廷当然赐其各种封号。在唐朝的清泰年间，政府封城隍神为王爵；在宋代，城隍被正式列入祀典，成为国家规定祭祀的神灵；元代顺承宋代的旧典，也对祭祀城隍非常重视，元大都的城隍神还被封为“佑圣王”；明太祖封京都城隍为“承天鉴国司民升福明灵王”，其尊崇达到无以复加的地步。

人们对城隍的信仰，还能从遍布大江南北的城隍庙中看出。宋代，几乎每个城市都有城隍庙。据说，最早见于史册的城隍庙在安徽芜湖市，修建于三国时代，距今约有 1700 多年。

钟馗：镇鬼尅邪的门神

钟馗是中国民间俗神信仰中最为人们熟悉的角色，贴于门户是镇鬼尅邪的门神，悬在中堂是禳灾祛魅的灵符，出现于傩仪中是统鬼斩妖的猛将，由此派生出形形色色的钟馗戏、钟馗图。

但是，关于钟馗这位神通广大的神祇的身份来历，却一直让众多学者争论不休。

目前所知最早记载钟馗其人其事的是唐卢肇的《唐逸史》。有一年，唐明皇从骊山校场回宫，忽然得了重病，朝廷的御医们想尽了办法，前前后后忙了一个多月也没见皇上的病情好转。

一天深夜，唐明皇梦中见一牛鼻子小鬼，身穿红衣，一脚穿靴子，一脚光着，靴子挂在腰间在作怪。这时突然出现一个大鬼，头顶破帽，身穿蓝袍束角带，一下捉住小鬼，然后挖其眼，再将它撕成两半吃掉。唐明皇忙问大鬼名讳，大鬼上前奏道：“臣是终南山道士钟馗，因应举不捷，羞愧不已，触殿阶而亡。死后成为鬼王，誓除天下恶鬼妖孽。”

钟馗像。

唐明皇一梦醒来，顿觉神清气爽。再经饮食调养，不但病全好了，而且身体也比以前更强健了。唐明皇大喜，便宣召当朝著名画师吴道子进宫，对他讲述了自己梦中所见，命他将钟馗画出来。吴道子奉诏之后，回去根据唐明皇所述，在素绢上画了一幅钟馗捉鬼图。唐明皇下令赐吴道子百金，并在图上亲笔题词，令有司将钟馗画像传告天下，“以祛邪魅，兼静妖氛”。

从此，钟馗被封为“驱魔大神”，遍行天下，斩妖除邪。

陶神的传说由来

在传说中，陶神是黄帝时的陶正宁封子。陶正是古代的一种官职，即专门管理与烧制陶器的官员。

相传宁封子心灵手巧，技艺高超，很会烧制陶器。有一天，宁封子正在烧制陶器，这时一个过路人看见了，说愿意帮他烧火，宁封子正忙得不亦乐乎，见有人帮忙，也就答应了。没想到过路人烧的火，出现了五色的烟焰，烧制出来的陶器大为美观，比宁封子烧的还要好，宁封子惊奇之中连忙跪倒在地要拜此人为师。所以，传说中宁封子受到高人的指点，得到了其真传。

还有传说说黄帝和蚩尤大战，但屡战不下。黄帝就问他的手下官员，谁有办法可以打败蚩尤。宁封子就把师傅传授他的《龙跷经》授予黄帝，黄帝得了真经，得以驾云龙，最终大败蚩尤。

九天玄女的传说

九天玄女又叫玄女，是中国古代神话中的女神，这位女神后来被道教所信奉，成了道教中著名的女仙。

据史料记载，九天玄女原是一只玄鸟，天帝命玄鸟生下契，契建立了强大的商朝，玄鸟由此成为商朝人的始祖。殷商后代有一首祭祀自己祖先的诗歌：“天命玄鸟，降而生商，宅殷土芒芒。古帝命武汤，正域彼四方。”

另有传说玄鸟化成为玄女，并将玄女神话与黄帝神话蝉联起来。相传黄帝与蚩尤大战，蚩尤呼风唤雨、吹烟喷雾。黄帝正在为不能取胜而发愁时，来了一位妇人，人首鸟形，对黄帝说：“我是九天玄女，王母特派我授你战法。”黄帝遂大败蚩尤。玄女由此成为救助危难、传授兵法的女神。

道教在将西王母延入诸女仙之王位以后，将玄女也演变成王母娘娘驾下的一位仙女，并把玄鸟奉王母命授黄帝天书的传说进一步加工，先使玄鸟由“半人半禽”进化为全人，尔后使其所授天书成为“道、法、术”三卷，这便是后来小说中称九天玄女送“天书三卷”的来历。

被改造后的玄女，常充当古代小说家作品中的主角，而且大多是充当造反英雄的角色。宋元间无名氏编撰的《大宋宣和遗事》，描述了宋江得九天玄女所授天书的指示，上了梁山泊；明代冯梦龙所著《三遂平妖传》杜撰九天玄女化作处女助越伐吴，后又趁掌管九天秘书之便，盗刻天书道法于白云洞壁等等。所有这些传说和编撰都是为了一个共同的需要，即借助宗教神力来号召和凝聚那些被小农经济束缚，易散不易拢的广大农民。

北京过去有专祀玄女的庙宇，叫九天

娘娘庙、玄女庙。另外，北方和南方的一些地区也还存有不少玄女庙。

何谓上古四凶

上古四凶是指尧、舜时期的四个恶名昭彰的部族首领，《左传·文公十八年》载上古四凶分别为：浑敦、穷奇、梼杌和饕餮。尧将他们流放到边远地区，于是天下太平。四凶后来也泛指凶狠贪婪的朝臣。这四个部族首领后来演化为四种魔兽，浑敦代表是非不分，穷奇代表行恶而好邪僻，梼杌代表顽固不化，饕餮代表贪婪。

浑敦：也称浑沌。传说浑敦的样子像犬，似罴而无爪，有目而不见，有两耳而不闻，有腹而无五脏，行走而足不开。因为浑敦清浊不分，所以后世称是非不分之人为“浑沌”。《左传·文公十八年》记载：“昔帝鸿氏有不才子，掩义隐贼，好行凶慝，天下谓之浑沌。”

穷奇：穷奇的意思是“其行穷，其好奇”，用以比喻行为恶劣且喜好邪僻的人。《左传·文公十八年》记载：“少昊氏有不才子，毁信恶忠，崇饰恶言，天下谓之穷奇。”《山海经·北山经》中描绘了穷奇的魔兽形象：“其状如牛，猬毛，名曰穷奇，音如獆狗，是食人。”它也是很恐怖的。

梼杌：《神异经·西荒经》中记载了梼杌的长相：“其状如虎而犬毛，长两尺，人面虎足，猪口牙，尾长一丈八尺，搅乱荒中，名梼杌，一名傲狠，一名难训。”因此梼杌也比喻顽固不化之人，《左传·文公十八年》提到：“颛顼氏有不才子，不可教训，不知话言，天下谓之梼杌。”就是这个比喻义。

饕餮：传说中这种魔兽没有身体，只有一个大头和一张大嘴，见到什么就吃掉什么，后来由于吃得太多，最终被撑死了。故饕餮常用来代表贪婪。《左传·文公十八年》载：“缙云氏有不才子，贪于饮食，冒于货贿。侵欲崇侈，不可盈厌。聚敛积实，不知纪极。不分孤寡，不恤穷匮。天下之民以比三凶，谓之饕餮。”西晋人杜预对此注释为：“贪财为饕，贪食为餮。”

有关土地神的传说

土地神是大家都很熟悉的道教神，在《西游记》中，他的出场率非常高，时常被孙大圣吓得要死。而其实，在中国古代，土地神是地位非常高的神灵。

土地神。

“土地”是村社的守护神，又称为“乡

神”。“土地”是由“社神”变化而来的。在上古殷周之时，社神地位极高，古人尊天而亲地，为报答大地之恩赐而奉土祭社。相传社神有两个：一是句龙，是共工氏之子；一是禹，传说他勤劳天下，死后托祀于后土之神。

到汉朝以后，人们就已经把“社神”叫作“土地”了。东晋以后，社神的地位有所下降，随着封建国家从中央到基层的官僚制度的完善，土地神也演变为只能管理本乡本土的最低级的小神，即由显赫的大神演变为明清小说中所描写的猥琐的土地老儿了。

东晋以后，句龙等神已经慢慢被人淡忘，民间就有将当地名人死后祀为土地神的习俗。这样，土地神就有了人格及姓氏。如清代翰林院及吏部所祀的土地，是唐代文人韩愈，杭州太学又奉岳飞为土地。另外，随着各地方言的不同，称谓也有变化，如在华北地区称为土地爷，在华南地区称为土地公，而东南亚一带的华人则称其为大伯公。

土地神在道教中的地位也非常低微，在道书《无上黄箓大斋立威仪》中，道教列土地神位于神仙序次的最后。供奉土地神的土地庙大多比较简陋。土地神的神诞之日是二月初二。旧时，官府和百姓都要到土地庙烧香祭祀。

孟婆神是什么神

孟婆神是道教中把守阴间最后一关的神。按《阎王经》中所说，人死后变成各类鬼，先依次在阴间各殿受刑、受苦，最后被押到第十殿——投生殿。凡发往投生者，“先令押交孟婆神”，孟婆神的职责即将鬼置于台下，灌食迷魂汤，使其忘掉前生之事，然后方让这些鬼再次投生。

据说孟婆神是前汉时期人，幼读儒书、壮诵佛经，她有一个不同凡人的特点，即从来不想前事，不瞻未来，只一味信奉戒杀、吃素，并以此劝人。孟婆活到81岁时是鹤发童颜，保有处女身，因她只知自己姓孟，不晓得其他，所以人们皆称其为“孟婆阿奶”。

孟婆后来只身入山修真，直至后汉。当时，有些人死后再投生，仍记得前世之事，常去认前生眷属，给世人带来许多惊吓，于是上天敕命孟婆为幽冥之神，让她负责在阴间造筑饫忘台，将拟定发往各地为人的鬼魂置于台下，用俗世药物合成似酒之汤，分为甘、苦、辛、酸、咸五味，让这些鬼魂喝下，饮食此汤的鬼魂便会忘却前生所有事。如有刁狡不肯饮吞此汤者，便用钩刀绊脚、铜管刺喉，使其受痛而饮。

孟婆因负有制汤茶的职责，在阴间特蒙阎王恩准开有茶馆，称“孟婆店”，孟婆店所在地叫“孟婆庄”、“孟婆亭”等。这些传说后来都成了民间文人作品的素材。

传说中的无生老母

无生老母是明清时期民间秘密宗教的一支——白莲教所崇拜的偶像。白莲教崇拜的神祇有很多，如混天老母、无级老祖、天真祖师、飘高祖师等，但名声最大、影响最广者数无生老母。在白莲教的经文与宝卷中，无生老母是创世主，是人类的祖先。

无生老母源于明代中叶的罗教，该教的创始人名罗梦鸿。梦鸿自幼父母双亡，生活孤苦，备尝人世辛酸，很小便开始思索人生苦难之原由。为寻答案，他出家访名师、研佛经，苦下工夫十三年，最后将自己悟出的道理编成罗教经典“五部六册”。在此经册中，他推出了影响后世四百余年的新至尊女神——无生老母。

罗梦鸿是吸取了老子“有生于无”和“天下母”生其“子”（指世界万物）的思想，以及佛教“无生”之说后造成这位无生老母的。无生老母的形象推出后，很快受到世间下层民众的狂热欢迎与衷心信奉，成为明、清时代反政府的“邪教”的最高神。

明清时期，每当阶级矛盾尖锐或天灾人祸相继而降时，秘密会社的首领们便会祭起无生老母，号召民众揭竿而起，无生老母似乎就是佑护众徒攻敌取胜的神祇。这种做法在中国历史上延续了四五百年，直至近代。

八仙有哪些人

我们常说“八仙过海，各显神通”，用来比喻在共同从事某项工作中，各人有各人的本领。那么，“八仙”都有哪些人呢？

八仙都是道教神话人物，他们的传说从汉朝就有流传。《太平广记》引《野人闲话》，称西蜀道士张素卿绘制八仙图，画的是李已、容成等八人。元人杂剧中的八仙，各不相同。有的“八仙”没有何仙姑、张果老，而有徐仙翁、风僧寿或元壶子等。现在流传的八仙，定型于明代。

其实，“八仙”还有“上八仙”、“中八仙”、“下八仙”之说。“上八仙”有王禅、王傲、孙膑、毛遂、南极子等。“下八仙”有柳下惠等。我们常说的“过海”八仙，属于中八仙。

中八仙有：铁拐李、汉钟离（钟离权）、何仙姑、韩湘子、吕洞宾、张果老、蓝采和、曹国舅八位。

“八仙”各自的特点是：铁拐李容貌奇特，能借尸还魂，富有强烈的反抗精神；汉钟离能飞剑斩虎，点金济众，有治恶济善之德；蓝采和放荡不羁，周游天下，表现出争取自由的性格；张果老精通万法，变化莫测；何仙姑是八仙中唯一的女性，她坚贞不嫁，行动如飞，具有女性在婚姻恋爱问题上的新观念；吕洞宾文武皆通，身兼数艺；韩湘子排难去险，见义勇为；曹国舅刚正不阿，平易近人，也善济贫穷。

人们对“八仙”的塑造反映出了人们对现实生活的不满，对理想生活的追求。

厕神的传说

在中国，被祭为厕神的神祇名紫姑，又称坑三娘娘、三臂娘娘。

古时人们呼紫姑为戚姑、七姑、三姑、子姑、厕姑、茅姑等，各地称呼不一，但都是女性。大概是因为古代妇女在家庭中的地位低，妇女专司的生育在当时也被看做是污秽不净之事，常被迫在厕内生产，所以厕神主要是由妇女祭拜的神。

相传，紫姑是唐代人，姓何名媚，字丽卿，山东莱阳人。自幼知书达理，成人后嫁给了一个唱戏的。武则天当政时，寿阳刺史李景看上她的美貌，设计害死其夫，纳她为侍妾。李景的大老婆又妒又恨，便在某年正月十五元宵节之夜，在茅厕里杀死了何媚。

厕神紫姑。

何媚虽死，冤魂不散，经常在茅厕里出现，尤其当李景如厕时，或闻其啼哭，或隐见其身影，扰得李景魂不守舍。此事为武则天耳闻，便敕令何媚为厕神。

于是，人们用纸或用木做成何媚偶像，在元宵节之夜放厕中祭之，祭祀时念词是："子胥不在，曹夫亦去，小姑可出。"曹夫，指李景大老婆，即杀害何媚的凶手，子胥指李景本人，小姑则指何媚，也称紫姑。如念祭词时，偶像动弹了，人们便认为神来了。

何谓谶纬

谶纬是流行于汉代的一种宗教迷信，"谶"是巫师、方士编造的预示吉凶的隐语。这种预言被认为是发自上帝，是符合天意的，因此又叫作"符"或"符命"。巫师、方士为显示谶书的神秘性，往往将其染成绿色，因此又叫"箓"，由于常附有图，故也称为"图谶"。

"纬"是汉代神学迷信附会儒家经义的一类书，它相对于"经"而得名。汉代儒学有"五经"、"七经"之说，而纬书也有"五纬"、"七纬"之称。因为纬书中也有谶语，因此后来往往把谶和纬混为一谈，通称为"谶纬"。

谶纬学到东汉末期以后开始迅速衰落，其原因主要是自然科学的发展和一些进步思想家对它的批判。到隋唐以后，其已经基本上退出历史的舞台了。

龙：四灵之首

龙是中华儿女崇拜的图腾，为"四灵"之首。龙对中国文化的影响可谓深远，它影响到了中国社会的方方面面，渗透到了文化的各个层次。但世间本来没有龙，龙是人类想象的产物，现实生活中并不存在。

据考古学家研究，早在5000多年前，中国北方有个华夏族，势力非常强大。他们在蛇的图形上，添加了图腾的特征，如鳞甲类图腾、有角兽的图腾、有四只爪子的爬虫类的图腾，还有多种猛兽的图腾，最终融合成一种不可一世的庞然大物，这就是“龙”的由来。

殷墟甲骨文的龙字，其形象是一条蛇，只是头很大而且嘴张开着。殷商时代的一个玉龙，其造型是虎头蛇身，头上则有两只鹿角。很显然，这些都是龙的创造过程中的演进遗痕。

在古代，龙与帝王的关系最为密切。历代帝王都将自己称为真龙天子。而这种帝王与龙的关系又是从何时开始的呢？据说可以追溯到远古神话传说。那时的龙都是领袖人物的坐骑，如黄帝乘龙升天等。

不过真正将龙与皇帝合而为一，是始于汉高祖刘邦。《史记·高祖本纪》说，刘邦的母亲“尝息大泽之陂，梦与神遇，是时雷电晦冥，太公往视，则见蛟龙于其上，已而有身，遂产高祖。高祖为人隆准而龙颜，美须髯。”这个故事应该是刘邦的谋士们编造出来的，但却在中国文化史上影响深远。

于是，后世帝王为了证明自己的合法地位，纷纷仿效刘邦，自称“真龙天子”，他们的后代称“龙子龙孙”，皇宫称为“龙廷”，宝座称为“龙椅”，几案称为“龙案”，连脸面都叫作“龙颜”了。封建时代已经离我们远去了，现代中国人则以“龙的传人”自居，把龙视为中华民族的象征。

然而据说龙生了九子，俱不成龙。这就是“龙生九子，各不相同”的典故。据记载，九子之老大叫囚牛，喜音乐，蹲立于琴头；老二叫睚眦，嗜杀喜斗，刻镂于刀环、剑柄吞口；老三叫嘲风，喜好冒险，今殿角走兽是其遗像；四子蒲牢，平生好鸣，充作洪钟提梁的兽钮，助其鸣声远扬；五子狻猊，形如狮，喜欢蹲坐，倚立于香炉足上，随之吞烟吐雾；六子赑屃，力大，其背喜负重物，即今刻在石碑下的石龟；七子狴犴，形似虎，好讼，狱门或官衙正堂两侧有其像；八子负质，身似龙，雅好斯文，盘绕在石碑头顶；老九螭吻，口阔嗓粗而好吞，遂成殿脊两端的吞脊兽，取其灭火消灾。

龙王爷的传说

我国的佛、道两教都有龙王，龙王是水族的总管。古人认为，江河湖海，凡是有水的地方就有龙王存在。龙能生风雨、兴雷电，人们祭祀龙王，多把它作为兴云播雨之神。如遇久旱不雨，一方乡民必先到龙王庙祭祀求雨，如龙王还不显灵，则把它的神像抬出来，在烈日下暴晒，直到天降大雨为止。

古人认为，东南西北四海都由龙王管辖，叫四海龙王。另有五方龙王、诸天龙王、江河龙王等。

关于龙王爷，还有这么一个传说：唐代初年，安徽省颍上县百社村有个名叫张路斯的人，他的夫人石氏，生有 9 个儿子。他曾在河南南阳做过照灵侯。自罢官归故里后，经常到一处地名叫“焦氏台”的河边树荫下钓鱼。

有一天，在他垂钓的地方，突然出现一座宫殿。他好奇地走了进去，不久便成了龙王。后来他天天清早到龙宫去，天黑才回家。一天回到家里身体还凉冰冰的，衣服湿漉漉的。他的妻子问他为什么这个样子。张路斯说：“我已是龙王了。外地有一个叫郑祥的人，也是龙王，他要与我争夺地盘，我们约好明天进行决战，谁赢了，这个地盘就归谁管。为此，请你转告9个儿子明天去为我助战。头上扎红巾的是我，头上扎青巾的是郑祥，记住，不要认错标记了。”

第二天，张路斯的九个儿子听从了他父亲的话，便拿着弓箭去为他们的父亲助战，朝扎青巾的郑祥猛射。结果把郑祥射中了，郑祥受伤以后，愤怒地逃离焦氏台，张路斯父子在后面紧紧追击，直追到淮河边上，郑祥逃到合肥的西山上死了。

在唐乾宁（894～898年）年间，刺史王敬尧还在颍州建了一座龙王庙，里面供奉的龙王神就是张路斯。

凤凰的传说

凤凰，是古代人民从幻想中的保护神而演化出来的鸟图腾形象，它头顶华美的头冠，身披五彩斑斓的羽毛。其实，在自然界，并不存在凤凰这种禽鸟。

传说中的“凤”分雄雌，雄的叫凤，雌的称凰。据说黄帝后裔中的商族，以凤鸟作为自己的图腾。周武王伐纣，相传有“凤鸣岐山”的瑞兆。后来，凤族后代的商，被龙族后代的周所吞并。经过周文化与商文化的融合，龙、凤被保留下来，并结下了不解之缘。

在周代名作《山海经》中，提到了凤凰。书上说，凤凰鸟，产生在貊国的东北方，其羽毛有红、黄、青三种颜色，非常美丽，身朝东方。

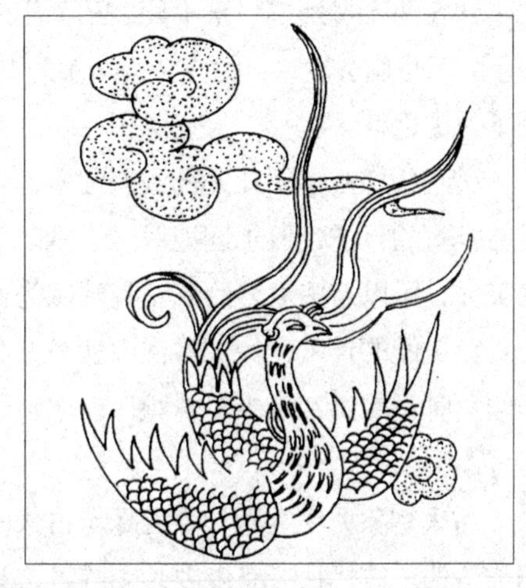

古代传说中的凤凰。

大约也是在龙被古代帝王垄断之后，凤凰也就为皇家所专有了。西汉立国之初，高祖刘邦崇龙，但在天下一统之后，由于东部和南部等区域千百年来崇凤的传统文化和民俗心理难以尽除，尤其在东部还发生了持续数十年的动乱。因而当“吴楚七国之乱”平定后，最高统治集团不得不同时也注重尊崇凤，以促成民俗心理中龙与凤的融合。由此，自西汉以来，龙、凤便成为统一的汉民族的共同信仰。

嫦娥：圣洁女神

在中国民间流传最广的神仙故事就是嫦娥奔月，嫦娥是人们心目中美丽而又能带给人间吉祥的圣洁女神。

嫦娥奔月的传说最早见于《山海经》，

此后在《淮南子》《搜神记》等典籍中都有着相似的记载。嫦娥是羿的妻子，羿曾射落九个太阳，是扶助夏朝建立的功勋人物。羿在西王母那里讨来不死之药，尚未服下，嫦娥偷食后，自此成仙，奔入月中，成了月中之精。

传说嫦娥吃了不死之药到月宫后，虽过着寂寞的日子，但永远地保住了她的青春美丽，所以有些地方的妇女视嫦娥为保护青春美丽的神祇，她们常在中秋节月亮最圆之时设案供奉瓜果拜嫦娥，以求自己青春不失。

古人想象月中有女神，是缘于古代的图腾信仰。古代社会有以月为图腾者，认为先人出自月亮，因而崇拜月亮。

基督教在中国

基督教在公元 635 年传至唐朝的首都长安。当时来华的传教士阿罗本属于基督教的聂斯脱利派，这是一个被基督正统派视为异端的教派。但在中国，它受到了唐太宗的礼遇，并由朝廷出钱在长安建立了一所寺院，称波斯寺，后改称大秦寺。

基督教在唐朝时称为景教。由于唐初的几个皇帝支持景教的传播，景教一度呈现兴盛的局面。古书有“寺满百城”，“法流十道”的说法，相传唐朝名将郭子仪也是景教的信仰者。

景教在我国传播了 210 年以后，在唐武宗时的“会昌灭佛运动”中遭到沉重的打击。2000 多名教士被驱逐，景教寺院被毁掉，景教也禁止传播。随之而来的唐末农民大起义，对景教再次打击，景教从此在中国内地绝迹。

直到 13 世纪，成吉思汗及其子孙的西征沟通了东西文化交流的渠道，才使景教再次在中国复活，但与唐代景教没有直接继承关系。当时，很多景教徒被编进蒙古军中，在他们的影响下，不少蒙古官吏、士兵也信奉了景教。同时，成吉思汗西征，还引进了罗马天主教，它是基督教的另一支，与景教通称为“也里可温教”。后来，随着元朝的灭亡，也里可温教也归于灭绝。

直到 16 世纪初，葡萄牙传教士开始来我国传教。16 世纪中叶，葡萄牙殖民者强占我国澳门以后，教士也随着进入澳门。1582 年，著名的意大利传教士利玛窦来到我国，传播教义，甚至吸引了著名科学家徐光启入教。

清朝初年，清政府重用传教士，推动了天主教的传播。到康熙帝时，全国已有 28 个城市建立了天主教堂，教徒达到 11 万人。

伊斯兰教在中国

公元 651 年，阿拉伯帝国第一次派使者来华，这成为伊斯兰教传入中国的标志。此后，阿拉伯、波斯的穆斯林，陆续来到中国进行贸易活动，这也使得伊斯兰教在中国迅速传播开来。

唐宋时期，广州、泉州、杭州、扬州等沿海城市有很多波斯、阿拉伯商人居住，他们在这些地方建立了穆斯林公墓和一些清真寺。在长期居留的过程中，他们还与中国居民通婚和繁衍后代，这样就逐渐形成了中国的穆斯林。

元明时期，伊斯兰教在中国进入发展时期。13 世纪初，随着成吉思汗西征，大批中亚人、波斯人和阿拉伯人涌入中国，造成了中国境内清真寺林立。许多阿拉伯的穆斯林，在元政府中还身居高位。

明末清初，中国的伊斯兰教进入稳定时期，一些穆斯林知识阶层倡导兴办寺院教育，传播和保持伊斯兰教的文化。在江南地区，还开展了阿拉伯语和波斯语的经书翻译活动，加强了中国穆斯林对伊斯兰教的认识。到近代，在北京、上海、江苏、云南等地开始推行宗教教育政策，培养了一批伊斯兰教学者和翻译家，并出现了《古兰经》和其他经典的汉文译本。

伊斯兰教自唐代传入我国，经过长期的发展和演变，对我国各族穆斯林的生活方式、习俗文化等产生了深刻的影响。同时，受中国文化的影响，伊斯兰教也具有明显的中国特点和民族色彩。

犹太教在中国

犹太教是最古老的一种神教，由希伯来人创立，它们奉雅赫维（也译耶和华）为宇宙唯一真神，该教自产生迄今已有 3000 多年的历史。犹太教是维系犹太民族的纽带，它不仅是犹太民族的宗教信仰，还是犹太人传统习俗、社会生活和犹太民族文化的表现形式。

在我国唐朝时，一些犹太人开始进入中国境内，至宋代已出现了一定规模的犹太人社区，其中以开封犹太人为典型。他们称自己的宗教为“一赐乐业教”。

犹太人与犹太教是分不开的。定居开封的犹太人于宋隆兴元年（1163 年）始建犹太会堂，取“清者精一无二，真者正而无邪”之义，正名清真寺。从此犹太人在中国有了自己的宗教活动场所。明正德年间为与伊斯兰教清真寺相区别，曾一度更名“尊崇道经寺”，清朝初年又恢复旧称。

明朝中期，随着社会历史的发展，开封地区犹太人有了进一步革新犹太教的趋向，他们或用儒家学说解释本教教义，或以本教宗旨、教义去印证儒家经典，强调“尊天敬祖”、“忠君报国”，从而推动了一赐乐业教的儒化，即中国化的历程。明代中国犹太人将他们信仰的“至尊无上”的最高神雅赫维，借助中国儒经中的词汇，称为真天、皇天、昊天或天、帝、主。

后来，随着民族自然融合的加深，这些中国地区的犹太人的宗教观念逐渐淡漠，开封一赐乐业清真寺也在清朝咸丰年间遭到毁废，这样一来，犹太教的宗教活动也自行停止，其中有些犹太教徒皈依了伊斯兰教。

古代的天象崇拜

我国原始时代的人们，由于缺乏自然科学知识，他们对于风、雨、雷、电等自然现象无法理解，对其诚惶诚恐，束手无策。那时的人们认为上苍是有意志、有生命的神灵，因此顶礼膜拜、祈求保佑，这就形成所谓的天象崇拜。

在这些天神中，以雷神的形象最为狰狞恐怖，传说他是一个鬼头、鸟嘴、长有翅膀的怪物，左手掌鼓，右手执锥，一击鼓便发出惊天动地的响声。直到现在，人们还把尖嘴猴腮比作“雷公脸”。

雷神虽然面相凶恶，但他能辨善恶，替天行道，因此民间还是把他视为正义之神。只要人间出现不孝、作恶、伤天害理之事，雷神都会出现，作惩罚之举，将其击毙。于是，民间又称雷神为“雷公”、“雷师”。

对风神、雨神，人们则称之为“风伯雨师”。传说，风伯总背有一个装风的口袋，守立云雾中，面向人间，操纵风向和风速；雨师是位满面黑须的汉子，他手携盆子，专事洒水降雨。

对于风、雨二神，各地还有不同信仰。沿海渔民非常敬畏风神，称其为“飓母”，认为只要她一发怒，就能使渔船遇难，因此人们设风神庙，树老妪像，虔诚祭拜她。至于对雨神的信仰，则更为普遍，人们把龙王视为司雨之神，还有些地方视鲤鱼为雨神，对它进行祭拜。

此外，人们还把天象中的其他事物也幻化成神灵，雨后缤纷的彩虹被视为“美女神”，变化万千的云朵被想象成云神。

总之，人们认为，天上的诸神都有非凡的超自然威力，只有顶礼膜拜，取悦于神，人们才可能获得各种保护和帮助。

古代的山神崇拜

古人认为大山上云雾缭绕，山色空濛，是仙人的居所；山岳高耸入云，直刺青天，是登天的途径。因此，他们将大山看为神灵，对其顶礼膜拜。

由于我国山岳众多，因此在古人眼中，我国也是山神遍布，昆仑、五岳、蓬莱、瀛洲等，比比皆是。

有了山神，人们就要祭祀，求其庇佑。而我国各民族的祭山习俗也各不相同。普米族祭山神一年数次，人们都以一棵松树或麻栗树为本家山神，又以神树林中最大的一棵麻栗树为全村山神。黑龙江、吉林山区的人们也非常重视祭山。凡进山采参、伐木，都要先敬祀山神。进山前先搭“老爷府”，即用三块石头一上两下垒成，或者寻一奇特的大树，在“老爷府”和树前，杀猪献祭，敬香叩拜，祈求山神保佑。

自古至今，不但民间一直崇拜、祭祀山神，历代统治者也不断加封山神，每年举行大规模的祭山活动。唐玄宗曾封泰山神为“天齐王”，又叫“东岳泰山神”、“东岳泰山天齐仁圣大帝”、“泰山府君”等。金王朝以来，历代王朝都对长白山神册封，并于春秋两季举行隆重的祭祀仪式，其祭品之丰富多样，在其他诸种祭祀活动中都不多见。

古代的祖灵信仰

古人认为灵魂是不灭的。人死后，亡灵虽然去了另一个幽冥世界，但仍然关注和照料着血脉相连的后代，以期待氏族与家族的延续。基于这些观念，后人将祖先的灵魂视为家族或家庭的保护神，祈求他们庇佑。由此就有了祖灵信仰。

祖灵信仰源远流长，随着社会的发展，有不同的表现。最初的祖灵信仰，是对人祖或氏族始祖神的崇拜。华夏儿女以女娲、伏羲、黄帝为祖先，对他们极为重视和信仰，建造了无数陵墓和庙宇，敬奉祭祀，烧香膜拜。瑶族、畲族、黎族以及部分苗族则把盘古视作祖神，尊称其为“盘王”。为此，很多地方建有“盘王庙”，还举行“盘王节”之类的纪念活动。

古代的图腾崇拜

图腾崇拜是原始氏族时期产生的一种宗教信仰。“图腾”一词，源于北美印第安语，意思是“他的亲族”。

史前时代的人们深信，本氏族的人，都与某种动物或植物有着特殊关系，这种动物或植物就被认为是该氏族的图腾，是这一氏族的象征和保护者。这种图腾既是崇拜对象，又被当作该民族的标志和象征。

史前时代的人们把图腾看得非常神圣。作为图腾的动植物不能捕杀，更不能食用，也不能触摸或说图腾名称。人们还要举行种种隆重的祭祀活动，以示尊敬。氏族成员都以图腾为骄傲，并且希望得到它的保护。所以，远古人类的墓地、住所、日用品乃至身体上，都绘有或刻有本氏族图腾的图案。

在我国古代的神话传说中，有关图腾崇拜的内容很多，如关于伏羲、女娲人首蛇身，炎帝、神农牛头人身，蚩尤人身牛蹄的描述，实际上都反映出当时人们图腾崇拜的史影。

根据神话传说，中国东南沿海一带，诸多部落以鸟为图腾；中原一带部落，多以两栖动物或鱼类为图腾；西北高原，则多以野兽为图腾，如西北的羌族以羊为图腾。

从历史来看，最早的图腾形象往往是蛇、鹤、熊、虎等单一物，以后被神化成为一种综合性的幻想物，如龙兼有蛇、兽、鱼等多种动物的形态，凤兼有鹰、孔雀、金翅鸟等多种鸟的特征。这也反映出华夏民族不断发展壮大的过程。

第七编　哲学思想

何谓百家争鸣

百家争鸣出现在战国时期（公元前475～前221年），这个时候中国学术高度发展，各种学说纷纷出现。所谓“家”，是指一种学说或是一个学术派别。所谓的“百家争鸣”，就是说诸学派各抒已见、相互辩驳。

据记载，至汉代（公元前206～公元220年）初期，以著作形式表述自己学术观点的有189家。汉代史学家将它们分门别类，归为10家，即儒家、道家、名家、法家、墨家、阴阳家、纵横家、杂家、农家和小说家。在这10家之中，杂家、农家、小说家所讨论的问题很少涉及哲学。在这10家之外，对《周易》的研究当时已经形成了一种独特的哲学，可以称为易家；对军事和兵法的研究当时也已形成了一种含有丰富哲学思想的学说，可以称为兵家。

其中，孔子以《周易》中人与人、人与自然的和合关系为出发点，综合三代以来思想文化的精髓，寻求挽救世风颓废、礼崩乐坏的方法，创立了以仁为核心的儒家学说。比孔子稍早的老子，创立了以“道”为宇宙本体论的哲学体系。孔子和老子的思想，分别经过孟子、荀子和庄子的阐发，形成儒家和道家学说，构成中华传统文化的主体，奠定了中国思想文化发展的基础。

除了儒、道二家外，其他各家的代表人物还有：墨家的墨子、法家的韩非子、阴阳家的邹衍、名家的公孙龙、兵家的孙膑、农家的许行、纵横家的张仪与苏秦、杂家的吕不韦等。当时，各派各家都著书立说，广授弟子，参与政治，互相批判，又互相渗透，学术思想极为繁荣。

儒家的代表和思想

儒学的主要代表人物有：孔子、孟子、荀子、董仲舒、杨雄、王充、王弼、孔冲远、韩愈、柳宗元、王安石、邵雍、周敦颐、张载、程颢、程颐、朱熹、陆九渊、王守仁、黄宗羲、王夫之、顾炎武、戴震、康有为等。

儒家的著作和典籍主要有：《诗经》《尚书》《周易》《礼经》《春秋》《左传》《公羊传》《谷梁传》《孝经》《论语》《孟子》《荀子》《大学》《中庸》《春秋繁露》

《四书集注》等。

儒家学说主要有：德政说、仁政说、大同说、公羊三世说、性善说、性恶说、性三品说、气质之性说、与天地参说、天人感应说、天道自然说、天人交相胜说、天人合一说、以无为本说、天理人欲说、主静说、主敬说、致良知说、知行合一说、本末论、体用论、理气论、常变论、动静论、生死论、经学、谶纬之学、玄学、理学、心学、经世之学、现代儒学研究等。

关于儒家派别的划分有多种。除了继孔子之后的儒家八派之外，宋代以后又出现了几派，主要有：濂学（以周敦颐为代表）、关学（以张载为代表）、洛学（以北宋二程为代表）、闽学（以朱熹为代表）、泰州学派（以王艮为代表）、东林学派（以东林党为主）、乾嘉学派（乾隆年间到嘉庆年间儒学的统称）。

儒家有哪八派

战国的中后期，儒学在成为“显学”的同时，在儒家内部也形成了八个不同的派别。它所反应的内容是孔子去世之后，战国初年以至战国末年儒学的大概情况。这八派为：

1. 子张学派。

子张是孔子晚年的弟子，从学后学业出众，与子夏、子游齐名，以积极参与政治为特色。他勤学好问，经常与孔子讨论各种问题。但据史载，孔子对他并不满意，而且孔子的一些弟子也经常批评他。但是到了战国时期，子张的学说却已成为一个很大的学派。

2. 子思派。

子思是孔子之孙，其导师是孔子最年轻的弟子之一曾参。据说《大学》和《孝经》两部著作都是由曾参从孔子那里传下来的。而子思又根据传授创作了《中庸》。而《大学》和《中庸》又在儒经中处于十分重要的地位，因此这一派从宋代以后影响很大。他们的代表人物曾参、子思，都作为圣人，陪同孔子享受祭祀，称“配享”。

3. 颜回派。

颜回是孔子最得意的弟子，其学派的最主要特点就是安贫乐道，重在下工夫实践孔子的仁德思想。

4. 孟子派。

孟子是继孔子之后的又一儒学大家，他是孔子的孙子子思的门人，著有《孟子》一书，被后人称为“亚圣”。

5. 漆雕氏派。

孔子弟子中姓漆雕的共有三人，他们是：漆雕开、漆雕哆、漆雕徒父，学术界一般认为“漆雕氏之儒”是以漆雕开为代表的。这一派的特点是不畏惧权势，不欺侮弱小，行为正直，处事勇敢。宓子贱、公孙尼子、世硕等都是这一派的主要成员。

6. 仲良派。

战国儒家八派中这一派不可考。对于仲良其人，不仅孔门弟子中没有此人，而且非孔门人物中也未见有任何记载。

7. 孙派。

这个派别的情况与仲良派类似，在孔门弟子中并没有孙氏，因此孙派学者指哪些人在学术上一直存有争论，学术界一般认为“孙氏之儒”就是以荀子为代表的一派，因为荀卿又称孙卿。

8. 乐正派。

有人认为乐正指曾参的弟子乐正子春；有人认为指孟子的弟子乐正克。具体情况不明。

道家的代表和思想

道家是以先秦老子、庄子关于“道”的学说为中心的学术派别。道家之名，始见于汉司马谈的《论六家之要指》，称为“道德家”，《汉书·艺文志》称为道家。传统的看法是：老子是道家的创始人，庄子则继承和发展了老子的思想。

庄子像，选自《三才图会》。

道家哲学思想的最高概括是道、德二字，认为世界万物都源于“道”，即“道生万物”。“道”是事物发展变化的规律，即“物得以生，谓之德”，“德者道之舍”；事物的发展方向是循环的；“道”存在于自然界之先、之外。在先秦诸子学派中，道家思想最富于哲学内涵，是中国传统思想文化的哲学基础。

在政治上，道家把社会动荡不安归咎于新兴地主阶级的兼并征战，因而对儒家礼仪德政的说教不满，对法家的变法革新也持否定态度，要求统治者“处无为之事，行不言之教”，使社会自由发展，率民走“清静无为”的道路；庄子更提倡一种“无君”的社会。

道家的经典主要是《老子》，也叫《道德经》，还有《庄子》等。道家思想不仅在历史上对社会经济、政治生活产生了影响，而且老庄的认识论方法还从哲学和艺术两个方面对中国传统思想文化产生了深远影响。

墨家的代表和思想

墨家是战国时的重要学派，是儒家最大的反对派，与儒家齐名，创始人是墨子。

墨子，名翟（约公元前480～前420年），鲁国人，出身于“贱人”阶层，曾做过造车的工匠、大夫。早年受过儒家教育，但后来背叛了儒家，创立了墨家学派。这个学派的成员多半来自社会下层，纪律严明，生活简朴，积极参与政治。学派负责人称“钜子”。

墨子以孔子提出的“爱人”论为出发点，向统治阶级提出种种要求，对统治阶级的自利、自私诸事提出限制，对社会上因自爱、自利而引发的争夺和战争进行抨击，比孔子的人本学说有更为具体的政治措施，对统治阶级的限制更为严格。

墨子提出十大主张，即“兼爱”、“非攻”、“尚贤”、“尚同”、“天志”、“明鬼”、“非乐”、“非命”、“节用”、“节葬”。墨子认为，运用这十大主张要视不同诸侯国的具体情况，有针对性地选择其中最适合的方案。如“国家昏乱”，就选用“尚贤”、“尚同”；国家贫弱就选用“节用”、“节葬”。

墨子学说的核心，是主张“兼相爱，交相利”。他认为，欲要治世，必先寻世乱之所由起。

墨子还具有“天志”、“明鬼”的观念，认为天的意志是衡量人们言行的准则，要求人们尊天帝、敬鬼神，一言一行都必须“取法于天”，做到“不义不富，不义不贵，不义不亲，不义不近”。

另外，墨子在认识论方面带有唯物主义的因素，其后的学说对这一点进行了发展。这在当时的社会条件下也是难能可贵的，可谓是中国唯物主义的先驱。

法家的代表和思想

法家是“礼崩乐坏”、“主卖官爵、臣卖智力”的战国时代成长起来的政治派别。汉代司马谈的《论六家之要指》第一次为法家流派命名，并将其与儒、墨、道、名、阴阳五家同日而语：“法家不别亲疏，不殊贵贱，一断于法，则亲亲尊尊之恩绝矣。”

一般认为，春秋时期的管仲和子产，便是早期法家的代表，战国时，李悝、吴起、商鞅、申不害等前期法家的代表人物与后期法家的代表韩非，先后在各国实行变法，并在思想领域与儒家展开了激烈的论争。秦始皇统一六国以后，以强制手段推行法家政策，使法家思想的统治地位达到了高峰。

韩非以前的法家理论，主要分成三派：商鞅强调“法”，主张国君要明法令，用法律来加强统治；申不害，强调“术”，主张国君千万要注意控制、驾驭臣下和人民的手段；慎到（战国时赵国人，曾为齐国稷下先生，生卒年月不详）强调“势”，认为国君必须加强威势才能统治天下。韩非对商鞅之法、申不害之术、慎到之势进行了吸收和扬弃，从而形成一个新的法家学说体系。

在自然观方面，韩非建立了以“道”为最高范畴的朴素唯物主义哲学体系，提出：“道者，万物之所以成也”，探讨了万物发展的总规律与特殊规律及其相互关系，强调人们按客观规律办事。在认识论方面，韩非提出“参验”的方法，强调用实际的功用效果来检验人们言行的是非。“参验”方法在中国古代唯物主义认识论上有重要的意义。在历史观方面，韩非主张社会制度和治世方法要随着社会的发展而变化，反对拘泥于古人的做法。

韩非在中国哲学史上还首先用“矛盾”来概括矛盾对立的双方，提出：“不可陷之盾与无不陷之矛，不可同世而立”（《韩非子·难一》）。韩非还试图探讨人口变化与社会发展的关系，认为当时人口再生产的速度高于生活资料再生产的速度，人口多、财富少是造成社会争乱的根源。

名家的代表和思想

名家是中国秦代以前注重辩论技巧，探讨名称概念之间、名称与实物之间关系的一种学说派别。他们注重对名词概念进行深入细致的分析，提倡“控名责实”。当时称之为“辩者”。由于成文法的公布，“辩者”在社会上充当了类似律师的角色，他们根据法律条文进行辩护，所以又称“刑名之家”。最主要的代表人物有惠施、公孙龙，此外还有邓析、尹文和后期墨家的一些学者。

春秋战国之际，学术兴盛，百家争鸣，各家各派都在申说自己的学说，批驳他人的学说。随着辩论的深入，人们发现许多旧的概念不能反映新事物的内容，而新出现的概念还有待于社会的认同，于是，名实不符的问题亟待解决。到了战国中期，随着名辩思潮的发展，名家学派应运而生。

名家学派的创始者为春秋末期的邓析，他当郑国大夫的时候，正值子产执政。为了给子产出难题，他为人辩护，能将是说成非，非说成是，使执法者难以定案。子产认为他是一个大祸害，于是便把他杀了。由此说明，研究辩论规律，制定辩论规则是当时的重要任务。由此形成了名辩学派。

在邓析之后，又出现了三个基本学派：宋研、尹文学派，惠施学派和公孙龙学派。

其中，公孙龙学派强调名词概念的相互区别，认为一个概念只能指一个事物，而不能既指这一事物，又指另一事物，否则的话，就会产生逻辑混乱。

公孙龙著名的“白马非马”命题，最明显地表现出他的学说的诡辩性质。他认为，“马”这个词，是指马的形态，凡具有马的形态的都命名为马。“白”这个词，是指白的颜色，凡是白颜色的都命名为白。“白马”是马的形态再加上白颜色，亦即白颜色的马。可见，马与白马是两个不同的概念，所以说“白马非马”。

惠施学派则强调事物之间的相互联系。认为相同的事物是相互联系的，所以是“同”，不相同的事物表面上看来不同，是“异”，但实际上也是相互联系的，也是“同”。因此“同”也是“同”，“异”也是“同”，“同”和“异”没有本质的区别，都是一样的。

在诸子百家中，名家以自己凌厉的论辩，细致入微的分析而著称于世。它与儒、墨、道、法、阴阳等家并列为当时地位十分显赫的“显学”中。由于百家争鸣的局面在秦代之后消失了，所以中国古代的名家也就随着销声匿迹了。

阴阳家的代表和思想

阴阳家，是战国时期形成的以“阴阳”解说事物存在和发展变化的一种学说派别。据现存史料记载，最早使用阴阳解说事物运动变化的是西周末年的思想家伯阳父，战国时期的代表人物是邹衍。

阴阳是古人对宇宙万物两种相反相成的性质的一种抽象的概括，也是宇宙对立统一及思维法则的哲学范畴。它最初指的是日光向背，后来在《易经》中被做了哲学概括，认为自然界和人类社会的一切事物都是由阴阳两面形成的，并由阴阳的对立斗争而形成事物的运动变化。

西周的伯阳父用阴阳解说地震。邹衍则用它来解说王朝的更替，并把阴阳和五行两个哲学概念结合起来，融为一体。他认为金木水火土五种性能的相生相克体现着阴阳两个方面的相反相成，由此推动着社会的变化和王朝的更替。

一般说来，战国时期的阴阳学说，一半建立在对客观事物观察的基础上，反映出一定的科学认识，一半是出于神秘的推测，结合着巫术，将其与人的吉凶祸福联系起来，成为妄说。

阴阳家的著作，现在已大都湮没不存，仅在《管子》《吕氏春秋》《礼记》等书中，保留了《四时》《轻重己》《五行》《水地》《度地》《月令》等篇。阴阳家中集大成者邹衍的著作也大都流失了，但他的一些言论却散见于《史记》等典籍之中。

纵横家的代表和思想

战国时期群雄并起，争夺霸王之位，为了适应诸侯兼并的战争形势，形成了一个以政治游说为特点的谋士集团，即纵横家。《韩非子·五蠹》篇说：“纵者，合众弱以攻一强也；而横者，事一强以攻众弱也。”

战国后期，秦国强大，地处西部；齐、楚、燕、赵、韩、魏六国弱小；地处东部南北各地。中国人以南北为纵，以东西为横。六个弱国联合，从地理位置讲是南北联合，所以称“合纵”；强秦拉拢弱国，从地理位置讲是东西联合，所以称“连横”。“合纵”理论最先由魏相公孙衍所倡导，以苏秦为代表；“连横”计策最早为张仪所实施。

据《史记》记载，苏秦是东周洛阳人，师从于纵横家鬼谷子，其学说的特点是长于权变。他以“合纵”理论游说赵肃侯，劝赵肃侯首先“从亲”，为诸侯倡，继而又奔走于燕、韩、魏、齐、楚等国，使六国一度联合了起来，共同对付秦国。苏秦也由此成为纵约长，并任六国国相。

与苏秦同时代的纵横家是张仪，正是他积极倡导并成功实行的连横政策，牵制了苏秦主张的合纵，将秦国推上统一之路。

张仪是魏国人，也是鬼谷子的学生。当苏秦游说六国诸侯“合纵”以抗秦时，张仪则以“连横”策略游说秦惠王。秦惠王采纳张仪等人的建议，破坏了六国的“纵约”。张仪也由此被秦惠王封为宰相。

后来，秦始皇统一六国，兼并战争终于结束，“合纵连横”学说也就偃旗息鼓了。但作为一种社会思潮，它的长处在于“言其当权事制宜，受命而不受辞”；倘若“邪人为之，则上诈谖而失其信”，就不足称道了。

农家的代表和思想

农家学派在社会政治方面主张推行耕战政策，奖励发展农业生产，代表农民的利益和要求；同时他们还注重研究农业生产问题，探讨和总结农业科学和农业生产技术。

许行是农家的代表人物，约与孟子同时代，其生平事迹可见于《孟子·滕文公上》。许行假托神农氏之言，主张“贤者与民并耕而食”、“市贾不二”，提倡人人平等劳动、物物等量交换，要求社会“均平”合理。

他的主张反映了古代社会农民的一种理想，在当时产生了较强的影响，有儒家门徒也改拜许行为师。许行有学生数十人，他们生活极为简朴，皆穿粗布衣服，以打草鞋、织席子维持生活。

《汉书·艺文志》载有农家著作“九家，百一十四篇”，计有《神农》20 篇、《野老》17 篇、《宰氏》17 篇、《董安国》16 篇、《尹都尉》14 篇、《赵氏》5 篇、《氾胜之》18 篇、《王氏》6 篇、《蔡癸》1 篇，今皆不存。

杂家的代表和思想

战国末年，随着统一趋势的加强，各家思想迅速走向融合。杂家就是这一学术文化融合趋势的产物。

《汉书·艺文志》载有杂家著作“二十家，四百三篇”，今大多不存。现存杂家代表著作有《吕氏春秋》和《淮南子》。

《吕氏春秋》，又称《吕览》，战国末秦相吕不韦组织门客共同编写的著作。该书编写的目的是指导秦国兼并六国，统一天下，并能长治久安。

《淮南子》，又称《淮南鸿烈》，西汉淮南王刘安及其门客所编纂。全书原有内 21 篇，外 33 篇，今只流传内 21 篇。书中糅合各家，而明显倾向道家，编纂初衷亦是为皇帝提供治国之道。

杂家为先秦学术思想的融合作出了贡献，对汉代早期的政治也有重要影响。

小议经学

经学，就是解释或阐述儒家经典之学。

儒家经典是中国古代政权法定的，以孔子为代表的儒家学说。在中国古代社会中长期传播，历代封建地主阶级知识分子和官僚对儒家经典加以阐发和议论，形成经学。

经学主要有如下两个特点：

一是“唯上”，就是皇帝怎么讲，就怎么解释。经学家每每揣摩皇帝的意旨言事。

二是“唯经”，即书上怎么写，就按照书上的去解释。

“唯经”是从，“唯上”是听，导致窒息学术，禁锢思想。封建主义的经学，名为研究，实为注疏，而且越来越繁琐，陷入了死胡同。

中国古代社会造就的以经学为核心的封建意识形态，一直占据着统治地位，对于巩固和延续封建统治地位，起到了十分重要的作用，对限制新思想，阻滞科学的发展也发生了严重的影响。

理学的思想和代表

理学，又称道学，它产生于北宋，盛行于南宋与元、明时代，理学家们认为，合乎自己愿望的事物就是“理”，就是一种自然。在这一点上，“理”与老庄学派的“道”有点相近。

理学认为，理不仅是自然界的最高原则，同时也是人类社会的最高原则。很多理学家将“理”规定为宇宙的根源，认为自然界及人类社会一切都是从“理”而来，这个“理”是自己存在的，是永恒的，它“不为尧存，不为桀亡”，不生不灭，不增不减。

封建的伦理纲常也是“理”，“父子君臣天下之定理”，实际上就把封建伦理关系神圣化、绝对化、永恒化。所以理学为宋以后的历代统治者所推崇，成为占统治地位的哲学思想，强迫人们信奉。

理学包括以周敦颐、程颢、程颐、朱熹为代表的客观唯心主义和以陆九渊、王守仁为代表的主观唯心主义。前者认为“理”是永恒的先于世界而存在的精神实体，世界万物只能由“理”派生；后者提出“心外无物，心外无理”，认为主观意识是派生世界万物的本原。

理学有哪些流派

理学流派纷纭复杂，北宋中期有周敦颐的濂学、邵雍的象数学、张载的关学、二程的洛学、司马光的朔学，南宋时有朱熹的闽学、陆九渊兄弟的江西之学，明中期则有王守仁的阴阳学等等。

尽管这些学派具有不同的理论体系和特点，但按其基本观点和影响来分，主要有三大派别，即以张载为代表的气一元论哲学；以二程、朱熹为代表的理一元论哲学；以陆九渊、王守仁为代表的心一元论哲学。

心学的代表和思想

心学，作为儒学的一门学派，最早可推溯自孟子，而北宋程颢开其端，南宋陆九渊则大启其门径，而与朱熹的理学分庭抗礼。至明朝，由王阳明首度提出“心学”两字，至此心学开始有清晰而独立的学术脉络。

宋代陆九渊主张，既然气聚合为人时，理成为人的本性、精神，那么，人心也就是理，并且因为整个宇宙也都是气的或聚合或消散的状态，那么，这个理也就到处贯通。

从这个意义上说，心也就是整个宇宙，宇宙也就是我的心。因此，只要心中能够先树立一个大的志向，或者说是一个基本原则，那么，就可以不受外界事物的干扰和引诱。

到了明代，王守仁认为，人心中都有天生的良知，所以儒学最基本的任务就是把心中的良知推广到每一件事物。他和陆九渊一样，认为不必要一件一件地去考察事物，要认识天理，只要考察自己的心就可以了。

玄学的学说和代表

所谓玄学，指的是中国古代以解说、阐述、发挥《老子》《庄子》和《周易》为主要形式，以探求事物之所以产生、之所以存在、之所以变化的根据为主旨的一种学说。它并不是一种“玄之又玄”、“神秘莫测”的学问。

玄学的代表人物有魏晋时期的何晏、王弼、嵇康、郭象等。玄学家大都是所谓名士。他们以出身门第、容貌仪止和虚无玄远的“清谈”相标榜，成为一时风气。

玄学家常把儒家思想跟道家思想结合。推崇“三玄”书籍中的思想。所谓“三玄”，即《老子》《庄子》《周易》（人们认为这三部书内容之奥妙，真可以说玄之又玄，所以称之为“三玄”）。他们对三玄的有无、本末、一多、才性、言意、名教、内圣外王、王道霸术问题，都有较为深入的论述。

东晋以后，玄学与佛学趋于合流，张湛《列子注》，显然受佛学影响；般若学各宗，则大都用玄学语言解释佛经。于是佛学渐盛，玄学渐衰。

明清实学及其分类

明清实学，是明朝正德到清朝鸦片战争前夕间儒学发展的一种新形态。

明清实学摒弃宋明理学空谈心性的空疏的学风，提倡“崇实黜虚”，在一切社会领域和文化领域中，突出一个“实”字，强调经世致用，而成为那个时代的精神。

明清实学大致可以分为实体实学、经世实学、科学实学、考据实学和启蒙实学五大类。

实体实学，是就明清实学的基础而言的。它包括以气这一物质实体为本的本体论，以实践（力行）为基础的认识论，以“性气相资”为基本内容的自然人性论，以“实功”为主要修养方法的道德论，以利游欲为基础的理欲（包括义利）统一说等内容。其主要代表有罗钦顺、王廷相、崔铣、杨慎、吴廷翰、黄宗羲、王夫之、颜元、戴震等。

经世实学，是就明清实学的社会政治内容而言的。它既包括对社会弊病的揭露和批判，也包括对拯救时弊方案的构思与实施。其主要代表人物有张居正、顾炎武、黄宗羲、吕留良、全祖望、章学诚、龚自珍、魏源等。

科学实学，是就明清实学的科学内容而言的。它既包括中国古典科学，也包括从欧洲输入的西学。其代表人物有李时珍、徐光启、宋应星、方以智、梅文鼎等。

考据实学，是就明清实学的经学研究而言的。明中叶以后，随着实学思潮的兴起和发展，在经学研究领域里，出现了汉学和子学的复兴，以子学研究代替独尊经学，以专事训诂名物的汉学代替以己意解经的宋学。其代表人物有方以智、传山、顾炎武、毛奇龄、戴震、汪中、焦循、阮元等。

启蒙实学，是就明清实学的市民意识而言的。主要反映在哲学、文学艺术等领域。其主要代表人物有王艮、何心隐、李赘、汤显祖、黄宗羲等。

明清实学，是中国儒学发展的逻辑结果。其理论价值在于，它不但对宋明理学所讨论的范畴和命题进行了总结性的批判，而且还提出了一些反映市民阶层利益和要求的新范畴、新命题，成为中国近代启蒙思想的理论先驱。

侃侃八卦

“八卦”也称“经卦”，来源于《周易》中的 8 种基本图形。它们分别为：乾（☰）、坤（☷）、巽（☴）、坎（☵）、离（☲）、艮（☶）、兑（☱）、震（☳）。

《周易》是儒家的重要经典。对其作者，儒家学者编造出一套说法：伏羲画卦，即画出八卦的符号；文王重卦，即两卦相叠，演出八八 64 卦；周公作爻辞，即每一卦有六爻，对 64 卦之 384 爻之每一爻作了解释辞；孔子作《十翼》，即作 10 篇说明文。《易经》就是从原始的八卦长期演化而来的。

对“八卦”作哲学的解释和阐发始于春秋。那时，人们开始认为，八卦是八种自然物（天、地、雷、风、水、火、山、泽）的象征物。《易传》中认为，“八卦”所展示的是一幅宇宙生成的图画。“八卦”中最重要的是乾坤两卦，由乾坤而生出山（艮）、泽（兑）、雷（震）、风（巽）、水（坎）、火（离）。它们两两相对，相互作用，产万物，并决定着事物的变化与发展。

何谓四书五经

四书是《论语》《孟子》《大学》《中庸》四部书的合称。四书之名始于南宋理学家朱熹将这四部书辑录在一起，分别加以注释，题称《四书章句集注》。

其中《论语》是孔子的弟子和再传弟子记载孔子及其部分弟子言行的书。《大学》是《礼记》中的一篇，传说是曾参的弟子记述曾参言论的。《中庸》也是《礼记》中的一篇，相传为孔子的弟子子思所作。《孟子》是孟子及其弟子的著作。

五经是儒家的五部经典著作，即《诗》《书》《礼》《易》《春秋》的合称。

《诗》即《诗经》，是我国第一部诗歌总集。《书》即《尚书》，为我国上古历史文件和追述古代事迹的著作汇编，相传是孔子编撰的。《礼》即《礼记》，为秦汉以前各种礼仪论著的选集，相传多为孔子弟子及再传弟子所记。《易》是《易经》（又称《周易》），由卦、爻两种符号和卦辞、爻辞两种文字构成，古代为占卜所用。《春秋》是编年体的鲁史，相传是孔子据鲁国史官所编《春秋》加以整理修订而成，文字简短，寓有褒贬之意，后世称为“春秋笔法”。

阴阳五行说的形成

我国的阴阳五行说，最早可以追溯到传说中的大禹时代。《尚书·甘誓》中说，治水英雄大禹率先打破了“禅让制”，把王位交给了儿子启。这引起了同姓诸侯有扈氏的不满，起兵造反。启于是率大军亲征有扈氏的大本营甘（今陕西户县西），临战前召集六军将领说："有扈氏威侮五行，怠弃三正。天用剿绝其命。今予惟恭行天之罚。"

这里的"五行"，大致就是今天我们所知道的金、木、水、火、土五物；"三正"，大致是与五行有关的正德、利用、厚生三政事。到了战国时代，"五行"又增加了"相生相胜"的哲学成分。

五行说是讲宇宙构成的元素的，即认为世界万物是由水、火、木、金、土五种物质元素构成的。据《国语》记载，"和"与"同"是不同的，前者是一种元素与另一种元素参合，能产生新的东西并能得到发展；后者是同一种元素相加，不能产生新物，也不会有所发展。所以，要把土与金、木、水、火杂和起来，才能生成百物。这里的五行，突出了土的作用，既反映了重视农业的思想，也是对五行并列观念的修正。

至于阴阳，则是对自然状态的一种描述，对世界的一种看法。是古人在观察天文气象、时节变化的基础上萌发的。周人用两种不同性质的阳气和阴气来解释四季的变化和万物的繁茂与凋衰。他们认为，在冬去春来之际，气从地下向上蒸发，万物便出苗生长；如果沉滞不能蒸发，农作物便不能茁壮成长。

阴气的性质是沉滞下降的，阳气的性质是蒸发上升的，这阴阳二气相互协调，配合有序，流转正常，就风调雨顺，否则就要发生灾难。周幽王时的伯阳父，曾用阴阳二气的失调来解释当时发生的地震现象。他认为，阴阳二气的流转是有一定的秩序的，如果发生秩序紊乱的现象，阴阳二气各失其位，就要产生地震。

《道德经》说"万物负阴而抱阳"，就是说，阴阳的矛盾势力是事物本身所固有的。《易传》的作者则进一步提出"一阴一阳之谓道"的学说，把阴阳交替看做是宇宙的根本规律。后来，古人对各种现象进行抽象概括，以阳代表天、日、昼、暑、刚、强、前、男等，以阴代表地、月、夜、寒、柔、弱、后、女等，认为两种势力相互对立又相互依赖，是事物固有的属性，是引起事物变化发展的原因。

阴阳五行说是中国传统文化的一个特色，对中国古代的学术和日常生活都产生了一定的影响。例如古人取名也要照顾到五行协调齐全。

把阴阳与五行撮合在一起并加以神秘化的是战国末期的阴阳家，其代表人物为齐国人邹衍。他提出"五德终始"说，把五行的属性称为"五德"，用来附会王朝兴替和社会政治的嬗替。汉儒们出于政治需要，在将古代的神权理论结合在一起的同时，又大规模地兴起造神运动，使原来的天地鬼神信仰增补进新的内容。

老子名字的传说

老子（约公元前 600 ～前 470 年），姓李，名耳，《庄子》称他为老聃，楚国苦县（今河南鹿邑县）人，春秋末期的思想家、哲学家。

据说老子在出生时，因为耳朵特别大，

所以取名叫“耳”，又叫老聃，聃即是耳朵大的意思。

另外，《史记正义》上记载，老子的母亲怀孕长达八十一年，后来在一棵李树下，割开左腋，生下了老子。老子一出生时，就是一个白胡须、白眉毛的老头。因此也就称他为“老子”。

老子像。

不过，《史记正义》还有一说，老子是号，“老”是“考”的意思，“子”就是“孳”的意思，也就是“考教众理，达成圣孳，乃孳生万物。善化济物无遗也”。他是圣人，研究了许多的道理，善于育化别人，神圣地孳生出万物，济物又没有遗留，因此称他为老子。

何谓中庸思想

“中庸”是中国古代哲学思想上的一个重要内容。孔子说：“中庸之为德也，其至矣乎。”

什么是“中庸”？把“中”理解为中正、合适、标准，是先秦古籍中的通义。关于“中庸”的含义，孔子解释为“过犹不及”，“执两用中”，“中立不倚”，中庸就是既无过，也无不及。朱熹引用程颢“不偏之谓中，不易之谓庸。中者，天下之正道，庸者，天下之定理”之观点，并作了一番解释。

作为标准的“中”不是一成不变的，而是随着时间和条件的变化而变化。不少哲学家在用“中”时，所采取的方法是“叩其两端”，通过这个手段，达到用中道的目的。

“中庸”思想是主张维持质的稳定性，并不是我们所谓的折中主义。

当然，古代推崇的“中庸”思想，归根到底是要把人们的行动与言行束缚在等级制度和道德模式中，要求既无过也无不及，它在政治上是保守的。

何谓三纲五常

三纲五常指三条纲领，五项永恒原则。这是儒学的基本道德规范。

“三纲”见《白虎通·三纲六纪》：“三纲者，何谓也？谓君臣、父子、夫妇也……故《含文嘉》曰：‘君为臣纲，父为子纲，夫为妻纲。’”纲是渔网上的大绳，与纲相对的是目，目是网眼。举起纲，网眼就张开。目对纲，是绝对服从的关系。把君主、父亲、丈夫称为纲，就决定了臣子、儿子和妻子对于他们的绝对服从的关系。

“五常”见汉代王充《论衡·问孔》：“五常之道，仁、义、礼、智、信也。”这是儒学的基本道德准则。儒学认为，这五条原则是永恒不变的，所以称为常。

何谓兼爱非攻

墨翟，战国初期思想家，墨家学派创始人，后人尊称为墨子。他提出了“兼相爱，交相利”说，即不分尊卑贵贱，上下左右，人人互相爱，以爱己之心去爱人。他认为当时国家互相攻打，家与家互篡，是因为“不相爱”，或者叫“交相恶”。所以人与人、家与家、国与国只有“兼相爱”，才能“交相利”。这是墨子处理人们之间政治关系的基本观点，也是他的基本政治主张。

“非攻”是墨子理论的一个重要组成部分。墨子从其兴利除害的救世目的出发反对战争，确切地说是不合他所谓义、利的那种战争，即“攻”，认为它是“天下之巨害”。墨子一生奔波于各国之间，制止了多起即将发生的战争，维护了小国的利益，实践着他“非攻”的主张，如止楚攻宋、劝齐息战等。

但是墨子并非一味反对战争，墨子“非攻”主张的独特性在于它并不是反对一般的战争，而是反对侵略战争，即“攻”。而对正义的战争，墨子是持支持态度的，他称正义的战争为“诛”。对于正义的战争，墨子是充分肯定而且予以支持的。

庄周梦蝶的传说

庄子是个观察精细、思维敏捷的哲学家，同时又是一个想象丰富、情思飘逸、具有浪漫气质的诗人、文学家。“庄周梦蝶”把宇宙和人生哲学融为一体，是庄子从人的个体存在的角度对宇宙、人生等问题的形象化的哲理阐述。

庄周曾梦为蝴蝶，翩然飞舞，全不知自己是庄周。突然醒来，自己又分明是庄周。那么究竟是庄周梦为蝴蝶，还是蝴蝶梦为庄周？真是梦和真不可分，梦可当真，真亦可当梦，或许人生也是一场梦，甚至是梦中还有梦。

这实际上是一种相对主义，意在指明一切事物的存在变化，包括所谓有无、大小、是非、寿夭、贵贱、贫富等都是有限的、局部的和不确定的、无意义的，要从一个混沌、完全、齐备的整体分出有无、是非、大小等，寻出种种区别。就会失去真实的本体存在。

因为“凡物无成与毁，复通为一”（《齐物论》）。只有在精神上超越不真实的现象世界，只有从有限事物的束缚和局限中解脱出来，才能达到“天地与我并生，万物与我为一”（《齐物论》）的境界。

“庄周梦蝶”看似说梦，却寄寓着庄子深邃的哲学思想，这是庄子兼哲学家、文学家、诗人于一身的个性化体现。

先秦“天人之辩”

思维和存在的关系问题，是全部哲学的根本问题。先秦“天人之辩”比较集中地反映了人们对思维和存在关系的看法，形成了先秦哲学的一大特色。

所谓“天人之辩”，是指关于天与人、天道与人道、自然与人之间关系的辩论。商周时期，人们把天看做是至高无上的神，到春秋战国时期，“天人之辩”真正开始得到了广泛而深入的展开。

儒家创始人孔子曾对鬼神产生怀疑，但孔子并未因此引导到唯物主义。道家代表老子主张道法自然，这种尊重客观规律的思想有一定的合理性，但叫人顺从命运则是消极的。孟子则片面夸大理性的功能作用，以为通过思维能“知天”。

先秦哲学家们对天人关系问题的思考，都涉及思维与存在的关系问题，亦即涉及了世界的统一性在于物质还是精神的问题。总之，先秦“天人之辩”反映了中国古人对思维和存在关系问题的思考。

先秦“义利之辩”

所谓“义”，是指一定的行为道德；所谓“利”是指个人利益。讨论行为道德与个人利益之间的关系问题，就是“义利之辩”。

在先秦，孔子提出“君子喻于义，小人喻于利”。认为义利是矛盾的，解决义利的方法是重义轻利。

墨家则认为义和利是绝对统一的，不存在任何矛盾。他们不认为存在有利无义或有义无利的现象。

孟子认为，追求义是人们行为的唯一目的，而对利的任何关注，都有损于人们道德行为的纯洁性和高尚性，所以利是一种有害的念头，必须在思想上加以排除。

荀子主张“性恶论”。他认为个人的利欲和社会的道德要求是完全相反的，个人的利欲只能是恶，而应首先规范的是善。所以在义利关系问题上，他认为义利不相容，它们的关系只能是一个战胜另一个的关系。

“义利之辩”，是现实生活中义和利既矛盾又统一的关系在思想中的反映。各种不同的观点，体现了先秦各个阶级或阶层的不同的利益和当时社会政治经济发展的水平。不过，这些观点也有相通的地方，即一般都认为，在义利关系中义是主要的，个人利益应该遵循和服从义。可以说，重义轻利是先秦义利之辩的主要倾向。

何谓奇正相生

“奇”与“正”是一对哲学范畴。“正”指的是正常；“奇”指的是异常。“奇”与“正”相辅相成，能互相转化。

“奇”与“正”多用于军事上。在军队部署上，担任正面进攻的部队为正，两侧偷袭的为奇；担任守备的部队为正，机动部队为奇；担任钳制的部队为正，突击的部队为奇。在作战方式上，对阵交锋为正，迂回侧击为奇。在战争原则上，按照常规，运用一般原则的为正，按照特殊情况，灵活应变的为奇。

“奇正相生”的思想受到各派兵家的重视。其中孙武的后辈孙膑运用得得心应手。他主张以奇制胜，以神秘莫测的战法战胜常规战法。孙膑指挥的桂陵、马陵之战，就是以奇制胜的杰出范例。

男尊女卑观念的形成

古时候，我国一直都有这样一种思想观念，即男子比女子尊贵。女子在社会上、家庭中、政治上几乎没有什么权利可言，直到新中国之后，女子的权益才得以保障。那么，这种“男尊女卑”的观念是怎样形成的呢？

实际上，在人类社会早期，即母系氏族社会时期，女子的权利是大于男子的。后来随着生产力的进步和生产技术的提高，男性在生理上的一些优势逐渐体现了出来。男子一般身强力壮，能承担更多的劳动任务，女子要生儿育女，因此地位受到了很大的冲击。

最终，女子的主体地位被男子所取代，进入了父系氏族社会。从此男子在生活中占了主导地位，女子必须依靠男子去生活，为他们生育子女，缝衣做饭，并满足男子的生理需要。在生产实践中，男子逐渐形成了强烈的征服和占有欲，而女子也相应地形成了依赖和顺从的特性。自此，这种男尊女卑的思想观念贯穿了整个封建社会，一直被沿用下来。

第八编　政治军事

中国皇帝之最

历代王朝中，帝王最多的是商朝，自汤至纣，共历 31 王。

历代王朝中，帝王最少的是王莽的新朝，仅历 1 帝。

历代王朝中，帝王平均寿命最长的是五代十国时期的南唐，平均每帝享年 54 岁。

历代王朝中，帝王平均寿命最短的，是北朝时的北周，平均每帝仅享年 22 岁。

历代王朝中，帝王平均在位年数最长的是清朝，自 1644 年统治全中国至 1911 年灭亡，历 267 年，传 10 帝，平均每帝在位近 27 年。

历代王朝中，帝王平均在位年数最短促的是北辽，自 1122 年 3 月立国至 1123 年灭亡，仅历 19 个月，传 4 帝，平均每帝在位不足 5 个月。

中国历史上最早称皇帝的是秦始皇嬴政，在位时间是公元前 246 年至公元前 210 年。

中国历史上最后一个皇帝是清朝的宣统，即爱新觉罗·溥仪，他在位的时间是 1909 年至 1911 年。

寿命最长的皇帝是清高宗爱新觉罗·弘历，享年 88 岁。

寿命最短的皇帝是东汉殇帝，名刘隆，不到 1 岁即夭折。

即位时年龄最小的是东汉殇帝，刚过 100 天。

即位时年龄最大的皇帝是女皇武则天，67 岁即位为武周皇帝。五代十国的荆南王高季兴即位时也是 67 岁，其次是南朝宋武帝刘裕，即位时年已 65 岁。

在位时间最长的是清康熙皇帝，在位 62 年。

在位时间最短的是金末帝完颜承麟，仅仅 1 天即战死。

嫔妃最多的是晋武帝，后宫佳丽达 10000 多人。

子女最多的是清康熙皇帝，男孩 36 人，女孩 20 人。

我国古代共有多少皇帝

从启建夏开始，我国历史上共出了多少皇帝呢？

据史书记载，夏朝共传 13 代、16 帝，商朝 17 代、31 帝，周朝 34 帝。春秋战国时期，天下纷乱，诸侯争雄，没有出现统一的王朝。一直到秦始皇统一六国，我国才出现了历史上第一个专制主义中央集权的封建王朝，但秦朝仅历二世就灭亡了。

两汉共有 24 帝，其中西汉 12 帝，东汉 12 帝。王莽新朝仅 1 人称帝，后被农民起义灭亡。三国时魏历 5 帝，蜀汉 2 帝，吴 4 帝。两晋共历 15 帝。晋朝后期，北方少数民族继起，先后建立了前汉、前赵、后赵、冉魏、前秦、后秦、后燕、西秦、后凉、南凉、西凉、北燕、北凉、夏等小国，亦称王称帝，约 20 余王。南北朝时南朝宋 8 帝，南齐 7 帝，梁 6 帝，后梁 3 帝，陈 5 帝；北朝北魏 17 帝，东魏 2 帝，西魏 3 帝，北齐 6 帝，北周 5 帝。

到隋又实现一统，历 2 帝。唐代 20 帝，盛极一时，武周 1 帝，南诏 13 王，大理 22 王。五代时后梁 3 帝，后唐 4 帝，后晋 2 帝，后汉 2 帝，后周 3 帝；吴 4 主，南唐 3 主，吴越 5 主，楚 6 主，南汉 4 主，前蜀 2 主，后蜀 2 主，闽 6 主，荆南 5 主，北汉 4 主。

到宋代，共历 18 帝，辽国 9 帝，金 9 帝，西辽 5 帝，西夏 10 帝，元朝传位 15 帝，明代 16 帝，清传 11 帝。再加上唐末黄巢所建的齐国，明末李自成所建的大顺，总共算来，我国历史上约有 300 个帝王，其中天下一统的帝王（从秦始皇算起）120 余位。

何谓禅让

在我国原始社会，部落联盟首领是通过部落联盟议事会选贤举能产生的，这就是禅让制。我国传说中的唐尧、虞舜、夏禹就是通过禅让产生的部落联盟首领。

相传帝尧是陶唐氏部落的首领，为黄帝嫡裔，被选举为炎黄部落联盟首领。到他 86 岁那年，他觉得自己年老力衰，想要找一个人来接替他。这时，联盟议事会推举了舜，舜是有虞氏部落首领，深得部落的拥护和支持。尧对舜进行了为期三年的考察，觉得他确实很能干，于是尧死后，舜就继承了部落联盟的首领之位。

到舜年老时，联盟议事会又推举了夏禹，因为禹治水有功，深得民心。这样，禹就继承了部落联盟首领之位。禹继位后，联盟议事会本来推举了皋陶做继承人，但是皋陶死得早，便又推举伯益为继承人。但在禹死后，禹的儿子启杀死了伯益，自己当了首领，并建立了夏朝。禅让制于是宣告结束，中国从此从原始社会迈入了奴隶社会。

九品中正制的形成

九品中正制度又称门阀制度，创建于曹魏初期。东汉时期，大地主已经成为一支不可忽视的政治力量，称为世家大族。曹操当政时，许多世家大族认为曹操出身低微，不肯合作，使得曹操很伤脑筋。后来，曹丕篡汉建魏，采纳陈群的建议，创立了九品中正制。

九品中正制就是通过各州、各郡中正官的品评，把人才分为上上、上中、上下、中上、中中、中下、下上、下中、下下九等。被评为上等的人才将推荐给各级政府，吏部选拔官员时要向中正官征询被选者的家世情况、品级。晋以后就完全由家世确定品级，形成了重家世轻德才的风气。所谓“平流进取，望至公卿”的说法，就是对这种积弊的抨击，这样就形成了豪门世家把持各级官僚机构的局面。

士族制度是如何形成的

魏晋以来，地主阶级中开始有了士族和庶族之分，形成了士族制度。到东晋时，士族制度得到进一步发展，士族在经济上占有大批土地和劳动力，在政治上享有特殊地位，高门士族世世代代担任重要的官职。

士族在社会上有特殊地位，他们讲究身份和门第的高低，不与庶族通婚、共坐，不穿同样的衣服，甚至不互相往来。士族子弟不学无术，整天游荡，吃喝玩乐，纵情声色。他们“无不熏衣剃面，傅粉施朱”，“骨脆肤柔，不堪行步，体羸气弱，不耐寒暑”，“出则车舆，入则扶持”，是一群极端腐朽的社会寄生虫。

南方士族势力到南朝末年才逐渐削弱。到了隋唐时期，由于实行了科举制度，重视门第高低的观念不复存在，士族更加趋于衰弱。到唐末农民起义时，在黄巢农民起义的打击下，士族制度彻底瓦解。

谈谈三省六部制

隋唐时期建立的“三省六部”制度，在我国封建社会职官制度上影响较为深远。“三省六部”都是封建政府的中央机构。

“三省”是中国古代皇帝之下的三个最高政务中枢机构尚书省、中书省（隋朝时称为内史省）、门下省的合称。尚书省掌管行政，长官是尚书令和左、右仆射；中书省掌管军国政令，负责起草制定政策，也是决策机关，长官是中书令和中书侍郎；门下省掌管政令的审核，进行议论封驳，政令不善者可以驳回，长官是侍中（隋朝时称纳言）和门下侍郎。三省长官号为宰相。

“六部”是中国古代中央政府六个行政管理机关的合称，即吏部、户部（隋朝时称度支）、礼部、兵部、刑部（隋朝时称都官）、工部，具体负责人事、财政、礼仪、科举、军事、刑法、工程等国家事务。

何谓“三公”

三公是我国古代三个具有崇高地位与荣誉的职位和官位的尊称。对三公的称呼，历代差别很大。

周朝时，三公是太师、太傅、太保，都是宗族的长老，对中央政务负有全面指导之责，且负责指导、辅政、监护国王，在国王年幼时可单独或共同代行王权。

秦及汉初时，称丞相、太尉、御史大夫为三公，他们分别是负责行政、军事和监察的最高级官员。

西汉成帝以后，将丞相改为大司徒、太尉改为大司马、御史大夫改为大司空，并以改称后的三大臣为三公，同行相权，并称宰相。

东汉以太尉、司徒、司空为三公，但因尚书台上升为政务中枢，三公渐成虚位，仅“备员而已”。

魏晋南北朝时，除北周以太师、太傅、太保为三公外，其他朝代都沿袭了东汉的制度。隋、唐、宋、辽也沿东汉之制，但不常置，只用来作为安置老臣以示显贵的荣誉职。

明清时，又以太师、太傅、太保为三公，仅以最高荣衔加于某些大臣。

三公的演变揭露了我国古代政治制度的一个基本现象：尽量保留原有的职衔和荣誉，但却以新的职官接管其实权而架空之，从而巧妙地防止位高权重之臣的威胁，以防他们侵夺皇权。

御史台的历史

御史台别称宪台，是我国古代最高监察机关。御史台最早设于战国时的秦国，秦统一六国后仍置，以御史大夫掌章奏与监察，为副丞相。

汉初承秦制，监察机构称御史台，长官为御史大夫，一面参与朝政，一面又“制监百司，纠绳不法”。汉成帝时，御史大夫改称大司空，东汉称司空，为三公之一，掌水土营建军事，非监察职。御史中丞遂为御史府长官，东汉始称御史台，属少府，成为专门的监察机关。

自魏始，御史台脱离少府而独立，仍以御史中丞为其首长，其下有治书侍御史、治书执法御史、侍御史，分曹监察。“自皇太子以下，无所不纠”（《通典·卷二十四·中丞》）。

隋唐因之，但改御史大夫为御史台首长，御史中丞为辅佐官，内部机构也有较大变化。唐时御史台分为台院、殿院和察院，台院掌纠举百僚，推鞫狱讼；殿院掌殿廷供奉之仪式；察院掌巡按郡县和六部的稽查监察以及监军等。唐末，节度使、观察使多兼御史中丞衔，其幕府有“外台”之称。

宋因唐制而略有损益，御史大夫不常授人，遂复以御史中丞为台主。且另设他官监察地方，察院遂专察。

元代，例由皇太子兼御史大夫，其台主实际上仍为御史中丞。下辖机构为殿中司和察院，并在 22 道监察区设肃政廉访使。为加强对其领导，遂于江南与陕西两地设中央御史台的派出机构——行御史台。

明清时期，御史台改为都察院，派出巡按地方的御史称巡按御史，系“代天子巡狩”，权力很大。

翰林院的由来

翰林院最早设于唐代。唐玄宗时，置翰林院，内设有翰林待诏、翰林供奉，后来又称翰林学士，为文学侍从之官。如唐代大诗人李白被称为翰林学士。后来，翰林院演变为草拟机密诏制的重要机构。

安史之乱后，军事频繁，“深谋密诏，皆从中出”，翰林学士地位越来越重要，不但在草拟诏制方面分割了中书舍人之权，而且，也在参谋密计方面分割了宰相之权。

唐太宗视察翰林院。

宋代进一步抬高了翰林学士的地位，设立翰林学士院，与实际掌政事堂（中书门下）枢密院居平等地位，很多宰相都从翰林院学士中选拔。

辽代设置翰林院，掌汉文文书及刑狱诸事。元代设翰林院兼国史院，分别掌管制定诏旨，编修国史和翻译文学等。

明代开始将修史、著作、图书等事务归并翰林院，正式成为外朝官署。清代翰林院以大学士为掌院学士，其下设侍读学士、侍讲学士、侍读、侍讲、修撰、编修、检讨等官。

军机处的由来

清朝时，军机处是秉承皇帝意旨办理军机事务，后扩及所有机要政事的中枢机构。其设立年月，说法不一，有起于雍正七年（1729年）、八年、十年诸说。

军机处之职掌主要是：掌书谕旨，参赞军国机务，参议重要政务及刑狱；用兵时则考其山川道里、兵马钱粮之数，以备顾问；文武官员的简放、换防、引见、记名、赐予，以及拟定对外藩朝觐者的颁赐等。

军机处无正式衙署，其办公处所设于内廷隆宗门内，称为值房，无专职官员，全部工作由军机大臣主持，设军机章京办理一切事务。

军机大臣，正式称谓是“军机处大臣上行走”，俗称“大军机”。分设满、汉员，由满汉大学士、各部尚书、侍郎、总督等官员奉特旨充当，均为兼差。其数无定额，任期无限止。

什么是庙号、谥号、年号

中国古代帝王，除了他们的姓名外，一般在死后都有庙号、谥号。

庙号是封建皇帝死后，在太庙（皇帝的家庙）立室祭祀时所特立的名号。在上古时期，帝王在生前死后都用的是同一个名字。

后来，人们觉得直呼已死的帝王有些不妥。于是，夏商时祭祀时就用他们的生日天干来称呼，以表示恭敬。如夏朝孔甲，商朝的祖甲、帝乙等等。

从汉朝开始，每个朝代的第一个皇帝一般称为太祖、高祖或世祖，以后的嗣君则称为太宗、世宗等等。

谥号是古代帝王或其他有地位的人死后，朝廷或后人按其生平事迹以示褒贬所给予的称号。它最早出现于周朝。

据说，周公做谥法，每个天子死后，根据他生前的行为，给他一个代名。譬如，周武王，因为他灭商朝有武功，死后谥他为“武”，后人就称他周武王。周文王因为发扬文化，重视本国的农业生产，关心内政，就谥他为“文”，后人就称他周文王。这种谥法一直流传了两千多年，直到辛亥革命爆发后，才跟着清王朝一同消失了。

一般说来，诸侯卿大夫、高官显宦之谥，由朝廷赐予。如诸葛亮谥号“忠武”，欧阳修谥号“文忠”。臣子的谥号两个字的居多。

但是，谥法在秦朝时也曾一度中断。这是因为，秦王嬴政统一中国后，认为加谥号是“子议父，臣议君”，不可取。于是下令废除了谥法。后来到了汉朝，庙号、谥号才恢复过来。

东汉以后，也曾出现私谥。它不是由朝廷赐予的，而是由儒生们评定的。如陶渊明的私谥是“靖节”。

年号是皇帝在位期间纪年的名号。从汉武帝开始有年号。新皇帝即位，必须改变年号，称改元。同一个皇帝在位时，也有改元的。明清两代皇帝基本上不改元，绝大多数只有一个年号，因此可用年号作为皇帝的称谓。如：明神宗年号叫万历，被称为万历帝；清高宗年号乾隆，被称为乾隆帝。

郡县制设立的缘由

郡县制作为一种地方体制，始于春秋战国时期，确立完善于秦朝。春秋初期，楚、秦、晋等国已开始在边地设县，后来又开始在内地推行，县的长官可以世袭，与后来的县不尽相同。

春秋末年，各国相继在边地设郡，面积比县大，但地处偏远，故行政建制一般比县低。战国时在边郡分设县，逐渐形成县统于郡的两级制。

秦统一六国后，全面推行郡县制。分全国为三十六郡，后增至四十郡，一郡辖若干县。郡的行政长官为郡守，下置郡尉，辅佐郡守并掌管全郡的军事；又置监察史，掌管监察，为中央在地方上的耳目。县分大小，万户以上的县设县令，不满万户的县设县长，掌管全县事务，受郡守节制。另置县尉，辅佐县令、县长并掌管全县军事；置县丞，掌文字、仓储和刑狱。

郡、县长官均由中央任命，领取俸禄，不世袭；而且郡、县的行政、军政和监察诸权分立，尤其是独立而直接受中央领导的监察权，利于加强中央集权和巩固国家的统一。其后历代沿用，虽然行政的建制名称也有发展和变化，但所置略同。郡县制对中央集权政体的行政建制有深远影响。

古代皇帝的日常政务活动

我们经常在电视剧或旧小说中看到这样的场面：皇帝早朝时，大会百官，身旁的太监往往宣称："有事启奏，无事退朝。"似乎皇帝的日常生活就是这样，其实不然。

古代皇帝有两种朝会，一种是大朝，即大会文武百官、王国诸侯和外国使臣的朝会。大朝非常隆重，往往在特定的节日举行，仅仅是一种仪式，一般不在这种场合处理国政。另一种是常朝，即皇帝每天或间隔数天于早晨会见政府官员，处理一些日常政务。这种朝会，类似于官府中的早衙与晚衙。

皇帝处理政务。

但朝会并不是皇帝日常生活的全部，因为并不是所有的国家政务都是在常朝上决定的，所以，有些倦政的皇帝常常不上早朝。

古代皇帝所处理的政务，基本上可分为两类，一类是日常政务，就是指这种常规性的统治活动；一类是非日常性政务，这是因国家政治中出现了动乱，皇帝往往要和主要官员商议对策。以上这些才构成皇帝的日常政务生活。

古代官员的退休制度

古时将官吏年老退休称为"致仕"，即"还禄位于君"，意为交还官职。周朝初年，随着国家机构的发展，官吏增多，分职任事，"致仕"就已经成为官制中的一项内容。到汉朝时，逐渐形成一套人事行政制度，明确规定了条件和待遇。

周朝规定，"大夫七十而致仕"。这一制度被历代所沿袭。唐朝也规定，诸职官到了70岁后，由于精力衰竭，就可以退休了，如果是身体有病或受伤，还可以提前退休。唐以前，一品至五品的高、中级官吏可致仕，元为三品以下，明、清凡官年老告休，则令致仕。但朝廷重臣，有功者，特旨选用者，不受限制。元规定"集贤、翰林老臣"不致仕，即使三品以下，也可例外。如天文、历法专家郭守敬，过了70岁向朝廷申请退休，朝廷不准，他最后死在太史院任上。

古代官吏退休后，政府在政治和物质上均给予优待。唐对致仕官吏加授级、衔，五品以上官可得半禄，有功之臣，天子恩典，可得全禄。如唐朝名相房玄龄、宋璟退休后，皇上都赐以全禄。明太祖规定："四品以下者，各升一等，给予诰敕。"

高级官吏致仕死亡后还有赠官，赠谥，派人祭奠，准入“贤良阁”等优惠。

古代的休假制度

我国的休假制度由来已久，从汉代起，政府机关便规定每五天休息一日，称作“五日休”。有趣的是，在西汉的一段时间，郎官（皇帝侍从，承担保卫、差遣、顾问等职，有议郎、侍郎、中郎、郎中等）的休假居然是可以买的，只要出钱给宫中添置财物或办公用品，就可以出宫购物，变相休假。相反，要是没钱就别想休假，就是病假也得用休息日补偿。

五日一休制一直延续到隋代。中间偶有间断，如南朝梁代，曾经十日一休。到了唐代，十日一休变成制度，称旬假或旬休，也就是每月初十、二十及月底（小月二十九，大月三十）休息。

除定期的休假日外，还有节假日。唐代中秋节给三日，寒食清明四日；明代冬至给假三日、元宵十日。此外还定有“急假”，以用于官吏处置紧急家事，每年以日为限。对官吏的假日，历代均有严格的规定。唐代规定三品以上官员假满之日，必须到衙门报到，否则罚俸一月，有的还因此被罢官免职。

轮到休假的人，在休假日当然可以自由活动。不过，通常多利用休假日洗头、洗澡。所以古代的休假日又称“休沐”（洗头）或洗浴（洗澡），似乎假就是为了洗浴。

清初，随着西方传教士进入我国，“礼拜天”这一宗教用语开始在我国出现。辛亥革命后，开始实行星期日休息制。

古代的人才招聘

招聘作为一项选拔官吏和征求人才的办法，在我国可以追溯到殷商。据《孟子》记载，商汤曾五次派人“以币聘”伊尹辅治国政。到了周代，人才招聘开始形成一种制度，规定每年三月，都要“聘名士，礼贤者”，广征各方人才。

战国时期群雄割据，有的国家利用招聘办法取得贤才，使国家兴盛起来。著名的燕昭王求贤的故事，说燕昭王为郭隗筑宫，树立礼贤样板，卑辞厚币招聘天下贤才，招得乐毅、邹衍、剧辛等贤才。一时间，“士争趋燕”。此外，秦国大量从关东六国征聘人才，使得秦国强盛一时，终有灭六国之举。

两汉时期，人才招聘进入黄金时代，汉高祖发布诏令说，只要发现了贤才，郡守要亲自劝勉，驾车送至京师，如果不这样做，就要受免职处分。汉武帝即位之初，也下诏招聘人才，当时，应聘者达上千人。

汉代以后，在九品中正制度下，招聘制度开始徒具虚名。特别是在隋朝以后，科举成为主要选官办法，招聘制度渐趋衰微。但是仍有一些帝王，利用招聘制度延揽了一大批人才，如三国曹操、唐高祖李渊、唐太宗李世民、明太祖朱元璋等。特别是朱元璋，曾命中书省引拔卓荦奇伟之才，地方官选民间年二十五以上有学识有才干的人，荐举到中书省，与年老官员参用。洪武元年他还下诏“征天下贤才为守令”，“有能辅朕济民者，有司礼遣”，指示有关部门“以礼聘致贤士”。

古代的“意见箱”与“检举箱”

在现代生活中，意见箱、检举箱等随处可见，也许你还不知道，这些东西并非现代所独有的，它们在古代也有。

《资治通鉴》记载，唐朝武则天执政时，为了维护其统治、网络人才、广开言路，曾命工匠铸铜为“匦”。“匦”就是箱子、匣子。

这种箱子很特别，它四面都有开口而分类。东面名曰“延恩”，是专为那些投诗词文章自荐求仕的人开设的；南面名曰“招谏”，是专为评议朝廷政策得失的人开设的；西面曰“伸冤”，专为那些蒙受冤屈的人开设的；北面曰“通玄”，专为研究自然灾变及提供军事情报的人开设的。

“匦”铸成以后，武则天又责令正谏、补阙、拾遗（古代官名）专门负责。这种“铜匦”，实际上是几个作用不同的箱子的组合。其中的“招谏”一面，就很像现在的“意见箱”，而“伸冤”一面，又类似于现在的“检举箱”。因为事物的内容都要向分门别类发展，因此“铜匦”也逐渐分解开来，慢慢地演变成了“检举箱”、“意见箱”、“投票箱”等。

后妃制沿革

中国自三代以降，宫中就有所谓“内职”制度，即天子、国君后妃的编制、礼制。

周代是中国历史上形成完整的礼制统治的时代，周礼规定：王者立后、三夫人、九嫔、二十七世妇、八十一御妻。按照周代官制类推，后之地位同天子，三夫人同三公，九嫔则同九卿，世妇同大夫，御妻同士。

秦承周制建立了中国封建社会的后妃制。秦始皇称帝后，尽收六国宫女充实后宫。秦以皇帝为中心，称皇帝之母为皇太后，祖母为太皇太后，嫡妻为皇后，妾皆为夫人，又有美人、良人、八子、七子、长使、少使之称。由于秦朝短暂，所以完备的后妃体制及其等级划分还未完全确立。

汉初，因刘邦“布衣”称帝，不太重视皇家礼制，后宫也未形成定制。直到汉武帝时，才制定后宫制度。“汉承秦制”，后妃仍同秦制，爵列八品。汉元帝时，后宫嫔妃又扩充至十四个等级：昭仪、婕妤、烃娥、容华、美人、八子、充依、七子、良人、长使、少使、五官、顺常、无涓。

魏明帝时，于王后以下定爵秩十三等。晋武帝参照魏制于皇后下设三夫人（贵嫔、夫人、贵人）、九嫔（淑妃、淑媛、淑仪、修华、修容、修仪、婕妤、容华、充华），九嫔之下还有美人、才人等爵秩。南北朝时，尊承晋制，只在名称上有所不同。

隋炀帝即位，大选美女，扩充后宫，除设三贵人、九嫔、二十七世妇、八十一御妻外，还有六尚、六司、六典，侍奉宫中杂役。唐代后妃制与隋制略同。

北宋重礼仪，内廷宫制与唐代无大差

异。辽、夏、金、元虽系游牧民族，但建国后亦以汉族后妃体制为楷模。明初内廷后妃制肃严，明中期以后，皇后以下有六妃（贤妃、淑妃、惠妃、顺妃、康妃、宁妃），又立六局（尚宫、尚仪、尚服、尚食、尚寝、尚功）和一司（宫正司）。

清朝入关后，重新规定了宫女的数额和等级。至康熙帝以后，后妃体制日臻完备与巩固，皇后居中宫，下有皇贵妃、贵妃、妃、嫔、贵人、常在、答应，分居东六宫与西六宫。至此，俗言所说“三宫六院”体系最终形成。为了保持清种族的纯正，宫中规定不蓄汉女，但在清后期已打破这种旧制。

何谓冷兵器

兵器来源于生产工具，在人类最初的原始冲突中，人们用来争斗的武器就是生产工具，比如用于农业生产的石刀、石铲，用于狩猎的弓箭、标枪、石矛等。

进入阶级社会以后，常备军开始出现，兵器也开始和生产工具相分离，作为专用的战斗工具，形成了独特的形制。

而所谓的冷兵器，就是相对于火药武器而言的，它主要依靠武器本身的锋刃来杀伤敌人。我国从原始社会后期到唐末，战争中所用的兵器都是冷兵器。五代以后，火器开始进入实战，是冷兵器和火器并用时代。直到清末冷兵器基本退出实战，让位于火器为止，冷兵器历经了数千年的发展与变化。

从冷兵器的制作材料来看，我国在夏朝以前用的是石制兵器，商周春秋时期主要使用铜制兵器，战国以后则以铁制兵器为主。从类型和形制上来说，经历了由单一到多样，由庞杂到统一的发展过程。

古代的冷兵器主要有：长兵器，分为矛、戈、戟、枪、刀等；短兵器，分为刀、剑两大类；射远器，主要是弓箭。

弓、弩是怎样发明的

弓箭由两部分组成。一部分是力量的来源，即弓；另一部分就是箭。早在 28000 年前的原始社会，中国人便制造出了人类历史上最早的弓箭。弓箭这种器具，在当时主要用于狩猎。原始社会后期，发生了部落战争，弓箭便演变为作战的武器。

最早的弓箭很简陋，一根树枝或一根竹子一弯就是弓体，用藤或兽筋作弦。这种半月形的弓，由于弓体已经弯曲到很大程度，发射的力量也就小了。后来人们改为“弓”形，使弓体中央部分凹进去，不上弦时弓形没有多大变化，这就可能储备更多的力量，增大发射威力。这种弓发明时代也很早。

习箭图。

到了周代，弓箭制作水平逐渐提高。春秋战国时期，弓箭的制造已经形成了一系列较完整的工艺，对选材、配料、制作程序以及规格等都有了严格的规定。魏国曾专门选拔训练弓箭兵，产生了极强的战斗力。

但是，弓箭在战场上虽能起到不交手而收攻杀之效，但毕竟威力有限，而且射箭的技巧不易掌握，后来，人们在弓箭的基础上，改进发明了弩。

所谓弩，是利用机械力量发射箭镞的一种远射兵器。据传我国最早的弩机是战国时的楚琴氏发明的。他发明的弩机制造十分精巧，外面有一个匣，前面有挂弦的钩，后面和照门连接，照门上刻有定距离的分划，匣下有扳机。发射时，先将弓弦向后拉，挂在钩上，对准目标后，一扣扳机，箭即射出。这种弩机的原理和现代的枪、炮击发装置有些类似。

有一种强弩，它的特点是又远又准，有时间从容瞄准，但上弦比较费力耗时。根据这些特点，强弩通常被用于防御和伏击。

弩的种类还有很多，小的如背弩、踏弩，可藏于衣内、马蹬之下做暗器使用，大型弩可用于攻坚和守城，甚至有的床弩能发射长约3米的大铁箭，能射穿数百米外坚厚的城墙。

谈谈十八般武艺

在中国的古典小说里。常以“十八般武艺样样精通”来形容某人武艺高强，众多兵器无所不会。所谓的“十八般武艺”通常指的是“十八般兵器”。《水浒传》中载：“哪十八般武艺？矛、锤、弓、弩、铳、鞭、锏、剑、链、挝、斧、钺并戈、戟、牌、棒与枪、扒。”

这么多兵器是从早期的“三革”、“五刃”发展而来的。所谓“三革”、“五刃”指的就是用犀皮、兕皮、牛皮等制作的甲、胄、盾等三种防护型兵器和刀、剑、矛、戟、矢等五样杀伤型兵器。

古代的常见兵器——刀。

到明代后期万历年间，谢肇淛在《五杂俎》卷五中说：“十八般：一弓、二弩、三枪、四刀、五剑、六矛、七盾、八斧、九钺、十戟、十一鞭、十二锏、十三檛、十四殳、十五叉、十六把头、十七绵绳套索、十八白打。”所谓白打，据明朝朱国桢在《涌幢小品》卷十二：“兵器·武艺十八事”中说：“白打即手搏之戏……俗称打拳，苏州人曰打手。”

那么，十八般武艺究竟是什么，最普遍的说法还是刀、枪、剑、戟、棍、棒、槊、镗、斧、钺、铲、钯、鞭、锏、锤、叉、戈、矛18种兵器。

尚方宝剑是一把什么剑

“尚方宝剑”，又叫作“上方宝剑”，

这个词大家并不陌生。在传统戏曲中经常会有头戴乌纱帽，身穿大红袍的钦差大臣，威风凛凛地唱道：“本大臣有尚方宝剑，先斩后奏！”这说明，持有“尚方宝剑”的人权力很大，要杀谁就杀谁。那么，何谓“尚方宝剑”呢？

“尚方宝剑”，就是“尚方”铸造的宝剑。“尚方”是皇宫里掌管皇帝及皇室衣食住行的衙门少府中的一个部门。从汉朝开始就有，在秦时叫小府。《后汉书》中就有记载：“尚方令一人，六百石。掌上手工作御刀剑诸好器物。”可见，从皇宫里造出来的剑，就叫“尚方宝剑”。

持有“尚方宝剑”的人究竟有没有“先斩后奏”的特权呢？这也许在特殊的情况下有。但从历史的记载来看，皇帝一般是不把这样大的权力交给别人的。

火药武器始于何时

在火药发明以后，人们发现火药如果放在某个容器里燃烧还可能发生爆炸，便进一步发明了火药武器。

据记载，早在唐末昭宗天祐元年（904年），已经用火药来制作“灭火”向敌人射击。到了宋时，火药在军事上已经得到广泛运用。南宋初年，虞允文在采石矶大破金兵时，曾使用过一种叫霹雳炮的火器，这种火器是用纸筒装石灰和硫黄制成，点着后先升空再降落爆炸，石灰烟雾四散，用于迷惑敌方人马。

到了明代，这种爆炸型的火器更得到广泛的发展，并从地面发展到地下和水下，出现了地雷和水雷。

火药在燃烧和爆炸时会产生大量气体，于是人们利用这一特点，使之沿某一直线方向喷射，利用其反作用力来推动武器向敌方射出，这就是抛射性火器。概括起来，它有两大类：一类是火箭类火器，一类是管状火器。

鸦片战争后，清政府开始大量引进、仿造西式枪炮，因此，从 19 世纪 50 年代开始，中国古代火器便逐渐为近代枪炮所取代，退出了实战舞台。

火箭、火球、火蒺藜

北宋初年，由于生产力的发展，手工业相当发达，武器的制造也不断改进。

宋真宗咸平三年（1000 年），有个叫唐福的士兵向宋朝政府献上了火箭、火球、火蒺藜三种火药武器。

火箭是在箭上扎一个纸筒，内放火药，尾部引出引火线，点燃后，火药燃烧产生的火药气体，从纸筒后面喷出，利用反作用力推动纸筒前进；火球和火蒺藜都是火药包。火蒺藜的包中除了火药以外，还装着“铁蒺藜”。铁蒺藜上面有尖刺，菱角形。用火点着药线后抛出去，不但会燃烧，里面的铁蒺藜还会把敌人打死打伤。

宋朝的火枪

南宋时，火药的使用已经很普遍了，火器也得到了进一步的发展。宋高宗绍兴二年（1132 年），有一个叫陈规的人发明了一种管形火器——火枪，这在火器史上是一大进步。

陈规的发明虽然叫火枪，但它和我们现在叫的火枪不是一回事。这种火枪是用长竹竿做的，竹管里装满火药。打仗的时候，由两个人拿着，点着了火后发射出去，用它烧敌人。

这种火枪是我国最早出现的管形火器，有了管形火器后，人们就可以比较准确地发射和适当地操纵火药的起爆了。

火枪发明以后，经过不断地改进，到了南宋末年又有人发明了突火枪。

突火枪是用粗毛竹筒做成的，竹筒里放有火药，还放一种叫“子窠”的东西，可能是一种子弹。用火把火药点着以后，起初发出火焰，接着“子窠”就射出去，并且发出炮一样的声音。

火枪的作用只在烧人，突火枪却能发出子窠打人，比火枪又前进了一步。

火枪和突火枪都是用竹管做的。原始的管形火器威力不大，但它们是近代枪炮的老祖宗，近代的枪炮就是从它们那里慢慢发展来的。

明朝的两级火箭

我国在明朝时，人们已经发明了原始的两级火箭。

当时有一种名叫“火龙出水”的火箭，就是用一根五尺长的大竹筒做成一条龙，龙身上前后各扎有两支大火箭。第一级火箭用来推动龙身飞行，在龙腹里也装几支火箭，这是第二级火箭。使用的时候，先发射第一级火箭，它飞到两三里远后引火线又烧着了装在龙腹里的第二级火箭，它们就从龙口中直飞出去，焚烧敌人。火龙出水就是原始的两级火箭。

明朝技术水平最高的火箭，发射出去还能再飞回来，这种火箭叫“飞空砂筒”。这种火箭是把装上炸药和细砂的小筒子连在竹竿的一端，再用两个“起火”一类的东西一正一反地绑在竹竿上。点燃正向绑着的“起火”，整个筒子就会飞出去，当运行到敌人的上空时引火线点着炸药后小筒子就下落爆炸；同时，反向绑着的“起火”也被点着，使竹竿飞回原来的地方。

火炮小史

我国是世界上最早发明和使用火炮的国家。

东汉时期，魏国曾发明过一种抛石的机械，它可以把石块抛出很远以杀伤敌人。这种抛石机就是最初的炮，“炮”就是“抛”的意思。军事家使用火药以后，人们在石炮的基础上，用火药代替石块发射出去，成了原始的火炮。

火炮的最初形式是火药箭，火药箭始于唐末宋初年间。即在箭头上附上火药，点燃后发射出去。我国历史上试制火炮的先驱者是1000年的唐福和1002年的石普，他们所制造的火箭、火球、火蒺藜，都是十分成功的。

1126年，人们又创造了类似火炮的“霹雳炮”和“震天雷”等武器。《金史》中曾有这样的记载：“火药发作，声如雷震，热力达半亩之上。人与牛皮皆碎迸无迹，甲铁皆透。”

宋代火炮。

世界上第一门金属炮出现在 14 世纪中叶的元朝。金属炮的发明和制造，中间经过了 100 多年的时间。由于火枪和突火枪的射程有限，人们想通过提高枪膛里的爆炸力，来延长其射程。但由于突火枪的枪管是由竹管做成的，火药装少了爆炸力太小，装多了又会炸伤自己人。到元朝，终于出现用铜或铁铸成的筒式火炮，这类炮统称“火铳”，又因为它威力大，被人尊称为“铁将军”。

最早的大炮

约在 13 世纪时，我国已经制造了金属身管的火铳，这是古代用火药发射铁弹丸的管形火器。一开始，它是“以巨竹为筒，内装火药弹丸”。到了元代时，管形火器开始用金属铸造了。原来用竹管做的火枪发展成金属做的火铳，原来用粗毛竹做的突火枪也发展成金属做的大型火铳。而且，当时的金属管形火器不但装火药，还装上铁弹丸或者石球。

元朝的管形火器起初是用铜铸造的。有一尊元代至顺三年（1332 年）铸造的铜火铳，长 35.5 厘米，口径 10.5 厘米，是迄今发现的世界上最早的大炮。

到了 14 世纪，我国也开始用生铁来铸造火铳了。这不但说明当时我国制造武器的技术已经有高度的发展，也说明我国的冶金和铸造技术有了很大的进步。

古代的战车

洞屋车：用于攻城的战车。南北朝时，侯景曾经用它和它的改进型尖头木驴攻克建康，上面抗矢石，下面可以挖掘破城。

偏箱车：明朝戚继光对抗北方游牧民族军队的战车，一侧的装甲可以作为初步的掩体。

春秋战车：中国古代的正式战车，成员包括一个使用长兵器的武士、一名射手和一名御手。

冲车：诸葛亮攻击陈仓的武器，也是历代进行攻城的时候使用的重要战车。在陈仓，被郝昭用绳连石磨压折。

巢车：古代的装甲侦察车，用于窥伺城中动静，带有可以升降的牛皮车厢，估计是唐代出现的。

正箱车：三面带有装甲，可以用于推出去进攻了。

塞门车：守城的武器，一旦城门被撞开，这就是活动的城门。

云梯车：云梯可不是一般电影上那样一个简单的梯子，它带有防盾、绞车、抓钩等多种专用攀城工具。

塞门刀车：加以改进的塞门车，这样对方很难攀援，形成活动的壁垒。

手榴弹的由来

手榴弹是用来投掷的小型炸弹，是现代战争中在迫近白刃格斗前使用的有力武器。许多人或许根本想不到，手榴弹起源于中国。

我国云南哀牢山的彝族人民，创造出极独特的“葫芦飞雷”，就是手榴弹的鼻祖，这种手榴弹是我国彝族人民在18世纪时在狩猎生产中发明的，它是在掏尽籽实的干葫芦里，放入火药和铅块、铁矿石碴或铁锅碎片等物，并在葫芦颈部塞入火草作为引火物。使用葫芦飞雷时，先把葫芦放在网兜中，点燃火草后，马上抛掷出去。等葫芦抛达目标，正好火草燃及火药，从而发生爆炸，使铅块、铁矿石碴或铁锅碎片等四处飞溅。葫芦飞雷杀伤力很大，在狩猎中起到了很大的作用。

太平天国农民起义时，彝族农民军便把“葫芦飞雷”，创造性地改成手投式，用来打击清军。这种火器，日俄战争时期才开始应用于国外。

我国古代十大兵书

《孙子兵法》：我国现存最早的兵书，相传是由春秋末年著名军事家孙武所著，今存本13篇。

《孙膑兵法》：为战国时齐国孙膑所作，共39篇，图4卷，隋以前失传，1972年在山东临沂县西汉墓中重新发现其残简。

《吴子》：由吴起、魏文侯、魏武侯辑录，共48篇，今存“图国”、“料敌”等6篇，都系后人所撰。

《六韬》：传说为周代吕望（姜太公）所作，后经研究，认定为战国时的作品，现存6卷。

《尉缭子》：传说为战国尉缭所作，共31篇，今存5卷，共24篇。

《司马法》：战国时齐威王命大夫整理古司马兵法，共150篇，今存本仅5篇。

《太白阴经》：由唐代李筌撰写，共10卷，《四库全书》收录的8卷本是后人合作的。

《虎钤经》：是由宋代李许洞撰写，全书共20卷120篇。

《纪效新书》：由明代戚继光在东南沿海平倭时撰写，共18卷。

《练兵实纪》：由戚继光在蓟镇练兵时撰写，正集9卷，附集6卷，此书和《纪效新书》亦称戚氏兵书。

《孙子兵法》的作者是谁

《孙子兵法》是现存我国最早、也是最杰出的兵法，历来被称为“兵经”，誉为“百代谈兵之祖”。然而，关于它的作者是谁的问题却长期存在着争论。

《史记·孙子吴起列传》说，春秋战国时期有两个“孙子”——孙武和孙膑，他们各有兵法传世。但是，流传到现在的只有一部《孙子兵法》。司马迁认为《孙子兵法》的作者是春秋时期吴国的将军孙武，这一看法也得到了绝大多数人的赞同。

但是，有人根据《孙子兵法》阐述的许多是战国时代的情况，就认为此书源出于孙武，而完成于孙膑；有人则干脆主张，它是孙膑所作。

还有一种说法认为，由于比《史记》早得多的《左传》中丝毫没有提及孙武，并且《孙子兵法》中提到了一些不是孙子时期所能出现的词和事，所以，《孙子兵法》的作者不是孙武，而是春秋战国时期的无名氏。

也有人认为《孙子兵法》是孙武和他的门徒共同创作的。

但 1972 年，在山东临沂银雀山的西汉墓葬中，同时发现了书写《孙子兵法》和《孙膑兵法》的大批竹简。这一发现证实了《史记·孙子传》中两个孙子均著有兵法书的记载是真的，但是，仍有学者认为这不足以证明《孙子兵法》就是春秋末年的孙武所撰。

所以，历史的真相如何，目前还没有结论。

《六韬》讲些什么

《六韬》是中国古代著名兵书，旧题为姜太公所著，并且自始至终是以姜太公（吕望）与周文王、周武王问答的形式写成。但今本《六韬》可能是商周之际成书的作品，书中春秋战国的时代痕迹很多。该书分文韬、武韬、龙韬、虎韬、豹韬、犬韬 6 卷，共 60 篇。

《六韬》对政治与军事的关系叙述颇详，它认为“天下非一人之天下，乃天下人之天下”，唯有道者才可君临天下，施政唯有“爱民而已”，并认为用兵目的在于“除害安民，吊民伐罪”。

它认为将领要熟知敌情、友情、我情，对于不同的作战、不同的敌人、不同的地形，都要根据具体情形部署相应的阵势和采取不同的战法。在使用兵力上，主张“必有分合之变”，围城攻邑则要集结三军。在军队建设上，要求将领具备勇、智、仁、信、忠等德行，要求执行严格的战场纪律。

《六韬》还十分注重“寓兵于农”，耕战结合，加强战争后备力量的建设。

《六韬》对后世有重大影响，该书在中国军事学术史上具有较高的地位。

《三略》为何书

《三略》也是中国古代著名兵书，又称《黄石公三略》《黄石公记》。旧题下邳神人黄石公撰，今考证大概为秦、汉之间无名氏所作。所谓《三略》，意为上、中、下三卷韬略。“上略设礼赏，别奸雄，着成败。中略差德行，审权变。下略陈道德，察安危，明贼贤之咎。”

该书是一部从政治与军事的关系上论述战胜攻取的兵书。在政治上，它强调以“道”、“德”、“仁”、“义”、“礼”治国，要求明君得人心，选贤才，“主将之㦸，务揽英雄之心，赏禄有功，通志于众”。在军事上，它认为从事战争要从保民的目的出发，“扶天下之危”，“除天下之忧”，“救天下之祸”，“以义除不义”。它还认为“将者，国之命也”，要求将帅“必与士卒同滋味而共安危”，“以身克人”，重赏勇士，严明号令，保守机密等等。

值得重视的是它对将帅、士兵和民众的各自作用作出了中肯的论述，指出“统军持势者，将也；制胜破敌者，众也”。

《三略》这些独具特色的论述，是既有历史意义又有现实意义的古代兵家精言妙语。

《吴子》的军事思想

《吴子》是我国著名军事家吴起的著作，它反映了新兴地主阶级的战争理论、军队建设和作战指导方面的观点。

《吴子》主张“内修文德，外治武备”的战略指导思想，所谓“文德”，就是“道、义、礼、仁”，并以此治理军队和民众。所谓“武备”，就是“安国家之道，先戒为室”，必须“招募良才，以备不虞”。可以看出，政治因素是被放在首位的。

在治军思想上，《吴子》主张兵不在多，“以治为胜”。治，就是建设一支训练有素的军队。要求选募良才，重用勇士和志在杀敌立功的人作为军队的骨干，并充分发挥士卒各自的优长，分别编组训练，提高军队的凝聚力和战斗力。将领必须与士卒同甘苦，共安危。奖励有功者，勉励无功者。抚慰和慰问牺牲将士的家属，以恩结人心。选拔文武兼备、刚柔并用的人为将。

在作战指导上，《吴子》认为要根据敌人的情况，审时度势，分别轻重，采取不同的对策。此外，看准战机，猛攻敌之薄弱环节。另外，根据敌将的弱点设谋，即“因形用权，则不劳而功举”。

《吴子》继承和发展了《孙子兵法》的思想，在历史上曾与《孙子》齐名，并称为“孙吴兵法”，为历代兵家所重视。

兵法三十六计有哪些

三十六计，作为兵法，共分六套，即胜战计、攻战计、敌战计、混战计、并战计、败战计。每套又各分为六计，每计基本上都是用成语典故命名，易懂易记。如果依序列出，它们是：

第一套胜战计：瞒天过海，围魏救赵，借刀杀人，以逸待劳，趁火打劫，声东击西。

第二套敌战计：无中生有，暗度陈仓，隔岸观火，笑里藏刀，李代桃僵，顺手牵羊。

第三套攻战计：打草惊蛇，借尸还魂，调虎离山，欲擒故纵，抛砖引玉，擒贼擒王。

第四套混战计：釜底抽薪，浑水摸鱼，

金蝉脱壳，关门捉贼，远交近攻，假道伐虢。

第五套并战计：偷梁换柱，指桑骂槐，假痴不癫，上屋抽梯，树上开花，反客为主。

第六套败战计：美人计，空城计，反间计，苦肉计，连环计，走为上。

这三十六计，前三套为优势之计，后三套为劣势之计。

三令五申的由来

“三令五申”即再三地命令告诫。

在古代，“三令五申”都是有确指的。宋代曾公亮撰写的《武经总要》就记载了“三令”与“五申”的具体内容。

所谓“三令”即是：一令观敌之谋，视道路之便，知生死之地；二令听金鼓，视旌旗，以齐其耳目；三令举斧钺，以宣其刑赏。所谓“五申”即是指：一申赏罚，以一其心；二申视分合，以一其途；三申画战阵旌旗；四申夜战听火鼓；五申听令不恭，视之以斧钺。

从以上内容我们可以看出，所谓“三令五申”实际上就是将士在作战中应遵守的原则，将士要在旗、鼓的号令下，全神贯注，依令而行，违令者必受到严厉的惩罚。

“三军”的由来

我们现在所说的三军是指陆军、海军、空军，在古代也有“三军”，我们就经常在古典小说中看到“三军未动，粮草先行”的话，那么，这里的“三军”是指的什么呢？

在春秋时期，“三军”指“上军”、“中军”、“下军”，其中中军的地位较高，也更为骁勇善战。后来，随着时代的演进，上军、中军、下军又渐渐为前军、中军、后军所代替。等到了唐宋以后，这已经成为军队的一种固定建制。

古代时，“军”也是军队的编制单位。据《管子·小匡》记载：“万人为一军。”而实际上，古代一军的人数应是一万二千五百人。因此，“三军”合起来就是三万七千五百人。

此外，明代小说中所讲的“三军”则又多不同，朱国桢的《涌幢小品》记载：“三军者，壮男为一军，壮女为一军，男女之老弱为一军。”这样的“三军”，原是战国时代秦国商鞅所规定的，包括前方作战、后方保卫城池的三方人员。

民兵溯源

民兵，也就是不脱离生产的群众性的武装。在我国历史上，民兵最早见于宋朝。宋《王海·兵制》载：“庆历五年，丁度为兵录五篇，宋祁为之序曰：凡军有四：一曰禁兵，殿前马步三司隶焉；二曰厢兵，诸州隶焉；三曰役兵，郡有司隶焉；四曰民兵，农之健而村者籍之。”

由此可见，民兵在我国古已有之，那种平时务农，战时打仗的办法，就属于民兵的性质，只是在宋朝以前没有如此称呼罢了。

我国古代的军衔

我国的军衔是近代北洋政府于 1912 年 8 月命名的。当然，这些军衔不是无缘无故产生的，都有深厚的历史渊源。

1. 元帅。

最早见于《左传·僖公二十七年》所载晋文公的“谋元帅”词。唐代设有元帅、副元帅等职务，作为作战时期的最高统帅，有相当大的权力。到宋代则设有兵马大元帅，元代设有都元帅、元帅。

2. 将军。

春秋时期，晋国以卿为将军。到战国时，“将军”一词才用于官名，有大将军、上将军等职位。汉代将军名号颇多，如霍去病就叫骠骑大将军。隋唐以后，历代官名都有将军。

3. 校。

“校”是古代军队的编制单位，统带一校之官称校尉。汉武帝曾设立中垒、屯骑、步兵、越骑、长水、胡骑、射声、虎贲八校尉。这八校尉作为专掌特种军队的将领，其地位略次于将军。晋武帝时设有军校，为任辅助之职的军官。清代有步军校、护军校等官职。

4. 尉。

春秋时期，晋国上、中、下三军皆设尉。秦汉时，太尉执掌全国兵权，地位非常高，为三公之一。以后带尉字的官职，地位逐步下降。唐代折冲府以 300 人为团，团设校尉。明清时的卫士和八九品队官称校尉，清代七品官中有正尉、副尉。

5. 士。

在夏商周三代，天子、诸侯皆有上士、中士、下士之官，是卿大夫以下的低级职位。秦以后间有袭用古制以上、中、下士为官职者。

军官的由来

军官一词，最早见于公元 1 世纪东汉人班固所著的《汉书·百官公卿表》。该书称：“搜粟都尉，武帝军官，不常置。”当时的“军官”，只是掌管军粮的官员。而到了宋代，“军官”就开始泛指武职官员了。如《宋史·官职制》中说，“洪迈欲改三衙军官称谓”；元代将官吏区分为军官和民官两类，但在职官制度的用语上仍以“文武”相称。

清光绪三十年（1904 年）十一月十四日，练兵处和兵部在《另定新军官制事宜》的奏折中提出，新军设“三等九级军官”，“上等军官曰都统”，“中等军官曰参领”，“下等军官曰军校”。这是“军官”一词正式用于官制的开始。

但光绪三十一年八月，练兵处和兵部在《续拟陆军人员任职等级及补官体制摘要章程》的奏折中，明确规定，军官主要是指部队和军事机关的指挥官及参谋人员。此制一直被旧中国历届政府所沿用。

中国共产党领导的革命军队在实行军衔制以前，有时也称干部为军官。实行军衔制以后，就把在军队中工作的少尉以上干部称为“军官”。

将军的由来

早期军队中没有将军这一职务，由司马来掌管军事。

那时候，国家军队的数量并不多，天子只有六军（每军 2500 人），诸侯最多不超过三军。各军的统帅叫卿，卿以下叫大夫，大夫以下叫士。

到了春秋时代，诸侯为了建立霸业，总是费尽心思来扩充兵力。大国诸侯，如齐、晋、楚等，常常拥有三军以上的兵力。可是在编制上，诸侯只能有三军，只能设三卿。于是，有些诸侯就把扩充军的统帅称为“将军”，意即率领一军的意思。行军打仗时，军队得由一人统一指挥，方能发生效力。因此，便在将军中选拔出大将军或上将军来全盘指挥。

到汉朝时期，军队数量更多，单设一位大将军管不过来了，于是又出现了不同级别的骠骑将军、车骑将军、卫将军等职位。以后，各朝的将军虽不尽相同，但仍然将军这一官阶分成若干级别。

娘子军的由来

隋朝末年，朝廷昏庸腐败，农民起义风起云涌。在起义军的打击下，隋朝政权土崩瓦解，摇摇欲坠，唐国公李渊准备乘机起兵反隋。

李渊的三女儿李氏回到陕西鄠县故乡，她动用全部家产招募了一支私人性质的小型部队。然后又用各种办法与当地农民武装的几支零散起义军联合，兵力扩充到 7 万人。公元 617 年，李氏率领着这支队伍和李世民在渭北会师，共同击溃了隋军。

李渊称帝后，李氏被封为平阳公主。这以后，李氏统领的军队号称“娘子军”。但这支娘子军只是以女子为将，士兵则多为男性。

以女子为基本成员的部队，是从太平天国的女军开始的。太平天国的女军是在男女平等的政治纲领指导下成立的，以前、后、左、中、右和数字一至八来编排番号，共 40 军，每军两千余人，共有 10 万之众。

步兵的由来

“步兵”一词，最先见于兵书《六韬》之中，到西汉初期，才作为正式的军事术语使用。我国最早的步兵部队，产生于春秋时期的晋国，而第一次独立使用步兵作战的地点，则在今天山西省太原市附近。

春秋时期，当时诸侯交战往往以车战为主。公元前 632 年，晋文公重耳为了对付戎狄族的武装侵扰，建立了“三行为伍”独立于战车建制以外的步兵。但在相当长的时间内，它并不是军队中的主力，只是担任边防和卫戍任务。

直到公元前 541 年，在太原附近发生的一次与戎狄族的交战中，步兵的作用才第一次得到充分的发挥。

我国最早的骑兵

骑兵就是骑马作战的部队。在我国，

骑兵源于春秋战国之交，历史悠久。

据史书记载，在战国赵武灵王“胡服骑射”以后，中原地区才出现了大规模的骑兵。其实，早在春秋时期秦穆公的“畴骑”，应该被认为是中国最早的骑兵。只不过当时是以车战为主，骑兵并不突出罢了。“畴骑”，见之于《韩非子·十过》，以往旧注大多为“畴，等也。言马齐等皆精妙”。

古代的海军

我国很早就建立了海军，那时的海军被称为“水军”。据记载，公元前6世纪，伍子胥在太湖为吴国训练海军，他把战船划分为“大翼”、“小翼”、“突冒”、“桥舡”、“楼舡”等许多种类，分担攻坚、驱逐、冲锋等作战任务。而西方最早出现海军的国家是雅典，在公元前483年才刚刚建立舰队。

我国历史上第一个建立雄厚水军力量的政治集团是三国时的东吴。当时，东吴的水军主力在长江，共有5000艘战舰，它活动的范围曾北到朝鲜，东至台湾，南抵越南。在赤壁之战、彝陵之战中，东吴水军均取得了辉煌的胜利。

我国明朝则拥有了当时世界上最强大的海军力量。清朝的北洋水师建立后，其规模居东亚第一，世界第六。黄海战役还是世界上第一次使用蒸汽机铁甲舰的战斗。

沙盘的由来

沙盘，是在军事上为了研究地形、敌情、作战方案，组织协同作战或实施训练，根据地形图或实地地形，按一定的比例用泥沙、兵棋等堆制成的模型，它在军事上具有十分重要的价值。

我国是在军事上运用沙盘最早的国家。《后汉书·马援列传》记载，公元32年，占据陇西的隗嚣，联合割据四川的公孙述，兴兵造反。汉光武帝刘秀欲出兵征讨，召名将马援商讨进兵战略。马援在投奔刘秀之前曾依附隗嚣，对陇西一带的地理环境较为熟悉。在商讨战略时，他用米堆成一个与陇西一带实地地形相似的模型，形象具体，敌情尽在眼中，马援手指模型，从战术上作了详尽的分析，为光武帝制定作战方案提供了依据。这就是世界军事史上最早的沙盘推演。

我国古代阵法有哪些

所谓阵，就是各种行之有效的队形和队列。我们常说“排兵布阵”一词，由此可见“布阵”在古代军事战争中的重要性。

关于我国古代的阵法，文献记载很多，但鱼龙混杂，其中既有兵家智慧的结晶，也有后人附会夸饰的荒诞描绘，应该认真加以区别。这里介绍几种为正统兵书所载，后世所公认的阵法。

1. 鱼丽阵。

这是目前所知在具体战役中使用过的

最早的古代阵法。《左传》记载，公元前707年，郑国子元在缮葛（今河南长葛北）之战中，曾以“先编后伍，伍承弥逢”为原则布阵迎敌。这实际是一种以步卒环绕战车的疏散方阵。战车二十五辆为编，步兵五人为伍，以车为主，辅以步兵，层层补充，交替作战，队形如游鱼逐队，故名鱼丽阵。

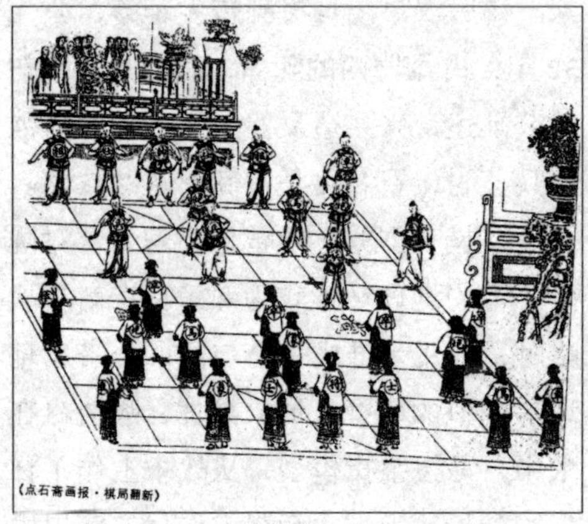

清时列阵的兵士，选自《点石斋画报》。

2. 八阵法。

八阵法是《孙膑兵法》中提出的八种最基本的阵法，其各阵名称为：一为方阵，用于截断敌人；二为圆阵，用以聚结队伍；三为疏阵，用于扩大阵地；四为数阵，密集队伍不被分割；五为锥阵，如利锥用以突破敌阵；六为雁阵，如雁翼展开用于发挥弩箭的威力；七为钩阵，左右翼弯曲如钩，准备改变队形、迂回包抄；八为玄襄阵，多置旌旗，是疑敌之阵。

3. 六花阵。

此阵又名七军阵，唐代名将李靖根据诸葛亮八阵图演变而成。六花阵以中军所在圆阵为中心，外由六阵组成，全阵形如花瓣，故名六花七军阵。战斗时，一方面可以集中步兵整体作战，一方面又可指挥骑兵相机出击，调配兵力，转化为曲、直、方、圆、锐五种六花阵，具有很强的机动灵活性。

4. 撒星阵。

撒星阵是南宋名将岳飞为破金兵的“拐子马”而创制的一种阵法。撒星阵的战斗队形十分疏散，士兵什什伍伍，布列如星。“拐子马”冲锋时，士兵四散分开，不与交锋。“拐子马”撤退时则聚拢冲杀，先斩马后击兵，起到克敌制胜的作用。

5. 鸳鸯阵。

鸳鸯阵是明代名将戚继光在抗击倭寇时所设。每个鸳鸯阵由十二人组成。阵前是两名牌手，牌手身后是两名狼筅手，狼筅手旁边则是四名长枪手，长枪手后面则是两名短刀手，此外还有队长、伙伕各一人。与敌交战时，“筅以救牌，长枪救筅，短兵救长枪”，相互配合和支持。鸳鸯阵不但使矛与盾、长与短紧密结合，充分发挥了各种兵器的效能，而且阵形变化灵活。既可多个鸳鸯阵组成大阵迎敌，又可分拆为若干个小阵作战，能够适应不同规模、不同地形战斗的需要，威力很大。

击鼓与鸣金

在古典小说中，描写战斗的场面常会用到“击鼓进军”、“鸣金收兵”的成语。这是怎么来的呢？

“金”和“鼓”的历史悠久，早在

两千五百多年前的西周时期就出现了。在《诗经·小雅·采芑》第三章就有“钲人伐鼓”一句。这句话的意思是说，掌管鸣钲和击鼓的官员（钲人），这时在击鼓。“钲”和“鼓”就是古人行军时用的器物。

“鸣金”就是“鸣钲”。《说文解字》说：“钲，似铃，柄中上下通。”段玉裁的注解中说它像铃，但没有舌，靠柄上下活动，撞击钲中心壳体，发出响声。《诗·传》中这样说：“钲以静之，鼓以动之。”现在用的“鼓动”这个词，也是从这里来的。击鼓就前进，鸣钲就止步，击鼓、鸣钲都是传达军令的。后来陈奂在《诗·传》疏文中说，钲、鼓主要用在演习作战上。真正在战场上厮杀，则是用号角和口令。

烽火台是什么设施

烽火台是我国古代有组织地传递军事警报的设施，2700多年前的周幽王时就有了用烽火传递信息的方法。据说在边疆及通达边疆的道路上，每隔一定的距离，就筑起一座烽火台，接连不断。烽火台里装满柴草或动物粪便，遇到敌人入侵时，便一个接一个地点起烽火报警。各路诸侯见到烽火，就会派兵前来援助，抵抗敌人。

汉朝时，从河西四郡（今甘肃武威、张掖、酒泉、敦煌），一直到盐泽（今新疆东部罗布泊），都有烽火台设置，而且规模很大，据说是“五里一燧，十里一墩，三十里一堡，百里一城寨”。这些烽火台由各地地方官吏管辖。各台按照远近大小，分别配置若干兵卒。举放烽火的方法，昼夜不同，白天举烟，夜晚放火。

此外，还采用各种不同的暗号来表示进犯敌人的多少，例如敌人在500人以下的放一道烽火，500人以上的放两道烽火等等。这种有组织的通信方法，对防守边疆、抵御敌人，曾起过一定的作用。

这种通信方法，直到明、清时代，许多地方还在使用。

符、节在军事上指什么

我们在阅读古诗文时，经常会遇到“符”和“节”两个字，如苏轼的《江城子·密州出猎》中就有“持节云中，何日遣冯唐？”这一句，那么，它们指的是什么东西呢？

先说“符”，它是调兵遣将、传达命令所用的凭证。一符从中剖为两半，有关双方各执一半，使用时两半互相符合，也就是《说文》所说的“分而相合”，表示命令验证可信。

历史上有名的“窃符救赵”的故事就能很好地说明符的用法。战国时代魏安厘王二十年，秦兵进攻赵国都城邯郸。赵国危在旦夕，赵王弟弟平原君的夫人是魏国公子信陵君的姐姐，平原君便向信陵君求救。但是，信陵君并没有掌握军权，劝说魏王出兵救赵，魏王又不答应。无可奈何之中，信陵君通过魏王的宠姬盗得兵符，拿着兵符假传魏王的命令，取得了十万大军的指挥权，进兵攻击秦军，秦军败走，解了邯郸之围，保存了赵国。

古代的符多做成动物形状，我们常听

说的“虎符”，就是做成虎形的符。符一般用铜铸成，现存最早的铜符是战国时期的，秦、汉时期的符亦多采用虎符的形式。唐、宋时代的符常有做成龟、鱼形状的。

“节”是通行的凭证。出使外国的使臣常常要带着节，例如苏武出使匈奴，被匈奴扣留，在大泽中牧羊时还拄着汉节。节分车节和舟节，一般为每组五枚，两组十枚，合拢起来成竹筒形。节上的铭文内容是规定水陆通行路线和车船数目的。

我国最早的军事院校

我国最早的军事院校建于十六国时期的前秦。据《资治通鉴》记载，前秦国王苻坚在举兵灭掉了北方的前燕、前凉、代国之后，为进一步训练军中诸将，以消灭东晋，于公元 380 年二月办过实属军事院校的教武堂，教员均是精通兵法的专门人士，学员也多是身经百战的骁勇战将，而校址则选在位于水陆交通要道的渭城，可见当时苻坚对教武堂的重视。

教武堂建起来以后，却遇到了一些文臣武将的反对，苻坚经不住大臣们的诱劝，最终下令解散了这所教武堂。

何谓“百战”

我们经常说的“百战”，还确指一百种战法。在明朝开国功臣刘基所著的《百战奇略》一书中，指出百战为：

计战、谋战、间战、选战、步战、骑战、舟战、车战、信战、教战、众战、寡战、爱战、威战、赏战、罚战、主战、客战、强战、弱战、骄战、交战、形战、势战、昼战、夜战、备战、粮战、导战、知战、斥战、泽战、争战、地战、山战、谷战、攻战、守战、先战、后战、奇战、正战、虚战、实战、轻战、重战、利战、害战、安战、危战、死战、生战、饥战、饱战、劳战、佚战、胜战、败战、进战、退战、挑战、致战、远战、近战、水战、火战、缓战、速战、整战，乱战、分战、合战、怒战、气战、归战、逐战、不战、必战、避战、围战、声战、和战、受战、降战、天战、人战、难战、易战、饵战、离战、疑战、穷战、风战、雪战、养战、书战、变战、畏战、好战、忘战。

第九编　法律法制

法律一词的由来

在我国古代，法与律不连用，单讲法或律。

法，古字为灋，汉·许慎《说文解字》云："灋，刑也。平之如水，从水；廌所以触不直者去之，从去。"也就是说，它的含义与"刑"字相同，它的水字偏旁，表示法的公正性，即像水那样平坦，它的去字偏旁，表示要却除（惩处）有不法行为的人（触不直者去之）的意思。由此可见，法字包含有两个方面的意思：一是要规范人的行为；二是要公平地执行法律。

律，本义指调音的工具，即使音律均平。后来又延伸为判定是非曲直的标准。

可见，法与律的本义，均有规范、标准、公平、划一的含义，所以后人将法律连用，"法律"一词即由此而来。

我国最早的刑法专著

我国最早的刑法专著是西周穆王时吕侯作的《吕刑》一书。《吕刑》原本现已失传，仅在今文《尚书》中存有《吕刑》一篇。

吕侯，又称甫侯，为吕国国君，兼周穆王的司寇，主管狱讼刑罚之事。他接受周穆王的命令，在夏代赎刑的基础上，提出了自己的法律思想和刑法条文，称之为《吕刑》。

在这篇刑书中，首先总结了勤政慎刑的历史经验，如蚩尤滥施刑罚，导致灭亡，而尧用中刑，享有天下。接着又告诫诸侯效法伯夷，以苗民为戒，合理使用刑罚，也告诫同姓宗族，以前人为戒，勤劳政事，慎用刑罚。其次阐述了刑律条文和审理案件的方法、原则，提出依据罪行轻重给予不同的处罚方式，即五刑、五罚、五过，并把五刑细目增加到3000条。最后，指出刑罚的重要性。

《吕刑》的这些法制思想和法律条文，对后代法学的形成和发展具有重要影响。

第一部环境保护法

世界上第一部完整的环境保护法，当属我国2000多年前秦朝制订的《田律》，这份《田律》的禁令明确规定，从春季二月开始，不准进山砍伐林木；不准堵塞林间水道；不到夏季不准入山采樵，烧草木灰；不准捕捉幼兽幼鸟或掏鸟卵；不准毒杀鱼鳖；不准设置诱捕鸟兽的网罟和陷阱。以上禁令，到七月才得解除。

后来在西汉时，汉宣帝曾制定一项保护鸟的法令："其令三辅毋得以春夏擿巢探卵，弹射飞鸟。"这也是我国乃至世界较早的一部自然保护法。

第一部法医学专著

南宋人宋慈撰写的《洗冤集录》一书，被誉为是世界上最早的法医学专著。

宋慈（1186 ～ 1249 年），字惠父，福建建阳人。宋慈出身于中等官僚家庭，宋宁宗嘉定十年（1217 年）考中乙科进士，官授浙江鄞县尉，因遭父丧而未赴任。后出任江西信丰县主簿，后历任福建长汀知县、南剑州通判、提点广州刑狱、直秘阁提点湖南刑狱、广东经略安抚使等官职。

在宋慈二十多年的官场生涯中，曾经四次担任法官，这让他积累了丰富的刑案实践经验，在他任提点湖南刑狱时，著成《洗冤集录》一书。他在该书的序文中一开头便指出：狱事莫重于大辟，大辟莫过于判处杀头之罪，判决杀头之罪的关键在于弄清初发案情；而弄清初发案情的关键，又在于对被害者原尸的检验。由此说明了尸检的重要性。

《洗冤集录》共 5 卷，分作 53 条。除有关检验的条令、程序、注意事项等法规外，主要是论述各种死、伤的特征与检验要领，基本上包括了现代法医学在尸体外表检验方面的大部分内容，其中有不少内容符合现代法医学原理，它提出了即使在今日法医检验中也须遵循的一般原则。

《洗冤集录》要求在检验中充分考虑某一现象造成的多种可能性，力诫轻下断语，要求尽可能地全面勘察现场、访问知情者，再结合检验所见，综合分析，以期得出正确的判断。此书的系统性、科学性标志着中国古代独立的司法检验体系的正式形成。

唐代重要法典《唐律》

《唐律》，又称《唐律疏议》，颁布于唐高宗永徽四年（653 年），它是反映唐代法制的一部代表著作，也是我国现存古代最早最完备的一部封建法典。

《唐律》实际上包括了两大部分，一是《永徽律》，一是对《永徽律》进行的解释，即《疏议》。由于这些对《唐律》的解释是以法定的形式由皇帝"诏颁天下"，《疏议》和律文具有同等的法律效力，因此可以把《唐律》及其《疏议》视为反映唐代法制的一部完整的典章。

《唐律》作为唐代重要法典，充分反映了唐代法制的特点。作为唐代统治者意志的体现，《唐律》充分贯彻了保护新经济制度的原则，其作为封建法律，毫无例外地体现了庇护权贵的利益和崇尚品官的原则，对宋代以《刑统》为主体的法制体系的产生开了先河。

古代合同有什么含义

“合同”一词，现在是指人们为某种特定的权利义务而达成的协议。但在古代，“合同”一词却是用来指一式两份的复本文书骑缝处的原件记号。

在竹木简文书时代，人们在竹木简文书的背面刻上刻痕为记号，再一剖为二，双方各持一片作为交易的证据。纸张发明以后，人们仍然沿袭了过去在竹木简上刻画记号的习惯，将两张契纸并拢，骑缝画上几道记号，或骑缝写上“合同大吉”、“合同”字样，以便将来合对证明确属原件。这种记号也就称之为“合同”。

到了唐宋时，法律规定凡典当契约必须为“合同契”一式两份，骑缝做好记号，双方当事人各保留一份。对于其他的民间交易文书形式，法律没有明确的规定。后世民间把凡有骑缝记号的一式两份文书都称为“合同文书”或“合同文字”。

明清时的商业交易一般使用“合同契”，简称为合同。比如明代小说《拍案惊奇》“转运汉巧遇洞庭红，波斯胡指破鼍龙壳”，描写商人交易时都要写立“合同”。这一习惯到近代犹存，胡朴文《俗语典》(广益局1922年出版)解释“合同”：“今之产业买卖，多于契背上作一大字，而于字中央破之，谓之合同文契。商贾交易则直言合同而不言契。”

中华人民共和国成立后，在工商业交易中普遍使用合同一词作为特定权利义务协议的专用名词，合同取代了契约一词，成为正式的法律用语。

律师的演变

律师，是指受当事人委托或法院指定，依法协助当事人进行诉讼、出庭辩护以及处理相关法律事务的专业人员。在我国，律师的历史可以追溯到春秋时期。

据《吕氏春秋》记载，春秋时郑国有个叫邓析的人，专门负责给人打官司。他收费的标准是：小案子收一件衣服，大案子则要一条裤子。他为人辩护，能将是说成非，非说成是，使执法者难以定案。当时郑国的执政者认为他弄得郑国“是非无度，而可与不可日变”，于是就把邓析杀了，这样一来，郑国“是非乃定，法律乃行”。

后世的法律仍然严格禁止人们从事邓析那样的业务，把这一行当称之为“讼师”，或者叫作“讼徒”，立法严禁。尽管受到法律的禁止，但民间诉讼活动仍是需要有人帮助的，所以仍有人从事这一行业，只不过在“地下”进行而已。清代绍兴出的官府幕友最多，幕友的“副产品”就是讼师，所以绍兴的讼师也最出名。

成书于1879年的薛福成《筹洋刍议》，较早采用了“律师”一词，该书建议聘请外国律师，“参用中西律例”来和列强讨论废除领事裁判权的问题。以后律师一词被普遍接受。

古代的告状方式

古人如果要提起诉讼，都要向官府提供说明事实和请求的文书，这被称为状子，又叫状纸、状等。因此，打官司又称为“告状”。

古时候的状子，一般都不是当事人自己写的，而是请书吏代写。书吏大多是官府幕僚或落魄文人，有一定的写作技能，也精通法律条文，自然擅长写状。

除了一般的告状外，如果当事人认为官府处理不公，或者官府不受理，往往会“告地状”，即在市集等公共场合展示自己的状子，请众人作公断；或者是“告御状”，即越级上告，直至向中央政府提交状子，也就是请求皇帝亲自处理。

但是，“告地状”和“告御状”一般都很难实现。因为“告地状”会面临被官府查禁的危险，而“告御状”，如果没有门路的话，状子根本达不到皇帝手中，更别说受理案情了。但有的人会在上级官员出巡时，拦住车驾告状，有时也能解决问题。

古代的喊冤方式

击登闻鼓喊冤、拦驾喊冤、临刑喊冤，合称为古代“喊冤三法”。

其一，击登闻鼓喊冤。

这是吏民击鼓喊冤的一种方式。古代，皇宫的左侧置有一大鼓，有冤者（往往是蒙冤被押犯的家属）可击鼓喊冤，由官员加以记录上奏。这种制度起于汉朝，而且为以后历代所效法，并不断完善。宋代时，还专门设有登闻鼓院，受理吏民申告冤枉。明、清也有，并且规定，如果吏民击鼓申冤被认为确系冤案，则由通政司奏请昭雪，否则，就认为是越级上诉，由通政司送刑部加一等治罪。

其二，拦驾喊冤。

拦驾喊冤者一般手持状纸，跪在皇帝、大臣或官员车驾、轿子所经过的路上，拦驾诉冤，希望能够除恶扶善，平反昭雪。但是，由于官吏贪赃枉法者居多，因此，多数官吏不问冤情虚实，一律先按“冲突仪仗罪”责打数十大板，对于不实者更是加重处罚。

其三，临刑喊冤。

一般是被执行死刑的人在临刑时喊冤，以求监斩官明察申冤。这种喊冤，在封建社会大多不被监斩官所理会。

捕快是干什么的

捕快，是捕役和快手的合称。捕役，是专门侦缉罪犯的，而快手是逮捕现行犯的，由于性质相近，一般合称捕快。

捕快平时身穿便服，腰间挂个表明身份的腰牌，怀揣铁尺、绳索。领班的称“捕头”、“班头”。法律规定，捕快执行公务要出示他们的腰牌，抓人要有通缉罪犯的“海捕文书”或者是州县长官签发的“牌票”，没有牌票，捕快不得出城门半步。

明清时，各州县的捕快的人数根据州县辖境大小、治安状况、历史沿革等因素来确定，具体数额相差很大。一般来说，州县正、副捕快大致在一百人以上。

捕快所承担的破案任务都是有时间限制的，称为“比限”。一般以五天为一“比”，如果五天后仍未破案，负责这个案件的捕快就要挨打，一般是打十板、还往往专打身体的一侧，留下另一侧下次再打。遇上重大的人命案件时，往往以三天为一“比”，三天后未破案，捕快就要挨打。因此，捕快常被打得一瘸一拐地去奔走破案。

由此可见，捕快完全是一种贱役，在古代，往往也只有无赖泼皮才愿意当捕快，完全不像小说里写的捕快那样威风。法律甚至还规定，脱离捕快身份后三代以内子孙仍然不得参加科举考试。

更惨的是，捕快没有工资可领，只有伙食补贴性质的“工食银”，一般每年在十两银子左右。这点银子可谓微薄之极，因此，以前的捕快往往利用职务之便，乱收钱财。如拿着传唤当事人的“牌票”，索要“跑腿钱”、“鞋脚钱”、“酒饭钱”等等，拘传时还有“上锁钱”、“开锁钱”。更有甚者是勒索钱财后，让被传人外出逃跑避风头，这是“买放钱”；或者让被传人躲过期限，不立即到案应诉，这叫“宽限钱”。

由此可见，古时的捕快和现在的警察相似之处很少。法制改革后，新型的警察渐渐取代了旧时的捕快。

五刑指的是什么

五刑，是我国古代的主要刑罚。从历史上看，五刑有奴隶制五刑和封建制五刑之分。

奴隶制五刑包括墨、劓、剕、宫、大辟（即墨刑——在额头上刻字涂墨，劓——割鼻子，剕刑——砍脚，宫刑——毁坏生殖器，大辟——死刑），从夏代开始逐步确立，是一种野蛮的、不人道的、故意损伤受刑人肌体的刑罚。

五刑是由五行相克而产生的。《周书·逸文》上说：“火能变金色，故墨以变其肉；金能克木，故剕以去其骨节；木能克土，故劓以去其鼻；土能塞水，故宫以断其淫；水能灭火，故大辟以绝其生命。”

古时刖刑。

进入封建社会后，奴隶制肉刑开始逐渐被废除，从汉初的文景帝废除肉刑开始，以自由刑为主的封建五刑产生了，封建五刑分别为笞、杖、徒、流、死。笞，用荆棍或竹板子打人；杖，用棍子打；徒，是剥夺犯人自由的刑罚；流，是把犯人送到边远的地区去；死，即死刑。最初在隋《开皇律》中作为刑罚体系得以体现，随后由唐朝律疏（《武德律》《永徽律》）进一步完善，标志着中国刑罚制度的重大进步。

封建五刑一直到清末才被废除。

古代针对女犯人的“五刑”

根据记载，唐宋明清以来，针对女犯人有特别严厉的刑罚，也称“五刑”，分别如下：

1. 刑舂。

古代对女犯施用的一种刑罚。在施以黥、劓等肉刑后押送官府或边境军营，服晒谷、舂米之劳役。

2. 拶刑。

古代对女犯施用的一种酷刑。拶是夹犯人手指头的刑罚，故又称拶指。唐宋明清各代，官府对女犯惯用此刑逼供。

3. 杖刑。

隋唐以来的五刑之一。宋明清三代规定妇人犯了奸罪，必须“去衣受杖”。除造成皮肉之苦外，并达到凌辱之效。

4. 赐死。

古代对身份特殊的罪人采用赐毒酒、赐剑、赐绫、赐绳等物，由其自毙。妇人多赐绫缎，历代沿用。

5. 幽闭。

对女犯施行的宫刑，始于秦汉。即使用木槌击打女犯腹部，人为地造成子宫脱垂，是对犯淫罪者实施的一种酷刑。

古代的杖刑

杖刑，是古代比较常用的一种刑罚，即用大竹板或大荆条拷打犯人脊背臀腿的刑罚。杖刑的起源甚早，在《尚书·舜典》中就有“鞭作官刑”的说法，就是用鞭杖惩罚失职的官吏。后来，汉、魏、晋时都设有鞭杖的刑罚。杖刑被正式列入刑书，是在南北朝梁武帝时。当时规定杖用生荆制作。北魏开始，杖刑与鞭刑、徒刑、流刑、死刑并列，为五刑之一。北齐、北周沿袭魏制，北齐杖刑分三等：三十、二十、十；北周杖刑分五等：十、二十、三十、四十、五十。北周、北齐均允许以金赎杖刑。

到隋朝时，政府下令废止鞭刑，以杖刑替代；另立一种笞刑，用来代替原来的杖刑。隋朝的杖刑分为五等：六十、七十、八十、九十、一百，只要所犯重于五十笞者，则入于杖刑。唐代杖刑同于隋。宋沿唐制杖刑亦分为五等，宋代杖刑的特点是广泛用它作为附加刑。

据《辽史·刑法志》记载，辽国的杖刑数目为五十至三百。凡杖五十以上者，用沙袋决之，即用熟皮合缝，装沙半斤（1斤=500克），长六寸（1寸=3.3333厘米），广二尺（1尺=0.3333米），加一尺许木柄，对犯罪者击打。辽太宗时大臣犯罪不至死，以木剑击背，其数自十五至三十。

明清杖刑沿袭唐宋，犯徒刑、流刑罪都用杖刑作为附加刑。所不同的是，明代杖刑是用三尺五寸长的大荆条，而清代是用五尺五寸长的大竹板。清朝末年，杖刑被废除。

古代的宫刑

宫刑，又称腐刑、阴刑、蚕室。就是男子去势（割去生殖器），女子幽闭（槌击下腹部，令子宫下垂堵塞阴道），亦即残伤犯人生殖系统的刑罚，是古代五刑之一。

宫刑的最初作用是为了惩罚男女之间不正当的两性关系，《尚书》中《尧典》就提到过宫刑，大概在一夫一妻婚姻制确立以后就有了这种刑罚。在《吕刑》中还提到，宫刑是仅次于死刑的重刑。

汉文帝时，曾下诏除肉刑，宫刑本肉刑之一种，自然也在废除之列，为示强调，还专门下令“除阴刑”，即废止宫刑。但如同废肉刑是一纸空文一样，“除阴刑”也是空文一纸。汉武帝时，著名史学家司马迁即受过宫刑。不仅汉朝仍有宫刑，整个封建时代此刑始终未真正废止。

何谓凌迟

凌迟，是中国古代的一种酷刑。看电视或书籍时，常会看到说某人被凌迟处死的情节。所谓凌迟，就是将犯人身体上的肉一块块割掉，使其受尽痛苦慢慢死去，俗谓“千刀万剐”。

凌迟是从什么时候开始的呢？从清末法学家薛允升的《唐明律合编》来看，“唐律……尔时并无凌迟之法，故律无文。”可见，在唐朝时还没有凌迟这种刑罚。

五代北宋时，凌迟开始出现，宋代诗人陆游写凌迟情状有：“肌肉已尽而气息未绝，肝心联络而视听犹存。”

《辽史·刑法志》：“死刑有绞、斩、凌迟之属”，《明史·刑法志》：“（绞斩）二死之外有凌迟，以处大逆不道诸罪者”。它进一步规定了凌迟施用的范围，是用以处罚那些不敬不孝、忤逆背叛之人的。

关于凌迟的刀数，《国史旧闻》载：“例该3357刀，先十刀一歇一喝。头一日该先剐357刀，如大指甲片，在胸膛左右起初开刀……凌迟三日。”

清朝光绪三十一年（1905年），凌迟以及枭首戮尸等酷刑终于被永远废除。

什么是枭首

古代有一种死刑，叫作枭首，做法是把犯人的头砍下来，高挂在木杆子之上。枭是一种鸟，为什么会用作刑罚的名称呢？

据说，枭和一般鸟一样，由母枭为幼枭捕食，但母枭老了以后，力尽眼瞎，不能再为幼枭捕食了。这时，幼枭便啄食母枭的肉充饥。

母枭用嘴死死叼住树枝，任凭幼枭啄食，一直到死。死后全身被啄光，只剩下脑袋挂在枝头。

刑法中的“枭首”，就是根据枭鸟死后首挂枝头这一特点而命名的。根据历史记载，商代初期就有了枭首之刑，形成制度是从秦代开始的。

什么是醢刑

醢，又名菹醢，是古代一种极残酷的刑法，即把人碎切成肉酱。与之相近的是脯，即把切碎的肉酱煮熟。醢与脯，都是将人处死后再加刑于尸身。因两刑常连用，又称醢脯。

古代残酷的刑罚。

《吕氏春秋·行论篇》说，商纣王无道，杀梅伯而醢之，杀鬼侯而脯之。而《史记·殷本纪》中则称当时被醢的是九侯，被脯的是鄂侯。

这种加于死人之身的刑罚，实在过于残忍。《礼记·明堂位》云：“昔殷纣乱天下，脯鬼侯以飨诸侯。”郑玄注曰：“以人肉为荐馐，恶之甚也。”这种刑罚很受后人厌恶，屈原《离骚》曰：“后辛（即殷纣王）之菹醢兮，殷宗用而不长。”认为殷朝的灭亡，与使用这种酷刑相关。

虽然这种酷刑主要记载于商纣王的事迹中，但到了后世也并未绝迹。汉代甚至将此刑明文规定在律令之中，即处族刑者，最后要“菹其骨肉于市”。晋代仍有处此刑者，但此刑名已在正式律令中废除，但直至宋代、元代，仍有采用此刑的记录。因此刑久未绝迹，清代法学家沈家本痛切地说：“重法之难除也如此。始作俑者，可胜诛哉！”

廷杖与午门斩首

在一些古典小说和戏曲中，经常会看到“推出午门斩首”的说法。历史上是不是真的有这种事呢？

午门是紫禁城的正南门，建成于明永乐十八年（1420 年）。因其坐落于京城正阳门南北中轴线上，居中向阳，位当子午，因此称为“午门”或“午阙”。午门城台平面呈凹字形，正面开三门，左右拐角处各有一掖门，因而又称“五门”。城台之上当中是一座重檐庑殿式正楼；左右两侧各有明廊三间，明廊折而向南，各有十三间联檐通脊廊庑（俗称“雁翅楼”）；廊庑两端又各建有金铜宝顶的角亭一座。整个建筑有楼五座，高低错落，左右辉映，崇宏雄伟，有若朱雀展翅，五凤翱翔，因此也称为“五凤楼”。

明、清时，午门是禁卫森严的重地。庶民百姓严禁靠近，文武官员不准随意行走。当时规定，工匠杂役出入要佩带腰牌，王公大臣出入必须通报姓名。违反者护军可以用红杖笞打。正中大门专供皇帝出入，其他文武百官和宗室王公只能走两侧偏门和掖门。

历史上，午门并无“斩首”之事。但是午门前的宫廷广场，在明代却是对触犯龙颜的官员进行廷杖的地方。所谓廷杖，就是皇帝当廷杖责官员，是明代特有的一种惩处官员的酷刑。凡被廷杖者，轻则皮开肉绽，重则当场毙命。据《明史·刑法》记载："正德十四年，以谏止南巡，廷杖舒芬、黄巩等百四十六人，死者十一人；嘉靖三年，群臣争大礼，廷杖丰熙等百三十四人，死者十六人。"有人根据《明会要·刑·廷杖》统计，整个明代，在午门处廷杖大臣达五百多人次，死者众多。这或许就是"推出午门斩首"这一说法的来源。

话说"午时三刻"

在古典小说或古装戏剧、电影中，常会看到午时三刻处斩犯人的场面，那么，为什么要在午时三刻行刑呢？是不是古代法律规定的？其实并非如此。

死刑施行图。

唐宋时的法律规定，每年从立春到秋分，以及正月、五月、九月，大祭祀日、大斋戒日，二十四节气日，每个月的朔望和上下弦日、每月的禁杀日（即每逢十、初一、初八、十四、十五、十八、廿三、廿四、廿八、廿九、三十）都不得执行死刑。而且还规定在"雨未晴、夜未明"的情况下也不得执行死刑。

有人计算后认为，按如此规定唐朝一年里能够执行死刑的日子不到八十天。在行刑的时刻上，唐代的法律明确规定，只能在未时到申时这段时间内（大约合今下午一时到五时之间）行刑，并不是"午时三刻"。而明清的法律只是规定了和唐代差不多的行刑日期，对于行刑的时刻并没有明确的规定。

既然如此，为什么小说里又要说"午时三刻"呢？"午时"一般约合今天的中午十一点至十三点之间，午时三刻是将近正午十二点，太阳挂在天空中央，是地面上阴影最短的时候。这在当时人看来是一天当中"阳气"最盛的时候。

中国古代一直认为杀人是"阴事"，无论被杀的人是否罪有应得，他的鬼魂总是会来纠缠作出判决的法官、监斩的官员、行刑的刽子手等和他被处死有关联的人员。所以在阳气最盛的时候行刑，可以压抑鬼魂不敢出现。这应该是在"午时三刻"行刑的最主要原因。

说枷刑

我们经常可以在古装电影、戏剧中看到一种加于颈上的刑具，称为枷。枷作为一种刑械具使用，已有3000多年历史。在殷墟出土的甲骨文中，就有了枷的记载，枷的做法是“以干木为之”两半合起，中有孔洞，用来限制被捕人犯的身体活动。

枷本来只是单纯限制犯罪人行动自由的械具，但很快便成为一种新刑具。三国时魏国的执法官便用大枷逼供：“不能以情折狱，乃为重枷，大几围，复以石悬于囚颈，伤骨肉。更使壮卒迭博之。囚率不堪，因以诬服。吏持之以为能。”

到隋唐时，枷得以普遍使用。对于枷的定制，《唐六典》云：“诸流、徒罪及作者皆着钳，若无钳者盘枷，病及有保者听脱。枷长五尺以上，六尺以下，颊长二尺五寸以上，六寸以下，共阔一尺四寸以上六寸以下，径头三寸以上，四寸以下。”宋朝从法律上规定了枷的重量。宋枷开始分二十五斤和二十斤两种，同时将其大小轻重刻在枷上，以便监督。

至明代，枷作为刑具行罚，正式进入律令，名曰：“枷号”，即戴枷示众。当时的枷重分三等，“死罪重三十五斤，徒流重二十斤，杖罪重十五斤”。枷成为法定刑“五刑”（笞、杖、徒、流，死）之外的必要补充。沈家本《历代刑法考》云：“明代滥用枷号，致有伤害人命之事。”

清朝的枷分两级，重者七十斤，轻者六十斤。康熙八年刑部规定：囚禁的犯人，不戴木枷，只用细链，使枷只作刑罚而用。

光绪二十九年，经刑部奏准：“除留竹片以供刑讯之用，此外各种刑具，尽行废除，枷号一概芟削。”从此，枷不论是作为刑具还是讯具，才慢慢退出了中国的历史舞台。

刺配、度牒和铁券

刺配，又叫“打金印”。这种刑罚，在我国历史上许多朝代都使用过，只是到了宋朝，其内容的规定才较为固定。实际上，“打金印”不过是刺配刑罚的一部分。被刺配者，首先要挨脊杖二十或四十，然后判官根据“犯罪”情节的轻重，把所犯事由、发配地名和劳役项目等内容一一刺在脸上，最后由差人把“罪犯”押往几千里以外的牢城，这就是刺配刑罚。

度牒，就是我国古代人在出家时，经由官府审查后发给的身份证明。有度牒的出家人享受许多优待，可以不交赋税，不服劳役，甚至犯法也可以减罪。但是，出家人必须随时都将度牒携带身边，无论走到哪里，都能证明身份，以防假冒。

所谓铁券，是皇帝分封功臣时所颁发的凭据。有了铁券，如果本人或后世犯罪，可以此为证推念其功，予以赦减，起个“护身符”的作用。铁券起于汉代，《汉书·高帝纪下》载：“（刘邦）又与功臣剖符作誓，丹书铁契，金匮石室，藏之宗庙。”由于分封功臣的誓词是用丹砂写在铁制的契券上，所以称为“丹书铁券”，或“誓书铁券”。为了取信和防止假冒，将铁券从中削开，朝廷和功臣各存一半，以便查证。

公堂打屁股的由来

在封建社会，如果衙门要鞭打犯人，总是让衙役打屁股，直打得皮开肉绽方才罢手。为什么在公堂上打人，都打屁股而不打其他部位呢?

原来，从前鞭打犯人，并没有明确的部位，一般是把犯人掀翻在地，棍子就劈头盖脸地打了下来，这造成很多犯人被活活打死。后来，唐太宗李世民在太医那里见到一幅“明堂针灸图”，他见人体很多重要器官的穴位都在胸背部，这些部位被撞击拍打会有生命危险，而屁股上的重要穴位就少得多了。于是，李世民便在刑罚中作了规定，只要是鞭打犯人，都只能打屁股，而不能打其他部位。

七出、八议和十恶

七出，是我国古代男子休、弃妻子的七种理由，充分表现了封建礼教宗法制度对妇女的残酷迫害。

《仪礼·丧服》说“出妻之子为母”，贾公彦解释为无子，淫逸，不事舅姑，口舌，盗窃，妒忌，恶疾。丈夫可以以其中的任何一条为借口，将妻子休弃，因此称“七出”。但帝王、诸侯之妻无子不出，故又有“六出”的说法。

八议，是指八种人享有司法特权，这种制度早在周代就产生了，后来进一步发展，到唐代时趋于成熟。

这八种人是：皇帝，皇帝的故旧，具有大德者，异才，立有大功者，三品以上职事官及一品爵位者，于国卓有功劳者，前朝贵族。

这八种人，除犯“十恶”外，流罪以下减一等，死罪则由皇帝批准减刑。可以说，“八议”是维护封建贵族、官僚、地主特权的法律。

十恶，原来称“重罪十条”，设立于南北朝时期的《北齐律》中，是将严重危害国家利益和伦理道德的行为归纳成十条，放在法典的第一篇，以示为重点镇压对象。到隋唐时，定型为“十恶”：谋反、谋大逆、谋叛、恶逆、不道、大不敬、不孝、不睦、不义、内乱。

其中，谋反指企图推翻当时的王朝；谋大逆指毁坏皇室的宗庙、陵墓和宫殿；谋叛指背叛朝廷；恶逆指殴打和谋杀祖父母、父母、伯叔等尊长；不道指杀戮无辜；大不敬指冒犯帝室官长尊严；不孝指不孝敬祖父母、父母，或在守孝期间结婚、作乐等；不睦即谋杀某些亲属，或是女子殴打、控告丈夫等；不义指官吏之间互相杀害，士卒杀长官，学生杀老师，女子闻丈夫死而不举哀或立即改嫁等；内乱指亲属之间通奸或强奸等。

古代受贿罪

我们现在法律所规定的“受贿罪”，在中国古代还要分为“受财枉法”、“受财不枉法”以及“受所监临赃”这样三个罪名，处罚的力度完全不一样。

“受财枉法”，是指主管官员收受了贿赂后违背法律作出决定。这里的“枉法”并非就是指枉法裁判，而是泛指所有的公务处断中有违反法律的行为。根据唐律，受财枉法的行为，按其受财的多少量刑，“一尺杖一百，一匹加一等，十五匹绞”。

“受财不枉法”，是指官员虽然接受

当事人的钱财，但是在公务的处理上并没有违反任何法律。赃满一尺，杖九十；以上递加至满三十匹以上，处加役流。不枉法由于没有造成“枉法”的结果，所以量刑上比受财枉法要轻，最多只是“加役流”（流放三千里，并在流放地服三年的苦役）。

“受所监临赃”，是指官员收受自己部下及所管辖内百姓财物的行为，给予财产方并无具体要求事项，官员也没有违法处理公务。赃一尺笞四十，一匹加一等，八匹徒一年，八匹以上加一等，罪止赃五十匹流二千里。

监狱的由来

我国的监狱起源于什么时候，是由什么人首创的呢？

唐朝解释法律的重要著作《唐律疏议》记载：“皋陶造狱。”皋陶是四千多年前传说中的人物，舜帝时期，曾被任命为刑法官。他掌握刑罚，是发明建造监狱的首创者。我国古代监狱中都挂有皋陶的画像，不仅狱吏狱卒，甚至连犯人也像拜神一样崇拜他。

监狱最初不叫监狱，夏朝叫“宫”，商朝叫“圉”，周朝叫“圜土”，秦朝叫“囹圄”，直到汉朝时，才开始叫“狱”。明朝法律又称为“监”，从此监狱连称，成为一个固定的名词。而监牢则是民间的俗称。

秦朝的时候，不仅京城有狱，地方也开始设狱；汉朝时，监狱更是名目繁多；南北朝时期的北朝，又开始掘地为狱，发明了“地牢”；唐朝时，州县都设有监狱。

现在监狱是执行刑罚的场所，古代则不同，监狱主要是用来关押待审、待决人犯的。如明清时，罪人定罪以后，死刑不必再说，流刑犯押送到外地，徒刑犯押送到驿站，笞、杖刑执行完毕罪犯就可以释放，并不需要在监狱中执行刑罚。

监狱为何又称班房

古时候，人们常常称监狱为“班房”，即便是现在，也有人这么称呼。那么，“班房”为什么会与监狱同义呢？原来，它来源于明清时期的“三班六房”制度。

在我国古代，随着国家的统一和中央集权制度的建立，为了适应统治的需要，国家政权机构的建设也越来越完善。从隋唐开始，中央便设置了“三省六部”，以处理全国的军政事务。同时，为了加强中央与地方政权的联系，地方政权也设置了相应的机构，以求与中央的“三省六部”一一对应。到了明清时期，这一系列地方办事机构已经相当完备，形成了所谓的“三班六房”制度。

“三班”，指的是皂班、壮班和快班，掌管着维持治安、侦查缉捕、提刑诉讼、征收粮食等事务。而“六房”，则指吏房、户房、礼房、兵房、工房、刑房，分别掌管着地方上的民政、财政、司法、科举、水利建设等大小事宜。

地方衙门虽小，但与百姓的接触却最直接，这里发出的每一条政令，都与百姓的生活息息相关。我们不难看出，“班房”

三字其实是从“三班六房”而来。可是，为什么“班房”指代的不是政府，而是监狱呢？

原来，在古人的眼中，官府的一大作用就是打官司、争曲直、辨是非，而一旦官司有了结果，少不得有人下监狱，所以，“班房”就成了监狱的俗称。

锦衣卫的由来

据《明史·兵志一·侍卫上直军》记载：明朝建立后，朱元璋怕大臣对他不忠，为了加强监视，洪武十五年（1382 年），朱元璋“改仪鸾司为锦衣卫”。锦衣卫的首领称为指挥使（或指挥同知、指挥佥事），一般由皇帝的亲信武将担任，很少由太监担任。其职能是“掌直驾侍卫、巡查缉捕”，成为朱元璋加强集权统治的重要手段。

由于朱元璋出身的特殊性，他对皇权的维护有其他朝代所没有的强烈欲望，这就使得锦衣卫“巡查缉捕”的职能后来被无限度地扩大了，以至于到后来，锦衣卫又拥有了自己的监狱，可以自行逮捕、刑讯、处决犯人，不必经过司法机构和正常司法程序。

锦衣卫因穿橘红色服装，骑马，又被称为“缇骑”。缇骑的数量，最少时为 1000 人，最多时达 60000 之众。锦衣卫官校一般从民间选拔孔武有力、无不良记录的良民入充，之后凭能力和资历逐级升迁。同时，锦衣卫的官职也允许世袭。

明成祖的时候，又“倚锦衣为心腹”，增设了一个“北镇抚司”，“专治诏狱”，就是专门审讯皇帝交办的案件，与专门处理锦衣卫内部案件的“镇抚司”并列。

第十编　经济贸易

我国古代早期的货币

货币是商品生产和交换发展的必然产物。我国最初曾使用过牲畜作为货币，在彝族的古籍中就有“四羊换一牛”的比值记载，他们表示货币概念的“则穈”，原义泛指牛羊，即牲畜的概称。周代青铜器铭文中还有“匹马束丝”以易奴隶的记载，即其明证。

随着商业的发展，人们开始使用贝壳作为货币。贝以朋为计算单位，一朋贝就是一条项链所用贝壳的数目。西周交通不发达，贝壳不易得，还常用铜来仿制，于是出现了铜贝、铜寻，这是世界上最早的金属铸币之一。此外，也有以石、骨、玉、蚌制作的仿贝，也可能在不同程度上充当着货币。由于贝曾被用作古钱币，因此汉字中凡与价值有关的字都从贝，如货、财、赋、贵、贱等。

到了周代，生产中大量使用铁器，生产水平有了较大发展，大概在春秋时期金属铸币开始流行，据《国语·周语》记载“景王二十一年（公元前524年）铸大钱”。

我国铸币开始时有圆形、方形、刀形、铲形等样式，后来一般都采用圆形。这也是今天我国把货币的基本单位叫“圆”（简化字为“元”）的由来。

纸币的演变

我国是世界上最早使用纸币的国家。汉代的白虎皮币可以说是开了纸币的先河，而唐代的飞钱则是兑换券的变种，真正使用纸币是从北宋开始的。

宋真宗时期，在四川出现了代替金属货币的纸币，这种纸币称为“交子”。“交子”的出现，是北宋商业发展的产物。北宋商业发达，制钱面值低且携带不便，既轻便面值又大的货币交子便应运而生。

继北宋使用纸币“交子”以后，南宋使用的纸币叫“会子”，金代使用的纸币叫“交钞”、“宝券”，元代使用的纸币叫“元宝交钞”、“通行宝钞”，明代使用的纸币叫“大明宝钞”、“洪武宝钞”。

到了清代，发行了以银两为单位的纸币，叫“户部官票”，上面印有“户部奏行官票。凡愿将官票兑换银钱者，与银一律并准按部定搭交官项，伪造者依律治罪不贷”。以铜钱为单位的纸币叫“大清宝钞”。“户部官票”与“大清宝钞”发行以后，民间便把“宝钞”与“官票”合二为一，简称“钞票”。

铜钱方孔的由来

我国古代铜钱不论大小，其形状一般都是外圆内方。这是为什么呢？原来铜钱造成这种形状，主要是由于当时制造铜钱的方法决定的。

古代铸币的时候，先把铜熔化，然后注入模中，由于古代铸币技术的限制，钱的边缘总有许多毛刺，既不美观又不方便使用。然而要去掉这些毛刺，必须靠锉刀加工，一次不能只锉一个，必须把钱串起来锉才省时省工，而要把钱串起来，钱中间则必须留有一孔。

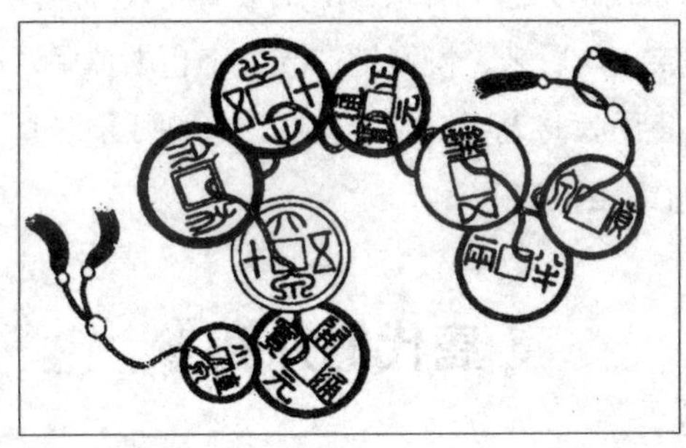

古代的铜钱。

但是如果当中的孔是圆的，铜钱就会来回转动，不好锉。因此，工匠们就把当中的孔做成方形的，把钱穿在方形棍上，钱就不会转动了。正是由于这个缘故，古代的铜钱才在中部留有方孔，后来人们就称钱为“孔方兄”，有时候寓指拜金主义。

万贯是多少钱

我们常以“腰缠万贯”一词来形容一个人很有钱。那么，这里的“万贯”究竟表示多少钱呢？

古代的货币，一般都是中间有方孔的铜钱。人们为了携带方便，往往用绳子将铜钱穿起来，每1000枚铜钱穿在一起，称为“一贯”，或叫“一吊”。明代洪武八年（1375年）发行了纸制的“大明通行宝钞”，面额为“壹贯”。当时，“壹贯”等于1000枚铜钱或一两白银或四分之一两黄金。以此算来，“万贯”就相当于万两白银或2500两黄金，这还真是一笔不小的财产啊，难怪用“腰缠万贯”来代指钱多了。

元宝简史

我们现在常说的元宝，指的大多是我国旧时铸的金银锭，始于元朝。忽必烈继位后，曾以库银为元宝，后来又将元宝铸成马蹄形，因此又称马蹄银，作货币流通。大锭重约五十两，多由各地银炉铸造，标有银匠姓名及日期、地点。重量成色各有差异。清中叶后元宝须经公估局鉴定批明重量和成色才能流通。金元宝一般供保藏，极少流通。

其实元宝也是一种古钱币的名称，以唐宋两代铸造较多。因唐“开元通宝”误读作“开通元宝”而得名。

最早使用元宝这一名称的是唐肃宗乾元元年（758年）史思明在洛阳铸的“得

一元宝”和“顺天元宝”，后有代宗时的“大历元宝”。五代晋石敬瑭铸的钱叫“天福元宝”，宋代有“淳化元宝”。以后每次改元，多更铸新币，用年号标名铸于币面。清末所铸铜元上曾用“光绪元宝”四字，这些都是以元宝为名的钱币。

我国公债溯源

公债，是国家以信用方式吸收巨额款项的一种形式，它是社会经济发展的产物。

中国在出现这种形式之前，国家收入一向依靠地丁与钱粮。太平天国运动爆发后，连年战争使清廷元气大伤，丁粮锐减，而且军用浩繁，国家财政吃紧。在这种情况下，曾国藩为了搜刮军费，围剿太平军，便与幕僚建议创“厘金”，后又开捐官之例，用来增加收入。

甲午中日战争爆发后，清廷已气息奄奄，理财之术亦穷，经济来源更加困难。正在清廷内外交困时，光绪庚辰科的状元、翰林院侍读学士、南京人黄思永仿效西洋列国筹集公债的先例，奏请清廷发行公债，以应当务之急。这篇奏折，大受慈禧的赞赏，遂准奏。可是，慈禧认为称债有失皇家体面，便取名叫“昭信股票”，以示昭大信于民之意。这次发行的“昭信股票”，均交各省派销。

从此，中国就开始有了公债。

商人的由来

“商人”就是买卖人、生意人。那么，“商人”一词是怎么来的呢？

在原始社会后期，出现了以物易物的交换活动。到了夏代，在社会上便分离出一部分专门从事交换的人。公元前 1000 多年，黄河下游的商族首领王亥聪明多谋，很会做生意，经常率领很多奴隶，驾着牛车到黄河北岸去做买卖。

后来，到了商族后裔汤的时候，商族的手工业已相当发达，特别是纺织业，花色品种优于其他各族。汤为了削弱夏的国力，便组织妇女织布纺纱，换取夏的粮食和财富，把贸易作为政治斗争的武器，最后灭了夏代的统治者夏桀，建立了商朝。

周朝建立后，商朝的臣民被贬为下等人，被剥夺了政治权利，被没收了土地和财产。过惯了奢侈生活的商族贵族，为了过上更好的日子，便纷纷重操旧业，到处去跑买卖。久而久之，便在周族人的心目中形成了一个概念，即跑买卖的人都是商族人。后来，慢慢地“族”字也去掉了，简呼为商人了，“商人”这一称呼便一直沿袭至今。

唐代的外商

唐朝时，经济对外开放，因此吸引了大批外商涌入中土，当时的外商，主要集中在长安、扬州、广州三个大城市中。

唐王朝将长安西市划为外商集中区，这里的外商主要由西域丝路而来。他们有的开“酒家”，借“胡姬”陪酒赚钱；有的办“质库”（当铺），“举质取利”；有的建“波斯邸”，放高利贷发财。更多的则是做珠宝、木材生意。

广州的外商则主要从海上丝路而来，大多经营从波斯、印度等地运来的香料珍宝等物。唐代广州外商最多时，据估计有十多万人。

扬州也是一个经济十分发达的城市，对长安和广州的外商有强烈的吸引力。肃宗时，田神功率军大掠扬州，仅大食、波斯的外商就死了几千人，可见扬州外商之多。

在史籍中，唐朝的外商大多被称为“商胡”，亦称“贾胡”、“胡客”、“番商”，这些外商主要是来自于大食（古阿拉伯帝国）、波斯（今伊朗）的穆斯林商人。

与外国通商，给唐王朝带来巨大财富。每年的商税、市税收入，广州市舶使的关税收入，在唐王朝每年的财政收入中都占很大比重。

何谓商帮

明清时期民间的贩运贸易形成了四大主要商帮，即船帮、车帮、马帮、驼帮。

船帮是指以船为主要交通工具，载运货物于江河湖海之间的商帮。在我国古代，由于交通不便，大宗货物的长距离运输主要依赖船只，船帮在当时的行商中名气颇大，多为“携数万之资，以求什一之利”的巨商组成。明朝中叶规模较大的是黄河船帮，清朝晚期开始没落。载运的货物主要为粮、盐和布匹，后期也曾以铜、铁为主，主要是漂洋过海到日本采办洋铜、洋铁等。

车帮的交通工具一律为大马车，以贩运内地商品经东北至中俄边境贸易为主，沿途经过的多为平地草原。车帮出发时，一般二十辆车组成一队，白天休息晚上赶路，一辆辆马车首尾衔接，每辆马车下挂一盏马灯，前后有二十多条大狗尾随，气势浩荡。

马帮指以骡马、毛驴等为交通工具的商帮，马帮与船帮比，一般规模较小，贩运的距离也较近，主要贩运的货物为人们日常需要的粮、油、棉、布以及其他日用品，多在山区活动。马帮的首领在中原地区习惯上称为帮头，他所带领的骡马数量也以几把鞭子来计算，每把鞭子必须赶足五头牲口，帮主要自备一匹骑骡压阵。马帮多活动在西部和中原一带，大的马帮一般拥有牲口上百匹，小的则只有十几匹，甚至几匹。

驼帮是指以骆驼为交通工具的商帮，由于骆驼的忍耐力极强，所以驼帮主要从事的是远距离的长途贩运，他们跋涉于崇山峻岭或荒漠草原，行旅辛苦。民间驼帮主要以贩运江南的茶叶到中俄边境哈克图进行贸易为主，在清代曾十分有名，如黄河驼帮互市的主要地方——哈克图曾被称为我国的陆地码头。

票号是怎样产生的

在清代，票号是比较重要的信用机构，主要从事汇兑业务，又称“汇票庄”或“汇兑庄”，由于这些票号多由山西人开办和经营，因此亦称“山西票庄”、“西号”。

汇兑业务在我国有着悠久的历史，唐

时的飞钱，宋时的便换，明清时的会票（汇票）都是明证。不过在明朝中叶以前，因有便于携带的大面额纸币可以代替汇票的作用，尚没有经营汇兑业务的专门机构。纸币不行后，才恢复了由政府或商人兼办的汇兑业务。

清朝中叶，开始出现了专营汇兑业务的山西票号。票号在各地设有联号，刚开始时只为商人办理埠际间的汇款，后来又经营政府的公款汇兑和官吏的钱财汇兑。清咸丰、同治年间，由于爆发太平天国革命和捻军起义，清政府遂以各地动乱，现银运输不便为由，下令各省输送中央的协饷和中央政府下拨给各省的款项都通过票号来汇兑，这样就使得票号的汇兑业务量激增。据统计，光绪年间，票号每年汇兑的款项，已达二千万两左右。

票号吸收的存款主要是公款和官吏的私人存款，放款对象主要是官吏和到京参加会试的举人或已考中进士还未授官的士人，以及正在谋求升官、复职的人。

票号的利润来源，一是经办汇兑业务所收的汇水（汇费）；二是存、放款利息之间的差额，政府存款不计息，官吏和私人存款只付二至三厘低息，而放款利息率却高达一分，对钱庄拆放利率也高达六至七厘；三是各地银两的成色、平码不一，票号从中巧取暗吃，获利亦丰。

1907 年后，新式银行业兴起，票号的地位大受影响，汇兑业务急骤减少，曾盛极一时的票号纷纷倒闭，到辛亥革命后，已不见票号存在于金融界了。

钱庄的历史

钱庄又称银号，在长江流域和上海地区称“钱庄”，在北方和华南各省，多称之为“银号”。它是中国封建社会后期（约明中叶以后）出现的一种金融业组织，主要经营银钱兑换、存款、放款和汇兑等业务。

钱庄的产生与铜钱、银两的兑换业务有关。我国的兑换业源远流长，唐宋时就有金钱铺、兑坊类的组织。明初推行宝钞，禁用金银；宣德年间，宝钞壅滞难行，民间交易只用金银；英宗正统年间放松管制，白银正式成为法定通货，和铜钱同时流通。

因币种繁多，仅制钱一项就有“金背”、“火添”、“锭边”等，重量成色不一，而且制钱、私钱和白银的比价经常波动，这样经营银钱兑换业务的钱庄遂应运而生。

入清以后，金融业继续发展，钱庄实际上已成为中国当时商业和金融业的枢纽。尤其是上海的钱庄，在乾隆年间已具有相当大的规模。上海成为全国钱庄活动的中心。

钱庄的资本一般不过数万两，大多来自商人。钱庄通常采取独资或合伙等无限责任形式，营业主要限于本城市和附近地区。钱庄的放款对象主要是商业行号。每年丝、茶、糖、棉、麻等上市季节，它都贷出大量信期款项。同时，它也举办工业放款，这主要是 19 世纪 90 年代后对中国近代工业企业的放款。钱庄对民族工商业的发展起了积极作用。

钱庄是封建性的金融机构。鸦片战争后，一方面，钱庄为服务于洋行的中国买办商人提供庄票，作为外商银行的抵押，从而为洋行推销洋货和搜罗土产；另一方面，一些买办商人也亲自附股或开设钱庄，所以钱庄又具有买办性质。

清末，近代银行兴起，但由于钱庄与当地工商业有密切联系，因而它在金融市场中的优势仍保持了相当长的时间。民国前后，钱庄开始衰落，新中国成立后，各地钱庄多数停业，上海等地少数未停业的钱庄也与其他私营金融企业一起合并成为公私合营银行。

薪水史话

据《南史·陶潜传》记载，陶潜送给他儿子一个仆人，并写信说："得知你们在家连每日的生活开支都难以供给，因此派了这个仆人来，帮你们打柴汲水。他也是人家的儿子，你们可要好好待他。"

在陶潜的这封信中，便出现了"薪水"这个词，"薪"指砍柴，"水"是担水。因为柴和水都是生活的必需品，原指砍柴打水的"薪水"一词，便渐渐有了生活开支的意思。如《魏书·卢昶传》中记载："如薪水少急，即可量计。"这里的"薪水"就是指日常费用。

东汉以前，官员俸禄一般都是发放实物（粮食、布帛），唐以后一直到明清，主要以货币形式为俸禄发给朝廷官员。古代官员俸禄的名称不止一种，如"月给"、"月薪"、"月钱"等，而明代曾将俸禄称"月费"，后又改称为"柴薪银"，意思是帮助官员解决柴米油盐这些日常开支的费用。

现代人按月支取的工资近乎古代的"月俸"、"月费"，主要也是用来应付日常的生活开支。因此，人们常把工资也称为"薪水"。

盘缠的由来

钱与我们每个人的生活息息相关，它用于不同场合时，说法有很多，如钞票、纸币、银子、现金、费用等。看古装剧或古小说时，说某人有没有旅费时，还会发现它的另一种称呼：盘缠（或盘川）。为什么这样叫呢？

"盘"和"缠"，分别是"盘绕"和"缠绕"的意思，是一对近义词。钱同盘绕、缠绕在今日当然毫无关系，但在古代却有着很大联系。

中国古代的钱币都是中间有孔的金属硬币，因此古人常用绳索将一千个钱币穿成串再吊起来，穿钱的绳索叫作"贯"，所以，一千钱又叫一吊钱或一贯钱。

宋代以前的商贾游人出远门，都把铜钱或背在身上，或肩扛手提，既不便，又招人耳目，且容易被窃贼盯上，所以到了宋代便出现了把铜钱盘起来缠绕在腰间的新发明，既方便携带又安全，因此古人就将这又"盘"又"缠"的旅费叫"盘缠"了。

商标溯源

商标是商品的标记，俗称“牌子”。商标是随着商品生产的出现而产生的。我国春秋战国时期的酒店，最初就是以“旗”作为商标。《韩非子·外储说》中提到：“宋人有沽酒者……悬帜甚高。”这里的“悬帜”，就是指的挂酒旗作商标。那时的商标多以实物充当，鞋店画双鞋、剪刀铺绘把剪刀以示经营内容等。

但随着工商业的发展，往往同一个市镇里，有几家同行业的商店或作坊，倘若都以同样的实物作标志，那么互相之间就难以区别了。于是，他们便各以一种动物或植物作记号，这样便出现了“图记商标”。北宋时期，当时济南有家姓刘的针铺店，以石兔作为商标，颇负盛名。

鸦片战争以后，外国商品大量涌进中国市场。中国商标受外国影响，它的职能除了区别同类商品外，也起着美化商品的作用。因而，商标的款式、花样也逐渐繁多起来。

我国历史上第一个商标法，是 1904 年（清光绪三十年）颁布的《商标注册试办章程》。新中国在 1983 年 3 月 3 日开始颁布实施《中华人民共和国商标法》，标志着我国贸易市场正在走向成熟化、正规化。

古代的集市

“集市”一直伴随着人类社会的进步而进步，自身的形态和功能也在发生着变化。在漫长的发展历程中，“集市”肩负着两部分的职能：一是物品交流的功能；二是民众聚会的重要场所，即人与人的关系的社会体现场所。今天，我们所见到的广场空间也是从“集市”的形态演变而来。

我国集市贸易的历史，最早可以追溯到原始社会后期的“物物交换”。到了周代，集市贸易已初具规模，《周易·系辞》记载：“日中为市，致天下之民，聚天下之货，交易而退，各得其所”。

到了唐代，集市设有市令官，主要管理市场交易，并规定午时击鼓三百下，商人始能入市，日落前七刻击钲三百而散市。

随着商品经济的发展，开始出现了专门性的集市。我国古代的专门集市可分为季节性和非季节性两种。季节性的专门集市，大多出售的是节令商品，如《成都古今记》载：“正月灯市，二月花市，三月蚕市，四月锦市，五月扇市，六月香市，七月七宝市（用多种宝物装饰的器物），八月桂市，九月药市，十月酒市，十一月梅市，十二月桃符市。”另外，也有一些盐市、草市、米市、茶市等，也属于专门集市。

另外，还有庙市和香市，庙市又称庙会，一般是一年一度，为期约三五天。像上海静安寺庙会。有的一年数次，甚至每月举行。香市一般在春季汛期进行，也是一种大规模的集市贸易。

我国宋代还出现了夜市和早市。夜市一般至晚三更为止，早市一般始于五更。

最为有趣的是，在我国古代还有一种“学市”，又称“槐市”。相传为汉朝王莽建立的。槐市“列槐数百行为隧，无墙屋，诸生朔望（每月初一和十五）会，且各持其货物及经、传、书、记、笙、磬、乐、器，相与买卖，雍容揖让，论义槐下”。

夜市史话

每当夏季天气炎热之时，各地的夜市便开始活跃起来。然而，你知道夜市的历史吗？

夜市在我国有着悠久的历史，远在春秋时期，我国商业活动就很活跃。到了西汉，都城长安及洛阳、邯郸、成都等大城市，均已成为著名的商业中心。不过，当时官署对城市市场管理严紧，开市和闭市均有定时，不可能形成夜市。东汉时，有些城市打破禁锢，兴起了“夜籴”，这便是夜市的萌芽。

到了唐代中期，随着农业、手工业的不断发展，商业出现了新繁荣局面，单靠白天的市场交换商品显然已经不能适应新的形势，于是夜市才正式出现。

北宋时，都城汴梁的夜市已初具规模，十分热闹，达到了“车马阗拥，不可驻足”的程度。夜市的时间要三更歇。买卖的内容以各种时令食品、风味小吃为主：夏天有绿豆饮、甘草冰雪凉水等；冬日则有旋炙猪皮肉、野鸭肉之类。当街摆铺，提灯照明，任人选购。

南宋迁都临安以后，夜市更是盛况空前。南宋吴自牧所著《梦粱录》里说：“杭城大街买卖昼夜不绝，夜交三四鼓，游人始稀。”《都城纪胜》中更说：“其夜市除大内前外，诸外亦然……奇巧器皿，百色物件，与日无异。”这时的夜市，凡白天能买到的商品，晚上几乎都能买到。

官设马市史话

所谓“马市”，就是马的交易场所。据史料记载，我国的马市，起源于唐玄宗时，当时朝廷允许突厥人每年在西受降城（今内蒙古杭锦后旗乌加河北岸）用马匹换金帛。这便是我国最早的马市。

宋朝沿袭了唐代这一交易制度，大多用布帛换取马匹，宋神宗时则又用茶叶换马。

明代永乐年间，在甘肃设有同回族易马的互市，后来又在辽东的开原南关、开原城东和广宁分设三个马市，以米、布、绢同少数民族换马。明正统三年，又在大同开设马市，与瓦剌首领也先互市，后来由于中官王振裁抑马价，发生兵争，而招致土木之变，马市废除。嘉靖十年（1531年），明朝又在大同、宣府等地开设马市，以银换马。

清顺治二年（1645年）虽在张家口和古北口等处设马市，用茶换马，但到雍正年间趋于停止，仅仅在四川边境地区同少数民族用盐换马。而到了咸丰时各地军队所需马匹统归自购，官设马市告以全废。

秤的历史

我国古代，将量物轻重的天平和杆秤通称“权衡”。早在西周时期，我国已有计算重量的手段，如西周青铜器铭文中的“金十匀”等记载，其中的“匀”就是计量单位。

古代用的天平。

到春秋时期，我国开始出现了天平。到了三国时代，天平的提纽渐渐从中间移至一端，并在衡杆上刻斤、两数，形成提系杆秤的雏形。现代出土的一些北魏、北齐的铁秤砣表明，在魏、晋、南北朝时期，杆秤已得到了广泛运用。

对于计量衡器，历代都重视其制造和管理。首先，要求衡器制造准确。早在西周成王时，王室就曾颁布度量衡标准器。秦始皇时，还曾颁发标准权器，诏令全国统一度量衡。唐、宋、元、明、清各代都对度量衡的管理十分严格，法律规定不准私造。

为保持衡器的准确度，各代还实行一些定期巡检制度。周代规定，每年仲春和仲秋之月“同度量，平权衡”。

为加强衡器管理，历代还专门设置掌管度量衡事务的官吏与机构。史载东汉时的京兆尹平权衡，因而“市无阿枉，百姓悦服”。唐代专设监校官。明代权衡通由工部宝源局监造，由兵马司兼领市司，负责校正衡器。

古代的赋税制度

赋税，又称税收，是国家出现后的产物，是国家存在的经济体现与物质条件。

据我国历史记载，2000 多年前的夏朝就出现了“贡”， 贡就是献生产物给帝王。夏代的贡纳，地区广，名目多。据《尚书·禹贡》所载，除地处王畿的冀州无须纳贡外，其他八州都有贡纳。各州的贡纳物品互有侧重。除麻、丝、漆、羽毛、皮革和铜铅等金属外，有的州还须贡纳珠宝、怪石、海贝、异兽等。

商朝时，国力强盛，贡纳的范围更广，除诸侯封邑外，边疆的氐、羌等族，也来纳贡、称臣。诸侯部族贡纳的大量牲畜，更是商朝奴隶主对外战争所需畜力和祭祀用牲的主要来源。

进入西周后，贡纳已经制度化。一方面，将贡纳列入财政预算，“专贡专用”；另一方面，按等级核定贡纳的轻重，即所谓“天子班贡，轻重以列，列尊贡重”。

到了春秋时期，对私有土地按亩征税的“初税亩”制实行后，就有了“税”的征收方式。后来，随着手工业和商业的进一步发展，捐税的种类日益增多。

我国的北魏和唐代中期以前实行均田制，税收多以田亩征收，两税法实行后，则以人口和财产多寡征收，宋代也大致如此。

到了明代后期，实行了“一条鞭”新税法。它以州县为单位，把所有的田赋、劳役以及多种摊派的贡纳和杂役，统统折合成银两，归并成一个总数，然后按本州县田亩分摊，向土地所有者征收。

清初，继续沿用“一条鞭”法。1713年，清政府下令，依照康熙五十年各地所报人丁数字，作为丁银的固定税额，后来又演化为将丁银并入田赋征收，丁银和田赋都按田亩征收。这种“地丁合一”是我国古代封建赋税制度的最后形式。

捐输、捐纳、捐例

清中叶以前，遇有国家庆典、筹集军饷、皇帝巡幸、工程建设等浩繁开支，准许巨商富民捐款报效，曾举办临时性捐输。其后，捐输定为常例，在国家正项财政收入中，列有捐输名目。清末，《辛丑条约》签订后，为筹措庚子赔款，在四川等地所征的田赋附加税，亦称捐输。

捐纳是封建社会政府实行的捐官制度。以捐纳一定数额的银两获得授予的官衔（虚衔或实职）。这种制度始于秦始皇时期，以后历代封建政权多沿袭。

捐例是亦称“事例”。封建政府所订捐官章程，分暂时事例和现行常例两种。清顺治时招民授职，捐银约七八千两，亦有至万金者，但仍行考试，文理通顺者为知县，不通者改授守备，这就是捐例的开始。康雍时期，只捐虚衔，不能做实官。清代后期，将捐款列为正项财政收入，虚衔之外可以捐实官。捐什么官，要多少银子，皆明订章程。

漕运小史

所谓漕运，就是中央政权在各地征收租赋后，由水道转输集散，或供宫中消耗，或充军旅粮饷，或作廒仓中储的一种运输途径，它是我国历史上封建王朝的一项重要经济制度。

漕运在我国具有悠久的历史，清朝黄汝成《日知录集释》说：“漕运始于秦汉，而转输之法则始于魏隋而盛于唐宋。”

隋朝时开凿的大运河，南北蜿蜒2000余公里，后来便成了漕运的水上黄金线。唐玄宗天宝初年，通过漕运干线大运河转运的粮食，每年已有400多万石。到了宋朝真宗、仁宗年间，漕运量已达800万石之巨，创了漕运史上最高纪录。

元朝建立后，漕运在原来的基础上继续得到发展。元朝组织疏浚了大运河，缩短了漕程，使海河、黄河、淮河、长江和钱塘江五大水系贯通流畅。不过，有元一代的漕运始终以海运为主，年运量一度曾达350多万石之巨。

明清之世，对漕运的重视也达到了前所未有的地步。永乐年间，先是疏浚整治了大运河，建立了近50个水闸，增加运河的水量，投入了近万艘漕船，每艘船载量都在二三百石以上。到了清代，由于实行海禁，所以专门致力于河运。但运河年久失修，时时阻塞，所以清政府对漕粮的北运做了一些新的尝试，如选派所谓干员监办，举办官督商运，借助商船漕运等。海禁开放以后，清代的漕运又通过海运得到发展。

会计的由来

“会计”一词大家都知道，它是监督和管理财务工作的代称，而今，也用“会计”称谓做此类工作的人。

“会计”就是“总会计算”的意思。“会”字在当“总计”讲的时候，应读作“kuài”。“会计”起源很早，最早出于《史记·夏本纪》：“禹会诸侯江南，计功而崩，因葬焉，命曰会稽。会稽者，会计也。”大禹晚年在绍兴的苗山上大会诸侯，稽核他们的功德，这个行动称会稽（会计）。

尽管“会计”起源很早，但到了周朝，才形成现在意义上的“会计”。

据记载，周代有专设的会计官职，掌管赋税收入、钱银支出等财务工作，进行月计、岁会。每月零星盘算为“计”，一年总盘算为“会”，两者合在一起即成“会计”。

古书中多处都有使用“会计”一词：《孟子》里有“会计当而已矣”的话。《战国策》“冯谖为孟尝君市义”里也提到过，孟尝君要派人去薛邑收债，问门下诸客：“谁习计会？”冯谖则应声而出。

汉代把周朝的会计官职又作发展，设立了管理这些会计事务的官职。《汉书》上载，汉初的桑弘羊曾为“大司农中丞管会计事”。

旅店的起源

我国是世界上最早出现旅店的国家。据考证，我国古代的旅店起源于原始社会末期。在商朝时，开始出现了“驿站”，当时是供官方传递文书和往来宾客居住的处所。西周初期，为了方便诸侯进贡和朝觐，在通往都城的道路上广修客舍。来宾按爵位高低，分别受到不同的接待，这实际上是一种“官营”的旅店。

春秋战国时期，由于商业兴盛和交通发达，“民间”旅店逐渐兴起。这些旅店食宿不分，主要为商人服务。

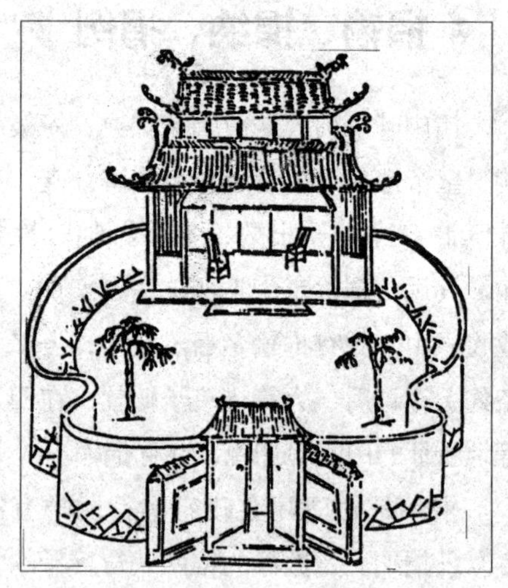

古时旅馆图，选自《三才图会》。

西汉时期，旅店的范围得到扩大。西汉首都长安，馆舍星罗棋布，不仅有供各地客商住的“郡邸”，还有供外宾居住的

“蛮夷邸”。

到了元代，开设旅店已成为最兴旺的行业之一，甚至出现了皇家开办的旅馆。明清时，服务热情周到的民间旅店也大量出现。

宾馆的起源

宾馆在我国有着悠久的历史。

西汉时期，我国出现了最早的宾馆。张骞通使西域以后，来长安的西域人口逐渐增多，各族人民之间的政治、经济和文化交往频繁起来。为此，西汉朝廷就下令在长安兴建了“蛮夷邸”，供外国使节、商人和国内少数民族的代表食宿。“蛮夷邸”实际上是国家宾馆，汉代以后分别称为“西夷邸”（南北朝）、“四方馆”（隋、唐、宋）、“会同馆”（元、明、清）。各朝代的国宾馆均按宾客的国籍或不同民族分设馆舍。

隋、唐时期，随着中外交流的发展，这种宾馆在各商业都市和港口也设置起来，例如唐代扬州的日本馆，楚州的新罗馆，广州的番馆等。政府设有专门管理宾馆的官员，馆内的接待服务人员中还有通事（即翻译）。

当铺的由来

当铺，在我国古代到处都有。它起源于一千多年以前的南北朝时期，当时称为“质库”。据《南史》记载，质库最初全由寺庙经营，后来达官贵族也多有开设。

到了唐宋，典当业日益发达。南宋诗人陆游在《老学庵笔记》中记述：今寺僧辄作库，质钱取利，谓之“长生库”。长生库成了宋时当铺的别称。元代称当铺为解库、解典库、解典铺。明朝除旧称外，又有当铺、典铺、典当等名称。“当铺”之名可能始于明代。民间当铺的发展是清代以后的事情。

旅游业的始创者

现在的人大都喜欢旅游，游览名山大川，参观名胜古迹等。但是，你可知道，旅游是由何时、何人始创而成为一项经济事业的呢？

旅游业的始创者当属我国北宋名臣范仲淹。据古籍记载，宋仁宗皇祐二年（1050年）江苏南部一带发生灾荒，当时，范仲淹任杭州太守。

范仲淹为了赈济灾民，便利用那里的湖山秀丽、古庙名寺众多之长，命各庙主事修葺庙宇，并在太湖举办划船比赛，然后号召各方官民出游。他自己带头游览。自春至夏持续数月之久，收入一大笔钱，范仲淹便用来救济灾民。这一来灾民衣食有着，居守家园，免受逃荒颠沛流离之苦，实是一桩美事，从而也为把旅游业作为一种经济事业来办开创了先例。

何谓五花八门

“五花八门”现在多用来比喻事物花样繁多，变化多端。而在古代，“五花八门”却各有所指。

“五花”分别是：金菊花，指卖茶花的女人；木棉花，指上街为人治病的郎中；水仙花，指酒楼上的歌女；火棘花，指玩杂耍的人；土牛花，指挑夫。

“八门”分别是：一门巾，指算命占卦的人；二门皮，指搭卖草药的人；三门彩，指变戏法的人；四门挂，指江湖卖艺的人；五门平，指说书评弹的人；六门团，指街头卖唱的人；七门调，指搭篷扎纸的人；八门聊，指高台唱戏的人。

何谓七十二行

“七十二行”是人们比喻社会上的各行各业的说法。据宋周辉撰《清波杂志》所载，我国唐代的行业为“三十六行”，即：宫粉行、肉肆行、成衣行、玉石行、丝绸行、珠宝行、纸行、鲜鱼行、海味行、文房用具行、竹木行、茶行、酒米行、铁器行、针线行、顾绣行、汤店行、药肆行、陶土行、扎作行、件作行、巫行、驿传行、棺木行、故旧行、皮革行、酱料行、网罟行、柴行、花纱行、彩舆行、杂耍行、鼓乐行、花果行等。

古时的货郎。

徐珂在其著作《清稗类钞·农商类》中说：“三十六行者，种种职业也。就其工而约计之，曰三十六行，倍之则为七十二行，十之则为三百六十行。”田汝成《西湖游览志余》上说：“杭州三百六十行，各有市语。”

由此说来，七十二行、三百六十行等说法并非行业的具体数字，不过是各行各业数量的概称而已。

第十一编　科技发明

古代的记数方法

从远古时代文明发展的最初阶段起，先民们为了计算猎物，分配食物，不断地积累着关于事物数量的知识。人们认识数是从“有”开始的，起初略知“一”、“二”，后来在社会生产和生活实践中不断积累，知道的数目才逐渐增多。

据调查，新中国成立以前，在有些文化发展比较缓慢的少数民族中，最多还只能数到“3”或“10”，再多就数不清了。这大体上反映了文明初期先民的识数状况。随着识数的增多，在对具体事物个数抽象的基础上产生了数，有了记数的符号。

我国古代记数的符号，大致有两个系统，一个是算码，一个是数字。前者多用于商业和数学书籍，后者多用于文书和典籍。后来又从域外传入了阿拉伯数字和罗马数字。

罗马数字约在13世纪末或14世纪初传入我国，直到清中期以后才对它的记数方法有较为详细的介绍。它主要用于表示时辰，出现在钟表和天文仪器上，并未在实际计算中使用，所以基本上没有对我国记数方法产生太大的影响。

负数的使用

我国古代的数学家很早就引进了负数。在我国古代秦、汉时期的算经《九章算术》的第八章“方程”中，就已经介绍了负数，把“卖（收入钱）”作为正，“买（付出钱）”作为负，把“余钱”作为正，“不足钱”作为负等。

该书还指出：“两算得失相反，要以正负以名之。”当时是用算筹来进行计算的，所以在算筹中，相应规定以红筹为正，黑筹为负；或将算筹直列作正，斜置作负。这样，遇到具有相反意义的量，就能用正负数明确地区别了。

在《九章算术》中，除了引进正负数的概念外，还完整地记载了正负数的运算法则，实际上是正负数加减法的运算法则。书中记录说：“同号两数相减，等于其绝对值相减；异号两数相减，等于其绝对值相加；零减正数得负数，零减负数得正数。异号两数相加，等于其绝对值相减；同号两数相加，等于其绝对值相加；零加正数得正数，零加负数得负数。”

在国外，负数出现得很晚，直至 1150 年（比《九章算术》成书晚 1000 多年），印度人巴士卡洛才首次提到了负数。

分数的运用

我国是世界上最早运用分数的国家，在《九章算术》中就有了系统的分数运算方法，这比欧洲大约早 1400 年。

在《九章算术》中，讲到了约分、合分（分数加法）、减分（分数减法）、乘分（分数乘法）、除分（分数除法）的法则，与我们现在的分数运算法则完全相同。另外，还记载了课分（比较分数大小）、平分（求分数的平均值）等知识，是世界上最早系统叙述分数的著作。

小数的源起

汉朝人刘徽在《〈九章算术〉注》中介绍，开方不尽时用十进分数（徽数，即小数）去逼近，首先提出了关于十进小数的概念。

到 1300 年前后，元代刘瑾所著《律吕成书》中，已将 106368.6312 写成把小数部分降低一行写在整数部分的后边。而西方的斯台汶直到 1585 年才有十进小数的概念，且他的表示方法远不如中国先进。

勾股定理的发明

勾股定理，即直角三角形中夹直角两边的平方和，等于直角对边的平方。这是几何学中最重要的一条定理，用途很广。

我国古代称直角边为“勾”与“股”，斜边为“弦”或“径”，因而将这条定理称为“勾股定理”。这条定理是谁首次在理论上阐明的呢？

据《九章算术》记载，勾股定理是由距今 3000 多年前周朝的商高发现的。据说周公听说商高精通数学，就问商高：古时候伏羲观测天制历法，而天无台阶可攀，也难用尺寸度量，请问数从何而来？商高回答说是通过测量计算而得出的。而测量工具“矩”是将一条木头按三、四、五比例分为三段做成的直角三角形，“折矩以为勾，广三，股修四，径隅五”，“故禹之所以治天下者，此数之所生也”。周公又“请问用矩之道”，商高详细讲解了各种用矩测量的方法，最后周公叹服地说：“善哉。”

由于这个典故，在我国，勾股定理又称“商高定理”。

圆周率溯源

圆周率是指圆的周长和同一圆的直径的比率。它的应用范围很广，现在很多涉及圆的问题，都需要用圆周率来推算。

我国古代的劳动人民在很早以前就已经在生产实践中开始应用圆周率了。最早求得的圆周率值是“3”，这当然是很不精确的。随着时代的发展，科学越来越进步，西汉末年时，刘歆又得出 3.1547 的圆周率值；东汉张衡算出 3.1622 的圆周率值，但这些仍然不够精确。

三国末年时，数学家刘徽创造了用割圆术求圆周率的方法，求得 3.141024 的圆周率值。这是我国古代关于圆周率研究中的一个光辉成就。

后来，南北朝时期南朝杰出的数学家祖冲之（423～500 年），求出圆周率在 3.1415926 和 3.1415927 之间，还保留了两个用分数表示圆周率的数据，其中较精确的称密率为 355/113，还有约率为 22/7。这与现代求得的圆周率的真值很相近，是当时最精确的圆周率。

祖冲之算出来的结果有 7 位小数，科学家们推测，他在运算过程中，至少保留 12 位小数。12 位小数的乘方，尤其是开方，运算起来极其麻烦。没有技巧和毅力，是无法完成这上万次繁难复杂的运算的。在欧洲，到 1573 年，德国的奥托才求得了这数值的近似值，比祖冲之晚 1000 年。

十进制的应用

十进制是中国人民的一项杰出创造，在世界数学史上有重要意义。《卜辞》中记载说，商代的人们已经学会用一、二、三、四、五、六、七、八、九、十、百、千、万这 13 个单字记十万以内的任何数字，但是现在能够证实的当时最大的数字是三万。甲骨卜辞中甚至还有奇数、偶数和倍数的概念。

在春秋战国时代，我国古代人就已经能熟练地运用十进位制算筹记数法，它和现代通用的十进位笔算记数法基本一样。著名的英国科学史学家李约瑟教授曾对中国古代记数法予以很高的评价：“如果没有这种十进制，就几乎不可能出现我们现在这个统一化的世界了。”

九九表的历史

现在学生学的九九乘法表。是从一一得一开始，到九九八十一止。而古代却是倒过来的，从九九八十一开始，到二二得四止，因此称为“九九表”。

我国使用九九表的历史较早，在《荀子》《管子》《淮南子》《战国策》等书中，就能找到“三九二十七”、“六八四十八”、“四八三十二”、“六六三十六”等句子。由此可见，早在春秋战国时期，“九九表”就已经开始流行了。

《九章算术》的成就

《九章算术》是中国古代数学专著，是算经十书中最重要的一种。该书成书于东汉初年（公元 1 世纪），是几代人共同劳动的结晶，它的出现标志着中国古代数学体系的形成。

《九章算术》问世以后，受到很多数学家的推崇，唐宋两代都由国家明令规定为教科书。1084 年由当时的北宋朝廷进行刊刻，是世界上最早的印刷本数学书。

《九章算术》的数学成就主要体现在以下方面：首次提出了分数的概念；提出了整套的比例理论；介绍了开平方、开立方的方法；采用分离系数的方法表示线性方程组，相当于现在的矩阵；引进和使用了负数；提出了勾股数问题的通解公式；提出了各种多边形、圆、弓形等的面积公式等。

算盘的起源

算盘是中国古代劳动人民的一项发明创造，是我国的传统国宝之一。天津达仁堂药店保存着一架长 36 厘米、宽 26 厘米，共 117 档的大算盘。这架已有一两百年历史的算盘是我国现存最大的一只算盘。

然而，中国是什么时候开始有算盘的呢？这个问题在学术界还一直存在着争议。

东汉数学家徐岳写过一部《数术记遗》，其中著录了十四种算法，第十三种即称“珠算”，里面的文字，被认为是最早关于珠算的记载。但是有的学者认为，《数术记遗》一书上描述的珠算不同于现在使用的串档算盘，而是一种“游珠算板”，和后来出现的珠算是完全不同的。

到了宋元时，算盘已经非常流行了。宋代的《谢察微算经》载有“算盘之中……横梁隔木”。算盘中有横梁隔木，这和近代的算盘相类似。在宋代名画《清明上河图》中，画有一家药铺，其正面柜台上也放有一架算盘。宋元之间的学者刘因在他的《静修先生文集》中载有算盘诗。元末陶宗仪《南村辍耕录》“井珠”条有“算盘珠”，“拨之则动”的“走盘珠”的比喻。

宋代的算盘从形制看已较成熟，没有新生事物常有的那种笨拙和粗糙。因此，大多数算学家认为算盘的诞生还可上推到唐代。

最早的雕版印刷品

雕版印刷术是我国古代四大发明之一，它在唐朝就非常流行了。雕版印刷的出现是我国历史上印章与拓石结合的结果。所谓拓石就是用纸在刻有文字的石碑上拓印。人们把坚韧柔软的白纸先用水浸湿贴在石碑的文字上，然后用碎布、帛等扎成的小槌子，在纸面轻轻地均匀捶拍，再刷上一层墨汁，略干后揭下纸张，就成了黑底白字的读物。

1900 年，有一个王道士在甘肃敦煌千佛洞发现了一册印刷的《金刚经》。这部《金刚经》长约一丈六尺、高约一尺，它是由七个印张粘连而成的卷子组成的。卷首有一幅画，上面画着释迦牟尼对他的弟子说法的神话故事，神态生动，后面是《金刚经》的全文。卷末写道：“咸通九年四月十五日王车介为二亲敬造普施。”

这本书是世界上迄今为止发现的最早的雕版印刷书籍。咸通九年是公元 868 年，离现在已有 1000 多年了。

活字印刷术的产生

印刷术是中国古代四大发明之一。它开始于隋朝的雕版印刷术，到了北宋仁宗时，毕昇又发明了“活字印刷术”，并由蒙古人传到了欧洲。所以后人称毕升为印刷术的始祖。

根据沈括《梦溪笔谈》记载，活字印刷术分为三道工序。

首先，用胶泥做成一个个四方长柱体，一面刻上单字，再用火烧硬，这就是一个个的活字。然后在印书的时候，先预备好一块铁板，板上敷一层松脂、蜡和纸灰等合制的药品，铁板四周围放着一个铁框，在铁框内密密地排满活字，满一铁框为一版，再将铁板放在火上烘烤，使铁板上的药品稍稍熔化。另外用一块平板在排好的活字上面压一压，把字压平，一块活字版就排好了。它同雕版一样，只要在字上涂墨，就可以印刷了。这就是最早发明的活字印刷术，这种胶泥活字称为泥活字。

在这一过程中，制字、排版、印刷这三个现代活字印刷术的主要步骤都已具备了。

后来，元代著名农学家与机械学家王祯发明了木活字，并创造出比较简捷的适于汉字特点的转盘排字方法，后来又发明了金属活字，使活字印刷术得到了改进。

造纸始于何时

造纸术是我国古代四大发明之一，作为书写材料的纸，在其历史发展中有几千年的演变过程。在纸没有发明以前，我国记录事物多靠龟甲、兽骨、金石、竹简、木牍、绢帛之类，但所有这些材料均不便于使用。随着社会文化的发展，对书写材料的需要与日俱增，最后导致造纸术的发明。

关于造纸术的起源，过去多是沿袭公元6世纪的历史学家范晔在《后汉书·蔡伦传》中的说法，认为纸是东汉的宦官蔡伦于公元105年发明的。然而1957年在西安市郊灞桥发掘的古墓中，发现了88片古纸，化验证明系以大麻和少量苎麻的纤维为原料制成的，年代不晚于汉武帝时（公元前140～前87年），故称灞桥纸，比“蔡侯纸”要早200多年，科技人员认定这是世界上最早的植物纤维纸。

造纸术图。

由此可见，早在公元前2世纪，我国劳动人民就已经发明了造纸术，不过早期的西汉麻纸比较粗糙，不便书写。到了公元2世纪，在宫廷中任尚方令的蔡伦，凭借充足的人力和物力，监制并且组织生产了一批良纸，于公元105年献给朝廷，和帝大悦，在嘉奖蔡伦的同时，立即通令全国采用。由于蔡伦曾被封为“龙亭侯”，后人便把他组织监制的纸叫作“蔡侯纸”。

还魂纸是一种什么纸

我国不仅发明了造纸术，而且是世界上最早利用废纸造纸的国家。用废纸做原料生产的再生纸，古人称为“还魂纸”。明末宋应星在《天工开物》记载有：“废纸洗去朱墨污秽，浸烂入槽再造，全省从前煮浸之力，依然成纸，名曰‘还魂纸’。”

“还魂纸”的历史可以追溯到北宋时期。敦煌石窟《救苦众生苦难经》使用的纸就是还魂纸。在经卷的反面可以看到三片泛红的故纸残片，纸片上有粗横帘纹，纹宽约 2 毫米，由麻纤维制成，麻筋较粗。这显然是三片抄经前未及捣烂的废纸，它有力地证明了当时的造纸原料中有废纸。该经卷的经尾上写有“乾德五年丁卯岁七月二十四日善兴写经”的字样，说明写经年代为公元 967 年。

西方人曾认为废纸造纸是由德国人 19 世纪末首创的，其实他们至少比中国晚 900 年。

古代的取火方式

根据传说，大约在 6000 多年前的燧人氏时代，人们是通过钻木来取火的。但是，并不是所有的木柴都能钻出火种，人们在长期的实践中发现：要钻出火种，不但要选择木柴品种，而且要根据季节不同而选择不同的木柴品种。

黄帝时期，各地都设有专门管理钻火的官员。他们长年负责选用能钻出火的木柴。如春季钻木取火必须选用干榆木、干柳木；夏季必须选用干枣木、杏木、桑木；秋季选用柞木、樽木；冬季选用干槐木、檀木。这些木柴都能钻出火种来。古人把这种取火方法“燧”。

西周时期，人们开始掌握了人工制火技术，当时的人们用铜制作成圆形镜，中间制成凹形，取火时对着太阳，物体立即燃烧。这种方法被称为“阳燧”取火。

后来，人们又发明了“击石取火”。人人都可以随身携带，这就是“火镰”。“火镰”就是把旧棉絮用草汁一染，捡一块燧石，垫上染过的旧棉絮，用月牙铁条一击，火星就燃着了棉絮，随用随击。火镰在我国沿用了 1500 多年，至今，一些偏僻山区的人还在使用它。

在古代，还有一种被称为“引火奴”的东西。据北宋初年陶谷的《清异录》记载，这种引火奴是用杉木条蘸上硫黄做成的，遇火即着，是引火的好材料。引火奴直到清朝末年才逐渐绝迹。光绪年间修成的《雄县乡土志》说：“城东二里日亚谷城村，居民多以熬硝或以硫黄蘸促灯为业。自火柴行，而此业渐歇矣。”这里所说的促灯就是引火奴一类引火用品。

古人常用的一套点火用具是火镰、火石、火绒。使用时，先打开火镰荷包的盖，取出火石和火绒。一般用左手拿住火石并将火绒压在火石与手指间，右手握住火镰的荷包，将镰刃对准火石猛击。这种击石的过程一般要重复几次，直到撞击的火星将火绒点燃为止。冒烟的火绒用嘴吹气可直接点烟，也可以引燃火纸或火绳等再使用。

古人还有其他的取火方式。如《韩非子》等书中谈到燧人氏钻木取火的传说。另外，古人还有一种取火工具称为“燧镜”，它是铜制的凹面镜，可以聚拢阳光以取火。

火药的发明

火药是我国古代四大发明之一，已有1000多年的历史。许多史籍表明，最早的火药，是在公元9世纪后半期唐末宋初问世的。当时发明的火药，现在叫黑色火药，是硝石、硫黄和木炭三种粉末的混合物。

到了唐代初期，古代的炼丹家在炼丹过程中，为了控制硫黄，炼丹家把硫黄和其他物质一起加热形成化合物，来改变它容易着火的性质，这种方法称为“伏火法”。在进行硫黄“伏火”的种种实验中，人们发现当硫黄、木炭和硝石一起加热时，极易发生激烈的燃烧。由于硫黄和硝石在我国古医书上被列为治病的药物，所以把它们和木炭的混合物称为“火药”，意思是会着火的药。

在《诸家神品丹法》卷五中，载有唐初医学家兼炼丹家孙思邈的“丹经内伏硫黄法”，从中可知当时已经掌握了由硝石、硫黄、木炭混合在一起的火药的初步配方：将硫黄、硝石的粉末放在锅里，然后加入点着火的皂角子，就会发生焰火。这是现在发现的最早一个有文字记载的火药配方。据此推测，我国火药最迟在唐朝初年就已经发明了。

最早完整地刊载火药的配方和制造工艺的，是北宋官修御定的《武经总要》。《武经总要》成书于公元1044年，该书的第11、12卷中，记载了制毒药烟球、蒺藜火球和引火球（也叫“火炮”）三种火药的配方。其中的主要成分是硝、硫、炭，而且硝的比重大大增加。唐代火药硫、硝含量相同，为1 ：1，而在这三个配方中已增加到1 ：2，甚至近乎1 ：3，已与后世黑火药中硝占3/4的配方相接近。同时，又加进各种少量辅助性配料，分别起燃烧、爆炸、放毒和制造烟幕等作用，可见当时的火药配方已经相当复杂了。

到我国宋代，火药开始用于军事。到元代，因为有了火药，就发明了火炮和火铳。

火药在军事上、生产中有着极其重要的作用。马克思曾把火药和印刷术、指南针的发明称作“是资产阶级发展的必要前提”。公元13世纪初期和中期，火药传到阿拉伯国家；13世纪下半期，欧洲知识分子才从阿拉伯书籍中得到有关火药的知识；14世纪上半期，火药开始在欧洲大规模推广，使之发明了枪、炮、弹药等武器。

中国雪和中国盐

中国雪、中国盐并不是指中国的雪和盐。这里是指一种叫“硝酸钾”的化合物，它是制造火药的主要原料。

我国早在公元前6世纪时，就发现了硝酸钾。那时，人们称硝酸钾为硝石，古书里有“硝石出陇道”的记载，可见硝酸钾是我国最早发现的。

在汉代药典《神农本草经》里，硝石被列为重要的药材，并用于炼丹术。唐朝时，硝石传到了伊朗，阿拉伯人看到硝石外表像雪，又是从中国传来的，就给它取名“巴鲁得”，意思就是“中国雪”。而波斯人看到它外表像食盐，则取名为“中国盐”。

开始的时候，他们用硝石炼金、治病和制造玻璃，后来学会了用它制造火药。不久，硝石和火药又由阿拉伯传到欧洲。从此，我国的硝石和火药便成为举世公认的发明。

磁现象的发现

早在先秦时代，我们的祖先在探寻铁矿时就发现了磁铁矿，即磁石（主要成分是四氧化三铁）。这些发现很早就被记载下来了。《管子》的数篇中最早记载了这些发现：“山上有磁石者，其下有金铜。”其他古籍如《山海经》中也有类似的记载。

磁石的吸铁特性也很早就被人发现了，《吕氏春秋》九卷精通篇就有：“慈招铁，或引之也。”那时的人称“磁”为“慈”，故汉以前人们把磁石写作“慈石”。

既然磁石能吸引铁，那么是否还可以吸引其他金属呢？我们的先民做了许多尝试，发现磁石不仅不能吸引金、银、铜等金属，也不能吸引砖瓦之类的物品。西汉的时候人们已经认识到磁石只能吸引铁，而不能吸引其他物品。

当把两块磁铁放在一起相互靠近时，有时候互相吸引，有时候相互排斥。现在人们都知道磁体有两个极，一个称 N 极，一个称 S 极。同性极相互排斥，异性极相互吸引。那时的人们并不知道这个道理，但对这个现象还是能够察觉到的。

到了西汉，有一个名叫栾大的方士，他利用磁石的这个性质做了两个棋子般的东西，通过调整两个棋子极性的相互位置，有时两个棋子相互吸引，有时相互排斥。栾大称其为“斗棋”。他把这个新奇的玩意儿献给汉武帝，并当场演示。汉武帝惊奇不已，龙心大悦，竟封栾大为“五利将军”。

指南针的发明

指南针是我国古代的四大发明之一。早在战国时期，我国人民就利用磁铁制造了一种指示方向的工具——“司南”，司南就是指南的意思。

司南的样子像一只勺，由整块的天然磁铁琢磨而成，底圆，可以在平滑的“地盘”上自由旋转，等它静止的时候，勺柄就会指向南方。“地盘”是用青铜做的，有的是个涂漆的木盘。这种底盘内圆外方，四周刻有八干（甲、乙、丙、丁、庚、辛、壬、癸）和十二支（子、丑、寅、卯、辰、巳、午、未、申、酉、戌、亥），加上四维（乾、坤、巽、艮）共二十四向，用来配合司南定向。

到宋代时期，我国劳动人民已会制造人工磁体，这样就产生了更高一级的磁性指向仪器。制造人工磁体的方法之一是把钢针放在天然磁体上摩擦，因传磁而有了磁性。直到19世纪现代电磁铁出现以前，差不多所有的指南针都是采用这种人工磁化法制成的。

据沈括《梦溪笔谈》记载，北宋时有四种不同装置的针型指南针，即水浮法、缕悬法、指甲法和碗唇法。

人们把经过磁化的钢针，穿上几根灯草，放在一只盛满水的碗里，它就能浮在水上为航海船只指示方向，这就是水浮法。水浮法指南针漂浮于水面，能相对保持磁针的水平和稳定，比较实用，正是这种指南针，首先应用于航海事业。缕悬法是把一根磁针用单丝粘住，悬在木架上，针下则安放一个标有方位的圆盘，静止时，钢针就指示南北。缕悬法指针转动灵活，在指导方位上准确性较高，但使用时不能有风，物体不得晃动，有很多限制。

指南针在航海上的应用，又加速了指南针本身的发展。南宋时期，开始把磁针与分方位的装置组成一个整体。这种仪器近代叫罗盘，古代则有不同的名称，或曰地罗，或曰针盘，还有的叫子午盘、定盘针、经盘等。1274年吴自牧《梦粱录》里面提到，舟船遇“风雨冥晦时，惟凭针盘而行”。最晚到这时，指南针已经发展成罗盘针了，但直到明代中叶，罗盘针仍然是水浮针。

指南鱼和指南龟

指南针在历史上有很多不同的样式，其中比较有意思的是指南鱼和指南龟。

指南鱼大约在北宋初年被发明出来，它用一块薄薄的钢片做成，样子很像一条鱼。它有两寸长、五分宽，鱼的肚皮部分凹下去一些，使它可以像小船一样浮在水面上。钢片做成的鱼没有磁性，所以没有指南的作用。如果要它指南，还必须将鱼形钢片放在火里烧红，趁热夹出，顺南北方向放置地面，冷却后因受地磁感应而带有了磁性。虽然磁性很弱，但也可以用来指示方向。

当时不但有用钢片做的指南鱼，还有用木头做的指南鱼和指南龟。用木头做指南鱼的方法是用一块木头刻成鱼的样子，像手指那样大，在鱼嘴处往里挖一个洞，拿一条磁铁放在里面，使它的S极朝外，再用蜡封好口。另外用一根针从鱼口插进去，指南鱼就做好了。把指南鱼放到水面上，鱼嘴里的针就指向南方。

指南龟也是用木头刻成的，放磁铁的办法和木头指南鱼一样，磁铁被插在尾部。不过它有比木鱼更加独特的装置法，就是在木龟的腹部下方挖一小穴，然后把木龟安在竹钉子上，让它自由转动。这就是说，给木龟设置一个固定的支点，拨转木龟，待它静止之后，它就会南北指向。

古代观测风的仪器

东汉科学家张衡，在公元132年发明了一种候风仪——相风铜乌，这种仪器制作简单，即在空旷的地上立一根五丈高的长杆，杆上装一只可以转动的铜乌。人们可以根据铜乌随风转动的方向来判别风向。但这种仪器最初造得比较笨重，古籍中说它要在千里风来的时候才会动。

随着科技的进步，风向器也开始不断得到改进，使它受小风也能转动。在晋代，太史令就设有木制相风鸟，以后相风木鸟就渐渐普遍。

但在军事和交通等方面，最好采用构造更加简单的风向器。于是又出现了用鸡毛编成的风向器，这种风向器所用的鸡毛重约五两到八两，编成羽片挂在高杆上，让它被风吹到平飘的状态，再进行观测，这种羽毛风向器就称为“五两”。这种风向器，在唐代以前就有了，但是在唐代和唐代以后，变得十分普遍。

我国古代还有一种风向旗，在旗上系着小铃，挂在高杆上，随风飘动。观测的人听到铃声，去看旗被吹动的方向来断定风向。这是与现代风向袋相似的一种仪器。

我国古代除观测水平方向的风外，也观测自下而上和自上而下的旋风、方向混乱的乱风。例如，把自上而下吹的风叫作“颓风”，也叫“焚轮风”；自下而上吹的风叫作“飙风”，也叫“扶摇风”等，说明古人对风的观测是细致的。

观测风不单要观测风向，也需要观测风力。在唐代，已经采取地面物体受风影响所表现的破坏程度来表示风力大小，在李淳风所著的《乙巳占》中，就把风力分为动叶、鸣条、摇枝、坠叶、折小枝、折大枝、折木飞砂石或伐木（折木）、拔木树和根八级，并把风向由原来的 8 个方位发展到 24 个方位。

雨量器的发明

我国古代十分重视对雨水的观测，在甲骨卜辞中，对雨已经有“大雨”、“猛雨”、“疾雨”、“足雨”、“多雨”、“毛毛雨”等区别，而且还注意到雨的来向。

雨下得是否及时，以及雨量的分配和多少，直接影响着农业生产。这就迫使古人对上报雨量极为重视。在南宋秦九韶著的《数书九章》一书中，有一个计算雨量器容积的算题，可见那时已有了雨量器。

明朝永乐末年（1424 年），国家制造了统一规格的雨量器，发到全国各州、县，要求各州县按时报告降雨量。这种雨量器曾传到朝鲜，它与现在气象台站使用的雨量器相仿。

云的观测和古云图

云的观测在人民生产生活中作用很大，因此我国古代劳动人民很重视云的观测。在《诗经 · 小雅 · 信南山》中就有“上天同云，雨雪雰雰”的话，意思是说下雪的云，在天空中是均匀一色的。在《吕氏春秋 · 有始览 · 有始篇》中，已经把云按形状分为“山云”、“水云”、“旱云”、“雨云”四种。

为了辨认云，就需要云图，我国目前发现的最早的云图是马王堆三号墓出土的《天文气象杂占》，这份云图是为军事需要占卜吉凶而用的。

至于文献中的云图，《汉书 · 艺文志》

中著录有《泰壹杂子云雨》和《国章观霓云雨》等书，这些书很可能附有云图。宋代郑樵《通志略·艺文略》《宋史·艺文志》《宋史新编·艺文志》等史籍中有《日月晕珥云气图占》一卷、《天文占云气图》一卷、《云气图》一卷、《占风云气图》一卷等云图，可惜都已经失传。

胆水炼铜

胆水炼铜，也叫胆铜法，这是水法冶金的起源。它是中国的一项伟大发明，在世界冶金史和化学发展史上占有重要地位。

我们的祖先在冶炼铜的实践中，以及在探索各种物质所进行的变化的一些实践中，逐渐对铁和铜与盐类相接触而发生化学作用有了认识。胆铜法是把铁放在胆矾（硫酸铜）溶液（俗称胆水）中，使胆矾中的铜离子被金属铁所置换而成为单质铜沉积下来的一种产铜方法。

胆水炼铜法约始于西汉。西汉成书的《淮南万毕术》有“曾青得铁则化为铜”的记载，“曾青”又有“石胆”、“胆矾”等名称，是天然的硫酸铜。东汉的《神农本草经》也说：“石胆……能化铁为铜。”到了南北朝时期，梁代的陶弘景又进一步发现胆铜法的原料不限于硫酸铜，只要是可溶性的铜盐，就会和铁起置换反应。

胆铜法有许多优点。它可以就地取材，在胆水多的地方设置铜场，设备比较简单，操作容易，成本低廉。同时，因为是在常温下提取铜，不像火法炼铜那样需要高温，既节省燃料，又不必使用鼓风炉及其他熔炼设备，且不论含铜量多寡，贫矿富矿都能应用。

冶炼术，选自《天工开物》。

宋代，由于社会经济的发展，铜的需要量增大，水法炼铜的胆铜法得到了推广。北宋时，胆铜产量每年达100多万斤，占当时铜总产量的15.5%；南宋铜产量虽然大减，但胆铜比重却大大增加，曾占总产量85%以上。

《宋史·食货志》记载过宋代所采用的胆铜法中一种具体操作方法，就是在胆水产地设胆水槽，“以生铁锻成薄铁片，排置胆水槽中，浸渍数日”，薄铁片表面便有一层“赤煤”（铜的粉末）覆盖。把薄铁片从胆水槽中取出，刮取铁片上的“赤煤”。因“赤煤”几乎全是单质的铜，把它放在炼炉里略加炼制，即可得到纯铜。当时，人们已经根据不同情况掌握了合适的浸铜时间。水法炼铜的胆铜法，在宋代已经发展成一套比较完善的工艺了。

在欧洲，水法炼铜出现比较晚。直到 15 世纪 50 年代，欧洲人把铁片浸入硫酸铜溶液，偶然看到铜出现在铁片表面，还十分惊讶，当然就更谈不上应用水法炼铜的原理来生产铜了。

灌钢法的发明

灌钢法是由南北朝时的北齐人綦母怀文发明的。根据《北齐书·方伎传》的记载，东魏、北齐年间（534 ～ 577 年），綦母怀文选用宿铁作为刀刃，造出了锋利异常的宝刀，可以在一斩之下劈断 30 片金属甲片。

在制作宿铁刀时，綦母怀文没有用通常的水冷法铸刀，而是“浴以五牲之溺，淬以五牲之脂”，就是用牲畜的尿和脂肪来帮助炼钢。因为牲畜尿中含有盐类，具有比水更高的冷却速度，所以能使淬火后的钢获得较高的硬度；牲畜油脂冷却速度较低，能避免钢淬火时脆裂，提高钢的韧性，减少它的变形。

綦母怀文知道使用不同类型的淬火剂，表明他已清楚地认识到淬火剂同淬火后钢的性能之间的关系，成功地使用了油淬和尿淬的金属热处理工艺。

玻璃小史

玻璃古名颇黎。中国目前所藏最早的玻璃制品被认为是战国时代的遗物，至于是自制还是国外运来的还待考证。

古时候，有关玻璃的传说各异。曾有人认为玻璃是天然的东西，不是人造的，因而人们视玻璃制品为珍宝而用于随葬。

战国至秦汉时期，我国玻璃制造业进一步发展，品种增加，有蓝、绿、翠绿、黑等单色玻璃，有俗称“蜻蜓眼”的多色玻璃珠。三国以后，玻璃制造方法一度失传。北魏时，大月氏商人曾到山西大同传授烧制玻璃的技术。

据《隋书·卷六十八》记载：把玻璃视为奇珍异宝的情况一直到唐代，后来由于何稠学问渊博，工于技艺，他鉴于中国玻璃难得，就改传统的制瓷方法制玻璃，制得的玻璃质量也良好，从此中国就可以自制玻璃了。

自唐朝到明初 700 多年间，在中国历史上完成了对玻璃从奇珍异宝到普通物体的看法的根本转变。清末，山东博山玻璃工厂林立，为全国玻璃生产的中心。民国初年，湖南省的玻璃制造业也渐渐发达起来，有 300 多个工厂，江苏最盛时期也有 200 多家工厂。

煤的发现与使用

我国发现煤的历史很早，明代中叶以前的古代文献有关于煤的大量记载，但那时不叫“煤”，而称“石涅”、“石炭”。《山海经》里曾提到，“女床之山其阴多石涅”，可见作为矿物的煤，最迟在战国时期人们就已经发现了。

最迟在西汉时期，人们已经掌握了煤

矿的开采和煤的使用了，这在史籍中已有明确记载，如《史记·外戚世家》：窦太后“弟曰窦广国，字少君。……为其主人入山作炭，寒卧岸下百余人，岸崩，尽压杀卧者，少君独得脱。”“作炭”就是开采“石炭”。

经考古发现，我国基本上在西汉时期已开始利用煤来冶铁了。在河南巩县铁生沟西汉冶铁遗址曾发现燃烧过的煤块，这一重要发现，说明西汉已用煤开始作为炼铁的燃料。

古代煤的应用，选自《天工开物》。

到了隋朝，煤在民间已经通用。元朝时，“石炭”就被称为“煤炭”了。在明末清初方以智的《物理小识》中，就已有关于焦炭的记载。在《戒庵漫笔》《颜山杂记》《会理州记》等书中，有关于炼焦的记载。焦炭是由煤干馏得到的，它保留了煤的长处，避免了煤的缺点。

古代怎样利用地下水

我国古籍中未见有“地下水”一词，但根据古文献记载和考古发掘证明，我们的祖先早在六七千年前就能利用地下水了。

相传我国人民在黄帝时代就懂得凿井取水了。浙江省余姚县河姆渡新石器时代遗址所发现的一口水井，是迄今我国发现最早的水井，这个竖井四壁有由四排木桩组成的方形桩木墙，排桩内顶套着一个方木框，以防排桩向里倾塌，反映出当时建井所采用的方法已相当科学，曾为后代广泛沿用。从尧时民歌中有“凿井而饮”的词句看，最早凿建水井的目的，主要是为了供人们饮水用。

据先秦文献《世本》记载：“汤旱，伊尹教民田头凿井以灌田。”在陕西沣西张家坡西周遗址中，发现8口水井，有的深达9米以上，形状有长方形和椭圆形。说明这个时候，人们已开始利用井水来灌溉农田了。

战国时期开凿水井就更加普遍。这个时期还出现了陶井，这标志着我国古代凿井技术又有新的创新。陶井井圈与井壁之间用土或碎陶片填实，施工方法与现代修建桥墩时采用的沉井法相似，这是施工技术的一个创造。此种水井除供饮用外，还供手工业用水。西汉以后，水井多为砖砌，井筒从下向上逐渐缩小，成梯形，井口较小，加盖，注意了安全卫生。

与凿建水井技术的不断提高相适应，

提水用具也有逐步的改进和发展。起初是在绳索或长杆上系上汲水器具，放入井中提水，约在春秋时发明了用简单的杠杆器械的提水工具桔槔。之后，又有利用轮轴制成的辘轳和滑车提水工具的出现。

古代的冰箱

冰箱现已成为大多数家庭中一种不可缺少的电器。它的用途很广泛，不仅可以对食物进行保鲜，还可以运用到储存医药等方面，为人们带来了许多方便。

实际上，我国在古代就已有了“冰箱”。古时候，天气再热，不能热了天子。于是，宫殿里有了最初的“机器”。这种设备，采用的是冷水循环的方法，用扇轮转摇，产生风力将冷气送入殿中。同时，还利用机械将冷水送向屋顶，任其沿檐直下，形成人造水帘，激起凉气，以达到消暑之目的。

在古籍《周礼》中还提到过一种用来储存食物的“冰鉴”。这种“冰鉴”其实是一个盒子似的东西，内部是空的。只要把冰放在里面，然后把食物再放在冰的中间，就可以对食物起到防腐保鲜的作用了。这就是人类使用最早的冰箱。

此外，在古书《吴越春秋》上也曾记载：“勾践之出游也，休息食宿于冰厨。”这里所说的“冰厨”，就是古代人们专门用来储存食物的一间房子，是夏季供应饮食的地方。明代黄省曾的《鱼经》里曾写道：渔民常将一种鲥鱼“以冰养之”，运到远处，可以保持新鲜，谓之“冰鲜”。

这样看来，我国古代人民早已懂得利用冷藏技术来保存食物，以防止食品腐败。

水车是如何发明的

我国在先秦以前是没有水车的，那时，人们一遇天旱，就“抱甑而汲”，意思是抱着瓦罐到河边或井中取水浇田。后来，出现了“桔槔”，这有点像旧式打井水和灌溉用的“挑竿子”，一头挂汲水的桶，一头挂石头，利用杠杆力取水，这比“抱甑”取水算是进了一步。

中国正式记载中的水车，则大约到东汉时才产生。东汉末年灵帝时，命毕岚造“翻车”，已有轮轴槽板等基本装置。又有一说三国时魏人马均是翻车的首创者（《三国志·魏志》卷二九杜预传裴松之注）。不论翻车究竟首创于何人之手，总之，从东汉到三国翻车正式的产生，可以视为中国水车成立的最早阶段。

马镫的发明

马镫被西方马文化研究界称为“中国靴子”，它是人类历史上一项具有划时代意义的发明。

中国东北方的草原地区，约在公元 3 世纪中叶到 4 世纪初的十六国时期，就已开始出现马镫。当时慕容鲜卑在中国东北地区建立的前燕政权正与高句丽互相争夺地盘，双方都很重视发展骑兵。由于慕容鲜卑与北方草原游牧地区的关系更为密切，便率先发明了木芯长直柄包铜皮的挂式马镫，从而使其骑兵的战斗力猛增。

其后，马镫也被高句丽人掌握并改造，并很快扩散到朝鲜半岛和日本，继而出现了窄踏板金属马镫，在欧亚大草原上广泛传播。在中国南方地区，约在公元 4 世纪也已出现了马镫。

马镫发明以后，战马更容易驾驭，人与马连接为一体，骑在马背上的人解放了双手，骑兵们可以在飞驰的战马上且驰且射，也可以在马背上左右大幅度摆动。

现在最早的马镫实物，发现于公元 3 世纪中叶到 4 世纪初的中国东北的鲜卑人活动区域，出土地点在辽宁省西部与内蒙古赤峰相接的北票市，这对马镫长 24.5 厘米，宽 16.8 厘米。

石油的发现与利用

石油的生产和应用早在汉代就有记载，据《汉书·地理志》记载，上郡高奴县（今陕西延长县），“有洧水，可燃”，这种可燃的洧水就是石油。

在宋代以前，石油并不称为“石油”，而是名叫石脂水、石漆、泥井油、火井油等。直到沈括在《梦溪笔谈》中，才第一次开始采用“石油”这个名称。

沈括于1080年在延州（今陕西延安）任官时，发现当地的很多人都携带罐子，到泉边去装盛同时流出的黝黑油状物，说是可以用来点灯。沈括觉得好奇，也装了些带回家去。

他在这些黑油中放入灯芯，然后将灯芯点燃，发现真的可以像豆油一样用来点灯照明。它烧出的黑烟凝聚成黑灰，还是最好用的写字的墨。沈括于是将这种泉中流出的油称为“石油”。“石油”之名即由此而来。

采石油，选自《天工开物》。

另据《元一统志》第542卷“延安路”条有如下记载：在延长县南迎河有凿开石油一井，其油可燃，兼治六畜疥癣，岁纳一百一拾斤。有人据此判断远在元代以前便有油井。由近代机器开采的第一口石油井是 1878 年清政府在台湾苗栗县出矿坑油田钻成，至今这两处油田仍在开采。

天然气的利用

天然气是指蕴藏在地层内的碳氢化合物可燃气体，其主要成分为甲烷。常与石油共生，储存于地下岩石缝隙、空洞中，由钻井开采而得。主要用作工业和民用燃料，或其他有机化合物原料。

我国是世界上最早发现、开发和利用天然气的国家。据《汉书·地理志》载："西河郡，汉武帝元朔四年（公元前 125 年）置。鸿门有天封苑、火井祠，火从地出也。"西河郡鸿门县在今陕西神木县一带，"火井"即天然气，可见至迟在西汉我国就已开发了天然气。

我国最早利用天然气来煮盐，是西汉末年的"临邛火井"，"盆盖井上，煮水得盐"（晋·张华《博物志》）。东晋党琚《华阳国志》也述及监邛用井火煮盐的情形。

我国古代人民在开发利用天然气的过程中，积累了丰富的经验，并创造了小口深井钻凿法等先进技术。公元 152 年，在四川钻出了世界上第一口油井；1821 年钻透 1200 米的地层，钻出了"自贡古今第一大火井"——号称"火井王"的"磨子井"。

丝绸溯源

我国是著名的"丝绸之国"，是历史上第一个发明丝绸的国家。我国织造丝绸，历史非常悠久，最初用野蚕丝，后来改用家蚕丝。使用家蚕丝的时间，有据可查的，至少有 5000 多年。

据考证，商代时，人们不但会织平纹的很细的绢，而且还能织菱形方格的绢。周代人已经能够控制丝的粗细，并能把丝加以捻紧，然后织成绉织物，说明了当时缫丝技术的高度发展。

我国从商代就有官办的丝绸作坊，周代的统治者设有专职的官吏管理丝织。到了汉代，在长安设有专供皇家纺织的"东西二织室"，并在河南、山东、四川等丝绸的产区设立国家的工官，给皇帝收集丝绸锦缎。统治者的生活骄奢淫逸，甚至连犬马都以锦为衣。隋唐以后，官办的丝织生产规模更大。

用蚕茧制丝，选自《天工开物》。

在很早的时候，丝绸就开始远销到西亚和欧非两洲，极受西方国家的欢迎。古代罗马和埃及都把中国的丝绸看作"光辉夺目"的珍品，以能穿着这种珍品为荣。

中国五大农业典籍

《氾胜之书》《齐民要术》《陈敷农书》《王祯农书》和《农政全书》统称为中国古代五大农书。

《氾胜之书》的作者是西汉氾胜之，它是我国历史上最早的农业科学著作。这本书系统地介绍了北方旱地耕作技术和作物栽培技术，总结出了一种叫“区田法”的耕作方法，还有“穗选法”、“浸种法”等选种和育种方法等，奠定了传统农书中作物栽培总论和分论的基础。

《齐民要术》的作者是北魏贾思勰，该书是我国现存最早最完整的农业百科全书。全书共10卷，92篇，11万多字。该书对农、林、牧、副、渔等多方面都有详尽的论述，既反映了当时中国农业的先进水平，也对推动后世农业科学和农业生产发展奠定了基础。

《陈敷农书》的作者是宋代陈敷，该书是我国古代第一部谈论水稻栽培种植方法的农书。书中包括水稻种植、耕牛饲养和种桑养蚕等方面的内容，体系完整，见解精辟。陈敷自耕自种，刻苦钻研，终于在74岁时写完这部著作，对古代的农业生产作出了巨大贡献。

《王祯农书》的作者是元代王祯，全书共36卷，136000多字，《王祯农书》可分为三部分：“农桑通诀”、“百谷谱”、“农器图谱”。书中对南、北方农业生产作了全面的论述，是当时农业生产技术的总结。

《农政全书》的作者是明代徐光启，这是一部集前人农业科学之大成的著作。全书60卷，50余万字，书中详细记录了中国的农具、土壤、水利、施肥、选种、嫁接等农业知识与技术，是世界上最有价值的古代农业百科全书之一。

《考工记》是一部什么书

《考工记》是中国目前所见年代最早的手工业技术文献，书中保留有先秦大量的手工业生产技术、工艺美术资料，记载了一系列的生产管理和营建制度，一定程度上反映了当时的思想观念。

关于《考工记》的作者和成书年代，长期以来学术界有不同看法。目前多数学者认为，《考工记》是齐国官书（齐国政府制定的指导、监督和考核官府手工业、工匠劳动制度的书），作者为齐稷下学宫的学者；该书主体内容编纂于春秋末至战国初，部分内容补于战国中晚期。

今天所见《考工记》，是作为《周礼》的一部分。故《考工记》又称《周礼·考工记》（或《周礼·冬官考工记》）。

《考工记》篇幅并不长，但科技信息含量却相当大，内容涉及先秦时代的制车、兵器、礼器、钟磬、练染、建筑、水利等手工业技术，还涉及天文、生物、数学、物理、化学等自然科学知识。正因为此，历代有关《考工记》的注释和研究层出不穷，其中成绩卓著的学者，早期有汉代的郑玄，中期有唐代的贾公彦，晚期有清代的戴震、程瑶田、孙诒让等。

第十二编　交通邮政

古代运河

运河，是指人工开挖的水道。在中国历史长河中，统治者为巩固政权，战事频繁，征伐不断，为保证军事行动所需之大量粮草的运输，在水运上占有主导地位的年代，开凿运河就成了一件十分有必要的事。

我国最早的运河是公元前 6 世纪初期楚国和吴国开的沟渠。但是，最著名的还是隋代大运河。

隋统一中国后，人民得到安定的社会条件从事生产，社会经济逐渐恢复。隋文帝于 584 年命宇文恺率众重开漕渠。自大兴城西北引渭水，略循汉代漕渠故道而东，至潼关入黄河，长 150 多公里，名广通渠，604 年改名永通渠。

但是，大规模的修造，还是在隋炀帝杨广上台以后。公元 605 年，隋炀帝征发百万士兵和夫役，修造通济渠。同年又改造邗沟。608 年，又征发河北民工百万开凿永济渠。610 年沟通长江河。至此，开凿大运河的工程基本完成，是为隋大运河。

隋炀帝在修运河同时，还在两岸筑起御道，种上杨柳树。从长安到江都，沿途建造离宫 40 多处。此外，沿运河还建立了许多粮仓，作为转运或贮粮之所。

隋代开凿的大运河，以京都洛阳为中心，东北抵涿郡，东南至余杭，全长 2500 公里。沟通了海河、黄河、淮河、长江、钱塘江五大水系，并把京师、东都、涿郡（幽州）、浚仪（汴州）、梁郡（宁州）、山阳（楚州）、江都（扬州）、吴郡（苏州）、余杭（杭州）等通都大邑连缀在一起，从而加强了各地区间的联系。当时运河上“商船旅往返，船乘不绝”，它对隋唐时期南北经济文化交流，维护全国统一和加强中央集权制，都起了促进作用。

后来的各个朝代，从维护统治阶级切身利益出发，都继续使用和修筑了大运河。到了 13 世纪的元朝，元世祖忽必烈定都在大都（今北京），全国政治、经济中心移到这里。依然使用隋运河。然而，隋运河就纵贯南北来说，并不很直，实际上是拐了一个大弯子。这条航线费时费工，运价也高。忽必烈因而意识到，只要开出一条直通南北的河道，就是一条最快捷、最经济、最有效益的人工长河。

于是，元世祖忽必烈在1289年下令开凿会通河。这条河北始临清，南到东平路（今山东境内）的安山。又从北京到通县间开了一条通惠河，与原有的旧河道沟通。这样一来，由杭州到北京，就可以不绕道洛阳，直接到达。而隋朝开掘的部分河道由于年久淤塞，未加清理，逐渐废弃了。元朝开凿的河道，称之为京杭大运河。这条运河较隋朝大运河大幅度东移，依然是连通北京和杭州，却只有1794公里，比隋大运河缩短近800公里。这就是我们现在所看到的大运河。

古代是如何造船的

中国有漫长的海岸线，仅大陆海岸线就有18000多公里，又有6000多个岛屿环列于大陆周围，岛屿岸线长14000多公里，它们绵延在渤海、黄海、东海、南海的辽阔水域，并与世界第一大洋——太平洋紧紧相连，这就为我们的祖先进行海上活动，发展海上交通提供了极为有利的条件。要进行航海活动就要有船只，我国的造船史绵亘数千年，早在远古就开始了。

古时船及船上各器具名称，选自《三才图会》。

早在新石器时代（约10000年前开始，结束于距今5000多年至2000多年不等），我们的祖先就广泛使用了独木舟和筏，并以其非凡的勇气和智慧走向海洋，为我国的航海业奠定了基础。据考证，筏，舟船发明以前出现的第一种水上运载工具，就是新石器时期我国东南部的百越人发明的。

秦汉时期，我国造船业的发展出现了第一个高峰。秦始皇在统一中国南方的战争中组织过一支能运输50万石粮食的大船队。据古书记载，秦始皇曾派大将率领用楼船组成的舰队攻打楚国。统一中国后，他又几次大规模巡行，乘船在内河游弋或到海上航行。

到了汉朝，以楼船为主力的水师已经十分强大。据说打一次战役，汉朝中央政府就能出动楼船2000多艘，水军20万人。舰队中配备有各种作战舰只，有在舰队最前列的冲锋船“先登”，有用来冲击敌船的狭长战船“蒙冲”，有快如奔马的快船“赤马”，还有上下都用双层板的重武装船“槛”。当然，楼船是最重要的船舰，是水师的主力。楼船是汉朝有名的船型，它的建造和发展也是造船技术高超的标志。

唐宋时期为我国古代造船史上的第二个高峰时期。我国古代造船业的发展自此进入了成熟时期。秦汉时期出现的造船技术，如船尾舵、高效率推进工具橹以及风帆的有效利用等，到了这个时期得到了充分发展和进一步的完善，而且创造了许多更加先进的造船技术。隋朝是这一时期的开端，虽然时间不长，但造船业很发达，甚至建造了特大型龙舟。隋朝的大龙舟采用的是榫接结合铁钉钉联的方法，用铁钉比用木钉、竹钉联结要坚固牢靠得多。隋朝已广泛采用了这种先进方法。

明朝时期，我国造船业的发展达到了第三个高峰。由于元朝经办以运粮为主的海运，又继承和发展了唐宋的先进造船工艺和技术，大量建造了各类船只，其数量与质量远远超过前代。郑和下西洋时，在第 7 次航行中，共出动船舰 62 艘，共载 27551 人，其中最大的船长 1500 米，宽 60 米，舵杆长 11 米，张 2 帆，可容 1000 余人。这标志着中国古代造船技术的发展达到了顶峰。

船闸是怎样发明的

在世界上，我国是第一个建造船闸的国家。

公元前 221 年，秦始皇发动了统一全国的战争，秦军在进入湖南、广东、广西交界的五岭时，被逶迤的山势所阻，行军和运输都遇到了极大的困难。于是，秦始皇决定在五岭开凿一条运河，沟通长江与珠江两大水系。

秦始皇命令史禄开灵渠，路线选定在湘江和珠江支流漓江的分水岭上，渠长 60 公里，因为灵渠处在高山之上，湘江和漓江的水位相差很大，为了解决这一矛盾，当时发明了斗门。斗门，又称陡门，就是现在的船闸的闸门。在运河水位比降较大的地方筑起一个个斗门，控制河段水位。每过一个斗门，船就进入水位较高的河段。这样，世界上第一条船闸式运河就出现了。

轮船的由来

“轮船”一词出现于唐代。

唐代的李皋发明了一种“桨轮船”，这就是初级的轮船。李皋对当时的船的动力进行了改革，他在船的舷侧或尾部装上了大型的带叶的桨轮，转轮外装有呈放射状的拨水板，依靠人力踩动桨轮轴，带动轮轴上的桨叶拨水推动船身前进。

这种经过改造的新型船只的桨轮的下半部浸埋于水中，上半部露出水面，所以称为“明轮船”或“轮船”，以区别于那些人工划桨的木船和依靠风力推行的帆船。

随着蒸汽、煤油等动力船的出现和“明轮船”的消失，“轮”已不复存在，但人们仍习惯地把机动船称为“轮船”。

我国古代的桥梁

我国古代建造的桥梁，已经具备了现代桥梁工程中的梁桥、拱桥、索桥三种基本体系，有不少建筑技术在世界桥梁史上堪称壮举。

我国最早见于古文献的桥梁，是西周初周文王为了迎亲，用船在渭水上搭的浮桥。另据《史记·秦本纪》载，公元前 257 年秦昭襄王时，在山西蒲州（今风陵渡）黄河上架设了大浮桥，这是历史上跨越黄河的第一座桥。

现在我们所能看到的最古老的桥梁形象，是在汉代画像石、画像砖和壁画上描绘的桥。

在我国的石梁桥中，以陕西西安的灞桥和福建泉州的洛阳桥、晋江的安平桥最为有名。

拱桥在我国也出现得很早。最早见于古文献的拱桥是公元 282 年，在河南洛阳东六七里建成的“旅人桥”。保留到今天的最古老、最著名的石拱桥，是河北赵县的安济桥（又叫赵州桥、大石桥）。

索桥也是由我国首创的，我国西南、西北地区的一些河流，谷深水急，无法筑墩建桥，古代人民就发明了用竹、藤、铁等作索为桥。据记载，我国早在北魏时的新疆地区就出现了索桥，这是世界上最早的铁索桥。现在最著名的索桥是四川灌县的夫妻桥和泸定县的铁索桥。

我国古代公路小史

“公路”一词是以其作为公共交通的路得名的。在古文中，“公路”一词并不存在，它是一种近代的说法。

我国筑路修道的历史相当久远，相传，史前先民由于作战与生活的需要，黄帝“命竖亥通道路”。“道路”一词出现了，名称也由此而定。帝尧时，路名“康衢”。

西周时，路按等级分别命名，“路”容乘车三轨。“道”容二轨，“涂”容一轨，“畛”走牛车，“径”为仅走马的田间小路。

“秦治驰道”为中国公路史上空前大的工程。“驰道”又名“真道”，为天子驰车马之道，又广筑非官道。秦汉以后历朝，路名“驰道”或“驿道”，元称“大道”。清称“官路”和“大路”。

清朝后期，国外有人开始在碎石路上铺浇沥青，成为沥青路，这可以说是公路史上的一大突破。我国最早建设的一条沥青路，是百年前光绪年间铺设的广西龙州至镇南关的公路。

中国铁路小史

1814 年，英国人史蒂芬逊发明了蒸汽机车，又于 1825 年建成了世界上第一条铁路。鸦片战争以后，中国开始出现是否修建铁路的议论，一些外国商人向清政府提出了修筑中国铁路的大规模综合计划。

1865 年，一个名叫杜兰德的英国资本家，在北京宣武门外修筑了一条长仅一里的铁路，试行小火车，有人认为虽然这只是一条展览路不具备多大的实用价值，且很快被清政府派兵拆毁，但仍可以说这是中国最早的一条铁路。

1876 年英商怡和洋行在上海修建了淞沪铁路。这段铁路全长 30 公里，运行正常，搭客载货，但后来出现了重大伤亡事故，被清政府拆毁。它是我国最早出现的一条营运铁路。

1887 年，由开平矿务局投资，筑成了一条唐胥铁路（唐山—胥各庄），该铁路长 10 公里，为我国第一条自建的标准轨铁路。

1905 ～ 1909 年，在中国铁路工程师詹天佑亲自设计和主持下，我国修建了一条起于北京，终达张家口的京张铁路。这条铁路工程规模之大，工艺技术之复杂，在当时世界上实属罕见，这是我国自行设计和修建的第一条铁路。

车的由来

相传，我国最早的车是 4000 年前由黄帝创造的，是用牛拉的。到了夏禹时代，奚仲驯马拉车，人们就乘坐马车了。

商代时，车有了改进，并同其他珍贵物品一样，被列为殉葬品。这些车已经包括了车架、车轴、车轮三部分，有一车四马二人的，或一车二马三人的。

到了西周，车在制作上又有了改进，并被广泛地使用。《说文》上说，南禹县辛村周墓，出土车 12 辆，马骨竟有 72 架，可见一车六马的车。

战国时，车有了更大的改进，特别是车辕已由单辕改为双辕，这就更加牢固，载重量也更大了。

汉代时，出现了严格的乘车等级制度，“轺车”即无帷的小车，是低级官吏坐的。“轩车”是一种高大的棚车，供高级官吏乘坐。装有帷幕的“辎车”，则是贵族妇女乘坐的。一般的车只驾一马，四马的车是统治阶级乘坐，即所谓“驷马安车”。

到东汉，以牛车为贵的风气渐渐盛行。

古代的牛车

牛车，先秦时称为“大车”，是指用牛拉的车。先秦时，这种车只用来拉笨重的东西。到了汉代，统治阶级转而喜乘牛车，以牛车为贵的风气开始盛行。这是由于牛车行进较慢，行走起来较为平稳，而且车身高大严密，可以障帷设几，任意坐卧。

古代牛车。

牛车分“通幰牛车”、“偏幰牛车”和“敞棚牛车”三种。通幰牛车地位最高，这种车在车顶上自前到后张一顶大幔子，偏幰牛车的幔子则只遮住车的前半部。这两种车子在幔子底下还有车棚，棚一般有檐，早期的檐较浅。

到唐朝时，棚檐已变得很深，叫作“长檐车”。没有棚的车叫敞棚车。

宋代以后，制车技术的重点逐渐由乘人的车转到载货的车。宋代的大车叫“太平车”，用 5 ～ 7 头牛拖曳。

古代的马车

马车，先秦时称为“小车”，当时，马车除供贵族出行外，还用于战争。

战国时期，马拉战车的多少已成为一个国家强弱的标志，有所谓“千乘之国”、“万乘之君”等说法。这时的马车，结构先进，性能良好，装饰豪华，制作也十分考究。有的还在车上装有一种叫銮的铃，行车时锵锵作响。

汉代时，车子有了重大的改革，单辕车逐渐减少，双辕车逐渐增多，车的种类繁多，使用范围也日益扩大。官僚贵族出行时，按其自身的等级，要保持一个马车组成的车队，以表示其社会地位的显赫。

汉朝最高级的马车是皇帝乘坐的“辂车”和“金根车”。高级官吏乘“轩车”，一般官吏乘“轺车”。如果车身与驾牛的大车基本一致，却用马来拉，即所谓“次车驾马”，则叫“辇车”。

此外，还有专供某一特定用途而制作的专用车辆，如作为仪仗队用的、上立钺斧的“斧车”，在仪仗队中载乐队用的“鼓吹车”，狩猎用的“猎车”，载猛兽或犯人用的“槛车”等等。

“轿车”的由来

中国人将小汽车称为“轿车”，为什么这样叫呢？是不是和我国古代的轿子有关呢？那么，先来说说“轿车”这一称谓的由来。

我国在数千年前就出现了马车这种交通工具，古人在生产、运输、往来经商时，都需要用到马车。但是，马车在奔跑起来时，颠簸很大，人坐在里面总会感觉不大舒服，相比而言，坐轿子是既舒服又文雅的。因此，古代的皇帝、高官、绅士都喜欢乘轿，女子出嫁为气派隆重也以坐轿为时尚。

明代时，人们开始将马和驴交配而生的骡用到运输行业中，骡子既有马的力量和速度，又有驴子吃苦耐劳的优点，因此就将千年马车改为骡子驾车，并起名“轿车”。

骡车在清代时进入全盛时代。因为人们发现，骡子经过训练和调教，它快步走路时造成的颠簸可减至最小，骡车成为超越轿子的最先进交通工具。

清朝末年，中国开始出现了从国外引进的汽车，第一辆汽车是洋人献给慈禧太后的。由于它比骡轿车性能更优越，于是大家就又把“轿车”这个称呼转送给了汽车，一直沿用至今。

邮驿通信小史

中国是世界上邮驿起源最早、最发达的国家之一，也是世界上最早、最成功地发现并运用通信规律组织书信传递的国家之一。中国古代创造和积累的一整套治邮经验，多为世界各国所汲取。

在原始社会时，我们的先民们大概是采取以物示意的方法来传递信息的。到了商代，边疆上开始有了通信兵，负责传递军情。这种形式延至明清，相习几千年之久，其中尤以汉代的组织规模为大。

古代战争中，常在边防军事要塞或交通要冲的高处，每隔一定距离建筑一高台，俗称烽火台，亦称烽燧、墩堠、烟墩等。高台上有驻军守候，若发现敌人入侵，白天燃烧柴草以“燔烟”报警，夜间燃烧薪柴以“举烽”（火光）报警。一台燃起烽烟，邻台见之也相继举火，逐台传递，须臾千里，以达到报告敌情、调兵遣将、求得援兵、克敌制胜的目的。

到了西周时，我国已经出现了比较完整的邮驿制度。当时，各诸侯国为政治、军事上的需要，在大道上经常设有驿马和邮车，往返传送官府文书。

秦始皇统一中国后，开始在全国修筑驰道。“车同轨”，“书同文”，更促进了邮驿通信的发展。

到了唐朝，这种制度更是盛极一时。唐朝的邮驿分陆驿、水驿和水陆兼办三种，共有1600多处，其中水驿260多处，水陆兼办的也有80多处，由驿亭的亭长管理送信的事。那时送信就像跑接力赛一样，一个接一个往前传。遇到军情紧急，就在信封上插根羽毛，驿亭接到插有羽毛的信后，便马不停蹄，飞速地把信传递到收信人的手里。邮驿的行程也有明文规定，如陆驿规定马每天走70里，驴50里，车30里。

到了700多年前的元朝，中国的邮驿通信已经非常发达，仅在中国境内，就设有驿站1496处。那时除“马驿”外，还出现了“狗驿”。狗跑得快，又能认路，不需人骑，只要在它身上缚一个装信的小袋，狗就能很快把信送到固定的地点。当时，有个最大的“狗驿”驯养着3000多只专门送信的“邮犬”，这也是当时世界上最大的犬驿。

另外，元朝还沿袭宋朝的办法，在各州县广泛设置“急递铺”。这种急递铺是专门传递官府的紧急公文的，有点像现在的军邮，全国估计约有2万处，每铺有几个铺丁，日夜不停地递送文件，一昼夜可行200公里。

明朝驿站，基本上沿袭旧制。清朝中叶以后，近代邮政逐渐发展起来，代替了古老的驿站制度。

何谓廷寄

清军机处设立前，皇帝的诏令是通过六部传达下去的，传递既缓慢又易泄密。

军机处成立后，军政密件由军机大臣请示皇帝意见后，拟好诏令，封入纸函，盖上军机处银印交兵部加封，令驿站限时送达。送达速度，根据缓急程度在信函上注明，一般是日行150公里，紧急事情有日行200公里、300公里甚至更多。而且促以军令，不准违误，这种传送称为“廷寄”。

根据受命者的官职不同，廷寄分为不同种类，有军机大臣字寄、军机大臣传谕、军机大臣密寄，其中军机大臣密寄最为机要。

廷寄谕旨传递到受命的官员以后，只许受命者本人拆阅，不许别人代拆。受命大臣领旨以后，须将接到廷寄的时间、承旨寄信者衔名、谕旨的内容以及如何办理的情况，向皇帝复奏明白，以保证皇帝旨意的落实。属于内务府系统的官员，则由总管内务府大臣署衔寄发，款式与军机处廷寄相同。

我国邮政绿标的由来

鸦片战争后，英国人葛显礼把持我国

邮政。1897 年 2 月 21 日，葛显礼规定：信差、船夫穿海军蓝哔叽马褂，夏天，马褂改用蓝灰色，胸前写“大清邮政”四字。

到了 1905 年 1 月，邮政改由法国人帛黎办理。帛黎规定：黄、绿两种颜色为邮政信筒、车辆、舟船等邮政事物的专用颜色，并以绿色为主要色调，黄色作点缀。

新中国成立后，考虑到绿色已为群众所熟悉、习惯，而且绿色象征和平、青春、茂盛和繁荣，所以我国继续沿用绿色为邮政专用颜色。

我国第一套纪念邮票

清朝末年，西太后慈禧 60 寿诞时，挪用海军军费，兴建了规模宏大的颐和园，搞祝寿活动。当时的总税务官员英国人赫德为取宠于西太后，建议发行一套纪念邮票。

这个建议很快得到了西太后的批准，立即由上海海关造册处职员、法国人弗拉尔设计图案并负责印刷。我国的第一套纪念邮票（即万寿票）就这样诞生了。

我国最早的电报

清朝同治年间（1870 年），大北电报公司架设了一条香港——上海的电报海线。1872 年，初次用中文字码通报，这就是中国最早的电报。

我国未有电报线前，英国伦敦的电报须待三个星期才能到达上海。它由西伯利亚和蒙古交界处的电报站接收后，由驿差夜以继日分段送至北京，再用轮船送到上海。洋人们为了加速信息的传递，特设了一条从上海到扬子江的电线，但不到几天，就被农民拆毁了。从欧洲——香港线敷设成功后，上海的洋人们立即向清廷要求敷设上海——香港的海线，以便与欧亚线衔接。此要求被清政府批准了，并获准在租界里竖电杆。

数年以后，欧洲遇丝产荒年，我国商人借助电报，获得数百万两银子的巨利。从此，电报才得到人们的重视和欢迎。

古代的信封

信封起着保守秘密的作用，我国最早的信封是在春秋时期出现的。《战国策·齐策》载：“齐王使使者问赵威后，书未发，威后问使者曰：‘岁亦无恙耶？民亦无恙耶？王亦无恙耶？’”其中“书未发”，即指书信未启封。

写家书。

秦汉时，常见的书信称为“木牍”。木牍一般长一尺，所以也叫“尺牍”。这时的信封是用木板制成的，呈鲤鱼状，有一底一盖，裹在“尺牍”的外面。木板上刻有三道线槽，用绳子捆绕三圈，然后再穿过一个方孔缚住，在线槽或交叉处加以检木，封上黏土，上盖印章，作为信验，以防私拆。

魏晋以后，流行用纸、帛作书写材料，信封就由木板改为厚茧纸制的两片，两面还画有鲤鱼形，当然已不用封泥封发了。直到唐代，还在仿制鲤鱼形信封。因而，古时以“双鲤”代称书信。我国用纸作信封已有 1000 多年历史了，沿用至今。

鸡毛信的由来

信函上插羽毛，表示紧急，由来已久，古代叫羽书或羽檄。这种信件是用来征调军队的文书，插上鸟毛，意味着急速得像鸟飞一样，表示军情紧急，必须火速递送。在纸张未出现之前，它用木简制成，大约长 40 厘米，上面写明军情紧急的情况和征调军队等内容。

《史记》上有“吾以羽檄征天下兵，未有至者”的记载，《汉书》也记载过用羽檄征兵的事情。到了唐代，杜甫有“征西车马羽书驰”的诗句。

到了近代，凡需紧急传送的公文信件，就插上几根鸡毛，称为“鸡毛信”。

信封上“缄”字的由来

“缄”，原意指捆箱子的绳子。《说文》中解释：“缄，束箧也。”这里的“箧”，就是指箱子类的东西。《汉书》载：“解箧缄”，即解开箱子的绳子。生活中形容人不发言，叫“缄口不言”、“缄口如瓶”等，便由此意引申而来。

“缄”用于公文书信上，又由“捆”引申为“封”。东汉前，公文书信多写在木板和竹简上，并用绳子捆上，称为“扎”；在绳打结处再加一块泥，然后盖上印章，叫作“封泥”；去掉封泥、解开绳子，则称“开缄”。所以，后人投递书信便借用“缄”字来表示此信由某人所“封”。这就是人们为什么习惯在信封的落款处写上“某某缄”的由来。

古代贺年片

贺年片在我国已有上千年的历史了，它是从名片演变而来的。古时候把名片叫作“名刺”。东汉王充所著《论衡·骨相篇》就有记载：“韩生谢遗相工，通刺倪宽，结胶漆之友……”其中所说的通刺即是名片。

到了宋代，互赠贺年片就很盛行了。贺年片古时叫“贺年帖”，有的还叫片子。

明代的贺年片，大多是用梅花纸笺裁切成的，约宽二寸，长三寸，上端写着受片人的地址、姓名，下面署上祝贺者的地址、姓名，中间大都写“新年愉快”、“恭贺新禧”、“万事如意”等祝辞。

清代康熙年间，开始用红色硬纸片制作贺年片，当时将贺年片装到锦囊中送给对方，以示庄重。贺年片上印着精美的图画，则是受外国的影响。我国近代邮政第一次发行明信片，是在 1896 年由清政府发行的。

名片话古

名片是注有个人信息的卡片，它是社会交往的重要工具。

我国最迟在秦汉时就出现了名片。西汉时名片叫作“谒”，又叫“刺”，是用竹木削制而成的。例如《后汉书·祢衡列传》载，建安初，（祢衡）来游许下，始达颍川，怀里藏着一张名片，到了以后没有适合投送名片的地方，一直到名片上刺的字磨损消失。

魏晋南北朝时，纸已普遍使用，名片也就改用纸制作，当时称名片为“名帖”。也有称为“名”或“名纸”的。当时，学生、下级属吏拜谒老师和上级，都得先投递“名帖”，然后方能谒见。

明清两代，名片在社会交往中更加盛行。那时，士人出门拜客，要先行“投刺”之礼。在拜客应酬中，又盛行只投名片、不见面的陋习。

古代名片的格式、样式，与今天普遍使用的名片是不同的。现代的名片一般是白色的小纸片，上面印刷有：单位全称、本人职务、姓名、单位住址、电话号码、邮箱等。古人的名片则是亲手书写，而且因投送对象不同，落款也有所变化，一般要注明名片主人的身份，如“学生某某”、“门婿某某”等，也就是在名片上注明关系。名片的尺寸规格，唐代以小为贵，只有三四寸见方，明代名片越来越大，宽五寸，长达五尺，否则便是不敬。

第十三编　建筑园林

古代城市是如何规划的

中国古代的城市，特别是都城和地方行政中心，往往是按照一定的制度进行规划和建设的。早在周代，城市建设制度已经建立起来。当时，城的大小因受封者的等级而异，城内道路的宽度、城墙的高度和建筑物的颜色都有等级区分。

古代的城市还很重视城市的选址。《管子》一书中就主张建设城市要选择依山傍水的地形，以免受旱涝之害，节省开渠引水和筑堤防涝的费用。中国一些著名的城市如西安、洛阳、开封、苏州、杭州、北京、南京等的选址，都经过周密的考虑。千百年来它们虽遭受不少天灾战祸，但经过重建、改建或扩建，仍保存至今。

古代城市的道路网多为方格形，这种街道便于交通，街坊内便于布置建筑。北宋开封城则将道路和商业结合起来，沿街设店，形成繁华的商业街。

中国古代按规划建造的城市所体现的中轴线对称的平面布局，既统一又富于变化的空间处理手法等，是中国古代城市布局的传统特征。这种布局的渊源有二：一为中国传统的内向庭院式低层建筑群所具有的主次分明，以中轴线突出主要建筑物的布局手法；二为中国封建社会中反映封建统治阶级意图的不正不威的等级观念和秩序感。

中国古代城市规划也重视水源的利用和城市的绿化，因地制宜地把水流引入城内，在总体布局上把城市建筑和水面、绿地巧妙地结合起来，既满足了生活用水的需要，也美化和改善了环境。

砖的由来

据考古学研究，我国的砖发明于战国时代，古名叫“甓”。但古文的甓并非都指砖而言。未烧的土坯也叫甓或墼。后来真正的砖出现了，但有一时期仍称甓。

最早的砖，有方形的、曲形的和空心的。古时方砖和今天瓷砖的用法有些相似，在室内多用于铺墁地面或包镶屋壁四周各部。铺地砖多素面无纹饰，包镶屋壁砖多带有几何纹图案。

条砖最初发现于秦始皇陵，砖的质量很高，坚实细致。但在秦代使用条砖还不普遍。整齐划一的条砖出现于西汉武帝时期，宣帝以后使用条砖已十分普遍。

我国长江以南地区，用砖要迟一些，到东吴和东晋时砖才被广泛使用。

“砖”字出现较晚，从隋唐起，举凡墓砖、仓砖、塔砖等，都用“砖”命名，“甓”字遂渐不为人所熟知了。

门墩简说

门墩是中国老式住宅四合院中，用来支撑正门或中门的门框、门槛和门扇的石头。它是四合院建筑的组成部分之一，也是一种精美的石刻工艺品。

门墩图。

关于门墩最早出现的时间，目前还无法作出确切的回答。门枕石早在汉代四合院形成的早期就开始使用了，后来经过演变，就成了现在见到的门墩。

在门枕石的外侧雕刻饰物的做法，似乎很早以前就有了。例如中国历史博物馆中展出的北魏文成帝皇后陵墓的石券门，它的门枕石外侧就做成了虎头的样子。

楼阁

在我国古代早期，楼与阁是有区别的。楼指屋上直接建屋，其中两层之间没有腰檐的又称为竖楼；阁指上下层之间除腰檐外还有平座的楼。后来，楼与阁常连称，二者的界限也就不严格了。

楼阁的形象资料最早见于汉代明器和画像砖，在以后历代的绘画中也出现了许多楼阁形象。现存最早的楼阁是建于辽统和二年(984 年)的天津蓟县独乐寺观音阁。

古代的楼阁，大都为木质结构，有的甚至里里外外不用一根铁钉。如观音阁，全部用木料做骨架，框架节点用“斗槽”连接，木与木相交处，都以木齿相咬合，其结构巧妙，令人称奇。

亭

亭，又称亭子。秦汉时十里设一亭，成为行人停留宿食的处所。边地也设有岗亭。后来亭成为一种供休息眺望和观赏游览的小型建筑物，有顶无墙，或有楼。

隋唐以后亭子已成为宫殿、园林建筑中不可缺少的建筑物，明清时期园林中亭子的数量很多，造型也很丰富。其平面多为几何形式，如圆形、方形、长方形、多边形、菱形、扇面形、十字形等，有时还可组合成其他形式，如双菱形、双圆（连环）形等。

亭子的屋顶以攒尖顶最多，也可应用其他屋顶形式及其组合变化，如歇山顶、十字脊顶、双圆相套攒尖顶等。它们有单檐与重檐之别。

亭的艺术风格北方与南方有所差别，北方的亭檐厚实，翼角和缓，体态端庄；南方的亭檐轻灵，翼角高耸，造型活泼秀丽。

水榭

水榭是中国古代建于水边的观景建筑。战国时建于高台之上的敞屋原被称为榭。榭从射，有军事建筑的意义，也有观赏的作用。

秦汉时期的文献中多有“高台榭、美宫室”、“层台累榭”的记载。汉以后，随着高台建筑的消失，建于高台的榭就移到了花间水际，成为园林中供人休息的游观建筑了。

水榭多从驳岸突出，以立柱架于水上，建筑多为单层，平面或方形或长方形，结构轻巧，四面开敞，以得取宽广的视野。临水的一面，常设座凳栏杆和弓形靠背，称为美人靠或飞来椅，供人凭栏而坐。

故宫的建筑有什么特色

故宫，又称紫禁城，是明清两代的皇家宫殿。它规模浩大，占地约 72 万平方米，有宫殿楼阁 9900 多间，周围环绕 10 多米高的宫墙和宽 52 米的护城河。整座皇城一片红墙黄瓦，金碧辉煌之极。

故宫的建筑充分体现了“天子至尊”的封建宗法礼制，严格按“左祖右社”、“前朝后寝”的古制布局，分为“外朝”与“宫廷”两大部分。由午门到乾清门之间部分为“外朝”，以太和、中和、保和三大殿为中心，辅以高大的宫门、宽阔的御道和广场，占据了整座皇城的主要空间。三大殿均建在 8 米多高的汉白玉台基上，四周廊庑环绕，气势磅礴。

太和殿又称金銮殿，是故宫最高大的一座建筑物，面阔 11 间，深 5 间，通高 35 米多，用 72 根大木柱支承梁架构成四面坡的屋面。它采用重檐庑殿顶这种屋顶结构，殿内沥粉贴金、重施五彩，显得金碧辉煌、雄伟壮丽。

乾清门以内为“内廷”。建筑布局也是左右对称。主要是帝后的起居场所，虽气势不及外朝诸殿，但谨严深密，富有生活气息。它有乾清宫、坤宁宫、御花园及东西六宫等建筑，形成一个布局完美的整体。御花园既有帝苑的雍华气魄，又有民间古典园林的幽雅意境。

紫禁城的建筑装饰华丽精美。宫殿建筑中大量使用了雕刻、贴金、镂金、漆画、景泰蓝、玉石及螺钿镶嵌、硬木贴络、绸缎装裱等古代社会所能采用的一切工艺美术手段，将高超的建筑技术与艺术融为一体，体现了我国古代宫殿建筑的最高成就。

故宫为何有 9999 间半房

北京城中的故宫，是世界上最大的皇家宫殿。传说故宫共有 9999 间半房，这是一个奇怪的数字。为什么不足 10000 间整数，而偏偏要建筑一个“半间”呢？据说，天上玉帝的宫殿共有 10000 间房，而人间的皇帝是天帝之子，他的规格就得比玉帝低一点，因此只有 9999 间半。

而实际上，目前故宫里殿、宫、堂、楼、斋、轩、阁总的间数是 8707 间，那传说中的半间房又在哪里呢？这个所谓的“半间”，是指文渊楼下的那间小屋。实际上，这间小屋之所以造得特别小，是出于格局上美观的考虑，本应当是 1 间。

紫禁城的角楼

在北京故宫紫禁城城墙的 4 角上，有 4 座一模一样的角楼，建造于明永乐年间，其造型奇特，式样精美，结构复杂。

角楼整个楼身坐落在紫禁城之上，连城台在内高 27.5 米。建筑平面为十字曲尺形。台基上下两层，四周环绕汉白玉石栏杆。楼身所用大木均为上等楠木，制作异常精细，一榫一卯、一升一斗，都严丝合缝、刮光刨平。

角楼立面体型为三屈出檐，共出角 28 处，窝角 16 处，檐角起翘，参差错落，远远望去，层层叠立，高低起伏，蔚为壮观。楼顶为十字交叉大脊歇山式，上披各种特制的异形黄色琉璃瓦件，中座一个鎏金大宝顶。其建筑形式在我国现存古代楼式中极为罕见。

何谓三宫六院

古代的皇帝，总是有三宫六院的后妃，那么，所谓的“三宫六院”都是什么宫、什么院呢？

“三宫六院”一词是由故宫的建筑而来。故宫内以乾清门为界，南为外朝，北为内廷，即是皇帝和他的后妃们起居生活的地方。“三宫六院”都在故宫的内廷。

“三宫”又称“后三宫”，指皇帝居住的乾清宫、皇后居住的坤宁宫，以及位于乾清宫和坤宁宫之间的交泰殿。交泰殿名取自《易经》，含“天地交合、康泰美满”之意。“内宫不许干预政事”的铁牌就立于此殿。

“六院”其实是十二院。“三宫”东、西两路各有六宫，“东路六宫”即斋宫、景仁宫、承乾宫、钟粹宫、景阳宫和永和宫；“西路六宫 ”为储秀宫、翊坤宫、永寿宫、长春宫、咸福宫和重华宫。因各宫均为庭院格局建筑，故称为“东六院”和“西六院”。

紫禁城是明朝和清朝两个朝代的皇宫。从建筑布局来看，是按照古代所谓“前朝后寝”的规制，外朝为“大内正衙”，内迁即所谓的“三宫六院”。皇后居中（坤宁宫）。东、西各有六宫（皇宫内建筑多以九为建制，这里用六不用九，显然是应和“后立六宫”之说），但是，究竟有多少后妃，各朝皇帝则各有不同。

阿房宫是怎么得名的

阿房宫是秦代著名大建筑。阿房宫的前殿筑于秦始皇三十五年（公元前 212 年），规模十分宏大，此殿东西五百步，南北五十丈，可以让万人聚会于此。遗址在今西安市西阿房村（俗名郦邬岭）。整座宫殿的全部工程直至秦亡时尚未完成，后被项羽焚毁。

这座宫殿为什么叫阿房宫呢？《史记·秦始皇本纪》说：“阿房宫未成，欲更择令名之。作宫阿房，故天下谓之阿房宫。”

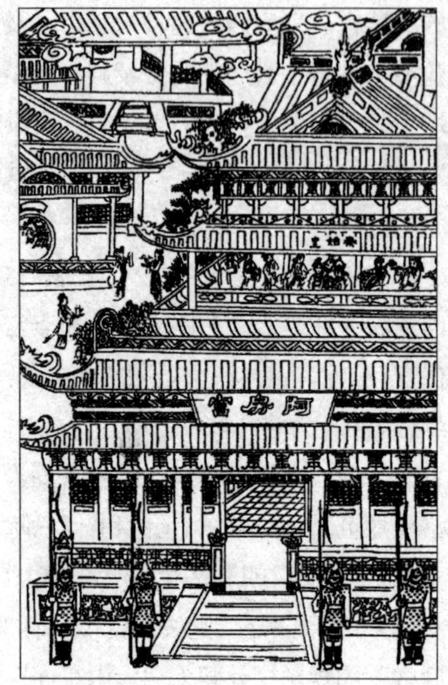

阿房宫盛况图。

由此可见，阿房宫并不是它的正式宫名，只是世人的俗称。那么，人们为何称它为“阿房宫”呢？由于《史记》中只说“作宫阿房”，并未作进一步解释，后世便出现了多种推测：

有人认为阿房宫的名称来源于地名。持这一看法的人认为此宫前殿所在地名为阿房，因而时人便称它为“阿房宫”。也有人说“阿房”本是山名，世人因此宫依山而建而把此宫叫作“阿房宫”。还有人认为因为此宫距离咸阳较近，故被称为“阿房宫”，其中“阿”是“近”的意思，但近年更有人认为“阿”是发语词，并不表示什么实在意义。

对阿房宫的解释，最常见的说法是：阿房宫得名于它的规模和形制。“阿”的本义为高大的山，“房”与“旁”通为广大的意思，因而“阿房”二字结合在一起就是“像山一样高大宽广”的意思。

布达拉宫：海拔最高的佛寺

布达拉宫位于“世界屋脊”青藏高原西南部，平均海拔4000米以上，为世界上海拔最高的佛寺。

布达拉宫寺高13层，有金殿3座和金塔5座，其余大小殿堂、楼阁、房舍1000多间，大小柱子10000多根。布达拉宫东南、西南都建有碉楼护卫，里面还有法庭、监牢，是一座形制十分完备的城堡。宫内藏有大批珍贵文物，堪称西藏文化艺术宝库。布达拉宫寺内有僧徒约25000人，不但是西藏最大的佛寺，也是世界上最大的佛寺之一。

布达拉宫始建于7世纪，距今已有1300多年的历史了。“布达拉”在蒙语中是“孤峰”的意思。寺以峰名，因山而构，远望金碧辉煌。

据说，吐蕃松赞干布在位时，势力强盛，当时他与唐联姻，为迎娶文成公主，下令修建这座有999间殿堂的宫殿，“筑一城以夸后世”。布达拉宫始建时规模没有这么大，以后不断进行重建和扩建，规模逐渐扩大。

17世纪中叶，五世达赖受清朝册封

后，又由其总管第巴·桑结嘉错主持扩建重修工程，历时近 50 年，才具有今天的规模。到第十三世达赖时，布达拉宫又进行了历时 8 年的修建。据说，这次修建仅白银就花费了 213 万两。从松赞干布到十四世达赖，在这 1300 多年间，先后有九个藏王和十个达赖喇嘛曾在这里施政布教。

盛京的陪都宫殿

盛京（今辽宁沈阳）皇宫始建于后金天命十年（1625 年），建成于清崇德元年（1636 年），是清太祖努尔哈赤和清太宗皇太极营造和使用过的宫殿，清世祖福临在这里即皇位，并于当年入关。入关后，盛京被定为陪都，皇宫又称“盛京宫阙”或“陪都宫殿”。

盛京皇宫内有房屋 300 多间，共组成 20 多个院落，可分为东路、中路和西路三大部分。作为主体的中路上，由南至北依次建有大清门、崇政殿、凤凰楼、清宁宫，其他主要建筑有大政殿和十王亭等。

我国四大回音建筑

我国建筑历史悠久，享有盛名的四大回音建筑为世所罕见：

1. 回音壁。

回音壁即北京天坛的回音壁。由于内侧墙面平整光洁，使外来音响沿内弧传递，久久回荡。如站在壁前轻轻哼唱，和音随之而起，深沉婉转，娓娓动听；如放声唤之，则回声四起，洪亮粗犷，萦绕耳畔，荡人心魄。

2. 蛤蟆塔。

蛤蟆塔在河南省郏县城内，建于清康熙年间。塔身虽不高，却以“奇声夺人”闻名于世。游人若以掌击塔，塔内会发出“咯咯……”的鸣声，如千万只蛤蟆鼓膜低唱，妙不可言，发人遐思。

3. 普救寺塔。

普救寺塔在山西永济。塔身呈方形，有 13 层，高 50 米。登塔者，用石投地，回声即起。投前地，则声在塔底；投后地，则声在塔顶。相传为工匠师筑塔时安放了金蛤蟆之故，实为塔身中空所致。

4. 石头琴。

石头琴在四川潼南，有 36 级石梯，似一把巨大的石琴。每个阶梯，犹如一根琴弦，只要把脚踏上石磴，拾级而上，脚下便会响起美妙悦耳的琴声，令人神往。

古代四大名楼

1. 岳阳楼。

岳阳楼位于湖南省北端的岳阳市内，据称是当年鲁肃在洞庭湖训练水师所筑的阅兵台，已有 1760 多年的历史。唐代开元四年（716 年），张说驻守岳城，将其正式定名为岳阳楼。到了北宋庆历四年（1044 年），岳阳楼重修，范仲淹为此写下名篇《岳阳楼记》。

2. 镇海楼。

镇海楼位于广东省广州市越秀山上，建于明初洪武十三年（1380 年），距今已有 600 多年的历史。镇海楼非常壮观，登楼远眺，全市尽览。楼内的古广州城区变迁示意图，向人们展现了各朝代广州城垣扩充、发展的情况。

雾霭蒙蒙锁江楼。

3. 黄鹤楼。

黄鹤楼原址在湖北武昌长江边蛇山脚下的黄鹤矶上。它始建于三国时期，南朝时已成为游览胜地。对于此楼名称的由来有各种说法：一说古代仙人子安曾骑黄鹤过此楼；一说是某人得道成仙，常骑黄鹤到此楼休息；一说是辛氏卖酒，有一道士饮酒离别，取橘皮在墙上画鹤，告之客至拍手引之，鹤当飞舞来劝酒，辛氏遂致富，一天，道士复来，吹起笛子，须臾白云自空飞来，鹤也飞下，道士乘鹤飘然而去，于是辛氏就在此地建楼。

4. 烟雨楼。

烟雨楼在浙江嘉兴县南湖中，五代吴越钱元所建。原在海滨，明嘉靖年间移建于湖中小岛。烟雨楼四面临水，晨烟暮雨，风物清华，处处佳美。

明朝北京城是如何设计的

明成祖于永乐四年（1406 年）起，开始为迁都北京作准备，大规模营建北京城。明成祖派大臣到全国各地采木备料、征调工匠、疏通运河、南粮北运。永乐十五年（1417 年）开始大规模兴建宫城，三年后，基本竣工。

同元大都相比，新建的北京城把全城的中心线向东移了约 150 米，作为全城的中轴线。新建的宫城紫禁城稍向南移。紫禁城南面正中的午门和北面正中的玄武门，以及城内的主要宫殿，一律居中建造在这条中轴线上，以体现帝王是天下权力的中心。

在紫禁城和皇城之间、中轴线左右两旁，分别建筑了太庙和社稷坛，仍然保持“左祖右社”的制度。在社稷坛以西，开凿了南海，扩大了皇城中的水面。在紫禁城北的中轴线上，堆筑了景山。它被看做是“镇山”，以此象征着前朝的彻底灭亡和本王朝的长治久安。在景山北面中轴线的顶点上，建筑了钟楼、鼓楼。在正阳门外以南的东西两侧对称的位置上，分别建造了天坛和地坛。

改建后的北京城，城墙全部用砖砌，周长为 20 千米。16 世纪中叶，明王朝为了加强防守，准备在城的四周再做一圈防御性的外城，后因财政困难，只完成了南部外城，使整个北京城形成了一个凸字形。这种格局一直保持到新中国成立。

明代北京的“双龙”布局

科学家们利用遥感技术拍摄了全北京城的鸟瞰照片后，结合史料发现，明代北京城的设计建造呈双龙布局形状，一条水龙和一条陆龙衔山环水，蔚为奇观。

北京的“双龙”中，水龙以南海为龙头部分，湖心岛是龙眼，中南海和北海构成龙身，什刹海是龙尾，摆向西北方向。陆龙俯卧在北京的中轴线上，天安门宛若龙吻，金水桥为龙的颌虬，东西长安街仿佛龙的两条长须，从天安门到午门一带是龙鼻骨部，太庙和社稷坛如同龙眼，故宫恰似龙的九骨龙身，四座角楼好像是龙的四爪伸向8个方向，景山、地安门大街和钟鼓楼构成龙尾，正阳门好似一颗宝珠。通览北京中轴线上的古建筑，呈现出巨龙锁珠之势，极富匠心。

明代北京城建筑的这种“双龙”布局设计，其意不言而喻：北京乃龙兴之地，封建帝王乃天降龙种，应理所当然地成为统治者。但这种神奇的双龙布局设计，究竟是反映了我国古代建筑大师们巧夺天工的艺术造诣，还是无意中的天然巧合，仍是一个谜。

我国最大的城墙和城门

我国最大的城墙建筑是南京的明代城墙，这座城墙为明太祖朱元璋时期所建，自1366年至1393年，共修了27年时间，由全国各地提供的城砖砌造而成。城墙一般高近20米，墙厚15米左右，南京的城墙周长约为33.7千米，其中相当一部分现在还完好地保存着。

我国古代的都城，出于防御的考虑，一般均有城墙，城墙的四周设有城门。明朝所建的南京城墙，共有13座城门。其中中华门是我国最大的城门。中华门为南京的南城门，明代时称为“聚宝门”。东西长118.5米，南北长128米，总面积达15168平方米。

中华门的前后共有三道瓮城，由四道拱门贯通连接。各道门内原来都有上下可启动的千斤闸和两扇木门。这是当时作战用来守城的。在瓮城的四周共有27个藏兵洞，一共可容纳3000名士兵和食物、饮用水等。在瓮城的两个外侧还修建了城池，这样骑着马可一直到达七八层楼高的城堡。

中华门规模宏大，气势雄伟，结构复杂，设计巧妙，建成后，历经了600余年的战火、风雨，至今仍保留着原来的雄姿。

皇家建筑为何用红墙黄瓦

皇家建筑通常是黄色的琉璃瓦，红色的砖墙。这与我国人对颜色的看法有关。

黄色，自古以来被认为是尊贵的颜色。

“五行”学说认为，黄色代表中央方位（中央属土，土为黄色）。唐代，黄色被规定为代表皇室的色彩，其他人不能使用。到了宋代，封建帝王开始采用黄色琉璃瓦顶，并一直沿袭下来。

红色，被视为一种美满喜庆的色彩，意味着庄严、富贵。周朝（公元前11世纪）宫殿建筑就普遍采用红色，并一直流传下来。

因为封建帝王的宫殿是最高统治者的活动场所，必须处处象征“至高无上”、“尊贵富有”，因此，绝大多数古代宫殿都是红墙黄瓦。

李冰与都江堰

李冰在战国秦昭王时担任蜀郡太守。他在职期间，在岷江流域修建了很多水利工程，其中最为著名的就是都江堰。

都江堰工程由分水鱼嘴、飞沙堰、宝瓶口三部分组成：

分水鱼嘴是建于江心的分水堤，因形似鱼嘴而得名。由此把岷江水分导流入内外二江。外江为岷江正流，内江经宝瓶口流入川西平原灌溉农田。

飞沙堰介于分水鱼嘴和宝瓶口之间，用于泄洪，调节由分水鱼嘴流来的水流量，避免过多的涌入内江。

宝瓶口是人工凿开玉垒山，引岷江水入内江的总入水口，因为形似瓶颈而得名。

在内江有三个石人，立在不同的水位中，用来显示水位高度，为调节水位总量提供数据。一般来讲，水枯不会枯过石人的脚背，水涨不会涨过石人的肩膀。

都江堰水利工程建成后，成都平原“旱则引水浸润，雨则堵塞水门”，巴蜀的农业经济迅速发展，为秦统一六国提供了基本的物质保障。秦汉之后，经过历代不断修整、完善，都江堰的功能日益增强。直到今天，它仍发挥着重要的作用。

牌坊的起源

牌坊是古代官方的称呼，老百姓俗称为牌楼。作为中华文化的一个象征，牌坊的历史源远流长。据考察，牌坊在周朝的时候就已经存在了。最早的牌楼是以两根柱子架一根横梁的结构存在的，旧称“衡门”。

牌坊与牌楼是有显著区别的，牌坊没有“楼”的构造，即没有斗拱和屋顶，而牌楼有屋顶，它能更好地烘托气氛。但由于它们都是我国古代用于表彰、纪念、装饰、标识和导向的一种建筑物，而且又多建于宫苑、寺观、陵墓、祠堂、衙署和街道路口等地方，再加上长期以来老百姓对“坊”、“楼”的概念不清，所以到最后两者成为一个可以互通的称谓了。

古时候，牌坊其实就是门的称谓。在唐代，我国城市都采用里坊制，城内被纵横交错的棋盘式道路划分成若干块方形居民区，这些居民区，唐代称为“坊”。坊是居民居住区的基本单位，“坊”与“坊”之间有墙相隔，坊墙中央设有门，以便通行，称为坊门。后来，因为门没有太大的作用，所以就只剩下现在这种形式，于是老百姓逐渐称这种坊门为牌坊。

当时，如果里坊居民中有人有了“嘉德懿行”，封建统治者就加以旌表，榜于门上，叫“表閭”。所以有些坊门就成为一种纪念性建筑物。它起初是木构建筑，明代出现了用石头建造的，就叫牌坊。

牌坊分柱子出头与不出头二式。柱子出头的，起初和“乌头门”的样子差不多，后来才发展成多间的大牌坊。这类大牌坊以明代嘉靖时修建的长陵石牌坊为最早，而且比较完整地保存至今。也有的在大额枋的中央冠以火焰宝珠，则叫火焰牌坊。至于木结构而装琉璃瓦顶的，一般称牌楼。

佛教寺庙的组成部分

中国的寺院是随着佛教的传入而出现的。相传东汉明帝时，西域高僧迦叶摩腾和竺法兰被请到洛阳，在洛阳建起了第一座寺庙——白马寺。随着中国佛教的兴盛，寺庙在全国各地陆续兴建起来，每个寺内都供奉着大量的佛像，虽然形式和多寡不尽相同，但其主要形式大体相当。

中国汉族地区佛寺的布局，基本上是采用了中国传统的院落形式，形成了特有的民族风格。这种院落式的佛寺现在全国各地都可以看到。一般从三门（寺院正门）起在一条南北中轴线上，每隔一定的距离就布置一座殿堂，周围有廊庑或楼阁围绕。

寺庙的第一道门叫三门，一般都是三门并立，中间一大门，两旁各一小门，以象征“三解脱门”，即空门、天相门、天作门，也有写作“山门”的。

山寺图，选自《百孝图》。

庙门内左右有钟鼓楼，早晨敲钟，傍晚击鼓，这就是“晨钟暮鼓”，目的是警醒尘世间的痴愚之人。山门后是天王殿，内供弥勒佛，殿的两厢是四大天王，民间称“四大金刚”。弥勒佛背面，是护法神韦驮，他面对如来佛（释迦牟尼），手拿金刚宝杵。过天王殿，中道有铜鼎，再后就是大雄宝殿。

大雄宝殿的“大雄”是称赞释迦牟尼威德至上的意思。殿内供迦叶佛、如来佛和弥勒佛，代表过去、现在、未来三世，又叫“三世佛”。有的殿中供阿弥陀佛、如来佛和药师佛，也称“三世佛”。阿弥陀佛为西方“极乐世界”教主，药师佛为东方“琉璃世界”教主，如来佛前立着两个弟子——阿难和迦叶，左右两边是十八罗汉。

大雄宝殿后有七佛殿，“七佛”是如

来以前的六代先佛加起来的合称。佛教供七佛是为了显示自己的历史源远流长。

此外，还有菩萨殿，内供观音、文殊、普贤、地藏四位菩萨。有的寺庙中还有五百罗汉堂。

寺庙最后是存放经书的藏经阁。有的藏经阁中，还有“转轮藏”。“转轮藏”上设有存放经书的格子，可以转动。殿中有“法轮”，轮上刻有佛教的六字真言，转一圈代表念一次经。僧人和信徒为了表示自己虔诚，经念得多，就去转“法轮”，“法轮”转动象征着“法轮常转，自动不息”的意思。

佛塔的结构和种类

佛塔本来是印度佛家弟子为了藏置佛祖的舍利和遗物而建造的。公元 1 世纪前后，这一宗教建筑形式随同佛教一起传入中国，并成为中国佛学文化重要的组成部分，并在 1000 多年的发展过程中，成为中华民族文化的组成部分。

现在，分布在中国的大小佛塔有近 3000 座。它们既是中国佛教历史发展的见证，又以其或雄伟或秀美或挺拔或俏丽的姿态装点着大地，使中国的山河更加美丽。

我国的佛塔按建筑材料可分为木塔、砖石塔、金属塔、琉璃塔等，两汉魏晋南北朝时以木塔为主，唐宋时砖石塔得到了发展；按类型可分为楼阁式塔、密檐塔、喇嘛塔、金刚宝座塔和墓塔等。

塔一般由地宫、基座、塔身、塔刹组成，塔的平面以方形、八角形为多，也有六角形、十二角形、圆形等形状。塔有实心、空心，单塔、双塔等。塔的层数一般为单数，如三、五、七、九、十一、十三层……所谓救人一命，胜造七级浮屠，七级浮屠指的就是七层塔。

小谈乐山大佛

乐山大佛位于四川省乐山市东凌云山西壁，岷江、青衣江、大渡河三江交汇处。为一尊依凌云山栖鸾峰崖凿成的弥勒坐像，故又称凌云大佛。它是当今世界上最大的坐佛。

乐山大佛高 71 米，头部长 14.7 米，宽 10 米，肩宽 28 米，眼长 3 米，耳长 7 米。佛像耳朵中间可以并站 2 人，头顶可放一张圆桌，脚上可围坐百余人。

据记载，在唐朝开元初，凌云寺海通和尚见凌云山前三江汇流，江水湍急，波涛汹涌，翻船淹人的事经常发生，于是大发心愿，在凌云山前凿一个弥勒大佛，以保佑过往船只，但壮志未酬便已死去。到了唐朝贞元初，韦皋任川西节度使，继续修凿，经 19 年辛劳，终告功成。全部工程前后花了 90 年时间。

大佛是整座山岩凿成，面容安详，双手扶膝，赤脚端坐，背倚山岩，与山岩浑然一体。佛体各部比例匀称，无论上、中、下或左、右各个角度看，都非常协调，线条也很流畅。为了避免表层受雨水侵蚀而风化，像体上巧妙地凿有排水系统，而又不易使人察觉。大佛左侧的绝壁上，另凿有九曲栈道，游人可从大佛脚下沿着栈道，一直到凌云山顶的大佛头上。

古代园林小考

中华园林是指中国特有的自然风景式的古典园林，它同西亚、欧洲的园林并称为世界三大园林系统。

我国最早的园林兴建于商殷，它最初的形式叫“囿”。西周时，文王建灵囿，方圆七十里，囿中草木茂盛，鸟兽众多，可谓是我国最早的畋猎园。商周不仅建园囿，而且筑台掘沼，如周文王挖池筑台建灵台、灵沼。后吴王夫差在灵岩山建姑苏台，这些都可以看做是当时有名的园林。

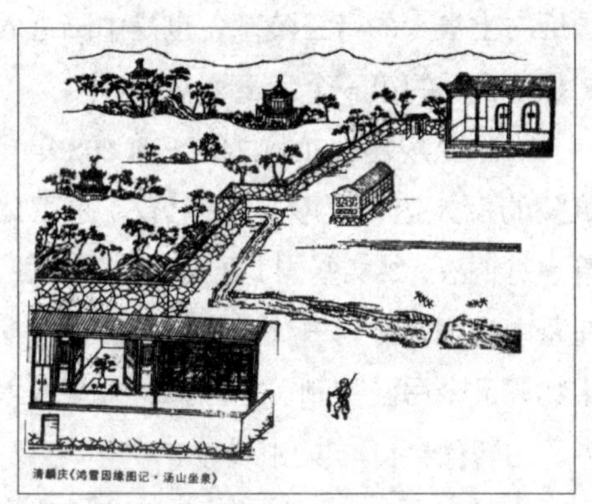

清代的园林。

秦代至南北朝时，人工自然园相当发达。汉代长安西郊的建章宫，是小苑囿性质的离宫，其中除了各式楼台建筑外，还有河流、山冈和宽阔的太液池，池中筑有蓬莱、方丈、瀛洲三岛。这种一池三岛、模拟海上神仙境界的方式，后来被历代皇家苑囿规划所采用。

隋唐时，私人园林开始兴起，如王维的辋川别业、白居易的庐山草堂等等。白居易的履道里宅园还是城市园林的典范，其有“五亩之宅，十亩之园，有水一池，有竹千竿”。

元、明、清时，我国的园林艺术达到最高峰，特别是自雍正、乾隆至咸丰，经150余年的经营，建成了世界上第一座规模最大、造园艺术最高的“万园之园”圆明园。此外，香山静宜园、玉泉山静明园、承德避暑山庄、江南私家园林也很有名。

什么是廊

廊，又称廊子，是指纵长、有顶的建筑。附在主体建筑外侧的称廊庑；独立设置、连接各栋房屋的称游廊。廊子可以围成院落，组织观景路线，创造各种有趣味的空间环境，在宫殿、坛庙、寺观、园林、民居中使用很多，其中尤以园林中的廊形式最多。

廊的个体形式有单廊、复廊、暖廊、半廊等。单廊有的两侧开敞，有的一侧有墙，墙上常开窗，另一侧开敞。后者在唐宋时期的建筑群中使用较多。复廊很宽，中间砌隔墙，形成两条平行的单廊，隔墙上多开窗或门。暖廊是带有槅扇或槛墙半窗的廊子。半廊是依墙而建的半边廊子。

“圆明园”释义

圆明园是圆明、长春、万春三园的总称，也叫“圆明三园”。它原是明朝的一个故园，乾隆继位后，开始在圆明园内仿造江南美景。他在位期间，修建圆明园的工程从未间断。经过清朝几代帝王 150 年的经营，终于建成了堪称世界园林奇迹的苑院，被称为“万园之园”。可惜的是，这座庞大的园林在八国联军入侵中国时遭到洗劫，无数珍贵文物被盗，如今仅剩下一些断壁残垣。

“圆明园”的“圆明”出自佛典，指佛的智慧，意思是圆满普照。清康熙帝好佛，有“佛心天子”之称，于是他根据佛典将这座御园命名为“圆明园”。

乾隆帝修建圆明园时，曾盗用明十三陵之一长陵的珍贵的金丝楠木。这种木头不刷漆而光泽油亮，不雕饰而纹路精美，任凭风吹雨淋也不变形，袭人的香气沁人心脾，蚊蝇难以靠近。乾隆修建圆明园时，一心想用长陵的楠木，但大清规定不能挖掘明陵。乾隆于是调动全国能工巧匠，用偷梁换柱的办法，盗走了金丝楠木。后来，为掩盖盗木罪责，乾隆下罪己诏书，把自己发配到江南。

皇帝的坟墓为何称“陵”

“陵”原为大土山之意，如《左传·僖公三十二年》：“殽有二陵焉。”就是说殽有两座大山。其实在周朝以前，君王的坟墓都称“墓”而不称为“陵”。

中国帝王的坟墓开始称为“陵”，约从战国中期以后，首先出现于赵、楚、秦等国。《史记·赵世家》载赵肃侯十五年经营寿陵。《秦始皇本纪》载秦惠文王葬公陵，悼武王葬永陵，孝文王葬寿陵。由此可见，这是君王墓称“陵”之始。

因为当时封建王权不断增强，为表现最高统治者至高无上的地位，其坟墓不仅占地广阔，封土之高如同山陵，因此帝王的坟墓就称为“陵”。

依规定皇帝的墓可建九丈高，但一般皇帝陵总是超过这个高度。至于老百姓的坟墓，不但要称为“坟”，还受限在三尺以下，否则就是违法，要接受处罚的。其他大臣们的坟墓也有规格限制，不能随便超越。

秦始皇陵

位于陕西省临潼县的秦始皇陵，是中国历史上最大的帝王陵墓，也是中国进入封建社会后的第一个帝王陵墓。

秦始皇陵建公元前 246 ～前 208 年，筑陵的役夫达 70 万人。据记载，墓内建筑灌有铜液，结实坚固。还有人鱼膏做烛，在墓中燃烧，如同白昼。为防止后人盗挖宝物，又令弓匠特制弓弩，如有人穿坟入内，弓弩便会自动发射。

秦始皇尸体入墓时，将没有生子的宫女全部活埋殉葬。为了防止工匠泄密，不待工匠出墓便封闭墓门，工匠也被活埋在墓里。据《史记》记载，墓内灌有水银作为百川江河湖海，墓中布置有将军、丞相等百官塑像，依职位高低排列两旁，活像生前朝见始皇一样。其中珠玉珍宝，更是不可胜数。

秦始皇陵规模甚大，分内外城，内城为方形，周长 2525.4 米，东西北三面建置城门；外城为长方形，周长 6294 米，东墙置城门。

我国历代帝王之陵大多坐北朝南，以示生前南面而王。但秦始皇陵却是坐西向东，其原因据说是秦始皇生前无法找到不死之方，死后也要闭着双眼面向东溟，以求神仙引导他到天国。而历史学家则认为，秦始皇陵坐西向东，是为了显示自己雄踞西方、横扫东方六国、统一中国的威风和功业。

“丰碑”古时不是碑

碑本来指的是没有文字的竖石或桩，其主要作用有三：一是立于宫庙前以观日影、辨时刻。《仪礼·聘礼》曾说“上当碑南陈”，郑玄的注释就是“宫必有碑，所以识日影，引阴阳也”；二是竖于宫庙大门内拴牲口；三是古代用以引棺木入墓穴。

最早的碑上有圆孔，“施铲辘以绳被其上，引以入棺也”，亦即下棺的工具。古时往往用大木来引棺入墓，这大木的特定称呼就是“丰碑”。秦代以前的碑都是木制的，汉代以后才改用石头。

然而，并不是每个人都有资格用丰碑来牵引自己的棺材。《周礼》有云：“公室视丰碑，三家视桓楹。”所谓“公室视丰碑”，就是公室成员死后，要用以大木立于墓圹的四周，上设辘铲，用以下棺于圹。该规格本来为天子之制，后来诸侯也僭用之。

丰碑在当时，就是一种特殊的葬礼规格。后人沿袭了此种习俗，普通百姓也学着用起了“丰碑”，在自己亲人的坟前立起了石头。只是他们忘了原来的碑是下葬的工具，忘记了碑最原始的功能。所以，后来有人开始在光秃秃的石头上刻字记录父辈的功绩，这就是今天我们见到的墓碑。

古代主要建筑匠师

中国古代建筑匠师和工官制度密切相关。主管营建工程的官吏，《考工记》称为匠人，汉唐称将作大匠，宋称将作监。

汉代阳城延，北魏李冲、蒋少游，隋代宇文恺，唐代阎立德等都是著名的将作大匠。宋将作监李诫著《营造法式》，尤为著名。

这些工官多非科班出身，或因工巧，或因久任而善于钻研，所以能精通专业，胜任职事。专业匠师，唐宋都称都料匠。

明代专业匠师有不少人后来升任为主管工程的高级官吏，如郭文英以作头官至工部右侍郎，蒯祥以木工首官至工部左侍郎，徐杲以普通工匠而官至工部尚书。清代还出现了匠师世家，雷一门七代掌管宫廷营建，张长期主持皇家园林造园叠山等。

明清时候，也有一些不担任工官而作出了巨大贡献的匠师，如冯巧、梁九等。由于诗情画意的陶冶，明清时候还有一些文人画士成为造园叠山匠师，如张南阳、张涟、计成等。

中国古代许多著名匠师，事迹大都记载不详。如鲁班、王尔，自古并称，特别是鲁班，后世更奉其为建筑匠家的祖师，但都只见于传说。喻皓的事迹也掺杂着传说，甚至想象。著名的安济桥的设计者，其原始传记材料只留下“隋匠李春”一句，历代能工巧匠连姓名也没有留下的就更多了。

古人住宅前为何放石狮子

在古代人家的住宅大门前，常会摆放两尊石狮，用以镇宅护院，这种习俗沿袭至今。那么，这种习俗是怎样形成的呢？

据考证，用石狮子作守门神兽的习俗，大约形成于唐宋以后。唐朝时，长安城是当时世界上最辉煌的都城，政府规划了“坊”（相当于现在的街区）作为住宅区。坊有围墙，有坊门，便于防火防盗。坊门一般制成牌楼式，并在上面写上坊的名字。坊柱由一对大石块夹着，以防风抗震，固定坊门。为了避免石块的生硬单调，能工巧匠们就在上面雕刻了狮子、麒麟等瑞兽，既美观实用，又寓意吉祥。这应该就是用石狮子来护卫大门的雏形。

宋元以后，坊退出了历史舞台。一些大户人家为了体现自家的声势，就参照坊门的样式加以简化，树立了门楼。而坊门旁的夹柱石，就演化成了守门的石狮。元代，看门的石狮子由豪门大户走向民间，并相沿成习。

第十四编　医疗卫生

古代医药是如何产生的

医与药，源于人类捍卫生命的需求。而中国传统医学的特有形态，是在中华民族独特的思维与文明影响下形成的，体现了中国人民的智慧。

原始人寿命多数很短，很多原始人在青少年时期就因各种原因死去。人类与生俱来有着对长寿和健康的渴望，由此产生了克服疾病与伤痛的愿望，这是医药起源的基本条件之一。

原始人在寻找食物的过程中，发现某些食物引起腹泻、呕吐、昏迷、中毒，甚至死亡，而另一些食物则能减轻或消除某些病症，在遍尝根皮、花果、野草、动物等后，通过分类逐步确定了许多动植物的性味、功能、主治和毒性。

以上就是中草药药物知识萌芽的实践过程。在这些基础上，华夏民族经过一代一代长期反复的试验和证明，确认了某些自然界物质的药物效果，逐渐学会了运用原始的中药。中药医术就是在长期实践中探讨、研究、归纳、总结、验证，逐步形成发展而来的。

炼丹与长生不老的迷梦

在我国古代，许多人都在追求着长生不老的迷梦。秦始皇、汉武帝都曾迷信方士，出巨资让他们去寻觅仙山，炼制仙药，结果都是徒劳无功。

魏晋时期宗教思想的盛行，对以儒家礼教为正宗的思想界带来了冲击。这一时期的知识分子，提出“越名教而任自然”，除了要求思想上摆脱束缚，行为上也经常以怪诞来反叛礼教，如居丧饮酒、赤膊跣奔等。这些行为的背后，又往往伴随着服散。散，指“寒食散”，又叫“五石散”，一般由石钟乳、紫石英、白石英、石硫黄、赤石脂五味矿石合成。

因寒食散药性燥热，服后须寒饮、寒食、寒衣、寒卧来散热，这正符合当时文人放浪形骸的举止，服散之风一度非常盛行。其实魏晋文人在放诞纵情的背后，掩饰不住的是对生命无常的恐惧，这与当时疾病和瘟疫盛行的环境有关。

魏晋时期，寻求长生不老丹药的思想盛行，道教炼丹术得到发展。丹药的原料往往是矿物质，因为炼丹家们认为金银玉石等永恒不坏，如果能以此炼成丹药服食，就可以将金石的不朽性移植入人体，人体就能像矿物一样不会衰败。

矿物质平时性质稳定，在炼制过程中会出现各种变化。古人觉得很神奇的“丹砂烧之成水银，积变又还成丹砂”，实际是红色的丹砂（硫化汞）经煅烧后，生成二氧化硫，游离出银色的金属汞，再继续加热，最后又生成赤色结晶（氧化汞）。由于丹药这些奇异的现象，更显出它的“神奇”。

从医学角度而言，矿物类虽可入药，但往往副作用较强，多为燥烈剧毒之药，过量服用能引起严重中毒，变生种种疾病。历代服食丹药中毒丧生者甚多，其中就包括不少皇帝，如东晋哀帝司马丕、唐太宗李世民、唐穆宗李恒、唐武宗李炎、唐宣宗李忱等。

由于丹药具有明显的不良后果，这一风气在唐朝以后渐渐衰退，只有某些皇帝贪恋人世，仍然不顾一切地以身试药。炼丹术作为追求长生不老的方术失败了，但是，炼丹家们所记载下来的内容，包含了不少化学变化的例子，被认为是世界化学的先驱。

巫与医药的关系

巫是人类史前历史发展到一定阶段才产生的，旧石器时代中后期，原始的巫教意识开始形成，那时的巫尚未职业化。巫，无论作为一种宗教、一种从事巫教职业的人，还是在广义上作为一种文化，其复合体是伴随着历史的前进的步伐从野蛮而跨进文明社会门坎的。

巫产生以后，曾把人类医药的经验予以吸取、传承变异，给比较质朴的医药经验和朴素的知识披上一层灵光，在医学史上形成了一个医巫合流的混杂阶段。

夏、商正处在这个阶段的鼎盛时期，当时社会上的许多巫师能代鬼神发言、歌舞等，还能医治疾病，有的甚至还参与朝政，指导国家政事，策划国王的行动。

巫师群体内进一步分化，便出现了比较专职的巫医。殷墟甲骨文中的“巫妹”，就是一位治小儿病的女巫医。《周礼》“乡立巫医，具百药，以备疾灾”的记载反映了巫医在朝野普遍存在。巫教观念的存在与积淀，是巫医得以生存的重要条件。

巫医是一个具有两重身份的人，既能交通鬼神，又兼及医药，是比一般巫师更专精于医药的人物。殷周时期的巫医治病，在形式上看是用巫术，造成一种巫术气氛，对患者有安慰、精神支持的心理作用，真正治疗身体上的病，还是借用药物，或采取技术性治疗。巫医的双重性（对医药的应用与阻碍）决定了其对医药学发展的功过参半。

随着中国古代农耕文明的崛起，人们在制造一个人化的环境的同时，逐渐地打破神化的世界，显示了人的价值，不断冲淡了对神的信仰。到了周代，特别是周末，巫、医消长的趋势已有了反差，医药知识与经验开始逐渐从医巫合流的堤岸中分流出来，按自身的规律发展，而且愈向前发展，医巫的流向分歧愈明显，甚至两者之间出现了对抗。到春秋战国时期，两者发生激烈的争论，最终决裂。

文化价值的取向成为医巫的分水岭，医药的取向是科学文明与精英文化，而巫则基本上转向下层文化和神秘主义。但在巫作为历史发展新生事物诞生及其发展之初期，巫医作为有知识之人在总结利用医药知识积累方面，其作用应当给予充分的肯定。

我国古代的医院

医院，人人都知道那是看病的地方。但是，“医院”这个名词起源于什么时候，是怎么来的呢？

我国医院的萌芽出现在春秋战国时期，那时已有了“疾馆”、“病坊”等医疗机构。齐国政治家管仲在都城临淄创建了慈善性医院，收容各种残疾人集中医疗。

据《汉书》记载，西汉元始二年（公元 2 年）左右，黄河一带发生较大规模的瘟疫，汉平帝刘衎下诏在地方上建造房屋，里面放置药品，并配置医生，免费给百姓治病。这可能是中国历史上第一批公立的临时医院。

162 年，东汉中郎将皇甫规在军中置办医院，把生病的士卒集中到一起给予治疗，这个机构被称为“庵庐”，相当于现在的野战医院。

此后，唐朝开元二十二年（734 年），设有“患坊”，用以收容贫困的残废人和乞丐；还有“疠人坊”，用来专门隔离及医治麻风病人。

宋代，医疗事业有了很大的发展，医院组织渐趋周密。当时朝廷开设的医院叫“安剂坊”，内有专职管理人员和医生，有病房，并有病历表。朝廷还会根据医生的医疗成绩给予适当的奖励。与此同时，医学教育、药政管理、各种医书的编修出版等也随之兴旺起来。

据史料记载，在南宋理宗宝庆（1225 ～ 1227 年）年间，“医院”作为疗疾机构的名称已经出现。现保存在苏州的宋朝石刻《平汇图》中，就有一古式房屋图样，上镂“医院”二字。

明清两代出现的“太医院”，设院使、院判、御医吏目、医士、医员等职别，其作用主要是为皇室以及卫生管理机构服务。至于下属的医院，仍称“病坊”。清代的医院开始出现了乳母、女使等职称，其作用可能相似于现代医院的护士了。

我国创办的最早的现代化医院为北京中央医院，系 1918 年所建。

我国古代的太医院

在古代，太医院是专为统治阶级服务的医政及医疗保健组织。它始设于金代，隶属于宣徽院。太医院的最高长官是太医院提点（正五品），下设使、副使、判官等，“掌诸医药，总判院事”。此外，太医院中还设管勾主管医学教育，另还设有各种名称的太医和医官。

元代太医院，秩正二品。开始时长官为宣差，后改为尚医监、太医院提点等，其行政隶属于宣徽院。最高长官之下设院使、副使、判官等名目。元代太医院掌管一切医药事务，官员品秩普遍高于任何朝代。

明代也设有太医院，其长官初始称为太医院令，后改称院使。明代在北京和南京各设一个太医院，但是北京设置的太医院是最高医药管理机关，设有最高医政长官院使，下设院判。而南京太医院只设院判不设院使，以便服从于北京太医院的领导。

清代只设一个太医院，院使正五品，总揽医药行政及医疗大权。清初，御药房也划归太医院管理，全国医官统一由太医院差派、考核、升降，从而加强了统一领导。但这种体制未能坚持下去，礼部管生药库，总管太监管御药房，削弱了太医院的功能。清朝中晚期，医政管理较为混乱。总之，从金至清，太医院作为全国性医政兼医疗的中枢机构延续了 700 多年。

古代的公共医疗机构

我国大约在战国时期，出现了“疠迁所”。当时规定，凡经医生检查后发现有鼻梁塌陷、手上无汗毛、声音沙哑、刺激鼻腔不打喷嚏等症状者，一律送至疠迁所隔离治疗。这说明中国古代对传染性疾病的治疗措施，很早就已经是得力有效的。

在汉代还出现了专门性的妇科医院，西汉时的“乳舍”，相当于现在的产院。乳舍并不专为统治阶层而设，而是服务于一般官员和平民的公共医疗机构。

南北朝时则出现了由朝廷主办的慈善救济机构“六疾馆”和“孤独院”，收养穷人和孤幼之人。唐代时，京城及各地设有“病坊”，类似平民医院。

到了宋代，公共医疗机构有了进一步的发展，尤其重要的是出现了专门售药的医疗机构——熟药局。熟药局的设立，是成药在宋代得以发展和盛行的重要保证。宋代还建有一些医疗慈善机构，如：收容穷困无靠的病人，给予医药照顾的安济坊；收容贫病无靠之人的养济院；收养鳏寡孤独贫困不能自存者，月给口粮，病者给医药的居养院；收养老幼贫疾无依丐者的福田院等。

元代的公共医疗机构，设有广济提举司和惠民局，为贫民免费医病给药，经费依民户多寡分为等级拨给。明代的公共医疗机构的设置，则沿袭宋元旧制。

清沿前代例，在京都及全国各地设置养济院，养赡鳏孤寡独、残疾无依靠的人，政府拨给银两和口粮，地方士绅有乐于资助者，任其捐献。清代还创立有育婴堂，收养遗弃或无力养育的婴儿。

古代最早的医学校

南北朝刘宋元嘉年间，设立了太医博士、太医助教等医官。隋朝创立了太医署，主要是一些太医们集中在一起办公的地方，相当于现在的医学教育行政机构。

隋朝的太医署有主药 2 人、医师 200 人、药园师 2 人、医博士 2 人、助教 2 人、按摩博士 2 人、咒禁博士 2 人。其规模不大，设置不全，所以只能算是医学校的初级阶段，并不能算正规的医学校。

唐高祖武德七年，在长安建立了唐太医署。唐太医署由行政、教学、医疗、药工四大部分组成，与现在医学院校的教育行政机构设置相类似。唐太医署由皇家直属，设太医令2人，是太医署的最高行政官员，相当于现在医学院校的校长职务；还设立太医丞2人，他们作为太医令的助手。太医丞手下则有医监4人、医正8人。以上18人都是太医署的行政长官。

太医署分医学部和药学部，医学又分四大科：医科、针科、按摩科（包括伤科）和咒禁科。四科之中，医科最大，总共有164人，其中医师20人、医工100人、医生40人、典药2人、医博士1人、医助教1人。学生入学后，必须先学《素问》《神农本草经》《脉经》《甲乙经》等基础课程，然后再分专业学习。学生都由太医署中的博士、助教教课。

针科共有师生员工62人，其中博士1人、助教1人、针师10人、针工30人、学生20人。针科学生先学医学基础理论，然后重点学习针灸专科。

按摩科共有师生员工36人，其中博士1人、按摩师4人、按摩工16人、学生15人，以学习按摩专门技术为主。咒禁科共有师生员工21人，其中博士1人、咒禁师2人、咒禁工8人、学生10人，主要学习道禁和佛教中的五禁但该专业人数最少，影响最小。

太医署规定学生除了入学考试以外，月、季、年都有考试。对于学习9年仍不及格者，即令退学。考试成绩优良的，予以奖励，以保证学生的质量，并且可以及时发现人才。

太医署中，“凡医师、医正、医工，疗人疾病，以其痊多少而书之以为考课”。对于教师和教辅人员的考核制度，保证了师资队伍的质量，也保证了整个医学校的教育质量。

药学部虽然没有医学部大，但也有一定规模。药学部包括“府二人，史四人，主药八人，药童二十四人，药园师二人，药园生八人”。药学部还设有药园，所以当时不仅从理论上，还通过实践培养药学专门人才。

唐太医署为当时培养了不少医学人才，以后历代都设立类似唐太医署的医学校。宋代把医学校划归国子监管理。国子监是当时主管教育的高级领导机构。宋代医学校的规模也有了扩大。元、明、清几个朝代的医学校都与唐太医署相类似，改变不大。

“大夫”“郎中”称谓由来

大夫和朗中都是古代的官名。何以称医生为“大夫”？据考证，将医生称为“大夫”，最少有上千年的历史了。

大夫，最早是一种官职。古代国君之下有卿、大夫、士三级。春秋时代的大夫，按职位高低有上、中、下之分，如楚国的屈原曾任三闾大夫。秦汉以后，中央要职有御史大夫、谏议大夫、中大夫、光禄大夫等。隋唐以后，以大夫为高级官阶称号。但这都不是医官。

自宋代徽宗政和年间改订官阶时，医官开始置大夫以下官阶，一共分为七级，官职有22种之多，如和安大夫、成和大夫、成安大夫、成全大夫、保安大夫等。

因此，从那时起人们就把医生统称为大夫，至今北方人仍沿称医生为大夫。

郎中亦为古代官名，始于战国。汉代沿置，属光禄勋，管理车、骑、门户，并内充侍卫，外从作战，分为东郎、户郎、骑郎三类，长官没有车、户、骑三将，其后类别逐渐泯除。

自隋唐至清，各部皆沿置郎中，分掌各司事务，为尚书、侍郎，丞以下之高级部员。称医生为郎中，乃南方人的方言，始于宋代，从此沿用至今。

相传，南宋有位郎中（官名）叫陈亚，为人诙谐，又爱好文字游戏，曾以中药名写诗百首。有一年大旱，陈亚和友人蔡襄在路上看到一个和尚求雨，赤膊自晒，殊为可笑，陈亚随口念道："不雨若令过半夏，应定晒作葫芦巴。"半夏、葫芦巴都是药名。蔡襄见他讽刺过分，便道："陈亚有心终归恶。"陈亚应声道："蔡君除口便成衰（'便成衰'为中医学'泄泻'的别名）。"

此事传到民间后，陈亚名声大振，人们认为他不但熟谙药名，也通医术。后来，常有学医者以读陈亚"药诗"为乐事。郎中也渐渐成为中医师的代称了。

不过，在我国古人的习惯上，大夫和郎中也略有区别。一般设馆医人的医生，都称为大夫；至于草药店或上街高喊包医奇难杂症的医生，却称他为郎中。

坐堂医和游方医

古代，由于医生的应诊方式不同，将医生分为两种，一种叫坐堂医，另一种叫游方医。坐堂医是有固定坐诊地点的医生，人们可以在固定的地方找到他。游方医是没有固定坐诊地点的医生，他们云游四方，走街串巷，往往会有一个铃铛或者一面布幌作为标志，因此也有人把他们称为摇铃郎中。

坐堂医的来历，同医圣张仲景有关。张仲景是东汉末年的名医，因学识渊博，人品高尚，举孝廉，成为长沙太守。当时，做官的不能随便进入民宅，接近百姓。

为了能为百姓治病，他干罢公事，常借公堂摆开案桌，坐在堂中为当地百姓治医。后来，人们就把坐在药铺里给人看病的医生，通称为坐堂医、坐堂郎中。

游方医这一名称的由来没有特殊的传说，却是历史悠久。先秦时期，扁鹊就是一位著名的游方医，他周游列国，为各国百姓治病。

游方医有三字诀：一曰贱，药物不取贵也；二曰验，下咽即能去病；三曰便，能够就地取材。尽管游方医多为国医所不称道，但其中确实有很多东西值得深入整理和研究。

有时游方医也受到世人的浅薄鄙视，有人认为他们游食江湖，买卖假药。这些或许是世人对游方医的偏见。为正游医之声，清代医药杂家赵学敏编纂了《串雅》一书。《串雅》对游方医给以高度评价，认为游方医的治疗方法是"操技最神，而奏效甚捷"。同时还记载了许多民间医方，这些医方目前在临床上仍在使用，并有很高的治疗价值。《串雅》还介绍了民间防病的经验，书中集录了除蚤、灭虱、驱蝇、禁蚊、除臭虫等驱除害虫的措施，实际上起了消灭疾病传染媒介的作用。同时，还记载了民间的许多有效的急救法，例如：溺水用骑牛法，解药毒用防风，昏厥症用放血法等。这都是简便而又经济的方法。此外，它还重点介绍了民间外治法的经验，这些方法都具有简便、经济、有效、用药安全等特点。

我国历代名医大部分是坐堂医，很多都有自己的诊所和药堂，少了漂泊之苦，有更多的机会精研医术。游方医虽然周游四方，颇为劳顿，却可以见到很多其他的病种。因此二者各有长短。无论是坐堂医还是游方医，只要医术高明、医德高尚，都会受到老百姓的尊重。

不过，后来随着社会发展，游方医越来越少了，现在的医生可以说都有自己的固定工作场所，也就是说都是坐堂医，因而坐堂医和游方医这样的称呼也基本上没人再提了。

悬壶济世的来历

悬壶济世是人们对中医的一种称谓，一般把医生开业称作“悬壶”，把医生的事业称为“悬壶济世”。医生也把“悬壶济世救苍生”作为自己的奋斗目标。

那么，“悬壶”的说法有何来历呢？其实，这个“壶”应该是“葫”，即“药葫芦”。葫芦是一种植物的果实，外面是坚硬的壳，把中间的瓤掏空后，就成了绝佳的容器。古时候，很多医生，特别是那些“摇铃郎中”，总是把药装在葫芦里，走街串巷为人们治病。慢慢地，“药葫芦”就成了医生的象征。

那么，医生从什么时候起开始使用葫芦呢？《后汉书·费长房传》中就记载有这么一个故事。相传，汉朝时集市上有位行医卖药的老翁，他店铺前悬挂着一个葫芦，等到集市过午散去时，老翁便化作一道烟，钻进了葫芦内。集市上的人都没有看见过，只有管理市场的一个小官员费长房在楼上看到过，他心里感到十分惊奇，自此便更加留心观察。

费长房发现老翁给人看病十分灵验，药无二价，知道他绝不是等闲之辈，便备好了一桌酒肉饭菜，恭候老翁。当老翁从葫芦内跳了出来，费长房便立即磕头跪拜，拜师求教。

老翁见费长房诚心求学，就告诉他说：“你明天再来，咱们到葫芦中去看看。”第二天，费长房赴约去拜见老翁，老翁领他一同进入葫芦中，只见葫芦内华丽堂皇，侍从多人，备美酒佳肴盛满桌上，两人对酒畅饮，尽兴而出。

后来，老翁收费长房为徒，带着费长房隐居于幽静闲适的山林之中，将自己的医术传授予他。当费长房学成医术后，老翁就云游四方去了。

费长房为了纪念老翁，行医时总是将一个葫芦挂在身上。自此以后，行医之人纷纷模仿，都用葫芦当招牌，以表示医术高超，后世就把中医开业称为“悬壶”。

古代的行医招牌

我国古代也曾出现过行医招牌、招贴一类的医疗广告。最早的行医招牌，大多数是以模型实物作为行医的“招幌”，如葫芦、串铃、鱼符等。葫芦自从汉代壶公在市井悬壶卖药，便不仅作为装药的器具，而且也成为中医的代名词。店堂门口只需挂个葫芦，人们便自然会进去就医抓药。

串铃又名虎撑，相传唐代医家孙思邈为虎取喉中之刺，以之支撑虎口，后演变成为走方医的标志和象征。而鱼符是用石片或木头雕成的鱼形幌子，门挂双鱼含有太极阴阳鱼之意，鱼又谐“愈”之意；鱼不分昼夜总是睁着双眼，悬挂鱼符也意味着不分昼夜的为人服务。

也有人将皇帝的赐物作为招牌，予以炫耀。如建炎年间，宋高宗太子有疳疾，经太医院御监张元圭治愈，赐金蛤蟆一个。后嗣以医著名，悬金蛤蟆于门上，俗称“张蛤蟆”。医家陈沂，字素庵，精妇科，曾疗宋高宗妃吴氏危疾，得赐宫扇。其后人刻木为扇以为荣，上书“宋赐宫扇南渡世医”八字列门前，以为招牌，人称“陈木扇”。

宋代张择端《清明上河图》中不仅描绘了北宋开封城的繁华景象，而且还绘有与医药招贴有关的画面。如有两个儿科诊所，一处门前挂了一个编织的挑子，上书“专治小儿科”，另一处门前竖有“小儿科”的招牌；而“赵太丞家”门前竖起高出屋檐的布制大路牌书有“治病兼售生熟药”；再有一处药铺，招牌上“本堂兼制应症煎剂”八字依稀可辨。

《清明上河图》所绘制的景况，皆有生活原型，真实可信。我们可以从同时期孟元老著的《东京梦华录》中得到佐证。该书记载，汴京的马行街北有金紫医官药铺、李家口齿咽喉药铺、柏郎中家医小儿、任家产科及香药铺，抱慈寺街有百草园药铺等。

清代医家傅山，字青主，学识渊博，工时文书画，尤精医学。其于太原古晋阳城中立牌“卫生堂药铺”，写有“行医招贴”最为完备，招贴中曰：

世传儒医，西村傅氏，善疗男女杂症，兼理外感内伤；专去眼疾头风，能止心痛寒嗽；除年深坚固之沉积，破日久闭结之滞淤；不妊者亦胎，难生者易产；顿起沉疴，永消烦苦；滋补元气，益寿延年；诸疮内脱，尤愚所长，不发空言，见诸实效；令人三十年安稳无恙，所谓无病第一利益也。凡欲诊脉调治者，向省南门铁匠巷元通观阁东问之。

招贴中论及了傅氏医学渊源、诊所地址、诊治范围，内容详尽，效验显著，这为当时的黎民百姓诊病问疾提供了方便。

许多人不明白一些正宗的中药店门前都挂着一个药葫芦是何意思？其实这也有一段来历。

《后汉书·方术列传·费长房》里记载着这样一个典故：相传汉代的某年夏天，河南一带闹瘟疫，死了许多人，无法医治。有一天，一个神奇的老人来到长安，他在一条巷子里开了一个小小中药店，门前挂了一个药葫芦，里面盛了药丸，专治这种瘟疫。

凡是来求医者，老人就从药葫芦里摸出一粒药丸，让患者用温开水冲服，就这样，喝了他的药的人，一个一个都好了起来。此事一传十，十传百，便在许多地方传开了，后来一些行医者就以药葫芦作为中药店的标志，这一习俗一直传了下来。

中药店为何供獐狮

相传，神农采药时都得亲自品尝其药性，经常会因尝药而中毒。有一次，神农在一座山里得到獐狮这一奇兽。它周身像水晶般透明，能吃百草和百虫，各种药性均可通过观察它的脏腑、经络而一目了然。自从有了獐狮，神农识药再也不用发愁了。

一天，神农采药时发现一条黑虫，它遇动静就蜷成团，像颗圆溜溜的黑珠子，然后骨碌碌地滚下山去。神农从未见过这种怪虫，十分好奇，便拣起来看了看，然后递给獐狮试服。

獐狮闻了闻这颗圆溜溜的黑珠子，然后龇了龇牙，不愿吞食。神农便把它塞进了獐狮的嘴里，獐狮只好小心翼翼地嚼了嚼，就赶快吐了出来。

可是，怪虫的毒汁仍迅速进入了獐狮的肠胃，片刻即令獐狮遍体发黑，口吐白沫。神农急忙让獐狮服解药，可无济于事。獐狮望着神农，落泪而亡。神农悲痛万分，懊恼不已。

原来这种虫名叫滚珠虫，又称滚坡虫、千脚虫，身有剧毒，入药后可以毒攻毒，治各种肿毒和恶瘤。后来，中药店均供獐狮引以为戒：千万不可滥用错用药物！

军医溯源

春秋战国时期，军队中已有巫医和方技，当与敌人作战时，便征用当地富室房屋作为疗养所。凡重伤士兵都安顿到临时组成的伤兵医院疗养。由士大夫家派人照料，每日以酒肉补养伤员，并经常派遣官吏巡视。痊愈后即造册上报，以便重新归队。

古籍《太平御览》载晋朝刘德“官至太医校尉”；《资治通鉴·晋纪》中记有武帝时程据为太医司马；又《晋书·刘曜传》所载刘曜被擒，石勒“使金疮医李永疗之”之事。可见 5 ～ 6 世纪时，朝廷已有专职治疗战伤的医生——金疮医。

北魏延昌元年（512 年），“肆州地震陷裂，死伤甚多”，世宗下诏说：“亡者不可复追，主病之徒，宜加疗救，可遣太医、折伤医，并给所须之药救治。”（《魏书·世宗纪》）以上太医校尉、太医司马、金疮医和折伤医，可能都是当时的军医。两晋南北朝时，帝王及将帅出征，也多派遣太医，或有侍医跟随。

历史上明文记载由医生对征募入伍士兵进行体检，首推齐东昏侯萧宝卷在位之时（499 ～ 501 年）。史载，当时检查人丁是否可服兵役的人，不仅是医生，且有巫师在内。一方面，豪绅地主包庇应征募者逃役；一方面，巫医又借工作之便，勒索百姓钱财，放走合格的兵丁，而将有病、孱弱、贫穷的丁口充数。

仵作与古代的法医

中国古代曾出现了一支类似现代法医专业的吏役，这些吏役本源于卖棺屠宰之家，后来逐步受用于官衙，但没有官位、官品，平时仍以为丧家殓尸送葬为生。随着刑案的不断增加，他们的身份逐步演变成官衙法定检验吏役，即仵作。隋唐时期，仵作一词就已经出现，但当时的仵作泛指帮助丧家埋葬的人。

到了宋代，朝廷建立了专门的检验制度，制定专用的表格《验尸格目》和验尸图《检验正背人形图》，以规范尸体检验。这一时期官府衙门里的仵作，已参与具体办案，并且有了明确的分工，就是负责处理尸体，并在检验官指挥下喝报伤痕。

当时的仵作，还被老百姓称为团头。他们的同行有坐婆、稳婆，在遇有妇女下体检验时，坐婆方参加办案。

《洗冤集录》：我国第一部法医专著

《洗冤集录》是我国第一部法医专著，也是世界上现存第一部系统的法医学专著，它比欧洲第一部系统法医学著作《医生的报告》要早 350 多年。

《洗冤集录》的作者宋慈是南宋人，出生于福建建阳，走上仕途后长期担任提刑官，积累了丰富的断案经验。在他为官的 20 余年间，始终以民命为重，采取“审之又审，不敢萌一毫慢易心”的严谨态度，深入查访，不畏权势，积累了丰富的检验经验。在《洗冤集录》中，宋慈提出：“事莫重于人命，罪莫大于死刑。”指出尸体检验正确与否对司法公正具有决定性的意义。

《洗冤集录》记载有许多具体的检验经验，尤其在辨别自杀或他杀方面很有心得。例如他根据“缢沟”正确区分勒死与缢死。如死者是自缢，缢沟的特点是在“脑后分八字，索子不交”，若是被勒死者则绳索多缠绕数周，那么脖子上的绳索痕迹是相交的。

《洗冤集录》记录了一种蒸骨验伤的方法：把尸骨洗净，用细麻绳串好，按次序摆放到竹席之上。挖出一个长 5 尺、宽 3 尺、深 2 尺的地窖，里面堆放柴炭，将地窖四壁烧红，除去炭火，泼入好酒二升、酸醋五升，趁着地窖里升起的热气，把尸骨抬放到地窖中，盖上草垫，大约一个时辰以后，取出尸骨，放在明亮处，迎着太阳撑开一把红油伞，以此进行尸骨的检验。

若骨上有被打处，即有红色微荫，骨断处其接续两头各有血晕色。再以有痕骨照日看，红则分明是生前被打；骨上若无血荫，踪有损折乃死后痕。亡者的死因就在红油伞下展现。现代科学证明，红油伞吸收了阳光的部分射线，使当时的检官看到了他想看的事实。

《洗冤集录》还记载有一些急症的救治方法。如救治砒毒，用鸡蛋一二十个，搅匀，和入明矾末三钱，灌进服毒者口中，吐后再灌。如果中毒不深，抢救及时，是可以起到一定作用的。

宋慈在《洗冤集录》中提出的检验四原则：实事求是原则；不轻信口供原则；

调查研究原则；验官应亲自填写“尸格”原则。即使在今日，法医检验仍须遵守。

通过对尸体现象、现场检查、尸体检查情况的归纳，宋慈在《洗冤集录》中整理出一整套符合科学原理并与现代医学相吻合的法医检验方法，实为集宋朝以前法医学尸体检验之大成。

《洗冤集录》问世后，立即被颁行全国，成为宋朝以及历代刑狱官办案必备的参考书。从事司法检验工作的官吏、仵作，大多会随身携带一部线装《洗冤集录》。

因为宋慈的努力，仵作被逐步提升为案件侦破中不可或缺的重要角色。后来，《洗冤集录》的内容流传到国外，近代以来又引起西方法医界的高度重视，在学术界享有盛誉。

何谓望闻问切

望闻问切是中医传统诊断疾病的基本方法，又称为“四诊”。《素问·脉要精微论》说：“诊法何如？切脉动静而视精明，察五色，观五脏有余不足，六腑强弱，形之盛衰，以此参伍，决死生之分。”可见诊法就是对人体进行全面诊察的方法，借以判断人的健康与疾病状态。

“望”就是医生运用视觉，看面色舌苔；“闻”就是听声音呼吸；“问”就是问病人的病情；“切”就是把脉搏。

我国最早全面运用中医四诊法的人是春秋战国时的扁鹊。扁鹊是中医脉学创导者，他把古代劳动人民长期同疾病斗争的许多方法加以总结，归纳为“四诊法”。从《史记·扁鹊传》中记载的病例看，扁鹊诊断齐桓公的病，运用的就是中医的“望”诊：初时疾在腠理，继而逐渐移入血脉，移入肠胃，最后深入骨髓，直至不治为止。扁鹊的望诊技能和由表入里、由浅入深、不断发展的病理观念是科学的。

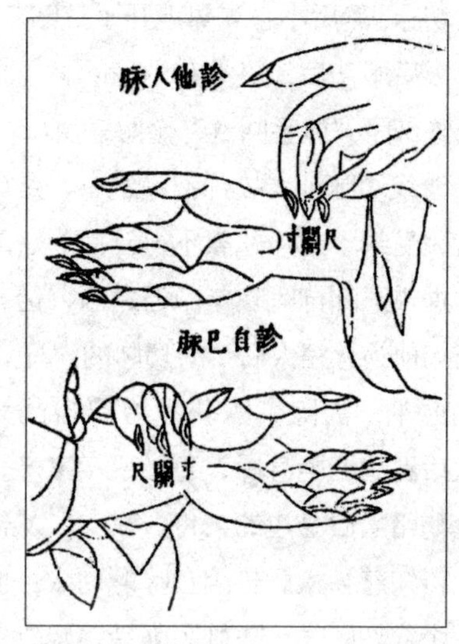

中医诊脉之处为寸口，古人据此距离作为长度单位的“寸”。选自《三才图会》。

望闻问切是古代中医调查了解疾病的四种方法，各有其独特作用，不能相互取代，但在临床应用时，必须将它们有机地结合起来，才能全面了解病情，作出正确的诊断。

所谓的牵线切脉

中医诊察断病，素来须望、闻、问、切四诊合参，才能准确辩证地施治。至于中医切脉的专著，当推晋代王叔和的《脉经》和明代李时珍的《濒湖脉学》最为有名。

中医的切脉术可谓博大精深，且颇灵

验。但把它吹捧得玄之又玄的，则莫过于历史上宫廷医官为皇亲国戚的夫人、千金们看病时的“牵线切脉”了。

相传，有一次清代慈禧太后患病，陈御医就是在既不能目睹其神色，又不敢探问其病情的状况下，隔着帷帐，在红绿丝线上切脉，然后小心翼翼地开了三贴药方。慈禧太后服药后，果然药到病除，于是特赐予陈御医“妙手回春”金匾一块。

牵线切脉纯属故弄玄虚之举，是历代医官因受缚于封建礼教不得已而为之的骗技。据说，陈御医晚年隐退之后，透露出了当年他为慈禧太后牵线切脉的内幕。

原来，当陈御医获悉将召自己为慈禧太后看病的消息后，急忙变卖家产，花重金贿赂太后身边的内侍、宫女，从他们口中得知慈禧太后是因贪嗜螺肉太过而生疾。牵线切脉时，陈御医强装镇定，然后开出消食健脾的处方，终使慈禧太后药到病除，化险为夷。

针灸疗法的起源

针灸是中医的特色疗法，它所用的针来源于原始人的劳动工具——砭石。砭石就是打制的石器，它有锐利的尖端和锋面，可以用来切开痈肿、排脓放血。从砭石经过植物尖刺、骨针等阶段，然后才出现金属针，依次经历铁针、铜针、银针，直到现代的不锈钢针。

在使用石器作为生产工具的过程中，古人发现人体某一部位受到刺伤后反能解除另一部位的病痛，从而创造了运用砭石、骨针治疗的方法，这就是针刺的萌芽。并在此基础上，逐渐发展为针刺疗法。

灸法则与发明用火有关。学会用火是人类文明进步的一大标志，同时也使卫生条件得以很大改善。它可以将生食变成熟食，将生水烧成开水，减少肠胃疾病。

当古人知道用火以后，在烘火取暖的基础上，当身体某一部位发生病痛时，受到火的烘烤而感到舒适或缓解。他们进而用兽皮、树皮包上烧热的石块或沙土作局部取暖，可消除某些病痛，故认识到久熨可以用于治疗，继而从各种树枝施灸发展为艾灸。

通过反复实践和改进，逐渐形成了热熨法和灸法。而原始人当身体某处有了痛楚时，除祈祷鬼神外，很自然地会用手去揉按、捶击以减轻痛苦，这就是按摩法的雏形。

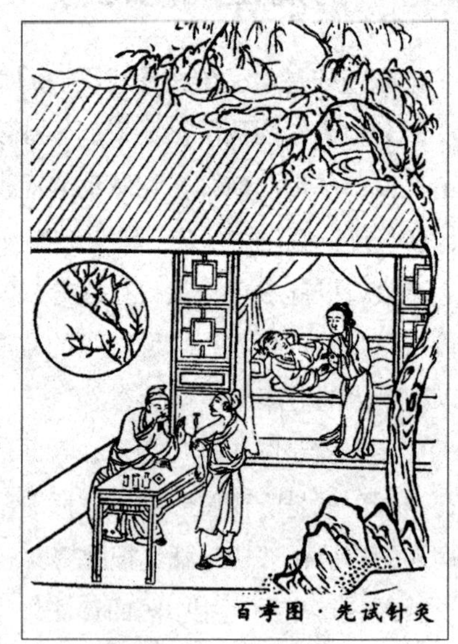

先试钟灸，选自《百孝图》。

针灸学发展到汉晋，逐渐完备。人们

开始用图形表示针灸穴位。一些总结性的针灸著作也出现了。其中西晋人皇甫谧撰写的《甲乙经》是一部重要的也是我国目前保存最早的针灸著作。该书对针灸治疗及穴位都记载详细而有条理。

唐代开始在太医院中设针灸科，有针博士、针助教进行针灸教学。宋代是针灸学大发展时期，不断发现新的穴位。随着针灸学的发展，元、明、清三代都整理和编纂了一些针灸学专著。这无疑对针灸学的总结和发展起到重要作用。

不过，中国针灸疗法最大的特点并非所使用的工具，而是针与灸所依赖的经络与穴位理论。经络与穴位至今未能在人体解剖上找到对应的物质，却又客观存在，并在临床中有着神奇的效果。它们是如何被发现的至今仍是一个谜。可以肯定的是，经络穴位理论体现了中国传统文化中气、阴阳等哲学观念，是中国文明的特有产物。

国宝针灸铜人的由来

北宋初年，虽然有前世的针灸书籍流传于世，但是错误百出。于是，宋仁宗赵祯诏令翰林医官院医官、尚药奉御王惟一，考证针灸之法，铸造针灸铜人，作为针灸之准则。

王惟一是宋代著名针灸学家，公元1027年，他制成了两个铜人，高度跟成年男子一般，外壳可以拆卸，胸腹腔也能够打开，可以看见腹腔内的五脏六腑。在铜人身体表面刻着人体十四条经络循行路线，各条经络之穴位名称都详细标注，严格按照人体的实际比例。

两个铜人铸成后，一个放在翰林医官院保存，一个放在大相国寺仁济殿中。针灸铜人的制成，使经穴教学更为标准化、形象化、直观化。很快针灸铜人就成为针灸教学的模型，对于指导太医局里的学生学习针灸经络穴位非常有用。

据说，学生进行针灸考试时，先将铜人的表面涂上蜡，遮盖铜人上刻的穴位、经络说明，穴位上的针孔也被黄蜡堵塞，铜人体腔内还要注入水银或水。然后，学生根据考官的出题，用针扎向铜人的穴位，如果针刺的部位不准确，针就不能扎进铜人体内；如果取穴正确，正好扎在被堵上的铜人穴位点，那么针就能刺进去直到体腔内，这样拔针之后，水银或水就会从针孔中射出。学生对于穴位掌握得是否准确，可以非常明显地考查出来，而且标准统一，对于针灸教学是一个极大的促进。

这两具铜人既记载了完善的经络腧穴学知识，又体现了宋代高超的金属铸造工艺，集科学性与艺术性于一身，难怪宋金战争时，金人曾以索取针灸铜人作为一项议和的条件。

王惟一在完成针灸铜人制作后，又重新编成了《新铸铜人腧穴针灸图经》，对铜人的经络的穴位进行具体说明，由翰林医官院刊刻印行，政府颁行于各州进行推广。

书中共记载腧穴657个，又按头部、面部、肩部等不同部位论述穴位，成为官方的针灸穴位标准。宋仁宗还下诏将此书刻成石碑，镶于大相国寺仁济殿四壁，供有志者学习。

由于宋金议和未成，后来金兵破城，不但将铜人掳走，连大相国寺的铜人图经石碑也一并敲断，统统运回了北方。此后，有关铜人的下落偶有记载，但最终失传，石碑也下落不明了，只有《新铸铜人腧穴针灸图经》一书流传至今。

1972 年，北京在进行清挖旧城墙的工作中，无意中挖出几块断裂的石碑，从碑上残留的碑文来看，正是当年大相国寺的铜人图经石碑的片段。原来，北京在那时归金朝统治，金兵将石碑运到此处存放，在后来的战乱中遭到破坏，被用作砌城墙的材料。直到将近千年之后，这一国宝才重见天日，它们为研究我国医学史及针灸学史提供了珍贵的实物资料。

中医的经络学说

经络是针灸学的重要基础理论之一，几千年来对中医临床尤其是针灸临床实践具有重要的指导作用。我国早在 2000 多年前的先秦时期，就已有了较完整的经络概念和学说。1973 年，在马王堆三号汉墓出土了《十一脉灸经》，这说明，当时人们利用经络来治病已经很普遍了。

中医传统理论认为，经络是人体气血运行的通道。“经”是经脉，有路径的意思，是直行的主干。而“络”指的是络脉，有网络的意义，为侧行的分支。

经络系统是由经脉与络脉相互联系、彼此衔接而构成的体系。其中经脉包括十二正经、奇经八脉以及附属于十二经脉的十二经别、十二经筋、十二皮部，络脉包括十五络脉和难以计数的浮络和孙络等细小的络脉结构。

经络系统将人体的组织、器官、四肢百骸联络成一个有机的整体，并通过经气的活动，调节全身各部的机能、运行气血、协调阴阳，从而使整个机体保持协调和相对的平衡。

经络运行于全身和五脏六腑又沟通体表和内脏，所以人体有疾患可以通过经络表现出来，就是说通过经络的色泽、温度、痛感反映出来。这就是经络感传现象，通过经络的感传现象可以预测疾病。针灸治病主要是通过针刺和艾灸等刺激体表经络的穴位，达到疏通经气，调节人体脏腑气血功能，从而达到治疗疾病的目的。

那么经络是否有其物质基础呢？人体里究竟有没有这个神奇的生理系统？尽管科技发展到今天，迄今科学界还无法对经络给出一种权威的解释。然而几千年来，经络理论对中华民族的健康保健一直起着巨大的作用。因此对经络实质的研究成了众人关注的话题。

火罐史话

拔火罐是我国常见的一种民间疗法，它的起源很早。

唐朝以前，拔火罐又称为“角法”，或简称“角”，因为当时的拔罐工具是用动物的角制成的，即用兽角，中间挖空，罐口四周打磨光滑即可使用。这样的火罐，不仅不易破碎，而且兽角在当时是比较容易得到的材料。长沙马王堆出土的汉代帛书《五十二病方》中就有用角法治疗的记载。在唐代，医学分科还比较粗，只分八个科，角法即为其中之一。

唐宋以后，由于动物不断被猎杀，兽角的来源逐渐减少。于是人们把火罐材料转向了竹子。同兽角相比，竹火罐不仅材质轻巧，加工方便，而且来源更为丰富，成本也低廉，故千百年以来一直沿用，直至近代。随着时代的发展，又相继出现了铜火罐、玻璃火罐等，它们与竹火罐相比，都各具优缺点。

何谓刮痧疗法

刮痧疗法，是根据中医十二经脉及奇经八脉遵循“急则治其标”的原则，运用手法强刺激经络，使局部皮肤发红充血，从而起到醒神救厥、解毒祛邪、清热解表、行气止痛、健脾和胃的效用。

刮痧疗法历史悠久。其确切的发明年代及发明人，难以考证。较早记载这一疗法的，是元代医家危亦林在1337年撰成的《世医得效方》。“痧”字从“沙”衍变而来。

最早“沙”是指一种病证。刮痧使体内的痧毒即体内的病理产物得以外排，从而达到治愈痧证的目的。因很多病症刮拭过的皮肤表面会出现红色、紫红色或暗青色的类似“沙”样的斑点，人们逐渐将这种疗法称为“刮痧疗法”。

小议种痘术

种痘术最早在16世纪中叶由中国人所提出。

大约在2世纪，天花从中国南方传入，此后，就迅速向北蔓延。在明朝隆庆年间（1567～1572年），中国的中医在世界上率先找到了对付天花的方法，这就是人痘接种。

在《张氏医通》（1695年）和《医宗金鉴》（1742年）两部医学著作中，记述了痘衣法和鼻苗法两种人痘接种方法。这项伟大的成就首先诞生于当时的宁国府太平县。到清朝时，由康熙帝大力提倡后开始推行全国。

1717年，英国人蒙塔古夫人学会了中国种痘术后，将这种方法带回了英国。然后，又从英伦三岛传到了欧洲各国。

华佗的医术贡献

华佗（约141～208年），是我国历史上著名的医学家。关于华佗的精湛医术，历史上流传着种种动人的传说：如他为三国蜀汉大将关云长刮骨疗毒的故事，老幼皆知；他编制了我国历史上最早的一套医疗保健体操——五禽戏，一直流传至今；而他发明、运用中药麻醉剂——麻沸散，进行开腹手术的事迹，更成为千古流传、脍炙人口的美谈。

在西晋陈寿撰著的《三国志·华佗传》和南朝宋范晔所著的《后汉书·华佗传》中，都有关于华佗用麻沸散进行开腹手术情况的详细描绘。《后汉书·华佗传》记载，华佗遇到病人“若疾发于内，针药所不能及者，乃先用酒服麻沸散，即醉无所觉，因刳剖腹背，抽其筋骨……”。

华佗（145～208年）是三国时期著名的医学家，医术高超、全面，精通内、妇、儿、针灸各科，尤擅长外科。他通晓养生术，仿虎、鹿、熊、猿、鸟等禽兽的动态创作名为『五禽戏』的体操，模仿动物动作进行医疗体育锻炼。

华佗。

从上述这段记载来看，华佗进行手术的过程大致与现代外科手术过程相符合，即先用麻沸散对患者进行麻醉，然后才开腹进行手术，割掉病变的部分，再行缝合，最后敷以“膏药”并进行伤口包扎。华佗因此被后人誉为“中国医学史上外科的开山鼻祖”，“世界上最早发明麻醉剂和首创开腹手术的医学家”。

太极图成为中医药标志的由来

古代中医药的标志是太极图，又称阴阳鱼，其图案呈圆形是由一条白鱼和一条黑鱼组成。

中医学以太极图作为行业标志是具有历史渊源的。太极图常见于中医古典医籍之中，古代药店也常以阴阳鱼作为招牌，即在店门口两边各挂一串膏药，膏药下面是一条鱼，左右两侧的鱼合起来便形成了阴阳鱼。用阴阳鱼作为中医的徽章，是为了说明中医理论体系的形成与《易经》和阴阳学说有关。此外，另外一个含义是说，医生和药铺就像鱼一样，昼夜睁着眼睛，随时能为病人看病、取药。

阴阳鱼之所以称为太极图，“太”，表示极大的意思，“极”是最高最远，至尽而无余。“太极”是说明宇宙广阔无垠，是万物发生发展变化的根基，所以朱熹说：“总天地万物之理便是太极。”太极图以外周圆形表示宇宙充满元气，宇宙中的万事万物均是永恒地运动着，往复循环，无始无终。圆周内的黑白鱼以“合二而一”表示太极，以“一分为二”表示阴阳，其要义是说自然界各种事物均是相互对立而又相互依赖的。

太极阴阳鱼图，不仅概括了阴阳运动的规律，而且同样亦反映了阴阳运动失常的病理机制，中医学就以阴阳鱼为思维模式，阐述人体生理病理变化。阴阳对抗运动的形式为消长，阳长则阴消，阴长则阳消；反过来说，阴消则阳长，阳消则阴长，这是一般正常的生理演变。但消长不足，或过盛，将形成病变。如果阴阳离别，则是人的死亡状态。

太极阴阳鱼图的出现是我国古代人民智慧的象征，集中体现了中华民族文化的精髓。以太极图论述万物的根源及发展规律，抓住了事物的根本。正因为古人掌握了“阴阳”这一认识世界的最佳方法，才使中国古代文化及科学技术远远领先于世界各国，至今仍受到各国学者的重视。

导引术是怎样的养生法

导引是我国古代的医疗体育和养生方法，是中国最早的一种医疗保健体操。据《吕氏春秋》记载，它起源于原始社会末期。

古代的导引术。

春秋战国时期，导引已成为一种流行的疗病保健和养生方法，并出现专门从事导引的养生家。他们把民间导引写进了医书，其大意是说，那些属于肌肉萎缩、关节转动不灵、或由于寒热造成血气不调的疾病，都可以用练习导引或用按摩的方法治疗。

战国时期的庄子，把导引概括为养气和养形二者的结合。在《庄子·刻意》篇中，他认为“导引术”是既包括吐故纳新的呼吸运动，又包括类似熊、鸟活动姿势的肢体运动，能起到疏通经络、调和气血、祛病延年的目的。

西晋以后，有关导引术的书和图解不断出现，它的内容和名称也日益丰富起来。由导引术衍生出来的各种保健运动更是各具特色。人们现在熟知的太极拳、八段锦、十二段锦等，都是由此流传而来的。

华佗的五禽戏

“五禽戏”是我国传统的体育健身术，对体内的气血、身体的骨骼筋肉都很有好处，它是我国东汉末年著名医学家华佗模仿虎、鹿、熊、猿、鸟五种动物的活动姿态而创编的。

华佗对他的弟子吴普说：“人体应该经常劳动和锻炼，但不能过度。运动助消化，使血脉流通，不生疾病。所以古代的仙人创造了‘导引’的功法。我也创造了一个方法，叫‘五禽之戏’。一曰虎、二曰鹿、三曰熊、四曰猿、五曰鸟。通过做‘五禽戏’，使身体出汗，汗出多了，身体自然就会轻松，食欲也就随之增加。这样，疾病就会消除。”吴普按照华佗的方法去做，果然效果很好，到九十多岁时，也能耳目聪明，齿牙完坚。

后世人据此受到启发，在华佗五禽戏的基础上，创编并发展了多种流派的五禽戏。

五禽戏与现代体操的差别是有无气功，五禽戏是一种结合气功的肢体运动，而今天的体操则没有气功。经验证明，结合气功锻炼能有较显著的收效。

定心丸究竟是什么药丸

现在，“定心丸”一词常被人们用来

形容起安心作用的人或事，但在古代，“定心丸”却是一种军队中的必备之药。

古代的战争激烈残酷，刀光剑影，一场激战下来，伤员很多。受了战伤，痛苦自不必言，那生死肉搏时的场景，足以使人胆战心惊。所以，要治好战伤有个起码的条件，首先要恢复心神安定。于是民间的医生就专门配制了用于安定心神的丸药，取名“定心丸”。

明朝末年茅元仪所辑的《武备志》中，记载一种定心丸的配方为“木香、硼砂、焰硝、甘草、沉香、雄黄、辰砂各等份，母丁洋减半”，效果奇佳。

“五毒”原来是良药

“五毒俱全”是一个大家都会用的词，用以表示一个人道德行为败坏到了极点。但是，“五毒”到底是什么，却一直存在很大争议。有人认为是“吃、喝、嫖、赌、抽”，有人认为是“坑、蒙、拐、骗、偷”，有人认为是“蛇、蝎、蜈蚣、壁虎、蟾蜍”。而真正意义上的“五毒”却和这些没有任何关系。

真正意义上的“五毒”是指主治外伤的五种药性猛烈之药。《周礼·天官》说：“疗伤，以五毒攻之。”这里的“五毒”就是石胆、丹砂、雄黄、礜石、慈石。在这五种药材中，石胆主金创、诸邪毒气，丹砂主身体五脏百病，雄黄主鼠瘘，慈石主周痹风湿。

一般认为，所谓的“五毒”并不是每种药材都有剧毒，譬如丹砂、慈石并无太大毒性，但是五种药材通过加工之后合成，其药性就极其酷烈。具体的做法是：将这五种药材放置在坩埚之中，连续加热三天三夜，之后产生的粉末，即是五毒的成药。此药涂抹患处，据说有相当的疗效。很显然，“五毒”之名虽然恐怖，但“五毒”却有救人性命的效能。说是“五毒”，却可以毒攻毒，最后却成了五味良药。

中药一词的由来

我国医药学具有悠久的历史，但在现存的传统医药典籍中却没有“中药”一词，而只有“本草”或“药”。那么，“中药”一词是何时才开始出现的呢？

这要从西医的传入说起。从明末清初开始，西方近代医学逐渐传入我国。尤其是鸦片战争后，西药开始流入我国。传统医药和西药都是取材于自然界的天然物质。不过，传统医药在制法上落后于西药，基本上停留在生药阶段，导致传统医药在某些方面逊色于西药。

为了振兴祖国医药，许多有志之士远离祖国，漂洋过海，学习西医药。与此同时，我国也开始了西药教育。辛亥革命后，西药学教育在我国逐渐推广。

到20世纪20年代，一些大城市已形成中西药相互鼎立和并存的局面。人们为了同西医、西药相区别，便将我国传统医药分别称之为中医或汉医、中药或汉药。正是由于西药的传入，才出现了与之相应的“中药”一词。

中药缘何称本草

自《神农本草经》问世以来，“本草”一词经千百年的沿用，已有了特殊的含义，它已经成了所有中药材的统称。有些中药材是动物和矿物，为什么统称中药材为“本草”呢？

五代时期的韩保升说：“按药有玉石、草木、虫兽，而直云本草者，为诸药中草类最多也。”这是长期以来人们对中药材统称为“本草”的公认的解释。

古代以“草”或“草本”作为植物的代称，而中药里又以植物药为主，所以说这样的解释是合情合理的。但若从药物的起源来看，认识还可再深入一步。

原始人类在寻找食物的过程中，逐步发现了某些动、植物的医疗功效。由于人类对植物接触最多，认识最早，起初寻找药物时只是在植物中进行，所以最初的药物只有植物。

《说文解字》中说：“药，治病草也，从草。”这反映了最初只有植物药的状况。虽然，后来人们又发现了动物药、矿物药，但这一概念被保留了下来，所以后世把药物统称为“本草”。

中药史之最

第一部医学经典著作——春秋战国时期的《黄帝内经》。

第一次出现的剂型——商代的药酒和汤液。

第一部药物学专著——先秦时期的《神农本草经》。

最早的中药麻醉剂——东汉末年著名的医学家华佗创制的麻沸散。

最古老的医方书——公元 3 世纪末的《五十二病方》。

第一部制药专书——南北朝时期的《雷公炮炙论》。

第一部由国家颁发的具有国家药典性质的专著——唐朝苏敬等人编成的《新修本草》。

最早的食品营养和食品治疗学专著——唐代孟诜编成的《食疗本草》。

第一家官办药局——1114 年宋代开设的医药和剂局。

第一部中成药制剂手册——宋代成药配本《太平惠民和剂局方》。

现存的第一部刻版药物图谱——宋代的《图经本草》。

第一部饮食营养学专著——元朝忽思慧编著的《饮膳正要》。

最早记录提取生物碱（乌头碱）方法的书籍——清代医学家赵学敏编著的《本草纲目拾遗》。

第一个设立药科班的学堂——1906 年清朝的陆军医学堂。

我国最早的药匠

早在汉代，江宁就有“药匠”开始卖药了。宋朝《景定建康志》记述：“汉，李南……卖药自给，寿八十五。”李南便是见于史载最早以卖药为主的“药匠”。

《景定建康志》中记载，南宋时江宁

府有官办药局3个，下属中药铺11家。元、明、清历代沿袭，并有所发展。被誉为全国四大药店中的汉口叶开泰、芜湖的张恒春等中药店，都是江宁上元人在明、清时期创建的。

清同治《上江两县志》称：“龙都之民善卖药。”江宁“药匠”最多，分布最广，名扬大江上下，盖源于湖熟、龙都一带。溯江西上至芜湖、九江、汉口，顺流而下到镇江、苏州、上海，从城市到县镇，都有江宁“药匠”从事药业。

据1931年3月20日《南京市国药业同业会第一届当选委员名册》中记载，南京市国药业同业会共有委员16人，其中13名是江宁人。据调查，南京市药材20世纪60年代以前的老药工有80％以上是江宁“药匠”。

我国最早的官办药店

宋神宗熙宁九年（1076年），诞生了中医史上第一家官办药店。这第一家官办药店是王安石批准创建的。王安石在施行变法期间，各地曾多次发生自然灾害，很多病者缺医少药，甚至有人乘机制造和贩卖假药。

于是，有人提出成立一个专门机构，研制各种剂型成药，由国家专门出售，不许个人或其他部门私自制作，在瘟疫流行时，给百姓发放药剂。

这一建议非常适合当时的需要，王安石当即采纳并组织专门人员落实。不久，在京城开封便出现了“太医局熟药所”，也叫“买药所”，它就是现代中药店的前身。

“太医局熟药所”成立后，既方便了病人，也为政府赢得了丰厚的利润，受到了朝野的一致赞许。所以，王安石变法未能成功，但“熟药所”的“生意”却获得了良好的发展。

到宋徽宗崇宁二年（1103年），药所已增开到7所。几年后，5所“熟药所”更名为“医药惠民局”，2所更名为“医药和剂局”。与此同时，类似的药局迅速出现在全国各地。

宋代官办药局的组织结构相当完整，有专门人员监督成药的制造和出售，由专人管理药材的收购及检验，有人专门从事药物炮制配伍的研究工作，以保证药品的质量。

当时的药局内，还建立了很多制度，如规定夜间要轮流值班，遇到急病如不立即卖药材，要给予“杖一百”的处罚，对陈损旧药要及时毁弃等。

宋代官办药局的设立，对我国中成药的发展起到了很大的推动作用。它创制了许多有名中成药，如苏合香丸、紫血丹、至宝丹等，经过了几百年的实践检验，至今仍应用于临床。

古代四大药都

祁州、亳州、百泉、樟树合称为我国古代四大药都。

祁州，即今河北安国县，素有“药州”之称。早在1101年北宋徽宗时期，为纪念邳彤，在安国南建立了“药王庙”，每年清明节举行庙会，至清乾隆年间已成为全国药材集散的总枢纽。清道光年间药商开始形成帮派，庙会期间各地药商云集，整个祁州镇，药气熏天，熙来攘往，热闹非凡。有“药不经祁州无药味”之称。

亳州位于皖北西端，以其得天独厚的物候地理条件，成为中原地区药材集散场。又因神医华佗遗风在亳州经久不衰，名医辈出，药师济济，中药材培植、炮制技艺更是高人一筹。这里出产中药材 130 余种，有“来入亳州城，一览天下药”之称。

百泉位于河北省北部，辉县县城西北五华里处的苏门山南麓。早在隋朝，百泉北岸山上始建“卫源庙”，每年农历四月八日在此纪念释迦牟尼佛祖的生日。明洪武八年（1375 年）借古庙会进行药材交易，正式形成了百泉药材大会。会期人数最多时竟达 10 万之众，故而形成“春暖花开到百泉，不到百泉药不全”之说。

江西樟树镇具有倚“八省通衢要冲”的地理交通优势，药商汇集，药业兴旺，是享誉中外的“江南药都”。自古即有“药不过樟树不灵，不到樟树不齐”之说。

《黄帝内经》：我国第一部系统的医学著作

《黄帝内经》是我国第一部系统的医学著作，简称《内经》，由现存的《素问》《灵枢》两部分组成。该书是我国古代劳动人民在长期的实践中对丰富医疗经验的总结，战国时期就开始编纂，到西汉时经过修订充实而成。

《黄帝内经》运用的哲学思想突出地表现为吸收了阴阳五行学说，这一学说便成为中医分析生理、病理及进行辩证施治的一种哲学基础和思维方法。它以阴阳为天地万物以及人的总根源，以阴阳形容人体的平衡。它又采纳五行相生相克的学说，以为肝、心、脾、肺、肾依次分属于木、火、土、金、水五行，并认为人的五脏也同五行生克一样是相互依存和相互制约的。

《黄帝内经》丰富了哲学思想，主要表现为形成了整体平衡观念。它认为，人体结构的各个部分都不是孤立的，而是彼此相互联系的统一整体。认为人体某个部分的病变可以影响全身，而全身的状况又可影响局部的病变。《黄帝内经》还将人放在同外界环境的相互联系中进行考察，注意人和自然的平衡关系，强调按照自然界的变化来调节人的各种活动。

《黄帝内经》与中国传统哲学的关系是非常密切的。它既运用了传统哲学，同时又丰富了传统哲学。总之，在《黄帝内经》中，我们可以找到许多很有价值的哲学思想。

《本草经》：第一部中药学专著

我国漫长的历史中，中药专书为数众多，但流传至今的要数《神农本草经》的历史为最早。《神农本草经》大约在公元 1 ～ 2 世纪编成，是汉代以前我国人民用药经验的总结。

《神农本草经》又称《本草经》，作者的姓名早已失传了，但因古代“神农尝百草”的传说影响深远，所以自古人们将《本草经》托名“神农”所著，称为《神农本草经》。

1972 年，甘肃省武威地区发掘的东汉墓葬中，挖出一批有关医药的木简，这些木简中所提到的药物约有 100 种，其中多数在《神农本草经》里已有所记载。

公元 2 世纪以后的许多中药学著作，有不少内容是取材于《神农本草经》。《神农本草经》在我国医学史上有着重要的价值，它奠定了中药学发展的基础，被后世列为古代著名的四部中医经典著作之一。

《本草经》上所记载的药物总数为 365 种，植物类有 252 种，动物类有 67 种，矿物类有 46 种。对药物的产地、别名、形态、药性和治疗功能等，《本草经》做了简要的记述。

对于用药的剂量，《本草经》也作了说明，尤其是某些有毒药物，提出应从小剂量开始，根据用药后的反应，再逐渐适当地增加剂量。在序录中，它初步概括了用药的一些基本理论，如单味药的使用，复方中主药与辅助药的配合应用以及药物的配伍禁忌等。

《本草经》中所载的药物，有很多直到现在还经常在应用，并为现代科学研究所证实，如麻黄治疗哮喘，黄连治疗痢疾，常山、蜀漆治疗疟疾，海藻治疗甲状腺肿等。

《海药本草》：我国第一部外来药学专著

《海药本草》是我国最早的一部外来药学专著，由唐末五代时文学家、本草学家李旬所撰著。李旬，字德润，祖籍波斯，其家以经营香药为主业。

香药主要通过海舶，自国外输入，所以又称海药。因此李旬对一些海舶运载而来的外国药接触的机会较多，对于海药的性质与功用了解的较深刻，故而撰著了《海药本草》。

《海药本草》对药名释义、药物出处、产地、形态、品质优劣、真伪鉴别、采收、炮制、性味、主治、附方、用法、禁忌等都有记载。李旬撰著《海药本草》时，曾参考 40 多种有关书籍，如《名医别录》《本草经集注》《新修本草》《本草拾遗》以及山经地志等。

《海药本草》体例乃仿照《新修本草》，不仅补遗了不少以前本草书所未记载的新药，而且对不少以前本草书记述的药物内容进行了补充或纠正。

《海药本草》原书共 6 卷，至南宋末年已经亡佚，没有刻本流传。但其所叙述的药物散见于《证类本草》和《本草纲目》等书中。

人体解剖小史

中国古代很早就有了人体解剖，最早可以上溯至西汉末年。不过当时都是以犯人为解剖对象，而且经常是官吏、医生、屠夫、画家联合执行。

据《汉书·外戚传》记载，王莽抓到政敌王孙庆后，曾命太医对其进行活体解剖，量度五脏大小和位置，以及血管的分布和循环规律，看能否治病。这次人体解剖，虽然取得了可以“治病”的科学根据，但在人道上则受到了谴责。

在宋徽宗崇宁年间，“泗州刑贼年于市，郡守李夷行遣医家并画工往，亲决肤，摘膏肓，曲折图之，尽得纤悉。介校以古书，无少异者，比欧希范五脏图过之远矣，实有益医家也。”

还有一则外科手术的记载，见于《唐书·忠义传》。武则天执政时，怀疑太子李旦谋反，令来俊臣用酷刑拷掠太子家臣，逼令诬攀。太常工人金安藏闯入刑堂，执理申辩，拔出佩刀当堂剖腹，大呼太子不反，刀过胸臆，五脏迸出，气绝而仆。武则天知道后，命医官对其采用了内脏复位、缝合和敷药三种有效的治疗方法，挽救了他垂危的生命。这可以说是一次比较成功和人道的外科手术。

古代尸体处理与防腐技术

关于人死后尸体处理及防止尸体腐败技术的发展，我国已有三千多年可供探索的悠久历史和高度发展的文明。其技术主要有：

1. 用酒沐浴尸体。

在周代时，专设有主祭祀的官员——小宗伯，而且在小宗伯下设有专门用郁金香等酿酒的人，他们用芳香的酒沐浴尸体。用特制的酒沐浴尸体，既清洁卫生，而且可以给尸体消毒，对防腐有着重要的意义，对防自溶有一定的价值。

2. 停尸床下设冰盘的处理与防腐。

尸体沐浴后，为了防止腐败以供瞻仰，周代已广泛应用了冰冻处理的办法。据推算，处理一个帝王尸体约要用6立方米的冰，自然会产生较好的防腐败、防自溶的效果。

3. 新衣、被缠裹尸体。

这种方法对保持肌肤的洁净和防止外部因素造成肌肤的腐败也有着积极作用，因为，这些衣被均经薰香“消毒”，且紧密包裹。

4. 薰香处理与尸体防腐。

古人殉葬用香料药物绝不只是图其气味香窜，而是积累了用以防虫、去蠹、祛邪的丰富经验，并且日益成为自觉或不自觉用以防止尸体腐败、霉变所采取的措施。

5. 汞、砷和酒精处理与尸体防腐。

中国古代应用水银、汞以防尸体腐败的记载，甚至多于香药防腐，而仅次于玉、金。“（吴王）阖闾死，葬于国西北，名虎丘。穿土为川，积壤为丘……冢池四周，水深丈余。椁三重，倾水银为池，池广六十步。”秦始皇墓中“以水银为百川江河大海，机相灌输，上具天文，下具地理”等等。

6. 棺椁处理与尸体防腐。

长沙马王堆一号汉墓女尸之棺木用梓木，椁用质致密的杉木；棺板均为整块，四层棺木均相紧密套合，棺椁之间除边箱空隙放香药等殉葬品外，也都套合紧密。棺椁壁的总厚度达到1米左右，共用木料达50立方米，其中一块最大的椁木达750公斤，油漆精良，从而防止了水湿和虫蛀。这在诸种防腐方法中占有相当重要的位置。

7. 墓穴与尸体防腐。

墓穴，古称窀穸，对防止尸体腐败也是重要的方法之一。我国历史上的丧葬制度很重视深埋，并要求做到不泄漏气息。在宋朝以后，还创造了“灰隔”这种墓葬形式，即以三合土、糯米石灰浆等浇浆形成的墓室，这就使墓室的密封性大大增强，有效地阻碍了内外空气和水分的流通，防止了外界物理、化学因素对棺椁、尸体的影响。

中国古代名医

针灸之祖——黄帝，他是传说中中原各族的共同领袖。现存《内经》即托名黄帝与岐伯、雷公等同著。此书对针刺的记载和论述特别详细。

脉学倡导者——扁鹊，姓秦，名越人，战国渤海郡（今河北任丘）人。《史记·战国策》推崇其为脉学倡导者。

外科之祖——华佗，又名敷，字元化，后汉末沛国（今安徽亳州）人，尤擅外科。

医圣——张仲景，名机，汉末南阳郡（今河南南阳）人。他的著作《伤寒杂病论》总结了诸代临床实践经验，对祖国医学的发展有重大贡献。

预防医学的倡导者——葛洪，字稚川，自号抱朴子，晋朝丹阳句容（今属江苏）人。其著作《肘后备急方》中最早记载了一些传染病的病症及诊治方法。

药王——孙思邈，唐朝京兆华原（今陕西耀县）人。唐太宗时期，他曾治愈皇太后的头痛病。宫廷要留他做御医，他谎称采“长生不老药”献给皇上，偷跑了。

儿科之祖——钱乙，字仲阳，北宋郓州（今山东东平）人。其著《小儿药证直诀》，比较系统地总结出了辨证论治的范例。

法医之祖——宋慈，宋朝福建人。所著《洗冤集录》，是世界上最早的法医巨著。

药圣——李时珍，字东璧，号濒湖，明朝蕲州（今湖北蕲春）人。著作《本草纲目》中所载药物共 1892 种。

《医宗金鉴》总修官——吴谦，字文吉，清朝安徽歙县人。《医宗金鉴》是清代御制钦定的一部综合性医书，共 90 卷。

第十五编 器物工艺

司母戊方鼎：古代最大的青铜器

司母戊大方鼎是商代青铜器的代表作，它是中国出土的最大的青铜器。司母戊大方鼎高 1.33 米，重 875 公斤。司母戊大方鼎鼎体四周是雷纹，四角是兽面纹，腹壁上铸着“司母”铭文。鼎的整个造型给人以威武的感觉。

从司母戊大方鼎的铭文中可以推断，这件器物是商王为祭祀他的母亲铸造的。司母戊大方鼎充分显示了商代青铜器的冶铸水平。从铸造痕迹上看，司母戊大方鼎是用 20 块模范一同铸成，这不仅反映出当时青铜冶铸工场的规模宏大，也反映了当时组织生产和管理生产的高超水平。

永乐大钟：古代最大的青铜钟

永乐大钟是我国已发现的最大的青铜钟。

明永乐年间，明成祖朱棣迁都北京后，下令铸造大钟。永乐大钟用铜、锡、铅合金铸成。

永乐大钟的铸造沿袭了我国的传统铸造工艺泥范法，钟身用圈形，外范分为 7 层，逐层与范心套合，至钟顶部，将先铸成的钟钮嵌入，浇铸后成为一体。

永乐大钟通高 6.75 米，肩外径 2.4 米，口沿外径 3.3 米，钟壁厚度不等，最薄处在钟腰部，厚 94 毫米，最厚处在钟唇部，厚 185 毫米，大钟重约 46 吨。

钟身铸满了阳文楷书、佛教经咒 22.7 万多字，字体工整、坚韧，相传为明代书法家沈度的手笔。

永乐大钟构造合理，工艺精湛，造型精美，形体宏伟，无论从其体量之巨、铸造之精、还是铭文之多，都堪称世界佛钟的典范。

永乐大钟历时 500 多年，至今仍音响圆润洪亮，穿透性强，具有明显的音乐效果，钟声可传四五十公里，余音达 2 分钟之久。该钟现存于北京大钟寺中。

龙泉宝剑有什么特点

龙泉宝剑是中国著名的传统工艺品，

因产于浙江省龙泉县而得名。

相传，龙泉宝剑创始于2000多年前的春秋战国时代。唐朝时，龙泉剑名声大振。诗人李白曾写下“宁知草间人，腰下有龙泉”的诗句。

龙泉宝剑的制作要经过炼、锻、铲、锉、刻花、嵌铜、冷锻、淬火、磨光等28道工序。有单、双剑（鸳鸯剑）、长峰剑、短峰剑等几十种类型，具有坚韧锋利、刚柔相济、寒光逼人、纹饰巧致四大特色。

谈谈清代的鼻烟壶

鼻烟壶为装烟草的小器皿，盖下木塞所附的牙匙，用来舀取烟草。

康熙、乾隆年间闻鼻烟风行一时，“无论贫富贵贱无不好之”（赵汝珍编著《古玩指南》）。因而鼻烟壶的制作，达到了它的黄金时代。

康熙时烧制的鼻烟壶是以钴为着色剂的釉下彩——青花品种。色彩明快，图案纹饰有龙凤、八骏图、寒江独钓等。布局严谨规范，画工精细，绘制风格与当时画坛艺术相通，造型多为古朴的爆竹筒式。款式多为“康熙年制”双排四字款，不加双圈，笔意浑成，颇具韵味。这一时期的釉里红与红釉器色彩鲜红艳丽，瓷质细腻，造型规矩，也可称为上品。

清雍正皇帝对陶瓷工艺颇感兴趣。这时的瓷质鼻烟壶增加了浆胎青花、斗彩、珐琅彩、天蓝釉、茶叶末釉、炉钧釉、酱釉、素白釉以及青花、釉里红两种釉下彩，这些色彩同运用到一件器物上一次烧成青花加紫。纹饰图案以缠枝莲最多，松、竹、桃花、梅花、山水人物、婴戏图等，所绘花卉皆工细纤巧。雍正制品，用色以淡雅著称，釉色清爽，制作极精。

乾隆时期新增加的鼻烟壶造型多种多样，如葫芦式、椭圆、扁方、铺首耳灯笼式、包袱式；瓜果、蔬菜、花朵式、双联式、动物式以及八仙、和合、刘海、抱瓶童子等人物式造型。釉色又有粉彩、红彩、墨彩、胭脂釉、窑变、金釉、仿珊瑚釉、斑花石、松石等。纹饰题材有五谷丰登、平安吉祥、万福流云、连庆升级、五子夺魁、百寿图、婴戏图、西洋仕女等。

到了光绪至民国年间，北京出现了仿乾隆内廷制作的料质珐琅彩鼻烟壶，足部也落有乾隆年款，或落古月轩款，虽皆为名家高下绘制，但胎、彩、款识显然不如前朝水平。

铜镜的起源

镜子，是日常生活中的必需品。我们现在使用的玻璃镜子是从西方传入的，在玻璃镜子未传入以前，我国古代人民使用的则是铜镜。铜镜古称“鉴”，宋代为避宋太祖祖父赵敬的讳，将“镜”字改为“照”，铜镜因而又称为“照子”。古代铜镜一般呈圆形，镜面打磨光亮后用来照容，镜堵上有钮和花纹。

最初，人们是用水来映照自己的面貌。据文献记载，铜镜的起源可追溯到古史的传说时代：“（黄帝）铸镜……为十五面。”

商周铜镜背大多为娇形钮，花纹仍属几何图案，有的镜面微凸，凸面镜在汉代较为流行，可能殷人已懂得了直径较小的镜子必须铸成凸面才能照得更全面的科学道理。西周以素面镜为主，西汉铜镜逐渐厚重，东汉至魏晋时则出现了一些新的镜形，而到了唐朝，镜子就华丽了许多。

风筝简史

中国风筝有悠久的历史，早在2500多年前，我国就出现了风筝。但最初它并不叫这个名字。我国古代，南方称风筝为“鹞”，北方叫风筝为“鸢”。

相传，风筝是我国春秋时鲁国人公输般（即鲁班）发明的。他从空中盘旋的鹞鸢得到启迪，于是“削竹为鹊，成而飞之，三日不下”。这就是最早的风筝。

古代孩童的放风筝游戏。

从唐朝开始，风筝逐渐变成玩具。到了晚唐，风筝上已有用丝条或竹笛做成的响器，风吹声鸣，因而有了“风筝”的名字。也有人说“风筝”这名字起源于五代，从李邺用纸糊风筝，并在它上面装竹笛开始。

宋代，放风筝成了群众性的娱乐和节日纪念活动。北宋张择端的《清明上河图》、苏汉臣的《百子图》中，都有放风筝的生动场景。南宋周官的《武林旧事》记载，杭州清明时节，人们背上饭食到郊外竞放纸鸢，直到日暮方归。

明、清时期，玩风筝之风更盛，传说慈禧叫太监跑到天津找“风筝魏”给她扎过一个“寿星老骑仙鹤”的风筝玩。现在故宫里还藏着三只末代皇帝溥仪玩过的大风筝。

什么是“镇”

“镇”简单说就是压物之器，一般有镇纸、镇席等。

镇的历史源远流长，据历史考证魏晋以前古人一般席地而坐，大都是坐在草席上。王室贵胄有低矮的床榻，上面也要铺席，这些席就需要用镇来压住边角。有的床上置帷帐，帷帐四角也常用镇来压住。现在可以看到春秋战国时的实物遗存，说明镇当时已被人们广泛使用。

至西汉时，镇的使用及制作达到了鼎盛时期，河北满城汉墓曾出土铜坐人像镇和错银铜豹镇，系压帷帐或席角之用镇，除了实用功能以外，还带有辟邪祛恶的作用。

现在发现的古代镇造型除少量人物外，大都为动物，常见的有虎、狮、豹、龟、鹿、羊等。汉代人视它们为除邪恶、吉祥纳福的动物。这些动物的姿态通常作蜷屈蟠伏状，底部平坦，自身保持一定重量，质地以金属玉石为多，这是席镇的主要特点。

魏、晋、隋、唐随着纸绢上书写作画的兴起，特别是明清时文人书写绘画用纸用绢的增多，压书、压纸的纸镇、书镇格外兴盛，镇的质地更加多样，但自身重量减轻，体型略为缩小。质地除了铜、铁、玉、石之外增加了陶瓷、景泰蓝、象牙、竹木等。其中镇尺从宋一直流传至今，成为文人雅士文房使用的案头珍玩。

漆器小史

我国漆器生产和应用有着悠久的历史。由于我国自然条件优越，漆树生产面广，所以成为世界主要生产和出口漆的国家。

1978年，考古工作者在浙江河姆渡原始文化遗址中，发现了一只距今7000多年的造型美观的木胎漆碗，它是目前发现的年代最早的一件漆器。由此可见，中国用漆的历史应该远在7000年以上。

古籍记载，早在4000多年前，先民就用木材制胎涂上黑漆，制作宫廷器具：夏禹时代，已用黑漆和红漆涂刷祭器；商代漆器的生产水平相当高，商代出现的青铜器镶嵌绿松石，所嵌的各种形状的绿松石，就是用漆液粘在青铜器上的；周代贵族的车马饰物，甲胄弓矢，也往往用漆料涂料涂饰。

隋唐时，漆器制造技术开始传入日本等国。宋元时期的漆器，在手工业商品生产中占有重要位置。每件器物上多写有某年某地某人作，并有“真实上牢”等字样。元代开始出现雕漆。雕漆又名剔红，是用红棕等色的漆，一层一层在胎外涂厚，然后在表面雕刻花纹。明清时期的雕漆、填漆、金漆、螺钿漆器等，有的是宫廷手工作坊生产，专为皇室贵族享用；有的是民间手工生产，作为商品销售。

玉雕的历史

我国玉雕的历史可以追溯到新石器时代。1976年，在浙江余姚河姆渡新石器时代晚期文化遗址中出土了一些玉制的璜、珠坠等佩饰，这是迄今为止发现的最早的玉器雕刻品。也就是说，在7000年前的原始社会晚期，我们的祖先已经开始创造了闻名于世的玉雕。

到了商周两代，玉器制作更趋兴盛。文献记载，周武王灭商时，“得旧宝石万四千”。可见商代制玉发达的程度。在玉雕工艺上，商代已掌握了阴刻、浮雕、圆雕、透雕等方法，并首创了立体玉雕人像和各种动物。

汉朝的玉雕。

春秋战国时期，玉雕技术已发展到新

水平。春秋时各种硬玉石料也能加工雕造。战国雕玉有了新的变化和成就，在佩玉方面，讲究组合、形象和色泽对称。河南辉县固围村战国墓出土一件玉璜，用7块玉和两个鎏金的铜兽头组成，体现出金属细工与玉工的协作。战国时还出现以雕玉作装饰的所谓“玉具剑”，以及用玉制作的带钩、印玺、符节、简册。

汉代玉雕更为精致华美。陕西咸阳出土的汉代玉奔马和玉熊、玉辟邪等，都体现出玉工富于想象力的构思和高超的技艺。汉玉器，大多充满了神秘色彩。神奇的异兽、带翅飞马、超脱世俗的舞人、翁仲及怪诞称奇的螭、雀之类。而云、雷、蒲谷纹也极富神秘色彩。

隋、唐时期的玉器，在造型和装饰方面创造了新的风格。佩饰出现了头戴的金银镶玉的步摇、发钗，手戴的玉镯。唐代还流行所谓玉带，它是用玉琢成方形的玉片，缀附在革带上，成为官场礼服的重要组成部分。这种玉带在宋朝以后仍有制作，明代最为流行。

明清时期，有大批空前精美的玉器珍品问世，以陈设用的工艺美术品成就最为突出。这一时期，还出现了一些大型玉雕。陈列在北京故宫博物院珍宝馆的“大禹治水图”玉雕，重5000公斤。这座玉雕有“鬼斧神工”之妙，充分显示了古代劳动人民的创造智慧和才能。

明清的玉文化发展使中国的玉文化更加系统而完备，其玉质的繁多、雕工之精湛堪称历史之最。

竹雕简说

我国是世界上最早使用竹制品的国家。竹雕也称竹刻，是在竹制的器物上雕刻多种装饰图案和文字，或用竹根雕刻成各种陈设摆件。竹雕成为一种艺术，自六朝始，直至唐代才逐渐为人们所识，并受到喜爱。竹雕发展到明清时期大盛，雕刻技艺的精湛超越了前代，在中国工艺美术史上独树一帜。

青田石雕的特点

青田石雕，是指以青田石为材料雕制而成的中国传统工艺品。青田石产于中国东部浙江省的青田县，这里历来被人们称为“中国石雕之乡”。青田石雕以其秀美的造型和精湛的工艺，广为人们所喜爱，享有“在石头上绣花”的美誉。

青田石雕在我国有着悠久的历史。迄今发现的最早的青田石雕作品出土于南北朝时期的墓葬。唐代，青田石雕在创作题材和工艺技巧方面均取得了突破性的进展。

至宋代，青田石雕工艺吸收了“巧玉石”的制作技法，运用“因势造型”、“依色取巧”的技巧，并发挥青田石自身石色、石质及可雕性的优势，开创了“多层次镂雕”工艺的先河，后来逐渐形成青田石雕的一大特色。

至元明时期，青田石开始被文人们应用到印章篆刻艺术上，拓宽了石雕艺术的门类。发展到清代，青田石雕已成为进贡给皇帝赏玩的江南名产，并且在国际上也享有越来越高的声誉。

刺绣始于何时

刺绣是我国独特的传统工艺品，我国的刺绣有着悠久的历史。早在秦汉时期，刺绣的工艺技术就发展到较高的水平，它和丝绸是汉代经济的重要支柱，也是古代丝绸之路上对外输出的主要商品之一。它对纺织工艺技术和丰富世界的物质文明作出了重要的贡献。

精美的刺绣。

中国的刺绣技术是用绣针引彩线，按设计的花纹和色彩规律，在绣料上刺缀运针，以绣迹构成花纹、图像或文字表达艺术效果。刺绣古称“针黹”，在细葛布上绣花称“绨绣”。

传说尧、舜、禹时代，就开始在衣服上作画刺绣了。古代礼服上刺绣纹饰，主要起源于原始氏族部落的图腾形象，以天上人间的自然景物为代表。我国最早的绣纹针法是锁绣，是由绣线环圈锁套而成，因其绣纹似一根锁链而得名，有的外观又像发辫。在 3000 多年前河南安阳殷墟妇好墓出土的铜角罩上黏附着菱形锁绣的残迹。

何谓四大名绣

江苏的苏绣、湖南的湘绣、广东的粤绣和四川的蜀绣，并称四大名绣。

1. 苏绣。

苏州地理环境适合养蚕植桑，素以丝织生产和刺绣工艺著称于世。宋朝时，苏绣就已经具有相当大的规模。明末清初的沈寿，吸收西洋和日本美术、刺绣的长处，创造了有光线效果的仿真绣。1915 年，苏绣作品参加了巴拿马国际博览会，在海内外名声日隆。苏绣风格为“精、细、雅、洁”。苏绣传统品种繁多，日用品有门布、桌布、枕套、手绢等，色调高雅，绣工精密。佩饰小品，如香囊、荷包、扇袋等，花纹内容大多是吉祥图案。室内装饰品，如壁柱等，多以图画为绣稿。

2. 粤绣。

粤绣又称广绣。有记载的历史可追溯至唐代。明代时，艺人们将孔雀羽毛编有绒缕以之为线来绣制服饰等，使产品金翠夺目。粤绣具有传统特色的题材有百鸟朝凤、三阳开泰等。其花纹繁缛而不乱，色彩浓艳，对比强烈。这种风格热烈明快，具有浓郁的地方特色。

3. 湘绣。

湘绣创始于楚国，清代时成为长沙城乡的主要手工艺品。以光绪年间“吴彩霞坊”的作品为代表。作品精巧，传至各地。从此湘绣名扬天下，并有超越苏绣之势。花鸟、山水条屏是湘绣的传统品种，它风格写实，针法多变，颜色多素雅如水墨画。

4. 蜀绣。

蜀绣也称“川绣”，即以四川成都为中心的刺绣品的总称。成都自古以织锦业著名，号称“锦官城”。蜀锦与蜀绣并称“蜀中之宝”。蜀绣以软缎和彩丝为主要原料，用晕针、切针、拉针、沙针、汕针等100种针法，充分发挥了手绣的特长，形成了具有浓厚地方色彩的风格。蜀绣题材多为花鸟、走兽、山水、虫鱼、人物，成品既有纯为欣赏的绣屏，又有被面、枕套、靠垫、桌布、头巾、手帕等日用品。

古代使用的植物染料

使用天然的植物染料给纺织品上色的方法，称为“草木染”。新石器时代的人们在应用矿物颜料的同时，也开始使用天然的植物染料。

人们发现，漫山遍野花草的根、茎、叶、皮都可以用温水浸渍来提取染液。经过反复实践，我国古代人民终于掌握了一套使用该种染料染色的技术。到了周代，植物染料在品种及数量上都达到了一定的规模，并设置了专门管理植物染料的官员，负责收集染草，以供浸染衣物之用。秦汉时，染色已基本采用植物染料，形成独特的风格。

东汉《说文解字》中有39种色彩名称，明代《天工开物》《天水冰山录》则记载有57种色彩名称，到了清代的《雪宧绣谱》已出现各类色彩名称共计704种。

我国古代使用的主要植物染料有：红色类的茜草、红花、苏枋；黄色类的荩草、栀子、姜金和槐米；蓝色类的鼠李；黑色类的皂斗和乌桕等等，它们经由媒染、拼色和套染等技术，可变化出无穷的色彩。

陶艺的发展

远古人类懂得使用火以后，原始制陶技术也开始发展起来。先民在长期生活实践中发现，土与水结合再经过火烧，可以制成耐用的陶器。陶器作为上古先民最为普及的生活用具，应该是原始手工业最早的产品之一。

陶器产生的具体年代已很难考证，但可以肯定的是，我国是世界上最早发明陶瓷器的国家。中国古代的文化传统，向来把一些重大的发明创造归之于“圣人”，制陶技术传说就是由舜开始制作的，即所谓舜“陶河滨，作什器于寿丘”。

新石器时代，陶器已深入到人类生活的各个方面。各文化陶器的品种、造型和纹饰也独具特征。陶器分为红陶、彩陶、灰陶、白陶和黑陶等。这时期出现的薄胎彩陶、蛋壳黑陶及白陶，标志着新石器时代制陶技艺的发展水平。

最初的陶器成形采用手制法有捏塑、模制和泥条盘筑三种形式。在仰韶文化中期还出现了慢轮加工技术，用转动的轮盘使器身缓慢旋转，以便加以修整。

大概在大汶口文化的晚期，又出现了一种称之为轮制法的制陶新技术。轮制陶器是把泥料放置在陶轮上，借用陶轮快速转动的力量，用提拉的方法使之成形。制作出来的陶器，形状规整，厚薄均匀。这种先进的方法，后来盛行于山东龙山文化。蛋壳陶体现了轮制工艺的最高水平，龙山文化出土的蛋壳黑陶高柄杯，有的器壁厚度仅 0.5 毫米；有的还装饰有镂孔和极细的划纹。

古代陶器的种类

1. 红陶。

红陶在中国出现最早，红陶烧成温度在 900 摄氏度左右。根据考古发掘资料，黄河流域距今 8000 年的裴李岗文化和距今 5000 年的仰韶文化、大汶口文化时期，都以泥质红陶和夹砂红赭陶为主。

2. 彩陶。

彩陶是仰韶文化的一项卓越成就，是用赭、红、黑等色绘饰的陶器。彩陶艺术，具有浓厚的生活气息和独特的艺术风格。

3. 黑陶。

黑陶出现于龙山文化时期。黑陶的烧成温度达 1000 摄氏度左右。黑陶有细泥、泥质和夹砂三种，其中以细泥薄壁黑陶制作水平最高，有“黑如漆、薄如纸”的美称。这种黑陶的陶土经过淘洗、轮制，胎壁厚仅 0.5～1 毫米，再经打磨，烧成漆黑光亮，有“蛋壳陶”之称，表现出惊人的技艺，饮誉中外。

4. 灰陶。

灰陶在新石器时代早期裴李岗文化遗址中已经出现，仰韶文化、龙山文化时期都有一定数量的灰陶，特别是用于蒸煮的器皿，多为夹砂灰陶。到夏代（二里头文化早期）灰陶和夹砂陶占据主要位置。

5. 白陶。

白陶是指表里和胎质都呈白色的一种陶器。它是用瓷土或高岭土烧制成的，烧成温度在 1000 摄氏度左右。白陶器出现于龙山文化晚期，商代为鼎盛时期。商代后期白陶大量发展，安阳殷墟出土数量最多，并且制作相当精致。到了西周，由于印纹硬陶器和原始瓷器的较多烧制与使用，白陶器即不再烧造了。

选自《天工开物》。

6. 硬陶。

硬陶的胎质比一般泥质或夹砂陶器细腻坚硬，烧成温度比一般陶器高，而且在器表又拍印以几何形图案为主的纹饰，所以统称为“印纹硬陶”。西周是印纹硬陶发展的兴盛时期。因印纹硬陶所用原料含铁量较高，胎色较深，多呈紫褐、红褐、黄褐和灰褐色。印纹硬陶坚固耐用，绝大多数是贮盛器。商代印纹硬陶在黄河中下游地区和长江中下游地区都有发现。西周至战国时期印纹硬陶主要盛行于长江中下游地区及南方的福建、台湾、广东、广西等地。

7. 釉陶。

汉代出现了一种在釉料中加入助熔剂——铅的釉陶，又称“铅釉陶”。铅釉陶的制作成功，是汉代制陶工艺的杰出成就。釉料中加入铅，可以降低釉的熔点，还可使釉面增加亮度，平正光滑，使铁、铜着色剂呈现出美丽的绿、黄、褐等色。其中绿釉为最多，绿如翡翠，光彩照人。墓葬中出土的铅釉陶器表面，有时出现一层银白色光泽，有人误称为“银釉”。

古代彩陶的制作

彩陶是我国新石器时代早、中期文化的特色。所谓彩陶，是指带有彩绘花纹的陶器。彩陶的制作分为制作陶坯、修饰陶坯和彩绘纹饰以及入窑烧陶四个阶段。

制作陶坯要用黏性适度、泥质较细的泥土做陶土，并根据器物的不同用途，或淘汰掉泥土中的杂质，或掺和适量的沙子以便耐火。把调好的陶土搓成泥条，圈叠成陶器粗坯。

接着是修饰陶坯，用力慢转陶坯修整器皿口部，在陶坯快干的时候，用砾石或骨器将表面压磨光滑。再用粒度较细的陶土加水制成泥浆，然后把泥浆施加在陶坯表面。这样烧制后的陶器表面就会附着一层陶衣。陶衣一般呈棕、红、白等色，它的作用是使陶器表面更加光洁美观，并与彩绘形成鲜明的色彩对比。修饰完毕后就进入彩绘纹饰阶段了。一般用赭红、黑、白三色。

最后入窑烧陶。以仰韶文化制陶为例，温度在 900 ～ 1000℃，烧出来的陶器质地较硬。

彩绘使用的工具，可能是一种类似毛笔的东西。绘上的彩料经分析，有铁、锰等。赭红彩的主要着色元素是铁；墨彩的元素则为铁和锰，或可能是一种含铁高的红土；白色基本无着色剂，可能是瓷土。

从陶到瓷的进化史

瓷器是我国伟大的发明之一。从制作的工艺原理上说，瓷器是由陶器发展而来的。从商代中期到东汉晚期的 1500 年左右，是陶器向瓷器发展的过渡阶段。

早期的陶瓷，只是一种釉陶器，又称原始青瓷。它以瓷土作胎，在 1200 摄氏度左右的高温下烧成，胎质呈烧结，无吸水性或吸水性很弱，器表有釉，但胎质呈灰色，薄层不透光。这种瓷器主要出现于我国商周时期，郑州商代墓葬出土的青釉尊，是目前发现最早的原始青瓷。

汉代时，开始大量出现基色浓重的棕黄色和绿色的釉陶，这被看做汉代制陶业的一项新发明。由于釉料中含有大量氧化铅，所以也称为“铅釉”。

东汉时，瓷器制作技术逐渐成熟，在东汉末年曹氏墓中，都已经出现釉色光亮、质地纯净的青瓷器。

后来经过南北朝、隋唐时期制瓷技术不断提高，到唐宋时期制瓷业有了突飞猛进的发展，从此瓷器成为生产的主流，陶虽有生产，但已无法取代瓷器的主导地位。

古代瓷器的产生、发展和变化，反映出社会的变革、科技的进步，以及人们物质、精神生活的变化和发展。不同历史时期，瓷器的造型、纹饰、装饰技法和釉色等也不同，各具时代特征。

青花与釉里红

1. 青花。

青花是彩瓷的一种，以元代景德镇的青花瓷器制品最具代表性。

彩瓷依彩绘在釉下还是釉上，分为釉下彩、釉上彩以及介于二者之间的斗彩。青花则是釉下彩工艺。

青花是指以氧化钴为着色剂，在瓷坯上绘画，罩以透明釉，以 1300 摄氏度高温烧成的瓷器，其色彩白蓝相映，恬淡素雅，给人以清新明快的美感。

青花因具有中国传统水墨画的效果，成为我国最具民族特色的瓷器并闻名于世。青花瓷的大量烧制是在元朝，尤以景德镇为代表。到明清则成为瓷器生产的主流，其中以清康熙年间的最为精美。

2. 釉里红。

釉下彩中的另外一种是釉里红。它是以氧化铜为呈色剂，亦经高温烧制而成。白地红花，色彩十分明艳。这种彩瓷的烧制难度比青花更大，尤其色彩纯红的釉里红瓷器流传下来的上品极少。

青花与釉里红两种色彩常同时用于装饰瓷器，称为青花釉里红。

宋朝的五大名窑

宋朝时，瓷器生产有许多创新和进步，各地出现了各具特色，享有盛名的瓷窑体系。汝、定、官、哥、钧五大名窑，代表了宋瓷发展的最高水平。

1. 汝窑。

汝窑，又称汝官窑，窑址在河南宝丰县大营镇清凉寺。宝丰县在宋时属汝州，故称之为汝窑。该窑建于宋徽宗年间，虽然该窑存在时间前后不足 20 年，但它却是“五大名窑”之首。汝窑以青瓷为主，釉色有粉青、豆青、卵青、虾青等，汝窑瓷胎体较薄，釉层较厚，有玉石般的质感，釉面有很细的开片。

古代窑及窑工，选自《天工开物》。

2. 官窑。

官窑建于宋徽宗政和年间，窑址迄今尚未发现，它为满足宫廷用瓷需要而建。官窑主要烧制青瓷，大观年间，官窑以烧制青釉瓷器著称于世。主要器型有瓶、尊、洗、盘、碗，也有仿周、汉时期青铜器的鼎、炉、觚、彝等式样。器物造型往往带有雍容典雅的宫廷风格。

3. 定窑。

定窑窑址在河北省曲阳县，由于宋时属定州而得名。定窑以烧白瓷为主，瓷质细腻，质薄有光，釉色润泽如玉。定窑除烧白釉外还兼烧黑釉、绿釉和酱釉。造型以盘、碗最多，其次是梅瓶、枕、盒等。

4. 钧窑。

钧窑窑址在河南省禹县的钧台及八卦洞，建于宋徽宗当政期间。钧窑烧制各种皇室用瓷，以花盆最为出色。

5. 哥窑。

哥窑，据史料记载，南宋时浙江龙泉有章家两兄弟以制陶为业，各主一窑，兄所主之窑名哥窑，弟所主之窑名弟窑，弟窑也称龙泉窑。哥窑的主要特征是釉面有大大小小不规则的开裂纹片，俗称“开片”或“文武片”。细小如鱼子的叫“鱼子纹”，开片呈弧形的叫“蟹爪纹”，开片大小相同的叫“百圾碎”。小纹片的纹理呈金黄色，大纹片的纹理呈铁黑色，故有“金丝铁线”之说。常见器物有炉、瓶、碗、盘等，均质地优良，做工精细，全为宫廷用瓷的式样。

琉璃的由来

琉璃，是在陶质物的表面覆盖一层细密的玻璃质薄层，即通常所称的釉。它是用石英、长石等硅酸盐混合物在高温下熔制而成的。

我国早在西周时期，就已经有了相当成熟的制造琉璃的工艺，如制作装饰品项链、剑画、屏风等。

到隋唐时，琉璃的制作工艺进一步发展和盛行。琉璃砖、琉璃瓦开始使用于建筑物的屋脊、屋檐，形成了独具特色的民族建筑风格。唐代著名的“唐三彩”也是琉璃制品。今河南省开封市的琉璃塔，是宋代的建筑，已有1000多年的历史，整个塔体都是黑色琉璃砖瓦砌成，至今坚固完好。

琉璃制品的制作，是先用陶土制成胎坯，然后烧成陶胎，涂上釉彩，再入窑烧制而成。釉的种类很多，不同的配方能烧成各种色彩，如石英、炒铅、铜末，加水调匀涂于陶胎表面，即能烧成绿色釉；如在陶胎上以氧化铜绘制花纹，再施一层无色透明釉，以高温烧成，花纹即呈红色。

千年不锈的越王勾践剑

1965年12月，在湖北省江陵县望山挖掘一座战国时期楚国贵族墓时，意外发现了一把沾满泥土的长剑。这是一柄青铜剑，全长55.6厘米，剑形挺拔庄重，制作精良考究，保存完好如新，剑身上有一行古篆——“越王勾践自用剑”。

剑是一种作直刺用的兵器，既要保证其强度，也要保证其韧性。据科学分析，越王勾践剑使用了合理的含锡含铜成分，而且因剑的各个部位的作用不同，铜和锡的比例也不一样。剑脊含铜较多，能使剑韧性好，不容易折断；而刃部含锡高，硬度大，使剑非常锋利。但不同成分的配比在同一剑上又是怎样铸成的呢？

专家们考证后认为是采用了复合金属工艺，即两次浇铸使之复合成一体。这种复合金属工艺，世界上其他国家是到近代才开始使用的。2000 多年以前的越国人是如何掌握和使用这种技术的，这对我们来说仍是一个谜。

越王勾践青铜剑深埋地下 2400 年为何不生锈？根据现代科学测定，剑的表面大部分含有不同程度的硫。硫化铜可以防锈。因此，有的专家认为当时人们已掌握了运用硫化铜进行表面防锈处理的先进工艺。但另一种看法认为，越王勾践青铜剑千年不锈的真正原因在于其特殊的密封条件。对于这一谜团，至今仍没有一个确切的定论。

古人是怎么做针的

我们常说“只要功夫深，铁杵磨成针”，那么，古人做针是不是真的用大铁块磨出来的呢？

针在我国有着悠久的历史，在山顶洞人的遗址中，就出土有骨针。金属冶炼技术出现以后，金属针随之出现。至少在秦汉时代，中国人就使用金属针缝衣服了，而且还用它来治病。

古人制作金属针，还真是从大铁块加工起的。在明人宋应星的《天工开物》中记载了针的制作方法：把铁块锤成细条，然后用一把钻有小孔的铁尺，把铁条从孔中用力拉过，细铁条便成为粗细均匀的铁线了；逐寸剪断铁线，锉尖一端，另一端锤扁；在锤扁的那端钻上孔——针鼻，打磨平，针的初步形态就出来了。

古人把这些半成品的针放到锅里，用文火慢炒，就跟做菜一样。炒好了，还要加上土末、松木灰、豆豉，量不能少，得把针盖住。然后是蒸，蒸的时候还有讲究，得把两三根针头留在外面。等留在外面的针头可以用手捻碎时，火候就到了，可以起锅了。针起锅后还得完成最后一道工序——淬火。这道工序十分重要，针的软硬程度全靠它。

经过这样制作出来的针虽然不如西洋针细长美观，但却不易生锈。后来，由于手工制针的成本较高，中国传统工艺生产的针最终被挤出市场，消失了。

毛笔的历史

作为文房四宝之首，毛笔是中国人民匠心独具的创造，从汉字“笔”中可以看出中国的毛笔是由竹制笔杆和毛制笔头构成的。最早的毛笔，大约可追溯到 2000 多年前。

相传，秦国将军蒙恬率兵南下讨伐楚国时，经过一个名叫“中山”的地方，发现这里兔肥毫长，可以制笔。因此有蒙恬造笔的说法。

但考古学家发现殷墟出土的甲骨片上所残留的红色文字与墨迹，都是用毛笔写的。由此可知毛笔应该起源于殷商之前，而蒙恬应是毛笔的改良者。

在湖北省随州市擂鼓墩曾侯乙墓中，出土了春秋时期的毛笔，是目前发现最早的笔。其后，湖南省长沙市左家公山出土的战国笔，湖北省云梦县睡虎地、甘肃省天水市放马滩出土的秦笔，及长沙马王堆、湖北省江陵县凤凰山、甘肃省武威市、敦煌市悬泉置和马圈湾、内蒙古自治区古居延地区的汉笔、武威的西晋笔等，都记载了我国毛笔的一段发展历程。

墨汁的历史

传说在周朝时，有一个擅长吟诗作画的人，名叫刑夷。一天，刑夷正在河边洗手，忽然看到河面上漂过来一件黑糊糊的东西，他捞起来一看，原来是一块尚未燃尽的松炭，便顺手丢回了河里。

刑夷突然发现，自己一双刚刚洗干净的手染上了一道黑黑的颜色。“松炭既能染色，是否可以用来写字呢？”刑夷不禁陷入思忖之中。他追到下游，又把那块松炭捞了起来。

刑夷把松炭带回家，用砖头将它捣碎，研成粉末。然后，他将黑粉末撒在麦粥碗中。他拿起筷子，朝碗里蘸了几下，冲墙上不住乱画，墙上出现了一道道黑色的痕迹。

从此，刑夷便用松炭粉末调成的液体写诗作画，这种写诗作画的方式也渐渐在读书人中传播开来。

这种液体就是我国最原始的墨汁。

砚的历史

1980 年，我国考古学家在陕西省临潼县姜寨的一处遗址中，发现了一套用来彩绘的工具。其中有一砚，砚有盖，砚面微凹，凹处并有一根石质磨杵，砚旁留存数块黑色颜料。由于这处遗址归属于母系氏族时期的仰韶文化，故这方砚台的年龄已超过了五千个春秋。

1975 年，在湖北云梦县睡虎地的秦墓中，发现了石砚和研石各一件，是由鹅卵石加工制成的。这时的砚与后世的砚相差不大。

汉代由于纸的发明，使制砚工艺得到较大发展，砚台上甚至出现了雕刻纹饰。从此以后，砚台步入传统的书画艺术行列，品种日益增多，至魏晋时期就有瓷砚、铜砚、银砚、漆砚、铁砚等。

唐代，有端砚、歙砚等精制宝砚。宋代雕砚工艺有进一步发展，宋人把端砚、歙砚、洮河砚以及红丝石砚列为四大名砚。后因红丝石停采，于是澄泥砚便被列为四大名砚之一。

明清时期，特别是清朝，由于皇帝的喜爱和推崇，砚的雕琢更加精巧。

第十六编　天文历法

何谓盖天说

汉代到魏晋南北朝是中国天文学飞速发展的时代，也是中国学术思想比较活跃的时代。在这段时期内，涌现出了许多讨论天地结构的学说，盖天说就是其中一种，它也是中国最古老的讨论天地结构的体系。

早期的盖天说认为，天就像一个倒扣着的大锅，它覆盖着像棋盘一样的大地。这样的天地形状很容易让人们产生疑问：圆形的天怎么能够与方形的大地合拢呢？因此，后来的盖天家们又主张，天好比是圆形的斗笠，地就像扣着的盘子，两者都是中间高四周低的拱形。这种盖天说既能克服“天圆地方”说的缺点，也能解释很多天象。

盖天家认为，太阳在天盖上的周日运动一年中有七条道路，称为“七衡”。最内一道叫“内衡”，夏至日太阳就沿内衡走一圈；最外一圈叫“外衡”，是冬至日太阳的路径；其他节气里，太阳沿中间的五道运行。这就是盖天家的“七衡六间”。

他们还主张，太阳只能照射16.7万里，超过这个距离就什么也看不见了。因此，白天就是太阳走到距离我们16.7万里以内的范围，而晚上则在该范围之外。

何谓浑天说

浑天说也是古代人讨论的天地结构说之一。浑天说认为，天就像一个鸡蛋，大地像其中的蛋黄，天包着地如同蛋壳包着蛋黄一样。

浑天说还认为天球北高南低，绕通过南北天极的轴旋转。垂直于南北极轴把天球平分成南北两半的大圆就是天赤道。与赤道斜交成大约24度角的大圆是黄道，太阳在黄道上运行。过日心并与天赤道平行的圆是太阳的周日平行圈，它代表着太阳每日在天空中的运行轨迹。天球绕南北极轴旋转一周就是一日。

夏至日，太阳处在黄道最北点，太阳的周日平行圈一大半在地上，一小半在地下，表示着太阳在地上的时间多，在地下的时间少，日出在东北方，日落在西北方。冬至日，太阳处在黄道最南点，周日平行圈有一大半在地下，一小半在地上，太阳在地上的时间少，而在地下的时间多，日出东南方，日落西南方。

在中国天文学史上，浑天说占有着十分重要的地位，它对中国古代天文仪器的设计与制造都产生了重大的影响，如浑仪和浑象的结构就和浑天说有着密切的联系，对天文学的有关理论问题的解释也产生了重大影响。

宣夜说的认识观

很多人都知道杞人忧天的故事，讲的是春秋时期杞国有一个人听说天是由气体组成的，日月星辰都漂浮其中，他因此非常担心天体会掉下来，害怕连安身的地方也没有了，于是整日忧心忡忡，茶饭不思。

后来，他的一个朋友告诉他说：“日月星辰也不过是一团会发光的气体，就是掉下来，也是气体落入气体中，不会造成任何损伤。”杞人听罢，豁然开朗，心头像放下千斤重担。

在盖天说和浑天说中，日月星辰都有一个可供附着的天壳，盖天说的附着在天盖上，浑天说的附着在像蛋壳一样的天球上，都不用担心会掉下来。但是后来人们观测到日月星辰的运动各自不同，有的快，有的慢，有的甚至在一段时间中停滞不前，根本就不像附着在一个东西上。所以就又产生了一种新的理论“宣夜说”。

这种学说认为，天是无边无涯的气体，没有任何形质，因为天离我们太远了，所以我们看它就是一种苍苍然的感觉。日月星辰自然地飘浮在空气中，不需要任何依托，因此它们各自遵循自己的运动规律。宣夜说打破了天的边界，为我们展示了一个无边无际的广阔的宇宙空间。

三垣、四象、二十八宿

中国古代天文学起源很早。殷商时代，据甲骨文记载，已经有了日食、月食的纪录，并且出现了原始历法——阴阳历。春秋战国时期，三垣、四象、二十八宿已经建立。所谓三垣、四象、二十八宿，是古人对星空的分析。

先说三垣。《史记·天官书》将地球上看到的北天极一片天空划为紫微、太微、天市，这就是“三垣”。紫微垣包括北天极附近的天区，大体相当于拱极星区；太微垣包括室女、后发、狮子等星座的一部分；天市垣包括蛇夫、武仙、巨蛇、天鹰等星座的一部分。

其次说四象。因为地球绕太阳公转一周，太阳的直射点在南北回归线内移动的轨道，称为黄道。这是地球上最美妙的处所，因此又被古人视为“黄道吉日”。古人又将黄道附近的星空分出东、南、西、北四方，并分别用相应的吉祥灵兽代表，即东方苍龙；南方朱雀；西方白虎；北方玄武。这就是“四象”（即表示星的形象）。

古人又将每象分七宿（一宿即一撮星的宿舍），则四象共二十八宿。

古代观察天象的仪器

古人用以观测天象的仪器，大致可以分为两类：一类是“表”，形制是一根直立的杆子，人们通过太阳光照射下的“表”的投影方向和长度的变化来观测天象；一类是浑仪与浑象，浑仪专指测量天体在天球面上坐标位置的仪器，它是我国古代天文观测的主要仪器。浑象则是我国古代演示天空星象的仪器，类似于现代的天球仪。

“表”是起源最早的天文仪器。它是古人在长期的生产和生活实践中通过观察太阳投影的变化而发明的。人们在长期的生活中，发现在太阳光下，很多物体的影子都在变动，于是人们便为了观测的方便，在平地上专门直立一根杆子，通过杆影来研究太阳的运动。最初的“表”，可以是木杆、竹竿，也可以是石柱。它在古书中还有许多不同的名称如“竿”、“染”、“臬”、“髀”、“碑”、“式”等。古人利用“表”可达到定方向、定节气、定时刻的目的。

浑仪与浑象是中国古代两种功用不同的天文仪器。但在隋唐以前的古代记载中常把浑仪和浑象统称为浑天仪，隋唐以后，多用浑象与浑天象来称呼天球仪，这就比较明确地把浑仪和浑象区别开来了。

浑仪是由许多带有刻度的同心圆环及中间设有窥管组成的一种观测仪器。其主要用途是测定昏、旦和夜半中星以及天体的赤道坐标，有时也能测黄道经度和地平坐标。浑象是在一个大球面上刻画或镶嵌有星宿、赤道、黄道、恒隐圈、恒显圈等的演示天象的仪器。可能由西汉人耿寿昌发明。

仰仪是什么仪器

仰仪是我国古代的一种天文观测仪器，由元朝天文学家郭守敬设计制造。

仰仪的主体是一只直径约 3 米的铜质半球面，好像一口仰放着的大锅，因而得名。仰仪的内部球面上，纵横交错地刻画出一些规则网格，用来量度天体的位置。

在仰仪的锅口上刻有一圈水槽，用来注水校正锅口的水平，使其保持水平设置，在水槽边缘均匀地刻画出 24 条线，以示方向。在正南方的刻线上安置着两根十字交叉的竿子，呈正南北方向，一直延伸到仰仪的中心，把一块凿有中心小孔的小方板装在竿子的北端，并且小方板可以绕着仰仪中心旋转。

仰仪是采用直接投影方法的观测仪器，非常直观、方便。例如，当太阳光透过中心小孔时，在仰仪的内部球面上就会投影出太阳的影像，观测者便可以从网格中直接读出太阳的位置了。尤其在日全食时，利用仰仪能清楚地观看日食的全过程，连同每一个时刻，日面亏损的位置、大小都能比较准确地测量出来。

简仪是什么仪器

简仪是郭守敬于 1276 年创制的一种测量天体位置的仪器。该仪器的结构和使用上都比浑仪简单，而且除北极星附近以外，整个天空一览无余，故称简仪。

简仪的主要装置是由两个互相垂直的大圆环组成，其中的一个环面平行于地球赤道面，叫作“赤道环”；另一个是直立在赤道环中心的双环，能绕一根金属轴转动，叫作“赤经双环”。双环中间夹着一根装有十字丝装置的窥管，相当于单镜筒望远镜，能绕赤经双环的中心转动。

观测时，将窥管对准某颗待测星，然后在赤道环和赤经双环的刻度盘上直接读出这颗星星的位置值。有两个支架托着正南北方向的金属轴，支撑着整个观测装置，使这个装置保持着北高南低的形状。这是我国首先发明的赤道装置，要比欧洲人使用的赤道装置早500年左右。

世界第一架检测地震的仪器

我国是一个地震发生较频繁的国家，《吕氏春秋》云："周文王立国八年（公元前1177年），岁六月，文王寝疾五日，而地动东西南北，不出国郊。"这可算是我国关于具体可靠的地震的最早记载。

到了汉代，东汉杰出的科学家张衡发明了世界上第一架观测地震的仪器——候风地动仪。候风地动仪，又称地动仪，制成于阳嘉元年（132年）。

关于这架仪器，《后汉书》中记载："地动仪以精铜制成网径八尺，合盖隆起，形似酒尊。"（酒尊就是酒坛）仪体内有一根高且细的铜柱称为"都柱"（类似惯性运动的摆），都柱在仪体内居于顶天立地的位置，是按古代天柱之说设计的。都柱旁有八组滑道（装置在摆的周围和仪体相接联的八个方向的八组杠杆机械）。外面相应设置八条龙，盘踞在八个方位上。每个龙头的嘴中含有一个小铜球，每个龙头下面都有一只蟾蜍张口向上。

地震时，传来地震的震波，倾斜的都柱倒向地震方向的滑道，倒到尽头后推动杠杆，通过杠杆作用引发一个牙机，龙首打开，铜球当啷一声掉在下面的蟾蜍口里。司仪之人根据落球的方位，便可报告地震发生的方向。

地动仪制成以后，安置在洛阳，并且观测到了永和三年（138年）陇西发生的一次六级以上的地震，开起了人类使用科学仪器观测地震的历史。

五星与五行

所谓五星，就是古人观测到的金、木、水、火、土五颗行星。由于这五颗行星在天空上像纬线一样由东向西穿梭行进，所以也称作五纬或五曜。

古人很早就注意到了这五颗行星，有关木星的记载甚至在甲骨文中就已经出现。战国时期就有了五星的说法，最初，这五颗行星分别叫作太白、岁星、辰星、荧惑、镇星，这也是古代对这五颗星的通常称法。

之所以把这五颗星又分别叫金、木、水、火、土星，那是用地上的五个元素配上这五颗行星产生的。《史记·天官志》中说："天则有日月，地则有阴阳。天有五星，地有五行。"其中，阴阳与日月相符，五行也相应于五星。

金星，古称太白、明星、大嚣，因为金星在天空中，除了太阳和月亮，就数它看起来最为明亮了。早晨，它出现在东方黎明前的夜空，人们又叫它"启明星"。

傍晚，它出现在西方日落时的天际，人们又称它为“长庚星”。《诗·小雅·大东》中说：“东有启明，西有长庚。”古人误以为启明与长庚是两颗星，所以给它起了两个名字。而实际上都是金星，只不过出现的时间和位置不一样罢了。

木星，古称岁星或岁，有人认为甲骨文中的岁字就是指岁星。岁星在《史记·天官书》中还有摄提、重华、应星、纪星等别名。木星在五星中是体积最大的一颗，所以古人特别注意对它的观测。《淮南子·天文训》中记载道：“岁星之所居，五谷丰昌。”把木星的周期与农业生产联系起来，可能因为木星和太阳活动周期相近。木星十二年绕天一周，每年居十二次的一次，所以被称为岁星。

水星，古称辰星，它是离太阳最近的一颗行星，看上去总是在太阳两边摆动。古人把一周天分为十二辰，每辰约三十度，因此将水星称为辰星。在《五星占》中，水星还被称为小白。

火星，古称荧惑，因为火星的红光荧荧似火，而且它在天空中时而由西往东，时而由东往西，很迷惑人，故名荧惑。此外，古人还将火星的红色同雷厉风行的执法官联系起来，又将火星称为“罚星”或“执法”。《广雅·释天》中记载道：“荧惑谓之罚星，或谓之执法。”

土星，古称镇星。土星约二十八年绕天一周，每年进入二十八宿中的一宿，叫岁镇一宿，好像轮流坐着二十八宿一样，所以被称为镇星。

在“五行”中，五是指金、木、水、火、土五种物质，行就是运动变化、运动不息的意思。五行就是金、木、水、火、土五种物质的运动变化，是自然界客观事物内部阴阳运动变化过程中物种状态的抽象概括。

古代的五行学说认为，宇宙间的一切事物，都是由金、木、水、火、土五种物质所构成的。自然界各种事物或现象的发展变化，都是这五种物质不断运动和相互作用的。古人把五行学说纳入预测术的范畴，以全息系统的观点，来观察、解释自然现象和人事，并依据自己的理论体系，综合推衍出事物发展的趋势和细节。

史籍中的哈雷彗星

哈雷彗星是以著名天文学家哈雷名字命名的著名彗星，它每隔 76 年绕太阳一圈。我国是最早发现和记载哈雷彗星的国家。

《淮南子·兵略训》记载，公元前 1057 年，武王伐纣时有“彗星出”。之后，《春秋·文公十四年》记载，公元前 613 年“秋七月，有星孛于北斗”。《公羊传》：“孛者何？彗星也。”再后，《史记·六国年表》记载，秦厉公十年（公元前 467 年）云“彗星见”。

但以上三次记录由于文字太简，均未被世界公认。被世界公认的最早一次哈雷彗星观测记载是由《史记·秦始皇本纪》记载的：“始皇七年（公元前 240 年），彗星光出东方，见北方，五月见西方……彗星复见西方十六日。”这比外国最早的记录早 228 年。

从公元前240年到公元1910年的2000多年间，哈雷彗星共出现过29次，每一次中国都有详细记录，早期最详细的一次记载见于《汉书·五行志》汉成帝元延元年条，共百余字，将哈雷彗星的出没时间乃至视觉速度，描绘得栩栩如生。宋、元以后，对哈雷彗星的观测越来越精确，记载越来越详细。

这种长期连续的观测记录是我国所独有的，也表明了我国古代天文学在世界上的领先地位。

古代对流星的记载

我国古人对流星雨、流星的记载是很早的。古书《竹书纪年》就有“夏帝癸十五年，夜中星陨如雨”的记载。

详细的记录见于《左传》：“鲁庄公七年（公元前687年）夏四月卯夜，恒星不见，夜中星陨如雨。”在公元461年出现的一次令人惊心动魄的天琴座流星雨，《宋书·天文志》更是做了十分精彩的记述：“大明五年……三月，月掩轩辕……有流星数千万，或长或短，或大或小，并西行，至晚而止。”

据统计，我国古代关于流星雨的纪事有180余次，其中天琴座流星雨记录了大约10次，英仙座流星雨大约12次，狮子座流星雨大约7次。

在《史记·天官书》中还有“星坠至地，则石也”的记载，这是对流星体坠地便成为陨石或陨铁的解释。到了宋代1064年，中国著名科学家沈括更是首次发现陨石中有以铁为主要成分的陨石，而欧洲到1803年以后才知道。

新星和超新星

有些星辰的亮度会在很短的时间内迅速增强，甚至达到10万倍以上，这就是新星。有的亮度会增强一亿甚至是几亿倍，这叫作超新星。以后它们又渐渐暗弱下去，犹如在星空中做客似的，因此中国古人称这类天体为“客星”。

我国是最早记载新星的国家。商代的一片甲骨上刻着：“七日己巳夕，……新大星并火。”意思是：七日（己巳日）晚上，有一颗很大的新星出现在大火星的近旁。这片甲骨的年代是公元前3300年左右，比欧洲的新星记载早1100年。

在甲骨卜辞中，新星被称为大星，而“客星”之名最早见于汉代，《汉书·天文志》中记有：“元光元年五月，客星见于房。”这是公元前134年出现的一颗新星，也是中外史书均有记载的第一颗新星。

自商代至17世纪末，我国史书共记载了新星、超新星大约90颗左右，其中大约12颗属于超新星，这么丰富而又系统的超新星纪事，在世界上是独一无二的。

在我国史书所记载的新星、超新星中，最精彩的要算《宋会要》中的一段记载：“至和元年（1054年）五月晨出东方，守天关，昼见为太白，芒角四出，凡二十三日。”意思是说：有一颗客星出现在现今金牛座的区域，白天都能看到像金星那样的光芒，其亮度维持了23天。

银河的传说

夏夜的晴空，满天星斗，一道宽宽的银白色的朦胧光带横贯天宇，这就是“银河”。

据说，在很久很久以前，天上的织女耐不住神仙生活的寂寞，便偷偷地溜到人间，和勤劳的农夫牛郎结了婚，还生了一双可爱的儿女。

这件事触怒了天宫的最高统治者——玉皇大帝和王母娘娘，他们派来天兵天将，把织女抓回天宫。可怜的牛郎挑着一对儿女，一直追到天上。眼看就要追上了，王母娘娘从头上拔下一支金簪，只一划，眼前就出现了一条波涛滚滚的大河，把牛郎、织女分隔在河流两岸，这就是“银河”，又叫“天河”。

不过，他们坚贞的爱情最终还是感动了天帝，天帝同意牛郎、织女每年七月七日（农历）夜晚见一次面。可是，银河那么宽，过不去啊。这时，好心的喜鹊便都飞到银河上，翅膀连着翅膀，搭成一座美丽的鹊桥，让牛郎、织女踏着鹊桥相会。

古代太阳黑子的记载

清晨或者傍晚，当太阳光不是很强烈的时候，人们可以在太阳中看到一些暗黑色的、不规则的斑点，科学界把它称为“太阳黑子”。

公元前 2000 多年，我国就发现了太阳黑子的存在。我国古代神话说，太阳里有只三脚的乌鸦。从甲骨文到现代楷书，“日”字中都有那么短短的一横，就是表示这只“三足乌”的存在的。所以，我国古代文学家又把太阳称为“金乌”或者“阳乌”。

《汉书·五行志》记载，汉成帝河平元年（公元前 28 年）的一天，“日出黄，有黑气大如钱，居日中央。”这是举世公认的关于太阳黑子的最早记载。而欧洲的有关太阳黑子的最早记载，在 800 年后的公元 807 年。

事实上，在这以前，我国还有更早的黑子记载。在约成书于公元前 140 年的《淮南子》中，就有“日中有踆乌”的叙述。踆乌，也就是黑子现象。

古代日食的记载

我国古代对于日食的最早记录是在《书经·胤征篇》中，据考证，这次日食大概发生于夏代仲康元年，距今已有 3000 多年。在此后的古籍中，有关日食的记录越来越多。在出土的商代甲骨卜辞中，被认定的日食纪事就有 5 次。

在古书《诗经·小雅》中，也有日食纪事：“十月之交，朔日辛卯，日有食之。”据考证，这次日食发生在周幽王六年，即公元前 776 年 9 月 6 日。

到了汉代时，古籍中已不再只是简单的记录日食发生的时间了，而是对日食时的太阳位置、起止时刻、见食时间、食分（即日面所食部分占整个日面的比例）以及日食初亏所起的方位等，也多有详细的记录。

在《汉书·五行志》中，就记载了一

次发生在汉征和四年八月辛酉晦（公元前89年9月29日）的日食：“不尽如钩，在亢二度，晡时食，从西北，日下晡时复。”我们从中可以看出，这次日食食分很大，光亮的太阳圆面只剩下一个钩形了，食起于西北方向，这时太阳位于亢宿二度等。

据统计，仅春秋时代记载的日食就有37次，其中33次已经被证明是完全可靠的。如果从春秋时代起算到清乾隆年间为止，我国记录了大约有1000次左右，这可以说是世界上最完整的日食记录了。

古籍中的飞碟

在北宋大科学家沈括的《梦溪笔谈》中，早就已经有了关于飞碟的记载。

在《梦溪笔谈》的“异事”卷中，沈括讲述了一件发生在嘉祐年间（公元11世纪）的奇事：“嘉祐中，扬州有一珠，甚大，天晦多见，初出于天长县陂泽中，后转入甓社湖，又后乃在新开湖中，凡十余处，居民行人常常见之……一夜忽见其珠，甚近。初微开其房，光自吻中出，如横一金线。俄顷忽张壳，其大如半席，壳中白光如银，珠大如拳，烂然不可正视，十余里间林木皆有影，如初日所照；远处但见天赤如野火；倏然远去，其行如飞，浮于波中，杳杳如日……”

有不少人认为，沈括是位杰出的科学家，他的记述应当是可信的。何况与此相对应的，还有他的友人、宋代大诗人苏轼的《游金山寺》一诗作印证：“是时江月初生魄，二更月落天深黑。江心似有炬火明，飞焰照山栖鸟惊。”有人进而认定，这首诗中所说的长江中的“火炬”肯定是UFO无疑。既然这位大诗人在镇江也亲眼见到了这种飞碟，镇江与扬州相距不远，只有一江之隔，不是相互可以印证吗？

此外，又有人考证，在司马迁的《史记·天官书》上所记载的17种“异星”中，至少有5种是飞碟。之后，中国古代UFO记录真是可以用“不绝史书”来形容。如《汉书·天文志》中有：“元平元年（公元前74年）……二月甲申，晨有大星如月，有众星随而西行。”“阳朔……四年（公元前21年）闰月庚午，飞星大如缶，出西南，入斗下”……直到清代，这种记载实在不胜枚举。

何谓石氏星表

星表，是天文观测者长期观察后，将大量测得的恒星以坐标系统性的汇编而成的图表。

我国古代最早的星表是由战国时代的魏人石申（约在公元前4世纪）编制而成的，他编的《天文》一书共八卷，被后人誉为《石氏星经》。可惜至宋代后失传，还好在唐代《开元占经》中可看到《石氏星经》的一些片断，该书并整理出一份《石氏星表》，其中明列28宿距星和一百余颗恒星的赤道坐标位置。

依据岁差规律推算证明，石氏星表中至少有一部分可以肯定是公元前4世纪测定的，远比古希腊天文学家依巴谷在公元前2世纪编制的星表还早。

最早的天文学著作

《甘石星经》是世界上最早的天文学著作。在长期观测天象的基础上，战国时期楚人甘德（今属湖北）、魏人石申（今属河南开封）各写出一部天文学著作。后人把这两部著作合起来，称为《甘石星经》。

在《甘石星经》中记录了 800 个恒星的名字，其中 121 个恒星的位置已经测定，这是世界上最早的恒星表。书里还记录了木、火、土、金、水等五大行星的运行情况，发现了它们的出没规律。相传石申著有《天文》八卷，他所测定的恒星有 138 座、800 个。

观星台的由来

观星台位于河南省登封市，由元代天文学家郭守敬创建，是我国现存最早的天文台。

观星台是一座砖石结构的建筑，高 9.46 米。观星台台体平面近于正方形，四壁有明显的收分，台基每边长 16 米余，台顶每边仅长 8 米余。在台顶北部，现存有明嘉靖七年（1528 年）增建的小室，全台连同小室高度达到 12.62 米。台的北壁中部有一凹槽，槽底连接向北伸展的石圭，二者之间有 36 厘米长的间距。

石圭，俗称“量天尺”，圭座用砖砌筑，上铺设青石圭面，共铺青石 36 方，全长共计 31.19 米，宽 53 厘米。北高南低，北端高 62 厘米，南端仅高 56 厘米。圭石的厚度一般在 20 厘米左右，石面上刻有平行双股流水渠。

观星台的主要作用在于测量太阳的影长，即所谓“测景”（影）。但历代记载都称之为观星台，可见我国古代，观星和测影常常是互相配合的。

在近代，登封观星台屡遭破坏，石圭面上的青石也只剩下 35 方。抗日战争时，观星台建筑又遭日本侵略军炮火轰击，残损严重。现在这座古天文台已经修复，石圭面上散失的一方青石也已找回复原。

小谈天干地支

天干地支，是我国古代用以纪年纪月纪日纪时的系统，天干也叫“十干”、“岁阳”，即甲、乙、丙、丁、戊、己、庚、辛、壬、癸十个文字符号的总称。地支也叫“十二支”、“岁阴”，是子、丑、寅、卯、辰、巳、午、未、申、酉、戌、亥十二个文字符号的总称。两者按固定的顺序互相配合，组成了干支纪法。

干支纪法的发明者是谁？最早出于何时？始终都是一个谜。

民间传说中说，开天辟地之初，玄黄骑着混沌兽到处遨游，遇到女娲。女娲身边有两个肉包，大的肉包里有十个男子，小的肉包里有十二个女子。玄黄说：“这是天干地支神，来治理乾坤的。”于是，为他们分别取名，配夫妻，成阴阳。男的统称天干，女的则为地支。

那么，天干地支究竟是什么意思呢？这在《史记》《汉书》中可以找到答案。

十天干的含义如下：

甲是拆的意思，指万物剖符甲而出；

乙是轧的意思，指万物出生，抽轧而出；

丙是炳的意思，指万物炳然著见；

丁是强的意思，指万物丁壮；

戊是茂的意思，指万物茂盏；

己是纪的意思，指万物有形可记可辨；

庚是更的意思，指万物收敛有实；

辛是新的意思，指万物初新皆收成；

壬是任的意思，指阳气任养万物之下；

癸是揆的意思，指万物可揆度。

由此可见，十天干与太阳出没有关，而太阳的循环往复周期，对万物产生着直接的影响。因此，十天干又叫十母。

十二地支的含义如下：

子是兹的意思，指万物开始萌芽于既动之阳气下；

丑是纽的意思，指阳气在上而未降；

寅是移、引的意思，指万物始生寅然；

卯是茂的意思，指万物生长繁茂；

辰是震的意思，指万物经震动而长；

巳是起的意思，指阳气之盛；

午是仵的意思，指万物盛大、枝柯密布；

未是味的意思，指万物皆成有滋味；

申是身的意思，指万物的身体都已成就；

酉是老的意思，指万物之衰老；

戌是灭的意思，指万物尽灭；

亥是核的意思，指万物收藏。

由此可见，十二地支指地上的万物，与太阳息息相关，因此，十二地支又叫十二子。

十二生肖的起源

十二生肖是我国一种传统的纪年方法。办法是，在采用天干配地支纪年的同时，又用十二地支各配一种相应的动物名字，表示这一年的顺序和名称，排列办法为：子鼠、丑牛、寅虎、卯兔、辰龙、巳蛇、午马、未羊、申猴、酉鸡、戌狗、亥猪。如甲申年又称猴年，这一年出生的人便属猴。

西周春秋时期，开始有了十二种动物与地支的对应关系。如《诗经·小雅·吉日》中有“吉日庚午，既差我马”，以午对马；《左传·僖公五年》有“龙尾伏辰”，以辰对龙。这都是与现在通行的对应关系完全相同的。

人们以动物来对应十二地支，是因为受了上古动物图腾崇拜的影响，所以总是习惯于把各种自然现象与动物联系起来。在古代天文学上，就有孔雀、巨蛇、狐狸、狮子、天猫、蝎虎、飞马等星座名称。在同样的心理支配下，人们也就自然会用一些动物的名称来标识那些抽象的子丑寅卯等十二地支，从而形成了十二地支与动物的对应关系。

根据前些年出土的马王堆帛书可以推知，在战国时期，人们不但用干支纪月、纪日，而且已经开始直接用来纪年。到了东汉元和二年（85 年），政府正式颁布法令通行干支纪年。

出现了干支纪年，将与之对应的十二样动物作为年的代号就是很自然的事了。慢慢地，人们认为生在某年就肖（象）某动物，子年生的肖鼠，丑年生的肖牛，十二生肖就这样形成了。

至迟到了南北朝时期，文献里就已经有了明确记载。当时叙事述人每每称人的属相，如“东昏侯属猪”、“崔慧景属马”等等（《南齐书·五行志》）。到了唐代，十二生肖更为流行，出现了将它作为纹饰的铜镜，有的墓葬中还出土了成套的十二生肖俑。

关于十二生肖的起源，还有许多民间传说。有的说，轩辕黄帝要选十二个动物担任宫廷侍卫，动物纷纷报名，猫托老鼠代为报名，但老鼠忘了，所以十二生肖中没有猫，猫从此成了老鼠的天敌。也有的说，某次动物比赛本身，最后剩下武艺高强的象、鼠、牛等十三位。老鼠钻进了象鼻，弄得大象狼狈而逃，于是十二生肖中没有大象，老鼠占了第一。

十二生肖纪时的由来

在中国汉代，人们就用十二地支配十二种动物用来纪时，叫作十二生肖。人们先是用此法区分每天的十二时辰，后来发展到用此法纪年。王充的《论衡》中就记载了以十二禽兽配十二地支的方法。

子时（晚 11～凌晨 1 点）：在深夜时分，老鼠最活跃，所以子时属鼠。

丑时（凌晨 1～3 点）：牛是最早耕地的家畜，所以丑时属牛。

寅时（凌晨 3～5 点）：寅字可解释为害怕的意思，古人最害怕的动物是百兽之王——老虎，所以寅时属虎。

卯时（早晨 5～7 点）：此时为“太阴”（即月亮）的时间，传说月亮中有玉兔，所以卯时就属兔。

辰时（早晨 7～9 点）：传说此时是群龙兴云行雨之时，所以辰时属龙。

巳时（上午 9～11 点）：据说蛇喜欢在此时利用青草掩护自己，所以巳时属蛇。

午时（上午 11～下午 1 点）：午时阳气到顶，阴气始生，正是骏马驰骋之时，所以午时属马。

未时（下午 1～3 点）：据说羊在未时吃过的草，草根再生力很强，所以未时属羊。

申时（下午 3～5 点）：天快晚了，猴要呻吟，所以申时属猴。

酉时（下午 5～7 点）：此时正是日落月出之际，古有“太阳金鸡”的传说，所以酉时属鸡。

戌时（晚 7～9 点）：此时正是夜晚的开始，犬要守夜，所以戌时属犬。

亥时（晚 9～11 点）：据说晚上 9、10 点钟天地最混沌，而猪喜欢睡觉，混沌不清，所以亥时就属猪。

十二生肖纪时法，是中华民族文化的宝贵遗产。它通俗易懂，使用方便，所以直到今天仍然沿用。

夏历、阴历、农历

夏历、阴历、农历都是中国的纪年历法的名称，表示的是同一种历法。“历”就是历法的意思，是推算天象以定出岁月时日之法。夏历、农历、阴历三者是从不同角度来说中国历的。“夏历”，是指从夏代已开始使用的历法，比“公元”早了足足两千年。称它为“农历”，是说此纪年法配合农时，能指导耕作的历法。

“阴历”这个名字，则是从月的计算推演方法而来。中国人自古早有阴阳之说，把世间万物以阴阳界定。因此，“阴历”的来源，也就是比对“阳历”的。

阳历以地球绕太阳一周（一回归年365天5小时48分40秒）为一年。为方便计算，以365天为一年，叫平年。余下的时间，每四年加一天，这一年叫闰年。但这样，每四年又亏44分56秒，所以每400年少两个闰年。阳历的4、6、9、11是小月，30天；2月28天（平年）；其余的月份是大月，31天。

阴历则主要以朔望月作为标准。它以月亮的一次圆缺循环为一个月，一年有12个月，大月30天，小月29天，全年共354天或355天。这比一个回归年少了10天零21小时。于是就设置“闰月”，规定每隔2～3年加1个闰月来调整节令。这样，闰年就变成了13个月。

可以看出，我国的阴历并不是那种完全根据月亮盈缺变化的周期来制定的纯粹阴历，而是阴阳合历。这种历法，非常有利于农业生产。

我国古代最优秀的历法

《授时历》可以说是我国古代最优秀的历法，也是行用时间最长的历法。从元代颁布开始，一直沿用到清初，共360多年，行用的历法实际上都是《授时历》，只是名称有所变化而已。

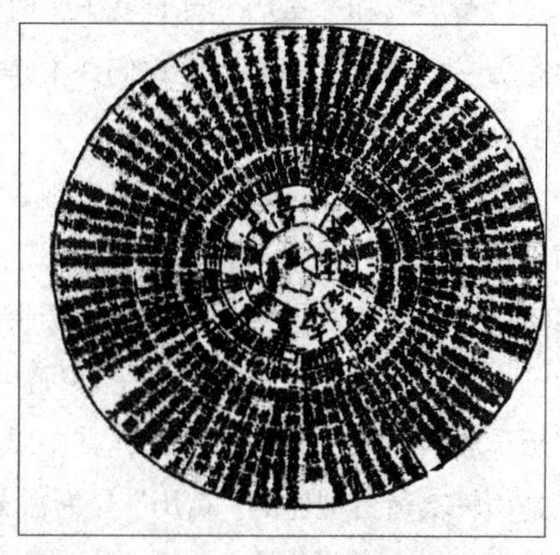

授时图，选自《三才图会》。

《授时历》能够长时间地被沿用，和它的计算精度高有着密切关系。《授时历》使用了当时世界上最为精确的天文资料，如它的回归年的长度为365.2425日，这和现行的公历所采用的数值是一样的。它还吸收了《统天历》首先发现的回归年长度在逐渐变小的观点，规定100年中回归年的长度减小0.0001日，虽然这个数值有点大，但它与《统天历》相比，还是要精确一些。

另外，《授时历》废除了沿用了上千年的上元积年和用复杂分数表示天文资料的办法，不仅大大简少了计算量，也保证了计算精度。《授时历》在计算方法上也有很大的创新，如为了对太阳、月亮的不均匀运动进行改正，创造了三次内插法；为了进行黄道和赤道宿度之间的转化以及太阳视赤纬的转化，而创立了类似球面三角法的数学方法。

黄历和皇历

“黄历”和“皇历”都是我国古时使用的历书，读音又相同，但它们并不是一回事。

“黄历”，即黄帝历。考古发现，我国早在四千多年前就开始有了历法，三千多年前就已经有了用甲骨文记载的历书。我国古代使用的历法有皇帝历、颛顼历、夏历、殷历、周历和鲁历六种，其中以传说是由轩辕黄帝创建的“黄历”最为古老。正如唐朝诗人卢照邻《中和乐·歌登封章》所言：“炎图丧宝，黄历开睿。”

由于古时我国使用“黄历”的区域广阔，影响很深，所以人们习惯把历书称之为“黄历”。不过，民间在使用“黄历”的过程中，给其添加了许多宣扬吉凶忌讳的内容，迷信色彩很浓，黄历便成了旧历书的代名。

而“皇历”则属于“官方”历书。历书在社会生活中的重要性不言而喻，历代皇帝都很重视历法的颁制。从唐朝起，各代王朝开始对历法实行严格的管理。唐文宗大和九年（835 年），唐王下令编制了我国第一本雕版印刷的历书《宣明历》。《宣明历》对日月、时辰和节令有着详细的记载。当时，为了防止民间滥印历书，唐文宗下令今后历书必须由皇帝亲自审定，官方印刷。从此，历书就被称作了“皇历”。

“皇历”中所写历法，一般是以一年为限，第二年变更，如果拿起去年的皇历来查看今年的历法，就一定是错误的。因此“老皇历”就有因循守旧、不思变革的意思。

万年历的由来

人们常用“万年历”这个词。那么万年历是怎么来的呢？

相传，商朝时，有个名叫万年的青年。他看到当时节令很乱，就想把节令定准，但始终找不到计算时间的方法。有一次，他受树影移动的启发，设计出测日影计天时的晷仪，计算出一天的时间。又一次，他受山崖滴泉的启发，制作出一个五层漏壶，来计算时间。

万年带着日晷和漏壶去见商王祖乙，讲清日月运行的道理。祖乙听后龙颜大悦，把万年留下，希望他能创建历法，为天下百姓造福。

万年经过长期观察，精心推算，制定出了准确的太阳历。当他把太阳历呈奉给继任的国王时，已是满面银须。国王为纪念万年的功绩，就将太阳历命名为“万年历”。

农历十二个月的别名

一月：正月、陬（邹）月、孟陬、端月、孟春；

二月：如月、杏月、仲春；

三月：桃月、季春；

四月：余月、清和月、槐月、孟夏；

五月：皋月、榴月、蒲月、仲夏；

六月：且月、荷月、伏月、季夏；

七月：相月、巧月、霜月、孟秋；

八月：壮月、桂月、仲秋；

九月：玄月、菊月、季秋；

十月：阳月、小阳春、孟冬；

十一月：辜月、葭月、仲冬；

十二月：涂月、腊月、嘉平月、季冬。

农历一月为何称正月

农历一月，往往被人们称为“正月”。那么，“正月”是从何而来的呢？

在我国历朝历代，以哪个月为一年的第一个月，是各不相同的。

夏朝以一月为一年的第一个月，商朝以十二月为一年的第一个月，周朝又以十一月为一年的第一个月。这些朝代，每改正一次月份次序，就称改正的第一个月为“正月”。

一年的第一个月，为什么叫作正月呢？据春秋时期《春王正月》上说：“正月为一月，人君即位，欲其常居道，故月称正也。”意思是，古代帝王，接受百官朝拜的时间是每年的头一个月，为了表示庄重，就把新年的第一个月叫作正月。

到了秦朝，因秦始皇名嬴政，为了避讳，规定把“正”字音读“征”。正（征）月的叫法，从此一直沿用到今天。

农历十二月为何称腊月

中国人习惯将农历的十二月称为腊月，这是为什么呢？

中国古代，一年之中人们要进行多次祭祀，在冬季举行的祭祀称为“腊”。举行腊祭的这一天就称为“腊日”。这个习俗是从周代开始的。

汉代时，把冬至后第三个戌日定为腊日，在这一天，人们把打猎获得的禽兽拿来祭祀先祖。许慎在《说文解字》中说：“腊，冬至后三戌，腊祭百神。”后来改为夏历十二月八日为腊日。《荆楚岁时记》记载：“十二月八日为腊日。”冬至后三戌也好，十二月八日也好，总之，腊祭的日子都在十二月。

于是，人们就把举行腊祭的十二月习惯称为“腊月”。在秦朝时，这个名称就已固定下来了。

闰月的由来

如果你常翻日历，你会发现阴历上总是出现闰月。闰月是怎么来的呢？

气候由冷到热，再由热到冷，这个周期就是一个回归年。在这个回归年内，月亮的圆缺变化会发生12次。所以，阴历的一年分成12个月，共有354天或355天。例如丙申年（1956年）就是354天（6个大月，6个小月），戊戌年（1958年）是355天（7个大月，5个小月）。阴历一年是354天的时候，比回归年短11天多，一年是355天的时候，比回归年短10天多。

这样三年不是就要短 30 多天吗？为了适应气候冷热的周期，就要增添一个月。这个额外增加的月就叫闰月。有闰月的阴历年是 383 天或 384 天，如乙未年（1955 年）就是 384 天（7 个大月，6 个小月），丁酉年（1957 年）是 383 天（6 个大月，7 个小月）。

但是每三年增添一个闰月，并不能完全解决问题。因为阴历每三年比回归年短 33 天左右，而增添一个闰月只是增添了 29 天或 30 天，仍短 3 天左右。为此，我国劳动人民很早就采用了“19 年 7 闰”的方法，就是每 19 年中，有 7 个闰月。如此一来，19 个阴历年和 19 个阳历年只有 2 个小时之差。

旬的由来

旬是从古时候遗留下来的。

那时用的是纯粹的阴历，把一个月分成上、中、下三旬，每旬 10 天，以 10 干（甲、乙、丙、丁、戊、己、庚、辛、壬、癸）为 10 天的名称。但是小月只有 29 天，下旬是 9 天，所以壬是小月的最后一天，下月第一天依然从甲开始。

现在我们还习惯用旬这个名称，把一个月的前 10 天称为上旬，中间 10 天称为中旬，21 日到月底称为下旬。

十二个月月令

正月里是新春，立春雨水紧相跟。

二月里龙头抬，惊蛰春风就到来。

三月里布谷叫，清明谷雨春播到。

四月里有十八，立夏小满种庄稼。

五月里五端阳，间苗锄草忙插秧。

六月里暑三伏，天长夜短日头毒。

七月里立了秋，处暑割麻是时候。

八月里月中秋，白露秋分庄稼熟。

九月里九重阳，寒露霜降天变凉。

十月里立了冬，小雪插河江也封。

冬子月冷如冰，科技夜校学愈浓。

腊月里小大寒，过了元旦过大年。

朔望月、上弦、下弦

当月亮轨道绕行到太阳和地球之间，月亮的黑暗半球对着地球，这时叫朔，正是农历每月的初一。

当月亮绕行至地球的后面，被太阳照亮的半球对着地球，这时叫望，一般在农历每月十五或十六日。

在农历每月初八前后，这时月亮的西半边是明的，东半边是暗的，叫作上弦。

农历每月二十三日前后，这时月亮的东半边是明的，西半边是暗的，叫作下弦。

漏壶是做什么用的

古时，人们没有钟表，计时所用的仪器是漏壶，又叫壶漏、铜漏、刻漏、漏刻、铜壶漏刻或铜壶滴漏等。据《周礼》《史记》等记载，周朝时，漏壶就已出现，至春秋时期已经被普遍使用了。

我国最早的漏壶是用铜壶盛水，壶底穿一小洞，壶中插一只标杆，叫作箭，它的上面刻有度数，箭下有箭舟托着，浮在水面上，当壶里的水慢慢漏下时，箭上的度数也开始陆续显现，用这种方法来计时。这种漏壶也称为箭漏。

我国还曾使用过以滴水的重量来计时的称漏，最早制造于北魏时期，唐、宋时代盛行过。此外，还有一种以沙代水的沙漏，其记载最早见于元代，但使用得并不普遍。中国历史上用得最多、流传最广的还是箭漏。

随着时代的发展，漏壶的制法也日渐复杂。起初的漏壶，在水逐渐减少时，水流的速度就会变慢，这也影响了计时的稳定性和精确性。后来人们发明了补给壶，补充漏壶的水，使水流速度保持稳定。如果水速还不够稳定，人们就开始增加补给壶，这就形成了后来的多级漏。这种补给壶可能于西汉末年开始出现。东汉张衡已使用二级漏壶。晋代出现了三级漏壶，到唐代的吕才设计了四级漏壶。

多级漏壶可以提高漏刻的稳定性，但漏壶总不能无限地增加。怎样能使各级漏壶的水面保持恒定的高度，是漏壶发展史上的关键问题之一。北宋燕肃创造的漏壶叫莲花漏，北宋时曾风行各地。到我国使用钟表计时以后，漏壶开始遭到废弃。

古代的计时单位

在古代，人们常用时、刻、更、鼓、点来作为计时的单位。

时：即时辰。古代一昼夜分为12时辰，子时，从夜间11点起算，到凌晨1点。丑时、寅时、卯时、辰时、巳时、午时、未时、申时、酉时、戌时、亥时依次类推。

刻：古代用漏壶计时，一昼夜共100刻，一刻合现在14分24秒，因此“顷刻”指很短的时间。

更：古人将一夜分为五更。从晚上7点开始起更。一更约两小时，三更就是半夜11点至1点。

鼓：古代夜间击鼓报更，所以用鼓作为更的代称。四鼓相当于1点至3点。

点：古人一更又分五点，一点合现在24分钟。三更四点，就是半夜12时36分。

一天为何从半夜开始

自古以来，人们习惯于“日出而作，日落而息”。地球自转，日复一日，周而复始。那么，一天的开端该定在什么时候呢？

古代人们把太阳经过当地子午圈的两个瞬间，分别称为上中天（中午12点）和下中天（半夜12点）。下中天人们是无法见到的，因为太阳在地球的背面。古人把上中天的时辰定作“午正”，下中天定作“子正”。

由于太阳经过子午圈上中天的瞬间，正是太阳当空，观测起来简单易行，如果把这瞬间算为一日的开始，似乎也合理。但这样，就会把好端端的一日人为地截成两半，无疑会给人们的生产、生活带来不少的麻烦。所以，古代的天文学家就将子正时辰（半夜12点，即0点）作为一天的开始。当人们甜甜熟睡之时，新的一天也就悄然诞生了。

第十七编　教育科举

学校的起源

我国古代学校的起源，可以追溯到4000多年前，相传在虞舜时代，我国就已经出现了学校称之为“庠”。高一级的叫“上庠”，近似国学的前身；低一级的叫“小庠”，近似乡学的前身。

到夏朝时学校分成了四种，按其级别的高下分别称之为“学”、“东序”、“西序”和“校”。商朝取代夏以后，又将这四种学校的名称改为“学”、“右学”、“左学”和“序”。

古时学堂，选自《三才图会》。

西周时较高级的学校，分别称之为“辟雍”、“成钧”、“上庠”、“东序”、“瞽宗”。其中“辟雍”最尊。在诸侯各国则有称为“泮宫”的学校，较低一级的学校，有每25家设立的“家塾”，也有每500家设立的“序”。

到了汉代，最高一级的学校称为“太学”，太学以下的学校有“东学”、“南学”、“西学”、“北学”等。魏晋南北朝时“太学”又称为“国子学”。北齐时则将其称为“国子寺”。至隋代，隋炀帝又将“国子寺”改名为“国子监”。此后，“国子监”之称一直沿用到明、清两代，但后来被称为“国子监”的已非以前性质的学校，而是一种实施教育管理的部门。至于各类学校则分别称之为“书院”、“书堂”、“私塾”等等。

至于“学”和“校”两字的合用，最早见于《诗经》，比较严格意义上见于汉朝。《汉书·董仲舒传》上有“抑黜百家，立学校之官”。《汉书·循吏·文翁传》说：“至武帝时，乃令天下郡国，皆立学校官。”班固《东都赋》中也有“是以四海之内，学校如林”之语，可见汉代学校已经盛况空前了。

我国幼儿园的起源

我国最早的幼儿园，是清朝末年由湖北巡抚端方在1903年9月创办的幼稚园。

幼稚园的名称是从日本学来的。端方受日本明治维新的影响，特地从日本聘请3名女师范生教养员，仿照日本的全套办园方法，在武昌阅马场创办了这所幼稚园。幼稚园的教育任务是："专辅小儿自然智能，开导事理，涵养性德，以备小学堂之基础。"

1904年，清政府颁布了《奏定学堂章程》将幼稚园按中国习惯定名为"蒙养院"。1922年又定名为幼稚园。1938年，武汉沦于日寇之手，幼稚园停办。

何谓义塾

义塾又称"义学"，是古代的一种免费私塾，主要为民间孤寒贫困子弟提供教育。

义塾以地方和宗族为单位举办，以祠堂、庙宇的地租或私人捐款为办学经费。教学内容与教学形式都和私塾一样。

义学由汉代四川什邡县令杨仁首创，此后只要是以筹集募款或用宗族公款延请教师讲课，面向贫困子弟的学校，都称为义学。宋代以宗族为单位设立，限于教育本族后代。清代由政府提倡，义学开始广为设置。

清康熙四十一年（1702年）在京师崇文门外设立义学，选五城各小学"成材者"入学就读。八旗也设置了义学，教授幼丁学习满、蒙文字，后多次下诏，命贵州、广西、云南、四川等边地设置义学。清末义学成为清代蒙学的重要组成部分，教贫民子弟，成为安身良民，不使他们"好勇斗狠、轻生犯上"，这是清政府普遍设立义学的目的。

清代义学有乡校、小学、冬学、村塾等不同名称。清代武训兴学，即属义学。武训是清末人物，以乞讨所得积累成数，放债置地，以此创设"崇贤义塾"，分蒙学、经学两级，又创设"馆陶杨二庄义塾"。

蒙学的由来

蒙学，是指对儿童进行启蒙教育的学校。相传蒙学始于商周时期，《大戴礼记·保傅》："古者年八岁而出就外舍，学小艺焉，履小节焉。"《礼记·内则》："十年，出就外傅，居宿于外，学书计。"

汉代称蒙学为"书馆"、"学馆"、"书舍"等。儿童八九岁入学，学习《仓颉》《急就》等字书及《孝经》《论语》。蒙学没有固定的修业年限，采用个别教学，多属私学性质。

唐宋以后，蒙学的教学内容和程序开始相对稳定，主要是进行初步的道德行为训练和基本文化知识的教学，以认字、写字、背书为主。每日功课一般是背书、授新书、作对、写字、读诗，以及一系列的道德行为规范训练。

在基本知识教学上特别注重学习态度

的培养和学习习惯的养成。如读书强调勤苦、认真、专一，学字要求姿势正确、几案净洁、字画端整。在知识教学上重视对基本知识熟读牢记。道德教育十分注意生活仪节和行为训练。

在教育教学教程中注重儿童的学习兴趣，因势利导，多采用诗歌、舞蹈、故事等内容和形式。教材主要有《开蒙要训》《太公家教》《三字经》《百家姓》《千字文》《小学》《弟子规》《训蒙诗》《名物蒙求》等。专为女童编写的蒙学教材有东汉的《曹大家女诫》、唐宋若莘的《女论语》等。

清光绪二十八年（1902 年）《钦定学堂章程》规定初等教育分为三级：蒙学堂、寻常小学堂、高等小学堂。蒙学堂简称“蒙学”，入学年龄为 5 岁，修业 4 年，设修身、字课、读经、史学、舆地、算学、体操等课程。但仅有章程，未能开办。

什么是稷下学宫

稷下学宫又称为“稷下之学”，是战国时齐国在国都临淄的稷门下所设的学校。它由国家主持招纳当时社会上流动的著名的文人学士，也吸收了一批学生，既是讲学读书的地方，又是培养封建官吏的场所，是一个肩负着教学和研究两种职能的高等学校。稷下学宫初创于齐威王时期（公元前 4 世纪中叶），兴旺于齐宣王时期（公元前 319 ～前 301 年），衰亡于齐王田建时期（公元前 264 ～前 221 年）。

稷下学宫容纳不同学派，提倡百家争鸣，因此在这里聚集了儒、道、法、名、阴阳等派别的许多学者。在稷下学宫，“辩”是诸学派相互交流的手段。不仅先生与先生辩，而且先生也与学生辩。

稷下学宫先生待遇优厚，地位很高。齐王对各派的“士”礼遇甚丰，封为“上大夫”者有 76 人。凡列为上大夫者，皆“为开第康庄之衢，高门大屋，尊宠之”。

齐威王和齐宣王大兴稷下之学，使“稷下学宫”成为闻名列国的东方文化圣地、各派学者荟萃的中心，为百家争鸣提供了讲台，促进了学术思想的交流与发展。

国子监是什么样的机构

国子监是中国古代最高学府和教育管理机构。晋武帝司马炎始设国子学，后来隋炀帝将国子寺的名称改为国子监。唐、宋时期，国子监作为国家教育管理机构，统辖其下的“六学二馆”，即国子学、太学、四门学、律学、书学和算学，以及弘文馆和崇文馆。

国子监最初只是掌管教育的行政机关，后来逐渐成为兼有行政机关和最高学府的两种功能。国子监里职位最高的是祭酒，其余有司业、监丞等人员。北京国子监的第一任祭酒是元代著名学者姚燧。

入国子监学习的人叫作监生，明代的监生因入学资格不同而分为举监、贡监、荫监、例监四类，当时还有外国留学生在监就读，称为夷生。

当时的国子监也有类似今天的实习，称为“历事”，即监生们到各衙门学习政事，开始时为半年，后改为三个月。白天实习，晚上归舍，实习成绩分为上、中、下三等，上等的选用、补充缺官，中等的继续历事，下等的回监读书。

何谓太学

太学也是古代的高等教育机构，我国很早就有了太学，周王室的太学以南北东西中为序，分别叫“成钧”、“上庠”、“东序”、“瞽宗”和“辟雍”。“辟雍”则为其总代称。太学里的主要教学内容是“六艺”——礼、乐、射、御、书、数。当时“学在官府”，只有贵族子弟才能入学。

古代的太学堂。

汉武帝在位时，尊孔崇儒，兴办太学，太学成为设在京师的全国最高教育机构。最初太学只设五经博士，置博士弟子 50 名，专门学习和研究儒家经书。汉成帝时太学生增至 3000 人。王莽统治时期，为了树立自己的声望，笼络广大儒生，在长安广置太学，博士弟子达万余人，规模之大，前所未有。东汉时，太学规模更大，顺帝永建元年（126 年），朝廷对太学进行重建和扩建，费时一年，用工 112000 人，建成 240 房、1850 室，所招学生称之为太学生，达 3 万多人。

汉灵帝还让大书法家蔡邕等人把儒家经典刻在 46 块碑上（即著名的《熹平石经》）。来抄写经文的太学生车水马龙，盛况空前。

西晋以后，太学和国子学并存，成为中央办学的两种形式。唐代太学规模完备，盛极一时。太学的教师主要是博士。博士的主要职责是授业传道，此外，还要奉使议政，试贤举能。

太学的学生，历代称谓不一，有称“博士弟子”的，有称“太学生”和“诸生”的。太学以儒家五经作为基本教材，讲授“孔子之术，六艺之文”。历代太学都制定有规章制度，严禁各种“离经叛道”的思想行为。

书院的由来

书院是中国封建社会后期出现的新型教育组织。它始于唐代，唐玄宗时，设置了丽正书院，集中了当时全国著名的学者进行写书、讲书活动。

到宋代时，程朱理学崛起后，讲学之风日盛，书院开始大行其道。这时期书院多是私人设立，也有得到官府资助的。北宋著名书院有六处，如江西庐山的白鹿洞书院、湖南衡阳的石鼓书院、河南登封的嵩阳书院、湖南长沙的岳麓书院、河南商丘的应天府书院、江苏江宁的茅山书院。其中又以白鹿、石鼓、应天府、岳麓四书院最著名。南宋时，书院兴盛更胜于北宋，著名的有岳麓、白鹿、丽泽、象山四处。

到了元代，各路、州、府都置有书院，逐渐发展为一种类似学校的体制。明代初期书院不兴，后来官学逐渐衰退，成化年间书院开始发展，至嘉靖、万历年间达到高峰。在明代书院中，无锡东林书院最有影响。

清代对书院先是限制，后又提倡，使绝大多数书院官学化。清朝后期，湖南、湖北两省的书院最为著名，如江汉书院、经心书院、江夏书院、晴川书院等。1890 年，湖广总督张之洞创办的两湖书院，是一所具有新式学校规模的书院，书院课程也增添了自然科学科目。1900 年，两湖书院改办为两湖师范学校，从此结束了书院的形式。

武学指的是什么

古代培养军事人才的专门学校，就称为武学。武学始建于宋仁宗庆历三年（1043 年），隶属于国子监，以阮逸为教授，但数月后就停办了。

到宋神宗时，又重建武学，到宋徽宗崇宁年间，又下令地方诸州设置武学，但宣和二年（1120 年）又罢州县武学。南宋高宗绍兴十六年（1146 年）才恢复武学（中央）。庆元五年（1199 年），各州州学皆设武士斋舍，选官教习。

武举是武学生的入仕途径。明洪武年间在大宁等卫设置儒学教武官子弟。惠帝建文元年（1399 年）始置京卫武学，成祖即位后停办，英宗正统年间方立两京武学。武学设教授、训各一员，教读之书为《论语》《孟子》《武经七书》《百将传》等。后又令都司、卫所应袭子弟年 10 岁以上者，由提学官选送武学读书，无武学者送卫学或附近儒学。成化年间，敕令岁终考试入学武生，10 年以上无可取者，追廪还官，送营操练。

嘉靖年间，移京城东武学于皇城西隅废寺，使大小武官子弟及勋爵新袭者，肄业其中，用文武臣教习。万历年间，武库司专设主事1员管理武学。崇祯时，又命天下府、州、县设武学，实际未能遍设。待遇考试，与儒学生员同。

什么是贡举

贡举，是指我国古代由地方官吏向天子推举人才的方式。古时，如果地方上推举的人确实是贤者，则荐举者受奖；相反，如果为不贤者，那么荐举者就要受罚。

刘邦称帝后，为加强政权建设，曾下诏多方求贤，并制定了登记形仪、品行、年龄、逐级察访、上报的办法，开汉代察举制度之端绪，到汉惠帝时，诏举“孝悌力田”，“孝惠四年，春正月，举民孝悌力田者，复其身。”这是举荐人才的先声。

从汉文帝起，制定了正式作为选拔官

吏的察举制度。文帝二年（公元前178年）诏二、三执政“举贤良方正能直言极谏者，以匡朕之不逮”。十五年（公元前165年）又诏称：“诸侯王、公卿、郡守举贤良能直言极谏者，上亲策之。”但仅是偶一为之，尚未形成制度。

至汉武帝元光元年（公元前134年），始定贡举之法，使选士制度化。建元元年（公元前140年）丞相卫绾上奏：“所举贤良，或治申、商、韩非、苏秦、张仪之言，乱国政，请皆罢。”董仲舒在贤良对策中连对三策：“推明孔氏，抑黜百家，立学校之官、州郡举茂材孝廉。”这样以儒术取士的察举制度应运而生了。元光元年时“初令郡国举孝廉各一人”。贡举也称“察举”、“荐举”、“乡举里选”。

隋以后实行科举考试，因此后世的贡举，开始指科举制度了。

何谓贡生

在科举制度盛行的封建时期，凡府、州、县学生员中成绩优异者，经挑选可升入京师的国子监读书，这些被选中者就称为“贡生”。

科举考试的目的是为王朝选拔从政人才。各朝代贡生的具体名目不一，明代为岁贡、选贡、恩贡和纳贡，清代有恩贡、拔贡、副贡、岁贡、优贡和例贡。明清两朝，科举曰重，而学校曰轻，太学、府、州、县学均为科举储备人才。因科举出身不同，便有了正、异途之分。经学校通籍者如贡生出身为正途，任命重正途。

贡院的由来

贡院是中国明、清时期科举考试举行乡试、会试的场所。唐开元二十四年（736年）：“考功郎中李昂，为士子所轻诋。天子以郎署权轻，移职礼部，始置贡院。”

明、清时代贡院的大堂东西两侧为外帘，供管理人员居住。大堂后为内帘，供试官居住。贡院两侧建号舍，供应试者居住。主考、同考在内，谓“内帘官”，提调、监视官在外，谓“外帘官”，贡院墙有荆棘，亦称“荆闱”。

古代的职业教育

职业教育在我国春秋时期就出现了，那时各国遍设礼、乐、射、御、书、数六艺学堂，进行专门技艺教育，这就是我国职业教育的萌芽。

东汉时，出现了专门的艺术学校——鸿都门学，以校馆位于洛阳鸿都门而得名。唐代时，又出现了“书学”、“律学”、“算学”和“医学”等各专门学校。

鸦片战争前后，由于西方现代生产技术的传入，职业教育作为一种教育体制逐步发展起来。尤其是1866年以后，新式的职业教育出现了蓬勃发展的局面，沿海各地相继建立了福州算法文学堂和艺圃、驾驶学堂、管轮学堂、上海机械学堂。

辛亥革命后，黄炎培、蔡元培、陶行知等人提出了“劳工神圣”、“双手万能”的教育思想，积极主张发展职业教育。新中国成立以后，职业教育进入了新的历史时期，适合我国国情的职业教育体系已初步建成。

近代最早的外语学校

鸦片战争以后，腐朽的清政府同西方列强签订了一系列丧权辱国的条约。当时，清政府有感于国内找不到多少精通外语的人才，所以常受外国侵略者的欺蒙，为此决定在国内创办外语学校。

1862 年 8 月，第一所外语学校——同文馆在北京创办，学校聘有外籍教师。这所学校开办后，曾遭到守旧派的群起攻之，他们认为开同文馆、聘外籍教师是背宗叛祖、大逆不道、伤风败俗、有丧国体的行为。后来，在清廷的干预下，守旧派败下阵来，同文馆保留了下来。

同文馆完全按正规的学校来办，陆续开设英文馆、法文馆、俄文馆、德文馆、东文馆。入校学生不仅学外语，还学中文和自然科学，学制八年。1901 年，同文馆并入京师大学堂。

古代也有学分制

我国实行学分制的历史可以追溯到宋代。

北宋神宗熙宁、元丰年间（1068～1085 年），王安石为相，将太学分为外、内、上三舍，制定升舍法。升舍考试评定成绩分为三等：操行和学业皆优的为上等；一优一平的为中等；两种都平的或一优一否的为下等。三舍考试都用积分法。

元朝仁宗皇庆、延祐年间（1312～1320 年），调履谦为国子监司业，立升斋、积分等法。一是升斋法：每季考所习经书，课业成绩合格和未违犯规矩者，以次递升，即升上斋。逾再岁，始与私试。二是私试规矩：孟月、仲月、季月三考。词理俱优者为上等，得一分。词平理优者为中等，得半分。岁终统计其年积分。积至八分，得充高等，以四十人为额。三年不通一经及在学不满一年，定章黜革。“所以人人励志，士多通材。”

明朝也采取宋神宗时的办法，凡国子监的学生积分达到及格就可授予相当的官职。国子监按学生的程度设六堂正义、崇志、广义、修道、诚心、率性；编为初、中、高三个年级。每次考试，文理俱优的给一分，文劣理优的得半分，文理俱劣的无分。在一年内积分达到八分的为及格。如有天资聪敏，成绩优异的学生，可以不受年限的限制，报请批准，可以提前毕业，破格录用。

清朝的国子监编制完全采用明朝的制度。凡月考列一等的给一分，列二等的给半分。岁终积八分为及格。

中国最早的女性管教条令

《礼记》是儒家经典之一，其中的《内则》可以称得上是中国最早的女性管教条令。所谓“内则”，是指闺门之内可以效法的典制。它专门记载男女在家侍奉父母公婆的规章制度。

对古代女性来说，《礼记·内则》为女性一生制定了繁琐的规章制度。十岁之前，女子总是居于内室而不外出。成年后，每当雄鸡初啼，就要起床洗漱，梳妆打扮整齐，然后将堂室内外打扫干净。二十岁时出嫁为人之妻，制约的规章更多。

《内则》认为，“礼始于谨夫妇”，房屋建筑要有内外之分，男子居外，女子居内，男女用具都不能胡乱放在一处，如果一个丈夫有数个妻妾，则妻妾名分制度不得紊乱。媳妇要像对待自己的父母亲那样侍候公婆，如果一家有几个媳妇，则以长妇为尊，妯娌之间要和睦相处，媳妇不能积攒私房钱物。

《礼记·内则》特别强调男女之别。七岁时，男女即不能同席，以便他们从小就意识到“男女有别”。不论未嫁之时，还是已嫁之后，“男不言内，女不言外”，非祭非丧，“不相授器”，女子出门，必须“蔽其面”，即用纱巾之类遮盖头脸，行走时要靠道路的左边行走。诸如此类，异常繁琐。

古代的启蒙读物

我国古代儿童入学时，要学习的启蒙读物很多，这些书籍大多文字简练，概括性强，通俗易懂。

这些启蒙读物包括天文、博物、历史、人伦、教育、生活等多方面的内容，大体上可分为以下五类：

一为综合性的书籍，如《三字经》《百家姓》《千字文》等。

二是进行道德教育的书籍，如《名贤集》《增广贤文》等。

三是历史知识读物，如《十七史蒙求》等。

四是诗歌类读物，如《神童诗》《千家诗》等。

五是专门讲成语典故、名物制度常识的，如《龙文鞭影》《幼学琼林》等。

此外，我国古时候也有专门为女子编写的启蒙读物，如《女四书》《闺训千字文》等。

说“博士”

我国很早就有了“博士”这一名称，但那时的“博士”和现在不同，只是学官名，出现于战国时期。《史记·循吏列传》：“公仪休者，鲁博士也，以高第为鲁相。”《汉书·百官公卿表上》：“博士，秦官，掌通古今。”

自秦及汉初，博士所掌为古今史事侍问及书籍典章。汉武帝时，采纳公孙弘的建议，设五经博士，置弟子员，博士专掌经学传授，与汉文帝、汉景帝时的博士制度有所不同。以后历朝都设立博士，但博士的执掌却不完全相同。

另外，古人也将专精一艺的职官称为博士。从西晋开始设置律学博士，北魏开始设置医学博士，隋唐又增设算学博士、书学博士等，这些都是官名，到了宋代才被废止。与此同时，民间也有一些“博士”的称谓，用以称呼从事某一职业的人，如“茶博士”“酒博士”等等。孟元老《东京梦华录·饮食果子》载：“凡店内卖下酒厨子，谓之茶饭量酒博士。”

到了近代，“博士”才渐渐作为学位的一种名称。

古代的“硕士”“学士”

硕士在我国古代史籍中并不多见，它通常是指那些德高望重、博学多识的人。此外，古代也常用与硕士含意相似的“硕老”、“硕儒”称呼那些博学之士。

“学士”一词最早出现在周代，是指那些在学读书的贵族子弟，后来逐渐变成官名或有学问的人以及文人学者的泛称。魏晋以后，学士才正式成了以文学技艺供奉朝廷的官吏。到了唐朝，学士地位有了很大的提高，甚至可以参与朝政。其中的翰林学士为众学士之首，是皇帝亲信的顾问和秘书官，因而常被称为“内相”。到了宋朝，一经授翰林学士，即有当宰相之望。清朝的大学士地位显赫，官阶为正一品，为文职官吏之首。

古代的科举考试

科举考试最早开始于隋朝的“进士科”，607 年 4 月，炀帝下诏定十科举人，这就是“分科举人”，其中“文才秀美”科就是以后的进士科。这标志着科举制度正式产生。唐承隋制又增加了明经、明法、俊士、明书、明草等科，一直沿用至明清，到明清时，已经形成了完备的科举考试制度。

明清科举考试，其正式考试分三级进行：院试、乡试、会试和殿试。

第一级：院试通过称“秀才”。院试是县、府一级的考试，由省的提督学政莅临主持，及格者称生员，俗称秀才。

第二级：乡试通过称“举人”。乡试又称“秋闱”，在省城举行，三年一次，逢子、卯、午、酉年秋季（八月）举行，由皇帝派主考官主持，及格者为举人。举人可任知县、教职学官，算正式进入官场。

第三级：会试和殿试。这是科举考试的最高一级，分两步进行，先会试后殿试。

会试又称“春闱”，乡试后第二年的春天在京城礼部举行。三年一次，参加考试者为举人，录取者为“贡生”。会试主考官四人，称总裁。一正三副，以进士出身之大学士，尚书以下，副都御史以官，由礼部提名皇帝钦命特派。会试发榜之日正值四月中旬，此时杏花盛开，所以称杏榜，会试考中者叫“贡士”，第一名称“会元”。

殿试由皇帝主考，在宫中殿廷亲发策问，故又叫廷试。会试录取的贡士参试，一般殿试不黜落贡士，只是重新分定出等第名次。

古代流传着这样一副对联：“何物动人，二月杏花八月桂；有谁催我，三更灯火五更鸡。”八月桂花开放，对联中的“八月桂”其实就是指乡试得中。杏花在二月开放，所以对联中的“二月杏”其实指的是会试得中。这副对联就是讲人们“三更灯火五更鸡”的刻苦攻读，为的就是一朝“金榜题名”。

为什么叫“金榜题名”呢？原来是因为殿试发榜用黄纸，表里两层，分大小金榜，小金榜存档大内，大金榜由礼部尚书奉皇榜送出太和中门，至东长安门外张挂在宫墙壁，故考中进士者称金榜题名。

金榜按殿试成绩将进士分为三甲。第一甲三名，赐进士及第：头名状元，因唐朝举人赴京考试皆须投状，故名；第二名榜眼，眼二也，故名；第三名探花，因唐朝新科进士杏园举行“探花宴”，故名。第二甲赐进士出身。第三甲赐同进士出身，各科名额不等。

唐五代的童子科

童子科是唐五代科举制下常科科目中的一个小科目，虽然与进士、明经等科相比，童子科并不占重要地位，但童子科的设置对童蒙教育和唐五代科举制的繁盛均起了积极作用。

唐五代童子科面向的对象为年幼、聪慧的童子。童子的年龄限定前后有所变化，唐初规定为10岁以下，宣宗大中十年，又将年龄限制在12岁以下，五代后唐应顺元年（934年），童子登科的年龄限制在15岁以下。

童子科的考试内容据《唐会要》卷76《童子》：“童子举人，取十岁以下者，习一经（即《礼记》《春秋左氏传》《诗》《周礼》《仪礼》《易》《尚书》《春秋公羊传》《谷梁传》九经中的任何一经）兼《论语》《孝经》，每卷诵文十科。全通者与出身。”

唐五代童子登第后，一般都授虚官，也有登第后至弱冠才授官的，也有登第后未见授官，再登制科或吏部科目选者。

八股文的由来

八股文也叫制义、制艺、时艺、时文、八比文等，是明清时期科举考试所采用的专门文体。它之所以被称为八股文，是因为它要求文章中应有四段对偶排比的文字，一共八部分，而“八股文”的“股”正是对偶的意思。

八股文的特点是：题目均采自《四书》《五经》，论述内容以北宋程颐、程颢，南宋朱熹等学派的注解为准，结构体裁有一套硬性的规格。全文由破题、承题、起讲、入题、起股、中股、后股、束股、大结等各部分组成，作用互不相同。

另外，八股文对字数也有一定的限制，文中要求点句、勾股（标明段落）、涂改的字于文末，以大字注明、试题低两格、试文顶格，不符合规定的试卷则会被取消资格。

武举制度是如何创立的

武科的科举又称为武举，武举制度创立于武则天称帝后十二年（702年）。唐代武举偏重于技勇，重点是马上枪法，只能说是武举的创制时期。宋代的武举考试，先考骑射的技艺，然后考策略决定去留，考弓箭射击比试高下。

武举在明清两代非常兴盛。明代的武举考试，从成化十四年（1478年）起，每三至六年举行一次，先考策略，后考弓马。谢肇淛《五杂俎》中记述明英宗正统十四年（1449 年）“土木之变”，明军大败，京城告急，遂开武科募招天下勇士，“山西李通者行教京师，试其技艺，十八般皆能，无人可与为敌，遂应首选”。

清代武举制度比较完备，会试由兵部主持，外场试骑射、步射、弓、刀、石，内场试《武经》，由外场中试者参加内场考试。由于清朝武举录取相对公正，使得民间习武者对武举考试趋之若鹜。清代武举为国家提供了大批人才，其中产生了不少杰出人物。

据统计，清代的武会试，自顺治三年开科，到光绪二十四年截止，一共进行了 112 次。一共产生了 112 个武状元，其中“独占三元”（即乡试、会试、殿试均得第一）的一人，此人是清初浙江仁和的王玉。王玉体貌伟岸，武力绝伦，甚得顺治赏识，曾任天津镇总兵等职。

武举作为中国封建社会的一种考试制度，从应运而生到不合时宜而废，总共延续了 1199 年。

何谓科举四宴

在古代，为了笼络天下士人通过科举考试，踏上仕途为统治者效劳，古代科举制度还组织顺利通过科举考试的士子参加由官方、朝廷主办的盛大庆祝宴会，以示恩典，这就是我国古代著名的科举四宴。由于科举制度自唐代以来，分设文武两科，故四宴中鹿鸣宴、琼林宴为文科宴，鹰扬宴、会武宴为武科宴。

“鹿鸣宴”是为乡试后新科举子而设的宴会。起于唐代，明清沿用，因为宴会上要唱《诗经·小雅》中的“鹿鸣”之诗“悠悠鹿鸣”而取名为“鹿鸣宴”，有祝贺之意。此宴设于乡试放榜次日，宴有地方官吏主持，宴请之人除新科举子外，还有内外帘官（考场工作人员）等。

科举宴。

“琼林宴”是为殿试后新科进士举行的宴会，始于宋代。宋太祖规定，在殿试后由皇帝宣布登科进士的名次，并赐宴庆贺。由于赐宴都是在著名的琼林苑举行，故该宴有“琼林宴”之称。

“鹰扬宴”是武科考乡试放榜后而设的宴会。据清制，武乡试放榜后，考官和考中武举者要共同参宴庆贺，其宴就叫“鹰扬宴”。

“会武宴”是武科考殿试放榜后举行的宴会。古代科举，自唐开始，武科殿试放榜后都要在兵部为武科新进士举行宴会，以示庆贺，名曰“会武宴”。

试卷密封的由来

试卷密封即将考生试卷上的姓名密封起来，使阅卷人在不知应试者的情况下评卷，以防作弊。试卷密封源于我国唐代。

我国唐代吏部选人，最初试卷上写有姓名、籍贯，故能靠特权录取。武则天曾下令用纸糊上考生姓名，开创了“糊名”的先河。不过武则天所创糊名之法，只是用于吏部升迁官吏的考试，还没有成为科举考试的一项制度。

到了宋代，“糊名”才正式用于科举。根据《宋史》卷155《选举》谈到，宋太宗淳化年间采用监丞陈靖的建议，推行“糊名考校”法。糊住姓名、乡贯，决定录取卷后，才拆弥封，以“革考官窝私之弊”。此举，宋朝称封弥，元朝以后称弥封，明清一直沿用。

封建时代，科举作弊时有发生。为了防范，在封卷之外，还有许多相应措施，如在阅卷之前，有关部门还将组织人力进行统一的誊卷工作，然后才送交考官评卷。

连中三元的由来

我们常常把连续三次胜利叫作“连中三元”，那么，这一词语是怎么来的呢？

“元”有第一、为首、头一名的含义，所以有元首、元月、元日、元帅、元凶等很多带“元”的词语。“三元”在中文中则有两个意思：一个是“三个第一”；另一个是指上元、中元、下元三个节日，即上元为正月十五（元宵节）、中元为七月十五、下元为十月十五。当然，“连中三元”是接连中三个第一之意，不指三节。

据考证，“连中三元”一语源于封建社会科举考试制度。我国科举制度始于隋朝，经过长期演变和改革，逐步固定为乡试、会试、殿试三级的形式。乡试是由各省在省城主持的考试，考中的称为“举人”，第一名称为“解元”；会试由礼部在京城主持，考中的称为“贡生”，第一名称为“会元”；殿试由皇帝亲自主持，考中的称为“进士”，第一名称为“状元”，也称“殿元”。若在乡试、会试、殿试三次考试均得第一，正好是解元、会元、状元“三元”得主，所以叫连中三元了。

据统计，在科举制度实行的1300年中，连中三元的总共只有13人。他们是：唐朝的张又新、崔元翰；宋朝的孙何、王曾、宋庠、杨置、王若叟、冯京；金朝的孟宗献；元朝的王崇哲；明朝的商辂；清朝的钱棨和陈继昌。清代长洲人钱棨，在乾隆年间连获乡、会、殿试第一名，乾隆爱才，亲赋《三元诗》纪瑞致贺。“连中三元”一语由此传开。

状元、榜眼、探花

在古代的科举考试中，人们将进士及第的第一名叫作状元，第二名称为榜眼，第三名为探花。这些名称在历史戏曲和影视剧作品中随处可见，甚至今天人们还把高考的第一名称为“高考状元”。那么，状元、榜眼、探花的称呼是怎么来的呢？

“状元”一词最早出现于唐代，自武则天时举行廷试，录取的名单中第一名称为状头，亦名“状元”。“元”即“头”的意思。

“榜眼”一词则出现于北宋初年。起初，不只第二名可称榜眼，第三名也可称为榜眼，因为，“眼”必有二。如王禹偁的诗《送第三人朱严光辈从事和州》中说：“赁船东下历阳湖，榜眼科名释褐初。”朱严光只中了第三名，却也是“榜眼科名”。

还需注意的是，在唐宋两代，进士及第的前三名都可称为“状元”，“榜眼”“探花”者只是在“状元”这个大类里的细分名称。南宋人赵彦卫所撰《云麓漫钞》中说：“世目状元第二人为榜眼，第三人为探花郎。”由此可见，宋时状元可包括进士第一、第二、第三名，但已有向第一人专称状元，第二人称榜眼，第三人称探花之定型化转变的趋势。

那么，“探花”之名又是怎么来的呢？探花，原名为探花郎，始见于唐代。唐代风俗，廷试后，皇上要赐新科进士们“闻喜宴”。这一天，在新中的进士中挑选两名年龄最小的人，称为探花郎，到琼林苑折花迎接状元，还要赋诗作贺。

到了宋神宗熙宁六年（1073年），状元余中“乞罢宴席探花”，皇帝准奏。自此以后，探花之名逐渐变成进士第三名的专称了。

到了南宋，状元、榜眼、探花作为进士前三名的称呼已经深入人心，连史学家也都采用了，但还不是朝廷的定制。将进士第一人称状元，第二人称榜眼，第三人称探花，作为一项制度确定下来，始于明太祖朱元璋。《明史·选举制》中说：“举人试之京师曰会试，中试者，天子亲策于廷日廷试，亦曰殿试，分一、二、三甲以为名第三次。一甲止三人，曰状元、榜眼、探花……状元、榜眼、探花之名，制所定也。”

历代状元之最

我国历史上第一位状元是唐武德五年（622年）壬午科状元孙伏伽，历史上最后一位状元是清光绪三十年（1904年）甲辰科状元刘春霖。

历代状元中，有据可考的最早在科举考试中连中“三元”的状元，是唐建中二年（781年）辛酉科状元崔元翰。他先后考中京兆府解头（解元），进士状头（状元），博学宏词科敕头，制科三等敕头。

历代状元中，诗、画成就最高的是唐开元十九年（731年）辛未科状元王维。他是盛唐山水田园诗派的杰出代表之一，其诗歌艺术被认为“自李（白）杜（甫）而下，当为第一”，其绘画被推为“南宗绘画之祖”，古代文人画亦自他而始。

历代状元中，词作成就最高的是南宋绍兴二十四年（1154 年）甲戌科状元张孝祥。其词追踪苏轼，气概凌云，具有深厚的爱国主义色彩，与张元干并称南宋初期词坛双璧，是伟大的爱国词人辛弃疾的先行者。

历代状元中，书法成就最高的是唐元和三年（808 年）戊子科状元柳公权。他精于楷书，也擅长行草书，和唐代另一大书法家颜真卿并称“颜柳”。

历代状元中，著述最丰的是明代正德六年（1511 年）辛未科状元杨慎。他不仅工诗，而且能文词和曲，并重视民间文学，是颇有成就的文学家和著名学者。其平生著述达 400 余种，虽多散佚，仍留存 100 多种。现存诗作 2300 首左右，著述之丰，明时推为第一。

中国历史上第一个以少数民族文字参加科举考试得中状元的，是金世宗大定十三年（1173 年）癸巳女真进士科（又称策论进士）状元徒单镒，为女真族人。他参加科举考试是用女真文字。

举人、秀才

举人原指被推举的人，为历代对各地乡贡入京应试者的通称。明、清两代，为乡试考中者的专称，作为一种出身资格。中了举人叫“发解”、“发达”，简称“发”。习惯上俗称为“老爷”。

秀才别称“茂才”。本系优秀人才的通称，始见于《管子·小匡篇》。汉代以后，成为荐举人才的科目之一。南北朝时，最重此科。唐代初期，设秀才科，后来渐渐废去，仅作为对一般儒生的泛称。明太祖曾采取荐举的方法，举秀才数十人，任以知府等官。明、清两代，专门用来称府、州、县学的生员，习惯上也称为“相公”。

秀才苦读图。

“先生”的由来

“先生”这个称呼由来已久，不过，不同的历史时期，先生这个称呼指代的对象有所不同。

早期，先生的含义就是指先出生的人，引申为长辈、有见识的人。《论语·为政》：“有酒食，先生馔。”注解说：“先生，父兄也。”《孟子》：“先生何为出此言也？”此处，先生指长辈而有学问的人。

战国时期，先生均是对有德行长辈的称呼，如《战国策》：“先生坐，何至于此。”将先生称呼老师的，始见于《曲礼》：“从于先生，不越礼而与人言。”汉朝时期，喜欢在先生前加个老字。

清初，称相国为老先生。乾隆之后，官场上这种称呼已不常用。辛亥革命后，老先生这个称呼颇为流行。交际场上，对老年人都一律称之为老先生。

为何称学生为“桃李”

中国人喜欢在赞颂老师弟子多、贡献大时，称其“桃李满天下”，为何把学生比作桃李呢？

《韩诗外传》载，春秋时期，魏国有一个大臣叫子庋，他得势的时候曾培养和保举过不少人。后来他失势了，免官失职一落千丈，由他推举入朝做官者却都视而不见，没一个人帮他的忙，他只好一个人逃到北方去了。

在北方，子庋遇见一个叫子简的人，就向他发牢骚，说受过自己恩惠的人忘恩负义，在他落难时无动于衷，不来帮助他。子简笑着回答说：“你慢慢听我分析，如果你在春天种下桃树和李树，夏天就可以在树下休息纳凉，秋天还可以吃到果子。可是如果你春天种下的是蒺藜（一种带刺的植物），夏天长出刺还会刺人，到秋天也不能利用它的种子，你提拔的人都是不应提拔的。所以君子培养人才，要像种树一样，应该选择对象，然后再加以培养。”

此后，人们便把培养人才称“树人”，把提拔起来的优秀人才称为“桃李”。如果一个老师教的学生非常多，就称之为“桃李满天下”。

浅谈“门生”

“门生”一词，在春秋时就出现了。孔子聚徒讲学，对亲授业者或转相传授者都称之为“门人”。战国时，“门人”除了指授业弟子外，还指寄食于贵族门下的食客，这些食客都有一定的才能，属于“士”阶层。

东汉时，“门生”是指弟子的弟子，即转相传授者，但一些不是以学问相师承的钻营投机者，也攀附权贵为“门生”，以作升官的阶梯。魏晋南北朝时此风愈炽，门生实际已变成豪族的扈从了。隋唐以后实行科举制，科举的主考官称“座主”，及第者，就称为“座主”的“门生”。同时，在学问的师承关系上仍然沿用“门生”的称呼。而到了现在，“门生”的称呼已经渐渐消失了。

何谓“高足”

“高足”是一种尊称，指别人的门生。这样称呼时，既是对门生的褒扬，也包含着对老师的尊敬。

其实，“高足”最初的意思是指良马、骏马。汉代的驿站里备有三等马，分别为高足、中足、下足，高足就是上等快马。汉代《古诗十九首》有“何不策高足，先居要路津”之句，诗中的“高足”也是快马的意思。

后来，“高足”由良马、骏马之意逐渐演变为指人的才能高，《世说新语·文学》记有郑玄与马融之事：“郑玄在马融门下，三年不得相见，高足弟子传授而已。”是说郑玄拜马融为师，却有三年没有见着马融，只是由马融的高足弟子传授他知识。这里的高足弟子即指才能高、成绩好的弟子。

“高足”在这里充当的是形容词。以后又由此意演变为指别人的高才门生，再后来，就泛指别人的门生了。如《荡寇志》第一百零七回：“东方先生，乃张师兄高足。”此处的“高足”也就是“得意门生”的意思。

入室弟子

《晋书·外戚传·杨轲》记载：“虽受业门徒，非入室弟子，莫得亲言。”这里的“受业门徒”和“入室弟子”是分开说的，显然不是同一个意思。由此看出，“入室弟子”与一般的“弟子”是不同的，那么什么才是“入室弟子”呢?

《论语·先进》说：“由也升堂矣，未入于室也。”这可能是“入室”一词最早的来源。这句话的意思是说，学识的深浅，就好像从外面走进屋子，子路得其门而入，已经到了升堂的境界，只不过没有能再精深一些达到入室的程度罢了。

先说一下“堂”。在古代房屋建筑中，房子的各部分都有特定的称谓和顺序安排。一幢房子里，最前面的必定是“堂”，“堂”后以墙隔开，后部中央才称为“室”，“室”的两边称为“房”。成语“登堂入室”，是说只有先到了“堂”才能由此通往“室”。

由此看来，《论语》中的“入室”一说，如果就程度而言，已经有了深一层的感觉。由此，“入室弟子”也就好解释了，既然已是“入室”，必定是指学生中得师傅真传，学问或技艺造诣高深的人。

“师范”的由来

“师”的名称，在夏、商、周时就有了。而“师”字最早是出现在甲骨文中，甲骨文中有“文师”之称。以后，西汉的董仲舒用了“师”一词，司马迁用了“师表”一词，他们都着重在师的表率作用这点上。

西汉末年，思想家、文学家扬雄在他的言论集《法言》中说：“师者，人之模范也。”他第一次将“师”和“范”联系起来看，明确强调了教师所负有塑造教育对象的重大责任。

东汉赵壹《报皇甫规书》：“君学成师范，缙绅归慕。”《文心雕龙·才略评》云：“相如好书，师范屈宋。”至此，“师范”已作为一个词组而出现了。

第十八编　语言文字

关于汉字起源的传说

文字，可以说是一种文化的载体，因为它记录了文化发展的历史轨迹和丰富成果。一切先人的智慧和创造性成就，都由于有文字的记载才得以永久流传；一切后人的聪明才智，也从文字的记载中得到进一步的启示和提高。

在我国古代典籍中，记载着不少关于汉字起源的传说。《周易·系辞》认为文字起源于八卦，是由伏羲仰观天象，下视地理，近取诸身，远取诸物，又审辨鸟兽之形迹，终于创造了文字。这种神话传说，虽然未必可信，却为中国文字起源于“象形”这一点提供了启示。

还有一种说法认为，中国文字起源于“结绳记事”。结绳是人类在没有文字之前用以帮助记事的一种方法，遇上大事就结大结，小事就结小结，有些还在绳上涂上不同的颜色来作为辅助，同时结绳还可以用来计数。

到了战国时期，社会上流行一种“仓颉造字”说，这也是最具创造性的故事。据古书记载，仓颉是黄帝的史官，他上观日月星辰，下看山川鸟兽，根据这些形象，创造了文字。

除了仓颉造字说之外。古籍中关于文字起源的传说还有不少。如神农因嘉禾而造“穗书”，黄帝见卿云而作“云书”，少昊氏作“鸾凤书”，高辛氏作“仙人书”，高阳氏作“蝌蚪文”，帝尧作“龟书”。此外，还有某些人特意编制所谓“龙书”、“鸟足书”、“殳书”、“鱼书”、“虫书”、“鸟书”、“虎书”等等，五花八门，不一而足。

汉字的演变

我国的汉字历史悠久。在3000多年前，我国就出现了“甲骨文”，比甲骨文更早的，还有一种陶文。从陶文甲骨文到现在的汉字，共经历了三个阶段的变化：

第一阶段是图形化，如陶文、甲骨文。

第二阶段是线条化。它比图形简单、统一，汉字笔画都成为线条。这种线条化的汉字叫大篆。秦朝统一中国后，规定一套新写法，称为小篆。

第三阶段是笔画化。这时汉字成为用

不同笔画构成的字。汉朝已广泛使用毛笔，又发明了纸墨，写字工具大大进步，于是汉字越来越好看了。在象形字的基础土，我国汉字的发展，还有形声、会意等特点。

具体就汉字形体来说，篆书、隶书、楷书、草书、行书都是汉字形体演变的结果。这个演变的总趋势是从难到易，由繁到简。

甲骨文的发现

甲骨文是殷商时代的文字，是中国文字的先祖，现在的汉字就是从甲骨文演变而来的。甲指龟甲，骨指兽骨。因这种文字刻写在龟甲或兽骨上，所以叫甲骨文。甲骨文也是研究殷商及西周社会历史的重要资料。

1899 年，河南安阳县西北小屯村的农民在翻地时发现一些甲骨，把它当作药材卖给了药店，药店则把它作为“龙骨”（亦即是龟兽的骨头）配方治病。

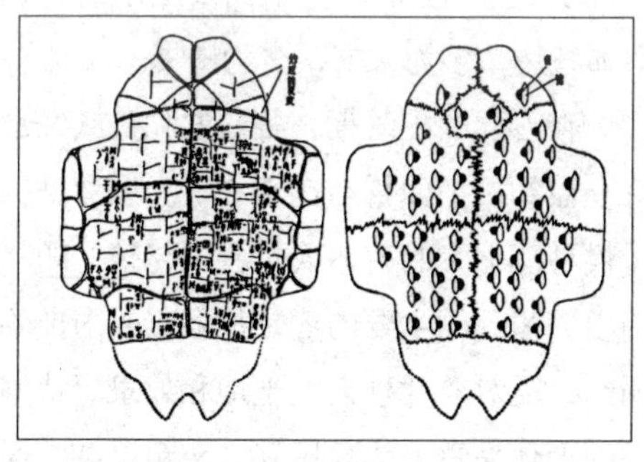

甲骨文，龟腹甲外面和龟腹甲内面。

同年，清朝国子监祭酒大臣王懿荣，因病去一家药铺买药，大夫给他开的药方中就有这么一味“龙骨”，王懿荣拿到药一看，龙骨上刻着一些细密的似字非字的符号，他极认真地查看之后，觉得好像古代文字，顿时引起了这位爱好古董的大臣的极大兴趣。于是，他以二两银子一片的高价将这些龙骨全部买了回来。

后来，他又通过古董商买了大量的这类龙骨，开始深入细致地研究，他异常兴奋地得出结论：这是中国最古的甲骨文字，它来自商代。

王懿荣死后，他所收藏的甲骨片传给刘铁云（即刘鹗）。刘进一步收集、整理，从而出版了我国第一部甲骨文著作《铁云藏龟》。

目前，我国共出土甲骨 150000 多片，存有 97600 多片。

浅谈金文

金文，是继甲骨文之后出现的汉字书体。殷代后期，随着制铜技术的高度发展，出现了刻在金属上的铭文，甲骨文的使用急剧衰退，铭文逐渐流行起来。因古人把“铜”称为“金”，所以这种铸在青铜器上的文字称为“金文”，而这类青铜器又以钟鼎为多，所以又被称为钟鼎文。

现在所见的最早有铭文的青铜器，为商代中期以后的物品。铭文都很简单，文字书体近似于甲骨文，而且字数不多，一般两三个字，整个商代晚期铭文字数也不超过 50 字。

在金文当中，最有代表性的是西周的青铜器铭文。西周金文，现能见到者，总数约有 2000 件。前后时期有着继承和发展，大致字体匀称、舒展、方整圆润、结构紧密、平正、稳定，且字数越来越多，有的竟达四五百字。如代表作《毛公鼎》载文500字，为现存字数最多的西周遗物。

东周时期的金文，分为春秋时期和战国时期两个时期。春秋时期的金文在初期接受西周后期的书风，没有多大变化，但已逐渐显示出地方的特色，开始各国分化。特别是南方的吴、越、楚诸国，铭文字体有的故作波折，有的把字形装饰成鸟虫一样的花纹，即后人所称的蝌蚪文、鸟虫书。

战国时代的金文，已起明显的分化，这是由于王室的衰微，列国势力的强大造成的。铜器的制作，移于诸侯及其巨族。证据为不用王室年号，而改用列国纪年。

金文一般先在陶土做的模子上书写并刻上铭文。然后将陶土用火烧硬，制成陶范，再把熔化的青铜浇到陶范里，待冷却后拿掉陶范，青铜器就铸成了。然后对青铜器上的铭文进行加工修磨，达到完美无缺的程度。战国时期的金文，有些是直接刻在器皿上的。铸刻的字凹下去的叫“阴文”，又称“款”；凸起来的叫“阳文”，又称“识”，合称“款识”。

何谓大篆、小篆

篆书按先后顺序，可分为大篆和小篆。

大篆，广义的是指小篆以前的文字和书体，包括甲骨文、钟鼎文、籀文和六国文字；狭义的专指周定王太史定的文字，即“籀文”，代表作为《石鼓文》。

小篆又称“秦篆”，是秦始皇为统一天下文字而命李斯所制（汉许慎《说文解字·叙》）。小篆笔画圆转流畅，谨严浑厚，平稳端凝，疏密匀停，较大篆整齐。其代表作品有六，相传都是出自李斯手笔，为秦始皇歌功颂德而作。

《侯马盟书》与石鼓文

古代早期的文字，除了甲骨文与金文之外，还有一种书写在玉器和石头上的文字。现在所发现的最早的玉器文字，是1977年在甘肃庆阳野林出土的一柄商代玉戈。玉戈上刻有“乍册吾”。至于西周、战国的玉器文字，也有出土，但数量和字数不多。

玉器文字出土最多的一次，是1965年发现的山西《侯马盟书》，共出土了有文字可辨识的玉片约600余件，此外还有很多石片文字。它的形状上尖下方，最长的约32厘米，宽近4厘米，厚近1厘米，小的长约18厘米，宽不到2厘米，有的薄如纸片，多为朱书，少为墨书。

在春秋战国时期，各诸侯和贵族经常订立盟约，把盟誓写在玉石上。据考证，《侯马盟书》的主盟人是晋国赵鞅，即赵简子。盟誓的主要内容是加强宗族内部的团结，反对兼并别人的土地和奴隶。从书写的形体来看，头重尾轻，头粗尾细，通过笔锋的上下左右摆动，以加快书写的速度。这种笔法和线条，有别于甲骨文和青铜铭文的风格，是当时东方各国比较流行的一种风格。

至于刻在石头上的文字，可分为石刻和碑刻两种。现存最早的石刻文字，是河南安阳小屯商代晚期墓葬中一件石牛的刻文，有“后辛”两字。而最著名的石刻文字，则是石鼓文。唐代在天兴县（今陕西凤翔）出土十块鼓形石，每块石上均刻有四言诗一首，由于诗歌内容多记录和歌颂渔猎之事，因刻在石鼓上，人们称为“石鼓文”。又由于石形如柱础，故又称“猎碣”。

石鼓文原有600多字，因年久磨灭，现仅见270字左右，其中第9个鼓已一字无存。石鼓文的书法雍容和穆，笔势雄强浑厚，朴茂自然，字体略带方形，端庄凝重。过去，有人称之为我国“书家第一法则”。

石鼓文的原石今藏于北京故宫博物院。

什么是砖瓦文

我们如果把青铜金文和玉石文字，看为属王室、贵族、官府所有，那么，砖瓦文则是属于下层民众的了。砖瓦是日常民居中必不可少的材料，因此也就成为承载文化的工具。

砖文的书写有三种形式：

一是在成砖上直接画写，如1964年在洛阳发掘的一座古墓中，有一砖文写着：“永元二年九月廿日，颍川武阳髡钳东门当，死在此下。”砖文说出了死者的名字、籍贯与死期。由于死者的地位低下，砖文字迹草率，恣意纵横，不成方圆，显然是由略懂文墨的人在砖上刻画而成。

二是在砖上用毛笔书写，这种书写方式是在砖上先铺白粉，然后用笔以朱砂书写。

三是在成砖之前先把文字刻印在泥上，这种砖文因在烧制过程中砖泥的碰撞或受热变形，字的线条常常粗细不匀，方圆变形。

除砖文外，还有瓦文。1979年在陕西临潼晏寨乡发现一处修秦始皇陵的工匠墓地，出土了墓志瓦文18件，这些文字偏旁部首已大体固定，但笔画潦草，不规整。这是我国发现的最早一批瓦文墓志铭。

此外，还有一种瓦当文。瓦当，是筒瓦顶端下垂的部分，用以蔽护屋檐，防止屋面雨水渗漏。刻写在瓦当上的文字，就是瓦当文。瓦当文字大多为宫殿、官署、陵园的名称，或是一些祝福吉祥文字和纪念性文字。

小谈帛文简牍

除了甲骨、钟鼎和砖瓦以外，木牍和锦帛也是重要的文字载体。

所谓“简”，是狭长的条状物器，竹制的称竹简，木制的称木简。“牍”是用木头做的，但比木简要宽，呈板状，故称“版牍”。帛是纺织品，柔软轻便。

用竹木简来书写文字，可能在商代就已经出现了。在商代的甲骨文中，有一象形文字，就像古代的“册”字，意思是把一根根竹木简用绳编串起来。到春秋战国时期，竹木简开始大量使用，据古籍记载，战国哲学家惠施家中的竹木简，甚至可以装满5辆车子，“学富五车”也就因此而来。

古往今来，古代的竹木简时有发现。这些竹木简，大致可以分为三部分，即战国简、秦简和汉晋简。

在竹木简上书写文字，由于简的长短不同，因此字数也多少不一，少者一两个字，多则 40 多个字，一般为 20 多字。系绳处上下两字空出距离，常用刀刻一小缺口，使简排列固定、整齐、不易滑脱，用绳编串成册后，就可以书写了。简文用毛笔书写，笔锋起落有序，一般为落笔重，起笔轻，笔画多带弯钩，与甲骨文、金文大不相同。

至于帛书文字，大体与简牍文字相同。《墨子·鲁问篇》已有“书于竹帛，镂于金石”的记载，可见当时用帛来书写文字已与竹简文字一样普遍。

后来，在纸张发明以后，以简牍帛来书写文字的方式也渐渐被淘汰。

隶书、飞白是谁发明的

在秦朝以前，汉字的字体都是大篆、小篆，写起文章来很费时间，由于时代的前进，事物的发展，我国人民遂发明了隶书。

隶书是把小篆体化圆为方、削繁就简改成的。这项发明，功绩很大。

创造隶书的人是秦朝下杜（今陕西省渭南）人程邈。程邈，是下杜县衙里一名小官，是当时的书法家，因犯有渎职罪，被判了十五年徒刑。秦始皇把他关在云阳县（今陕西省淳化西北）之外的监狱里。程邈在监狱里仍然坚持不懈地练字。他感到有的字笔画太多，又呆板，他就把它简化了，他研究了近十年，日积月累，成功地改造了三千多个日常用字，写起来比小篆方便多了。

他就用这些字给秦始皇写了一篇奏章，并带一张简字表，每个字都加上注解。

秦始皇是个善于创新改革的人，不论大小官吏，有事都可以向他写奏章。篆字难写，办事效率很低。这时正好程邈上奏他的隶体字新创造，秦始皇看后很高兴，不仅提前五年赦了程邈的罪，而且还再次启用他做官吏。

隶书的“隶”字本来就是低级官吏的意思，程邈创造的这种书体很有利于小官们书写之用，所以称它为“隶书”。

行书是如何出现的

行书的前身就是隶书。

汉宣帝以后，隶书在发展过程中，开始出现三个方面的变化：

一是缩短横画的发展，缩短之后，字形更趋方正，甚至偏向长方形。

二是加强上下笔画的连贯，减少点画收笔时横向挑出的波势，停顿以后，向下一笔画的起笔方向出势，动作小一点的锋势重叠在收笔的点画墨线之内，变成所谓的“回收”。动作大一点的锋势逸出点画之外，演变为勾挑形式。

三是将有些笔画连续书写，具体表现为横和竖的转折一气呵成；撇画从粗到细，逐渐提起，捺画承接这种笔势，从粗到细，逐渐按顿收笔，撇捺实际上被当作一笔连续书写了。

正是由于这种为了提高书写速度出现的变化，出现了行书。

到了魏晋时期，行书基本走向成熟。从出土的魏晋木简中可以看出，行书发展到魏晋时期，无论点画结体还是精神风貌，都与原先的隶书截然不同。

草书是如何出现的

草书是继篆书、隶书之后的又一大书体。从隶书到草书的发展经历了相当漫长的过程。关于草书的起源于何时，古人对此众说纷纭，莫衷一是。东汉末年的蔡邕认为草书始于秦代，而北朝王倍却认为草书始于汉朝。

草书主要分为章草、今草和狂草。

章草是从汉隶演化而来，以简捷和草率的笔法出之，笔画有些连缀萦带，但每字不相连属，收笔常像雁尾似的往上挑。章草的名称，是在今草这一新体出现之后，人们为了便于区别，才给它冠上“章”字的头衔。

今草是在章草的基础上结合新兴楷法发展而成的草体。它继承了章草书法，加强了笔画与笔画间的萦带，唐人张怀瓘这样描写今草：“字之体势，一笔而成，偶有不连，而血脉不断。”王羲之父子为今草的代表，另外还有智永和孙过庭。“今草”之名就现存文献所载，似以宋明帝刘彧所说的“羲献之书，谓之今草”为最早。

狂草是草书中最放纵的一种。它渊源于今草，又与今草字多作独立的所谓“独草”的体势形体不同。狂草开始于唐代张旭。他的草书特喜连绵回绕，线条偏于丰肥圆劲，甚是神异，人皆以“张颠”称之。另一代表人物为张旭的学生、僧人怀素。他改张的丰肥为瘦硬，风格为之一变。

楷书是如何出现的

楷书，又称正书、真书，它的历史可以追溯到汉末。到两晋时期，楷书已基本成熟，在晋代初具规模以后，发展到今天，已有差不多1500年的历史了。楷书的发展，可以分为三个阶段：魏晋南北朝的发展期、隋唐的繁荣期和宋元至今的变化期。

在魏晋南北朝，楷书可以分为五种类型：抄经、墓志、碑阙、摩崖和造像。经过这三百多年的发展，楷书在点画和结体上创造了许多形式，积累了各种经验。

到隋唐时，楷书出现了百花齐放的繁荣景况，涌现出了很多楷书大家，且风格各异。如唐朝初期欧阳询，他的楷书点画劲挺，结体瘦削；唐朝中期的颜真卿，他的楷书则与其相反，点画浑厚，结体宽博；到了唐朝晚期，柳公权则写得雄秀挺拔。

唐楷发展到宋代已青春不在，但宋代苏轼、米芾、黄庭坚等人都深受唐风影响，并对其进行了变通和改造，使其或潇洒飘逸，或跳跃跌宕，或纵横开阖，已大异其趣。

宋体字的由来

宋体字是印刷字体中最常用的一种字体。宋体字横平、竖直、撇如叶、捺如刀，历来为书法家所推崇。因此印刷业刚开始，宋体就被出版商选择为印刷的标准字体。

我国历代书法字体都是以书法创始人的姓氏命名的，如柳公权书法为柳体，颜真卿的书法为颜体，怀素的书法为怀体。唯有宋体字却以朝代命名，这是为什么呢？

原来，宋体字的创始人是宋人秦桧。提起秦桧，人们自然想到一个奴颜婢膝、残害忠良的奸臣。至于他的字，人们由于厌恶他的人品德行，就改称为宋体字。

唯一“活”着的古文字

我国纳西族先民创造的图画象形文字，至今仍有人在使用，被世界上公认为唯一“活”着的古文字。

纳西族人居住在以滇西北丽江县为中心的金沙江和澜沧江流域，纳西象形文字是纳西族先民模仿人、兽、花、鸟和山川河流等形状创造出来的，这些象形文字迄今为止收集到的有两千多个。

纳西族的象形文字始于何时，至今仍无定论。据纳西古籍记载，古代有圣人，为创制汉、藏、纳西三种文字之三人，生于同时，分居三地。纳西象形文字的成批产生，是在政治经济发展较快、纳西族不再迁徙游牧的唐宋时期。

汉文化传入纳西族地区后，汉文字逐渐成为纳西族的日常用字。但长期以来，纳西象形文字仍被称为“东巴”的纳西族巫师掌握并使用着，变化很少。

东巴在主持各种祭祀仪式时，都要吟诵用纳西象形文字记录的东巴经。这就使得纳西象形文字没有被淹没在历史的潮流中，而得以保存下来。

纳西族地区至今保留着约 14000 卷东巴经，给世人留下了非常珍贵的文化遗产。它记录了古代纳西族人从原始社会、奴隶社会到封建社会初期这一漫长历史中社会生活的各个方面。

汉语拼音的由来

为了便于认字，我们的祖先很早就知道了用符号给生字注音的方法。

最早的注音法是产生于汉代末年的反切法，这种方法是汉语拼音的萌芽。所谓反切，就是用两个字将另一个字的音拼合出来，反切上字与所切之字声母相同，反切下字与所切之字韵母和声调相同。即上字取声，下字取韵和调。如“练，郎甸切。”就是用“郎”的声母和“甸”的韵母“ian”和声调拼成“练”的音。

而采用拉丁字母为汉字注音，其历史则只有 400 多年。1605 年，意大利传教士利玛窦来到中国后，最先采用拉丁字母给汉字注音。另一法国传教士金尼阁为了方便西洋人学习汉语，写了一部《西儒耳目资》，也是用西文为汉字注音的。后来，又陆续出现过多种以拉丁字母为基础的汉语拼音方案。其中，最有影响的是鸦片战争后曾任驻华公使等职的英国人威妥玛所拟定的“威妥玛式”。

在近代，我国曾一度想实行拼音文字替代方块字。早在1892年，近代汉语拼音文字提倡者卢戆章，仿拉丁字母笔形创造了一种“切音新字”。

1926年，钱玄同、黎锦熙、赵元任等制订了“国语罗马字”。1931年，瞿秋白、吴玉章等人又制订了“拉丁化新文字”，为后来创立“汉语拼音方案”起了积极的推动作用。

新中国成立后，中国文字改革委员会在过去的拼音研究基础上，从1952年起从事自创字母工作，后因效果不好，又决定采用拉丁字母。1956年文字改革委员会发表了“汉语拼音草案”，经广泛讨论，多次修订，于1957年11月由国务院全体会议第60次会议通过，于次年2月第一届全国人民代表大会第一次会议批准推行。

1977年，在联合国第三届地名标准化会议上，通过了按照《汉语拼音方案》来拼写中国地名的决议。从此我国自定的《汉语拼音方案》登上国际文坛。

古代字书的发展

据《汉书·艺文志》记载，早在周宣王时，就产生了我国见于著录的第一部字书《史籀》，也是当时教育儿童的一种识字课本。

秦始皇统一六国后，配合统一文字的政策，特令李斯等用小篆编撰字书《仓颉篇》《爰历篇》和《博学篇》。以后，陆续有司马相如的《凡将篇》、史游的《急就篇》等。不过，以上这些原只是一般的识字读本。

真正奠定了我国古代字书基础的著作，还要算东汉许慎的《说文解字》。晚清以来关于甲骨文、金文等古文字的研究，正是在《说文解字》的基础上建立起来的。在我国古代字书史上，它是一部划时代的巨著。

晋朝吕忱的《字林》，是继承《说文解字》后编纂的又一部字书名著。在唐代以前，人们还把它和《说文解字》并称，可惜不久就失传了。

自隶书、楷书代替篆书通行以后，文字的形体发生了重大变化，新字和俗体也日益增多，于是就有人注意研究文字的异同，从而产生了唐颜元孙的《干禄字书》、辽释行均的《龙龛手鉴》、宋郭忠恕的《佩觿》及李从周的《字通》。其中《字通》创建了按笔画排字的方法，一直沿用至今。

宋代的字书主要有王洙等相继修纂的《类篇》。元代有戴侗撰的《六书故》等。

明代梅膺祚的《字汇》，是我国一部较为通俗而编排方法也比较进步的字书。该书在明末曾风行一时，给它作补编或用其名新编的字书也很多，其中流传较广的则是张自烈的《正字通》。

清康熙四十九年（1710年），张玉书等奉命撰《康熙字典》，这是我国字书第一次用字典的名称。该书可以说是我国封建时代纂修字书的一个高峰。

我国古代专门汇集经史中文字训诂的字书有唐陆德明的《经典释文》、清阮元的《经籍籑诂》，集释佛经音义的著作有唐释玄应的《一切经音义》、释慧琳的《一切经音义》，研究虚字的有清刘淇的《助字辨略》、王引之的《经传释词》等，都是价值较高的专著。

许慎与《说文解字》

东汉的许慎，汝南召陵（今河南郾城东）人，字叔重。他可以说是我国古代第一位文字学家，他写的《说文解字》，是我国语言学史上一部很重要的文字学著作，也是一部很重要的字典。

在汉武帝以后，经过古、今文经学家的百年之久的长期纷争，思想和学术取得了长足的进步，对语言文字的学术思想进行总结的条件已基本成熟。在这种情况下，许慎独立编纂完成了具有划时代意义的字典——《说文解字》。

《说文解字》成书于东汉和帝永元十二年（公元 100 年），全书正文 14 卷，后序 1 卷，共 15 卷，收字 9353 个，另有重文 1163 个。此书完全改变了周秦时代训诂词典的方法，开创了系统全面解释字的形、音、义的新体例，构成了严整的字典编纂格局，所释字以小篆为主体分析字形结构，根据不同偏旁，分列为 514 部，部与部的排列顺序以部首的笔画和形体结构近似为准则。

许慎对文字学的另一大贡献，就是建立了象形、指事、会意、形声、转注、假借“六书”构造说。为后世掌握汉字的构造规律、表意功能提供了便利的条件，也使我们能够依据原则创造出更多的新字。

《康熙字典》收了多少字

《康熙字典》成书于康熙五十五年（1716 年），它是我国当时收字最多的一部字典。在 300 年后的今天，这部字典对于我们学习古汉语仍有很大的作用。那么，这部著名的字典到底收了多少字呢？

刘叶秋著的《中国字典史略》说：“《康熙字典》共收字四万七千零三十五个……”该段文字的注释说，清汪汲撰《字典纪字》一卷，对于《康熙字典》的字数曾作详细的统计。古《冷市杂识》卷二“字典”云：“字典十二集，二百十四部，旁及备考，补遗，合四万七千零三十五字。”所说“字典”即指《康熙字典》。

汉字之最

汉字笔画最少的是“一”和“乙”两个字，只有一笔；最多的是“齉”（读音为 nàng），共 36 笔。

现代通用汉字中，9 笔的字最多，约占总数的 11.1%，其次是 10 笔的字和 8 笔的字。

汉字中形声字最多。《说文解字》的 9353 个汉字中，形声字占 82%。

现代通用汉字中，左右结构的字最多，约占总字数的 67%。

汉字在文章中出现最多的是“的”字，大约25个字中就要遇到一个“的”字。

组成汉字的“部件”以“口”最多，平均每100个不同的汉字，就可能出现20个左右的“口”。

读音最多的字是“那”，共有8个不同的读音。

汉字里同音字最多的是yì。《现代汉语词典》里读yì的共103个字，《辞海》里读yì的共195个字。

“六书”是指什么

六书是指汉字的六种造字方法。关于六书的具体内容，有以下几种说法：

《汉书·艺文志》称：“古者八岁入小学……教之六书，谓象形、象事、象意、象声、转注、假借。”

郑众注《周礼》称：“六书”是指象形、会意、转注、处事、假借、谐声。

许慎在《说文解字·叙》中认为“六书”是指指事、象形、形声、会意、转注、假借。

清代以后的文字学家认为“六书”是指象形、指事、会意、形声、转注、假借。但转注和假借是用字，与造字无关。

标点符号的由来

现在我们不论读中文还是读外文，文章都有标点，这使我们阅读很方便，那么标点符号是怎么来的呢？

据史料记载，公元16世纪小马努蒂乌斯提出了一套正规的标点符号系统。主要符号源于希腊语法家们所用的小点，但常常改变其含义。希腊文中的问号（；）变成了英语中的分号。

在我国古代并没有系统的标点符号，读文章的人，要自己断句，因而，常常弄得文意不明。到了汉朝才发明了“句读”符号，语言完整的一小段为“句”；句中语意未完，语气可停的一小段为“读”（音逗）。

宋朝使用“。”“，”来表示句读。明代才出现了人名号和地名号，这些就是我国最早的标点符号。

1897年，广东人王炳耀首先根据我国古代断句法，吸收我国新式标点，草拟了称之为“读之号、句之号、节之号、段之号、问之号”等十种标点符号。

到1919年，国语统一筹音会在我国原有标点符号的基础上，参考各国通用的标点符号，提出了《请颁行新式标点符号议案》，规定了12种标点符号，由当时的教育部颁布全国实施。

新中国成立以后，新闻出版总署进一步归纳了标点符号的用法规律，于1951年刊发了《标点符号用法》，同年10月政务院（国务院的前身）作出了《关于学习标点符号用法的指示》。从此标点符号才趋于完善，有了统一的用法。

古代的通用语

自古以来，在我国广袤的大地上就分布着很多民族，各民族都有自己的语言，就是同一民族也有很多语言分支。古代又没有普通话，那么，古代不同地方的人是怎么进行交流的呢？

其实，在古代也是有通用语的。据《辞海·雅言》载："雅言，古时指'共同语'，同'方言'对称。"这就是说，在古代，雅言就是通用语，相当于现在的普通话。据说，孔夫子在山东讲学，他的三千弟子来自四面八方，他就是靠雅言来讲学的。那么，雅言又是以什么语言为基础的呢？

据考证，我国最早的雅言是以周朝地方语言为基础。约在公元前 1027 年，周武王打败商纣，建立周朝。在以后的 800 年之久的周朝历史上，周地理所当然地成为全国的政治、文化中心。因此，周朝国都镐（今陕西省西安西北）地区的语言就成了全国的雅言。由此可见，我国古代最早的通用语是以陕西地方语言，特别是西安一带的语言为雅言的标准音及基础方言。以后，各朝随着国都的迁移，雅言的基础方言也随之修正。

汉代有一种叫"通语"的共同语，直到宋代还在使用。苏轼贬居海南时，即同友人设馆教书，以通语执教。唐宋以后，把官场中通用的话叫"官话"。

元代以后，京城都在北京，北京语言很快就成为全国通用的"雅言"了。

在清代，读书的人都要说官话，官员办公时不说官话，就要被免除职务。

普通话的由来

普通话最早是由清朝末年"切音字运动"的积极分子朱文熊提出来的。

1906 年，他在《江苏新字母》一书中，把汉语分成三类，其中之一就是"普通话"，即"各省通用之话"。当时，人们又称"普通话"为"蓝青官话"。这是因为元、明、清以来，北京一直是全国政治、经济、文化的中心。全国各地来京应考、做官和经商的人很多。他们学会的北京话中，夹杂地方口音，人们就用"蓝青"比喻它。

开始，这种话只在官场中使用，称之为"官话"。后来，会说官话的人越来越多，民国初年，又出现新名"国语"。

"国语"这一名称受到许多人的质疑。1931 年，瞿秋白曾反对用"国语"一词，并对"普通话"作了比较科学的解释。新中国成立之后，"普通话"不仅成了有严格定义的学术名词，而且把推广"普通话"作为文字改革的一项任务。

但是，在我国香港和台湾地区，"国语"的称谓则一直广为使用。现在的"普通话"和"国语"其实就是说法不同，内容是一样的，但是在港台地区，普通民众说粤语、闽南方言的较多，以至于两地中国人不能顺畅地用语言来交流。

小谈谚语

谚语作为一种口头文学，在我国源远流长，它往往通过简单通俗的话就能反映出深刻的道理，是劳动人民的智慧结晶和经验总结。

由于谚语是口头流传的，所以谚语在表述上又有多种形式。如"三个臭皮匠，顶个诸葛亮”，其中的“顶个”，有说“凑个”的，也有说“赛过”的。虽然表述上有冲突，但这句谚语的意思却不发生转变。

我国谚语早在文字产生之前就有了，有了文字后，有些谚语才被记录下来。殷代甲骨文和先秦一些古籍中的“辅车相依，唇亡齿寒”、“亡羊而补牢，未为晚也”等可能就是我国文字记录下来的最早的谚语。宋、明、清代，陆续有人将这些谚语辑录汇编成册。新中国建立后，谚语的研究，更加得到重视。

我国的谚语浩如烟海，从内容上看，谚语大体上可分为社会谚语和生产谚语两大类。

成语的由来

成语结构简练而富有表现力，是一种固定的词组。成语在我国有着悠久的历史，它有两大源头：书面语和口头语。

从书面语言中得来的成语，又有几种情况：

一种是来源于古代典籍和其他的现成语句。如“一刻千金”这一成语，就出自宋代诗人苏轼的《春夜》诗：“春宵一刻直（值）千金，花有清香月有阴。”

一种是来源于寓言故事和神话传说。如“刻舟求剑”出自《吕氏春秋·察今》里的一个寓言：“狐假虎威”出自《战国策·楚策》里的寓言故事。

再一种是来源于历史事件和名人轶事。如“退避三舍”这一成语，出自《左传·僖公》的一则历史故事；“破釜沉舟”这一成语，出自《史记·项羽本纪》等。

除了来自我国书面语言外，我们常用的成语中还有来自国外书面语言材料的。比如“火中取栗”来自法国诗人拉·封登的寓言《猴子与猫》，等等。

成语还有很大一部分是来自人民的口头语言的；还有些成语则带着明显的通俗性，不见经传只在晚期通俗作品中出现或在人们口头流传，如“信口开河”、“虎头蛇尾”、“南腔北调”等等。这些都是人们在实践中总结概括出来的。

歇后语浅说

歇后语是一种措词在此而寓意在彼的常用语句，是人们熟识的形象而诙谐的语言形式之一。歇后语来源于民间，大约在 1300 多年前就开始有文人对其进行整理。

唐代李商隐在《杂纂》中搜集了为数较多的歇后语。自此以后，历代均有《杂纂》的续集，宋代苏轼的二续《杂纂》内容更加丰富，元代以后进一步发展，元杂剧和明清小说中屡见不鲜，现代作品中更是到处都可以见到。

歇后语由前后两部分组成，前部分是形象的比喻，后部分则是对前部分进行解释，或者说前部分是譬，后部分是解。因此以前又被人们称为“譬解语”、“譬喻语”。有时只说“譬”，不说“解”，让听者自己去领会，显得意味深长。

歇后语前部分的譬喻是造成这种语言形象生动、活泼、风趣的主要依据。其作用是唤起人们的联想，与后部分紧密配合，顺理成章地表达本意。它的选材有事，有物，有现代的，有历史的，有现实的，有想象的。

歇后语后部分是对前部分进行解释、说明，也是歇后语的点题，包括喻意歇后语和谐音歇后语。

绕口令的由来

绕口令的历史可以追寻到 5000 多年前的黄帝时代。相传黄帝所作的《弹歌》“断竹，续竹，飞土，逐肉”，已经有了绕口令的基本成分——双声叠韵词。由此推想，很可能在文字出现以前，绕口令已经在人民群众的口头语言中流传了。

可以肯定的是，在西周以前，就已经有了绕口令的雏形。当时的民歌《周南·关雎》中，就有了“参差”、“辗转”、“窈窕”等双声叠韵的联绵字，有时还是几次出现，缠来绕去。

随着语言文字的形成和发展，人们发现了越来越多的双声叠韵词。这些双声叠韵的关系，处理好了，又可以产生不同凡响的音韵美。这使得一些人开始有意识地把一些声韵相同的字组合在一起，连成句子，成为绕口令。

“五四”新文化运动以后，儿童文学逐渐成为文艺大军的一个支队，这为绕口令的发展又开辟了一条新道路。

第十九编　文学典籍

诗歌的来历

诗歌在世界各民族的文学发展史中，是产生最早的一种文学样式。在我国，几千年来，诗歌更一直是文学史的主流。

那么诗是怎样产生的呢？原来在文字没形成之前，我们的祖先为把生产斗争中的经验传授给别人或下一代，以便记忆、传播，就将其编成了顺口溜式的韵文，这就是诗的形式最初形成的原因。当时诗起着记事的作用。据闻一多先生考证，诗与志原是一个字。“志”上从“士”，下从“心”，表示停止在心上，也就是记忆。文字产生以后，有了文字的帮助，不必再死记了，这时把一切文字的记载都叫“志”。志就是诗。在心为志，发言为诗。

歌的称谓又是怎样的呢？诗和歌原不是一个东西。歌是与人类的劳动同时产生的。它的产生远在文字形成之前，比诗早得多。歌的产生，最初只是用感叹字表示情绪，如啊、唉等，这些字当时都读同一个音：“啊”。歌是形声字，由“可”得声。在古代“歌”与“啊”是一个字，人们就把在劳动中发出的“啊”的感叹声叫作歌。因此歌的名字就这样沿用下来。

既然诗与歌不是一回事，后来为什么又把二者连在一起以“诗歌”并称呢？这只要弄清它们的关系就明白了。

歌，最初只用简单的感叹字表示情绪，在语言产生之后，人类的大脑发达了，对客观事物的认识逐步深化，情绪更加丰富，用几个感叹字表达远远不够了。于是，在歌里加进实词，以满足需要。在文字产生之后，诗与歌的结合又前进了一步，用文字书写的歌词出现了。

这里，一支歌包括两个部分：一是音乐，二是歌词。音乐是抒情的，歌词即诗，是记事的。这就是说，诗配上音乐就是歌，不配音乐就是诗，彼此相辅相成，互相为用。最初的诗都能配上音乐歌唱，歌就是诗，诗就是歌。由于这种情况，后来人们就把诗与歌并称，呼之为“诗歌”。目前，“诗歌”已经成了诗的代名词。

什么是乐府

在古代，乐府是指音乐官署。“乐府”这个名字是在西汉时出现的，汉惠帝时设有“乐府令”，汉武帝时开始建立乐府。乐府的任务是制定乐谱，搜集民歌和训练音乐人才。乐府的机关规模很大，有八百人。

皇帝为了听到各地民间的好音乐，常派乐府官员去各地搜集民歌。搜集的时候连歌词也搜集来，称为“乐府歌辞”或“乐府诗”。随着时间的变迁，当时搜集的乐谱已经失传，而乐府诗却凭文字记载保存了下来。这些诗是从各地搜集来的，有些是劳动人民自己创作的，有的诗反映了人民的疾苦，有的反映了对爱情的追求，对当时及后代诗人的创作起了很大的影响。

什么是绝句

绝句是近体格律诗的一种形式，五、七言均四句，有一定的平仄粘对规则，一般双数句押平声韵（少数押仄声韵），故又称“律绝”，然而，这仅是唐以后的绝句概念。在此以前，四句的五、七言诗早有称为绝句的。这种古绝句，除四句一首这一显著特征外，不讲究平仄、音韵、粘对的严格法则。就诗歌分类言，古绝句实际上可视为形式自由的古体诗。

“绝句”的名称起于南朝，梁陈时已较普遍地用绝句泛指四句短诗，押韵平仄较自由，即古绝句。唐以后盛行近体绝句，灵活轻便，适宜表现生活中一瞬即逝的意念和感受，这种诗体为诗人普遍采用，创作之繁荣超过其他各诗体。盛唐的王昌龄、李白，晚唐的杜牧、李商隐都以绝句擅长。还有不少名篇出自非名家之手。

诗话由来

诗话是一种漫话诗坛轶事、品评诗人诗作、谈论诗歌作法、探讨诗歌源流的著作。据《四库提要》载云，诗话的特点是“体兼说部”，即兼有笔记小说的性质，文章精短、生动活泼，既具有学术性，又具有趣味性。

诗话的萌芽是很早的，古籍中记载的零星的有关诗人、诗作的评论，像《西京杂记》中记载的司马相如论为赋、杨雄评司马相如的赋等，都可以看为诗话的雏形。

诗话正式出现在宋代，第一部诗话是欧阳修的《六一诗话》。从此这种样式很快发展起来，文人们用诗话来评论诗人诗作，发表自己的诗歌理论。

到明、清两代，诗话又有了长足的发展，数量也最多。如明代王世贞的《艺苑后言》、谢榛的《四溟诗话》、清代袁枚的《随园诗话》，以及近代梁启超的《饮冰室诗话》等等。

另外，“诗话”还是古代说唱艺术的一种。如宋、元时印行的《大唐三藏取经诗话》，里面韵文、散文并用，讲的是唐三藏取经的故事。

词的起源

词是一种配合音乐歌唱的新型格律诗体，它以其美妙的韵律、丰富的色彩、委婉的情调，不仅能作为一种重要文体与五、七言诗抗衡，而且还以某种比诗更高的艺术魅力吸引着今天的读者。

诗词同源，古已有之。清代著名理论家汪森指出：“自有诗，而长短句即寓焉。《南风》之操，《五子之歌》是也。周之《颂》三十一篇，长短句居十八……是非词之源乎！”他认为《诗经》中长短句相杂的诗就是词的雏形，有诗就有词。这种提法的出发点，一方面是注意了长短句这一特征，另一方面也是为了纠正不少人把词视为“小道”的传统偏见，目的在提高了词的地位。

隋唐时期，从西域传入的音乐逐渐和汉族的传统音乐融合，产生了燕乐。它与传统的“雅乐”相对而言，称为“俗乐”，当时的词，就是和这种新兴音乐的乐曲相配的歌词。

约从盛唐开始，由乐定词，并开始讲究声律平仄，如李白的《清平乐》和《敦煌曲子词》中的一些民间作品。至中唐作词已渐成风气，刘禹锡、白居易、王建等人填的一些小词，以及当时不少民间词，不仅句读参差，而且声律错互，标志着词体形式已经诞生了。

词牌的由来

词牌，就是词的曲调名称。据统计，词牌共有1000余个。早期的词，曲调与内容差不多是一致的，如白居易的《忆江南》三首。到了后来，曲调、内容才分开，词牌只标明曲调，不再作为题目。

词牌的由来，主要有以下几种形式。

1. 取于原本的乐曲名称。

如“清平乐”，它是汉代乐府中清乐与平乐两种乐调的全称；“菩萨蛮”相传是唐朝宣宗大中初年，女蛮国使者梳着高高的发髻，戴着金冠，满身佩挂珠宝，像菩萨般来大唐帝国进贡。当时的教坊，谱成“菩萨蛮”曲来款待使者，后来，“菩萨蛮”也就成了词牌。

2. 截取词中名句命名。

如“忆秦娥”，李白用这个格式写出了第一首词，词中有“箫声咽，秦娥梦断秦楼月”的句子，词牌“忆秦娥”由此得名。“蝶恋花”是从南梁简文帝词句“翻阶蛱蝶恋花情”而来。

3. 原本就是词的题目。

如“浪淘沙”咏淘金人的劳动生活，“踏歌词”是一种合着脚步歌唱的曲调，“抛球乐”说的是抛绣球等。

4. 直接用词的字数来命名。

如“十六字令”全词共十六个字，“百字令”全词共一百个字。

5. 以人名、事物名或故事为背景来命名。

如“沁园春”，据说东汉明帝女儿沁水公主有座园林，名为“沁园”，后被外戚窦宪仗势夺去，有人作词咏此事，词牌“沁园春”也就产生了；“念奴娇”因唐明皇有个歌女名念奴而得名；“浣溪沙”亦作“浣溪纱”，以春秋时西施浣纱的故事为背景而得名。

赋的起源

“赋”通常是指赋体文章，是汉魏六朝重要的文学样式之一。作为一种文体，它兼有韵文和散文两种体制的特点。

在南朝刘勰《文心雕龙·诠赋》说："然赋也者，受命于诗人，拓宇于楚辞也。"这是说，赋是由《诗经》《楚辞》发展而来的。《诗经》是诗的远源，《楚辞》是赋的近源。

赋还有一个渊源，就是战国时代游士的"设辞"。游士们为了在各国君主面前表现自己的主张和才能，达到说服对方的目的，往往随意编造故事，以夸张的对话体来展开论辩，这就是"设辞"。战国后期，荀子的《赋篇》和旧题为屈原的《卜居》《渔父》，以及宋玉的《对楚王问》《风赋》等，在精神实质上也受到了设辞的影响。

赋的主要特点在于铺陈事物，即刘勰在《文心雕龙·诠赋》中所说的"铺采摛文，体物写志"。从汉赋到唐宋的赋都是如此，可以说这个特点贯穿了整个赋史。例如司马相如的《上林赋》，其内容就是细腻夸张地描写上林苑的水势、山形、虫鱼、鸟兽、草木、珠玉、宫馆等景物和皇帝在苑中进行田猎、宴乐等情况，真可谓极尽其铺陈夸张之能事。

从形式上看，诗、骚和赋都是押韵的，这是三者的共同点。但是一般来说，诗以四言为主；骚一般是六言，或加兮字成为七言；赋则字数不拘，但多数以四言六言为主。典型的汉赋多夹杂散文句式，诗、骚则基本上没有散句。诗、骚在句与句之间，特别是段与段之间，偏重内在的联系，极少用联结的词语。而赋则与散文一致，多用联结的词语。

汉代著名的赋家有贾谊、枚乘、司马相如、东方朔、王褒、扬雄、班固、张衡、赵壹、蔡邕、祢衡等。

汉以后赋产生了两个发展倾向，一是向骈文方向发展，二是进一步散文化。南北朝时，骈俪之风日盛，古赋变为骈赋（俳赋）。唐宋时，骈俪又变为律赋，徒趋形式，而价值日下。在这种情况下，又出现了文赋，突破格律樊笼，成为骈散结合的自由体裁，取得较高成就，像杜牧的《阿房宫赋》、苏轼的《赤壁赋》等，就与普通的文学散文差别不大了。

散文的由来

散文是文学的基本样式之一，散文和诗歌一样，在我国文学史上有着悠久的历史。

我国古代散文的雏形可以追溯到殷商时期的甲骨卜辞，《易经》中的卦、爻辞已经有了文学意味，《尚书》中一些生动的叙事说理和比喻笔法，可视为我国散文的开端。春秋战国时期，随着社会的变革，散文逐渐勃兴，出现了《左传》《国语》《战国策》等优秀历史散文和《论语》《墨子》《孟子》《庄子》《荀子》《韩非子》等优秀诸子散文。

汉朝时，散文的品种更加繁多，而且文质相生。异彩纷呈。这个时期，贾谊、晁错等作家针砭时弊、笔锋犀利的政论散文与司马迁、班固的秉笔直书、爱憎分明的史传散文，带来了中国古代散文的又一个黄金时代。

魏晋南北朝时，散文走向骈化，骈

体文成为官方文章正体，散文受到压抑变得无足轻重。但骈文片面追求形式，文风轻浮奢华，虽有妙文奇句，但终难取得令人叹服的成就。在骈文显露出种种弊端之后，到中唐时，韩愈、柳宗元等掀起了一场反骈、复古的运动，使散文得以重新振兴。

到了宋代，人们开始把那些与骈文对立的文章称为散文，明清时期，散文一词流行起来，常与骈文对举。到了近代，散文才专指一切用散体写的文学作品，以区别于讲求韵律的诗歌。

何谓骈文

骈文这种文体，起源于秦、汉，形成在魏、晋，在南北朝时期盛极一时。六朝时，骈文被叫作“今体”、“俪辞”。而“骈文”一词的出现，则始于中唐文人柳宗元，他在《乞巧文》中称这种文体为“骈四俪六”，简称为骈文。骈的意思是指两马并驾一车。

骈文全篇主要是双句(即俪句、偶句)，讲究对仗和声律，崇尚夸饰和用典。因为它能根据汉语文字的特点组成整齐美观的对偶句式，辞藻华美，色彩鲜丽，又注重声韵的和谐，再加上多用典故，使文章不那么直露，因此这种文体对我国文学的发展曾经起过一定的积极作用。

南北朝时期的骈文，比之前朝，在形式技巧上显得更加繁琐。不但要求把对偶句分类归纳为言对、事对、正对、反对等类型；而且随着“四声八病”说的提出，在声律上要求平仄配合，并且在文句的字数上也渐渐趋向于“骈四俪六”。

起初，这种文体大都是由四四相对和六六相对的形式组成，如：“勇冠三军，才为世出；弃燕雀之小志，慕鸿鹄以高翔。”（丘迟《与陈伯之书》）继而发展到四字六字相间的形成，如：“老当益壮，宁移白首之心；穷且益坚，不坠青云之志。”（王勃《滕王阁序》）世称之为四六文。四六文盛行于唐宋，后人作骈文大都采用这种方式，因此人们习惯上也将骈文称为四六文。

骈文注重形式技巧，有的文人往往为了声韵的和谐，而走入了形式主义、唯美主义的死胡同，造成了文风的萎靡和形式的僵化。因此，自唐宋以后，骈文在文学发展史上逐渐归于平淡。

小说的由来

“小说”一词，早在春秋时期就已经出现了。

据《庄子·外物篇》载：“饰小说以干县令，其于大达远矣！”这句话的意思是说：“把小说修饰一番用来求得高名和美誉。”小说的名字，最早是从这句话来的，距今已有两千年了。可是那时“小说”一词的含义与现在的所谓小说截然不同。

那时，小说是指争辩中用的词语，是与“大达”相对称的。大达指学说或博大精深的道理；小说是指微细琐屑的言语，与大达不能相提并论，属于贬义词。

到了汉代的班固，在他修的《汉书·艺文志》里，把小说列为独立的一家，并说："小说家者流，街头巷语，道听途说者之所造也一。"同时列出许多他认为是小说的作品，这才与现在所说的小说相近了。汉代的小说作品，正如东汉人桓谭在《新论》中指出的那样，大都是"残丛小语"。

到了魏晋南北朝时期，小说作品摆脱了"残丛小语"的形式，有了初步的性格刻画和情节，结构趋于完整。南朝梁人刘勰，在他的《文心雕龙》中，首次把"小说"作为一种文学体裁进行了论述。

小说到唐代叫作"传奇"，发展到一个新的阶段。此时的小说与六朝的"笔记小说"相比，篇幅加长，故事完整，情节委婉曲折，刻画人物性格细致鲜明。

宋代评话的出现，人们才真正以"小说"作为故事性文体的专称。随着历史的发展，到现在小说已成了拥有最广大读者的一种文学样式了。

何谓志怪小说

所谓志怪，就是记录怪异，主要指魏晋时代产生的一种记述神仙鬼怪故事的小说，也可包括汉代的同类作品。

志怪小说的内容很庞杂，大致可分为三类：炫耀地理博物的琐闻，如东方朔的《神异经》等；记述正史以外的历史传闻故事，如托名班固的《汉武故事》等；讲说鬼神、怪异的迷信故事，如东晋干宝的《搜神记》等。

志怪小说对唐代传奇产生了直接的影响。

何谓"章回体"小说

章回体小说是我国古典长篇小说的主要形式，它是在宋元时期"讲史话本"的基础上发展起来的。

所谓"讲史"，就是艺人们讲述的一些历史故事，这些故事一般都很长，表演者们没法一次讲完，只好将其分为若干次来讲。每讲一次，就相当于后来章回体小说中的一回。在每次讲说以前，艺人都要用题目向听众揭示主要内容。这就是章回体小说回目的起源。我们可以从章回体小说中经常出现的"话说"和"看官"等词中，看出它和讲史话本之间的继承关系。

经过长期的发展，首批章回体小说在明朝初年开始出现。其中著名的有《三国志通俗演义》《水浒传》等。这些小说都是在民间长期流传，经过说话艺人补充内容、逐渐丰富，最后由作家加工改写而成的。明代中叶以后，章回体小说的发展更加成熟，出现了《西游记》《西厢记》《金瓶梅》等著名作品。

由于社会生活日益丰富，这些章回体小说的故事情节更趋复杂、描写也更为细腻。它们在内容上和讲史已没有多少联系，只是在体裁上还保持着讲史的痕迹。

古代流行记日记

在我国古代，写日记也是很流行的。

上至国君，下至一般文人，都有日记的习惯，不过国君皇帝的日记，不是自己写的，而是由别人代劳的，这种人被称为“起居注”。

“起居注”一职，最早称“左右史”，周朝时由男人担当，到汉代时则改由宫中的女人担任，称“女史”。到了魏晋时，则有职无官。后魏时，又设“起居令史”，唐宋则改为“起居郎”或起居舍人。明清时，其职改由翰林兼任。

而一般文人的日记，多称为“日志”，这在宋朝时最为流行。例如有名的文学家黄庭坚，就最勤于写日记。据陆游《老学庵笔记》称：“黄鲁直有日记，谓之家乘，至宜州犹不辍书。”

古人的一些日记，还非常富有学术价值，如清人李慈铭的《越缦堂日记》、明末顾炎武的《日知录》、章实斋的《对山日记》等。

在一些清人的日记中，还记录了当时朝廷的一些政治秘闻，以及一些野史，因此还具有一定的历史价值。

民间文学的由来

文学分为作家文学和民间文学。其中民间文学是人民群众在长期历史过程中创作、流传的语言艺术。历史流传的神话、传说、故事、歌谣、评话、说唱、戏曲、谚语和谜语等等，都属于民间文学的范畴。

民间文学是最古老的文学。在原始社会，当文字还没有产生时，人类早已有了口头文学，主要是神话和歌谣。

民间文学虽多由不识字的群众所创造，但它在创作流传中集中了集体的智慧，因此有不少优秀作品达到了很高的艺术水平。如《诗经·国风》里的周代民歌，以及汉魏六朝民歌，还有《孟姜女》《梁山伯与祝英台》《牛郎织女》等传说故事，都具有“不朽的艺术魅力”。

民间文学也是作家创作的主要源泉之一。可以说，历代各种文学体裁的出现与发展，大都来自民间。我国诗歌无论四言、五言、七言诗及后来的词、曲都起源于民间。我国的说唱文学和白话小说以及其他文学形式，也都是在民间文学的基础上形成和发展起来的。历代的文学高潮，不论是诗经、楚辞、建安文学、唐代诗歌，还是宋词、元曲、明清小说，都同学习民间文学有深刻的渊源关系。

中国民间文学不仅历史悠久、连续不断、样式繁多，而且以其现在仍然活跃在各族人民生活之中而受到世界文学界的重视，成为中国一笔宝贵的文化财富。

书信的由来

书信，也通称为“信件”，是人们联络思想、互通信息的重要方式。我国的书信文化有悠久的历史。

早在文字产生以前，人们就有“书信”来往，是采取结绳、刻符等方式。据考古发现，西安半坡遗址出土的彩陶器上已有刻画符号。

我国的苗人，也用过刻符。方亨咸《苗俗纪闻》说：“俗无文契，凡称贷交易，刻木为信，未尝有渝者。木即常木，或一刻，或数刻，以多寡远近不同，刻而为二，各执一，如约时合之，若符节也。”

到先秦及秦汉，出现了手书、家书、尺牍（书信在一尺长的木牍上书写，故曰“尺牍”）、手札、信函。但是这种手书、家书，一开始多半是用生绢书写，故称为“素书”。“长跪读素书，书中竟何如”即指此。后随着纸的发明，写信逐渐用纸代替生绢了。

在古代，“书”与“信”是有区别的。“书”，指信件；“信”，指信使，即传达信件的人。唐杜甫《春望》中写道“烽火连三月，家书抵万金”，其中“家书”就是家信。直到明清时代，“书”才正式叫“信”了。清代蒋士铨《岁暮到家》中写道：“寒衣针线密，家信墨痕新。”

经、史、子、集四部

我国古代图书分为经、史、子、集四部，那么它们到底是什么意思？又是怎样来划分的呢？

经部指记述儒家学说的著作。儒家经书开始有五部，即诗、书、易、礼、春秋，称为“五经”。从唐代到宋代，形成十三经，即《易》《书》《诗》《周礼》《仪礼》《礼记》《左传》《公羊传》《谷梁传》《论语》《孝经》《尔雅》《孟子》。

史部指记载历史兴衰治乱和各种人物以及制度沿革等的历史书。早在四千多年前，我国就有了历史的记录。各种体裁的历史著作都属于这一类。如正史、古史、野史、法典、地志、职官、政书、时令等。

子部指记录诸子百家及其学说的书籍。春秋战国时期，学者辈出，百家争鸣，哲学、名学、法学、医学、算学、兵学、天文学、农学十分发达。每家著书一种，后人因为次于经书而成一家之言，所以称为子书。道教、宋明理学、清朝的考据学也都归入子部。

凡历代作家的散文、骈文、诗、词、曲等集子和文学评论著作，均归入集部。属于一人所有的称为别集，汇选若干人的作品称为总集，有关诗的集子称为诗集。

何谓善本书

中华民族有着几千年的文明史，宋代以来，更为我们留下了浩如烟海的大量书籍。这无疑是一笔巨大的精神财富，也是我们研究祖国的历史、政治、经济、文化不可缺少的参考材料。

要充分利用这些书，就要首先将其整理出来，尤其是那些善本书。那么什么叫善本书呢？

一般说来，一本书越是最初的版本，文字越准，越到后来，翻刻传抄，错误难免。所以，人们一般把精加校勘、错误较少的古书，称为善本书。后来，又有人把旧刻本、精校本、手稿、旧拓碑帖等，统统称为善本。这有点不够精当。因此，国家在整理《中国古籍善本书总目》时，把善本书的标准统一定为“三性九条”，以此作为一本书可否收入《中国古籍善本书总目》的标准。

“三性”是：

因年代久远而具有的“历史文物性”，书籍内容有否重要参考价值的“学术资料性”，雕版印制考究、插图等精美的“艺术代表性”。

“九条”是：

1. 元代及元代以前刻印或抄写的书籍。

2. 明代刻印、抄写的图书（版本模糊、流传较多者不在内）。

3. 清乾隆及乾隆年以前流传较少的印本、抄本。

4. 太平天国及历代农民革命政权印行的图书。

5. 辛亥革命前在学术研究上有独到见解或有学派特点、或集众说较有系统的稿本，以及流传很少的刻本、抄本。

6. 辛亥革命前反映某一时期、某一领域、某一事件资料方面的稿本及较少见的刻本。

7. 辛亥革命前的有名人学者批校、题跋或抄录前人批校而有参考价值的印、抄本。

8. 在印刷上能反映我国印刷技术发展、代表一定时期印刷水平的各种活字本、套印本，或有较精版画的刻本。

9. 明代印谱、清代集古印谱、名家篆刻的钤印书，有特色或有亲笔题记的。

凡符合上述之一条的书，就可称为善本书。

何谓抄本

在雕版印刷发明以前，书籍主要是靠用手抄写来流传的，这类书籍就叫抄本，也称为写本。但是，在雕版印刷产生之后，仍有许多抄本流传。可以说，版本包括了刻本（印本）、抄本（写本）两大类。凡是抄写、誊写、誊录、抄录、摹写的书，都可以叫抄本。

据考证，现在世界上最早的抄本是我国西晋时人陈寿（233 ～ 297 年）抄写的《三国志》。这部用纸抄写的书的残卷，是1924年在我国新疆出土文物中发现的，存 80 行，1900 余字。而现在比较常见的则是明清时期的抄本。

何谓刻本

刻本是指刻印而成的书，与版本的最初意思相同。雕版印刷术产生之后，刻书事业有了很大发展，许多书商、私家和某些官府都刻印图书，其中又以宋代最为兴盛。

由于时代的变迁和刻印技术的发展，在历史上就形成了不同形式的刻本。

以时代来区别，有宋、元、明、清刻本；以地域来区别，有江苏、浙江、安徽、江西、福建、湖北、四川、广东、湖南等地刻本；从刻书者来区别，有官刻、私刻和坊刻；如从版本的形体上区别，有大字本、小字本、影刻本和小巧玲珑的巾箱本（即便于携带的袖珍本）；从印刷技术上区别，也可分成不同特点的刻本。

我国现存最早的刻本是唐咸通九年（868 年）刻的《金刚般若波罗蜜经》。

何谓蓝本

蓝本本是古籍版本的一种形式。明清之际，书籍在雕版初成以后，刊刻人一般先用红色或蓝色印刷若干部，以便校订改正时用，就好比现在出版印刷中的“校样”，稿本定了以后再用墨印。《书林清话》载：“其一色蓝印者，如黄记《墨子》十五卷……此疑初印样本，取便校正，非以蓝印为通行本也。”

因为蓝印本是一部书雕版之后最早的印本，因此就有“初印蓝本”之称。后来作为“著作所根据的底本”意义上的“蓝本”一词，就是从“初印蓝本”引申出来的。

常见古书的合称

三易：《连山》《归藏》《周易》。

三礼：《周礼》《仪礼》《礼记》。

三传：《左传》《公羊传》和《穀梁传》，它们是解释《春秋》的三部书。

十三经：所谓“十三经”，是封建社会统治阶级奉为经典的“必读书”，他们是《易》《书》《诗》《周礼》《仪礼》《礼记》《左传》《公羊传》《谷梁传》《论语》《孝经》《尔雅》《孟子》。

三公奇案：《包公案》《施公案》《鹿州公案》。

临川四梦：明代大戏剧家汤显祖创作的四种传奇，即《南柯记》《还魂记》（《牡丹亭》）《紫钗记》《邯郸记》。

四大名著：《三国演义》《水浒传》《西游记》《红楼梦》。

十通：《通典》《通志》《文献通考》《续通典》《续通志》《续文献通考》《清通典》《清通志》《清文献通考》《清续文献通考》。

十才子书：《三国演义》《好逑传》《玉娇梨》《平山冷燕》《水浒传》《西厢记》《琵琶记》《白圭志》《斩鬼传》《驻春园小史》。

我国古书的第一部

第一部字典是《说文解字》。

第一部辞典是《尔雅》。

第一部韵书是《切韵》。

第一部方言辞典是《方言》。

第一部字书是《字通》。

第一部诗歌总集是《诗经》。

第一部选集是《昭明文选》。

第一部神话集是《山海经》。

第一部神话小说是《搜神记》。

第一部笔记小说集是《世说新语》。

第一部论语体著作是《论语》。

第一部编年体史书是《春秋》。

第一部纪传体通史书是《史记》。

第一部断代史史书是《汉书》。

第一部历史评论著作是《史通》。

第一部兵书是《孙子》。

第一部古代制度史是《通典》。

第一部农业百科全书是《齐民要术》。

第一部工农业生产技术论著是《天工开物》。

第一部植物学辞典是《全芳备祖》。

第一部药典书是《新修本草》。

第一部医药书籍是《黄帝内经素问》。

第一部地理书是《禹贡》。

第一部茶叶制作书是《茶经》。

第一部建筑学专著是《营造法式》。

第一部珠算介绍书是《盘珠算法》。

第一部最大的断代诗选是《全唐诗》。

第一部绘画理论著作是《古画品录》。

第一部系统的戏曲理论著作是《闲情偶寄》。

第一部戏曲史是《宋元戏曲韵史》。

第一部图书分类总目录是《七略》。

《诗经》：最早的诗歌总集

我国是一个诗歌王国，从古至今，不知有多少诗人，出了多少诗集。

孔子整理编定的《诗》，被儒家奉为经典，故称为《诗经》，又称《诗三百》，是我国历史上第一部诗歌总集。

《诗经》收集了我国公元前 11 世纪到公元前 6 世纪的诗歌作品，代表从西周初年到春秋中叶大约五百年间的诗歌创作，共有 305 篇，包括《风》《雅》《颂》三类：《风》又名《国风》，指地方乐调，即各地的民乐，有诗 160 篇；《雅》有《大雅》《小雅》之分，《大雅》基本是贵族作品，《小雅》包括贵族作品和民歌，有诗 105 篇；《颂》也分为《周颂》《鲁颂》和《商颂》，是贵族用于宗庙祭祀的诗歌，有诗 40 篇。

《诗经》的艺术表现手法一般分为赋、比、兴三种：“赋”是直接铺陈和描写客观事物；“比”是以客观事物来比喻诗人的思想感情；“兴”则是用声音、意义等类比关系引发诗歌的内容。

《诗经》的形式采用四言体，重章叠句，铿锵有力，词句清新，一唱三叹，对后世的诗歌创作产生了深刻的影响，为中国的诗歌发展奠定了稳固的基础。

《诗经》的内容，真实而深刻地反映了当时的社会现实，是我国古典文学现实主义传统的光辉起点。

谈谈《楚辞》

《楚辞》是继《诗经》之后出现的一种新诗体，公元前 4 世纪在楚地兴起。在兴起之初，它并没有一个固定的名称。楚国诗人在作品中或者自称为诗，或者自名为诵（颂），或者因袭乐章之名，又称为九辩、九歌等。“楚辞”之名始见于汉初的《史记·酷吏列传》，以后沿用不变，就固定为这种文体的名称。

屈原，选自《三才图会》。

西汉末年，经文学家刘向等人整理，

收录了屈原的《离骚》《九歌》《天问》《九章》《远游》《卜居》《渔父》《招魂》和宋玉的《九辩》、景差的《大招》、贾谊的《惜誓》、淮南小山的《招隐士》、东方朔的《七谏》、严忌的《哀时命》、王褒的《九怀》、刘向的《九叹》等 16 篇诗歌，合为一编，取名为《楚辞》。于是，《楚辞》又成了仅后于《诗经》的一部古代诗集。东汉王逸又为《楚辞》作《章句》，并附入己作《九思》，全书遂成了 17 卷，成了现在流传的本子。

因屈原的《离骚》为《楚辞》的代表作，故也称这种诗体为“骚体”。它在形式上突破了《诗经》的四言体，以其自由舒展的语句，丰富了中国诗歌的表现力。屈原作为《楚辞》的主要作者，写出了诸如《离骚》这样辉煌的诗篇。屈原在诗中直抒胸臆，驰骋高远，使《离骚》成为我国最早的一首长篇抒情诗，屈原自己也由此成为中国历史上第一个抒发个人激情的伟大的浪漫主义诗人。

《楚辞》和《诗经》以其巨大的艺术魅力被人们并称为“风骚”，构成中国诗歌发展史上的两大源头，对后世文学影响十分深远。

何谓《九歌》

《九歌》是战国末期伟大诗人屈原的一部著名诗篇。《九歌》名虽为“九”，却有 11 篇乐歌，他们是《东皇太一》《云中君》《湘君》《湘夫人》《大司命》《少司命》《东君》《河伯》《山鬼》《国殇》和《招魂》。

有人把《国殇》与《招魂》《湘君》和《湘夫人》各视为一篇，因此计为 9 篇。其实，《九歌》以“九”命名，是因为“九”是作为天体宇宙观念的名词，其含义就是“天”。

据王逸《九歌序》云：“昔楚国南郢之邑，沅湘之间，其俗信鬼而好祠。其祠必作歌乐鼓舞以乐诸神。”可见，《九歌》内容都是有关神灵的神话传说。屈原在放逐期间，收集这些民间祭歌，去其鄙陋而著成新作。

《九歌》中各神与中原五帝五佐神的关系如下：

东皇太一：黄帝（皇天上帝）；云中君（太阴君）：后土（高母神）；湘君：炎帝（舜）；湘夫人：祝融（女娥）；河伯（龙神）：太昊（青龙）；东君（日神）：勾芒（春神）；少司命：少昊（秋神）；大司命：蓐收（刑杀神）；山鬼：颛顼（冬神玄英）；国殇（蚩尤，兵主）：玄冥（玄武，真武大帝、战神）。

汉代有一首民间叙事诗《陌上桑》，由《九歌》中的《山鬼》一篇删改而成。《乐府诗集》中《相和曲》收此诗，注为“晋乐所奏”。如果晋乐所奏确为楚声，则《九歌》的音乐到晋代还没有失传。

我国最早的叙事长诗

我国最早的长篇叙事诗，是汉代的《孔雀东南飞》，该诗共 340 多句，1700 多字。它取材于东汉献帝年间发生在庐江郡(今属安徽省)的一桩婚姻悲剧，通过刘兰芝与焦仲卿这对恩爱夫妇的爱情悲剧，表达了青年男女要求爱情婚姻自主的合理愿望。

该诗故事完整，语言朴素，人物性格鲜明突出，后来还被改编成剧本，搬上了舞台。

七步诗、五步诗、三步诗

历史上有“七步诗”一说。“七步诗”是三国时期魏国东阿王曹植于七步之内作出的一首诗。

据说，曹操死后，儿子曹丕即位，史称魏文帝。曹丕非常嫉妒弟弟曹植，想杀害他，于是在一次上朝时让他在七步之内作出一首诗来，作不出就将他处死。曹植确实聪明过人，真的在七步之内作出了一首诗：“煮豆燃豆萁，豆在釜中泣。本是同根生，相煎何太急！”

曹丕听了非常惭愧，于是下令释放了曹植。“七步诗”也由此而产生，成为后人经常吟诵的诗句。

到了唐朝时，有个叫史青的人，曾经上表唐玄宗。表中称说，曹子建七步成诗，不足为奇，而且让人觉得迟涩，他自称五步即可成诗。玄宗阅罢，十分惊奇，便将他召进宫，当面试问，命以“除夕”为题，五步内成诗。

结果史青未出五步，已成五律八句：“今夜今宵尽，明年明日催。寒随一夜去，春逐五更来。气色云中改，云颜暗里摧。风光人不觉，已入后园梅。”玄宗大赞其才，授以左监内将军之职。

五步成诗，还不是最快的。更有快者，为宋代寇准7岁时三步成诗。某次酒筵前，宾客让寇准以“华山”为题赋诗，寇准三步内赋成一诗：“只有天上见，更无山与齐。举头红日近，回首白云低。”寥寥数语，道出了华山的雄伟峭拔，其语言之精当，气象之阔大，并不在“七步诗”之下。

三曹和建安七子

东汉最后一个皇帝汉献帝的最后一个年号叫“建安”，建安及其稍前或稍后的这段时期的文学，统称为“建安文学”，代表作家即是三曹和建安七子。

三曹指曹操和曹丕、曹植父子三人。曹操既是大政治家，也是个大诗人。他的诗慷慨悲凉、气魄雄伟，用词朴实无华、不尚藻饰。代表作有《蒿里行》《短歌行》《步出夏门行》《苦寒行》。“对酒当歌，人生几何”、“老骥伏枥，志在千里；烈士暮年，壮心不已”等句，已成为千古传诵的名句。

曹丕的诗篇，自然清丽，感情委婉细致，音调和谐流转。代表作有《燕歌行》两首和《杂诗》两首。《燕歌行》还是现存最早的完整的七言诗。

曹植的文学成就在三曹中最高，他的艺术风格，钟嵘评为“骨气奇高，辞采华茂，情兼雅怨，体被文质”，既重修饰，又保持刚健明朗之风，被视为五言诗的一代宗匠，其代表作有《送应氏》《白马篇》等。

建安七子指的是孔融、陈琳、王粲、徐干、阮瑀、应玚、刘桢七人。“七子”对于造成当时“后才云燕”、“彬彬之盛”的文学盛观和“建安风骨”的形成，促成五言诗体的确立，做出了很大贡献，在中国文学史上占有重要地位。

七人中，以王粲成就最高，被誉为“七子之冠冕”，其代表作是《七哀诗》和《登楼赋》。此外，孔融的散文，刘桢的五言诗，阮瑀、陈琳的檄文等，也曾显赫一时。

“竹林七贤”

“竹林七贤”指的是魏晋间的嵇康、阮籍、山涛、向秀、阮咸、王戎、刘伶七位名士。“七贤”称名，始于东晋初的“俗传”。而东晋初的“俗传”又是谢安为之首倡，并为文学名流所接受，后又经孙绰、袁宏、戴逵、王洵、裴启、孙盛等人的倡导肯定，终使其名垂于后世。

他们七人放荡不羁，常以嵇康的居处山阳为中心，在太行山南面的竹林中聚会，饮酒清谈，弹琴赋诗，并用老庄哲学的“崇尚自然”的精神，来反抗为当时统治集团所尊崇和利用的儒家礼法。

竹林七贤中以阮籍和嵇康二人成就最高。阮籍的代表作是《咏怀诗》82 首。嵇康擅长散文，代表作《与山巨源绝交书》，语言泼辣，风格幽默，表现了作者放荡不羁、疾恶如仇的性格，是一篇具有浓厚文学意味和大胆反抗思想的优秀散文。

初唐四杰

初唐四杰，指的是唐代初期颇负盛名的四位文学家，他们是：王勃、杨炯、卢照邻、骆宾王。此称见于《旧唐书·杨炯传》：“炯与王勃、卢照邻、骆宾王以文词齐名，海内称为王、杨、卢、骆，亦号为四杰。”

初唐时的诗坛多受南朝齐梁宫体诗的影响，以风花雪月之作为多，且受到唐太宗的喜好。因此，当时文人群起效仿，其词绮丽婉媚，风靡一时。面对这种文风，王勃首先站出来予以反对，接着杨炯、卢照邻、骆宾王也纷纷响应。

初唐四杰在唐诗的发展史上，将诗歌从狭窄的宫廷移到了广大的社会、壮丽的山水、悲凉的边塞上来，开拓了诗歌题材，表现了积极向上的精神和抑郁不平的愤慨，代表了诗歌创作的健康方向。

此外，他们还为五言律诗奠定了基础，使七言古诗发展成熟。五律这一形式在四杰的作品中得以充分发挥，并被逐渐固定下来，同时他们也将七言古诗推向了成熟阶段。

唐宋八大家

唐宋八大家，指的是唐宋时期八个散文代表作家的合称，他们是唐代的韩愈、柳宗元，宋代的欧阳修、苏洵、苏轼、苏辙、王安石和曾巩。那么，“唐宋八大家”这个称号是怎么来的呢？

明代初年，有个叫朱右的读书人，

摘选这八个人的文章后编成《八先生文集》，八家之名从此叫开。明代中叶的散文家唐顺之所编纂的《文编》中也仅收了上述八个人的作品。另外一个叫茅坤的人也根据朱右、唐顺之的编选方法选了八家的文章，编辑为《唐宋八大家文钞》，共一百四十四卷。由于这部书流传很广，“唐宋八大家”这一名称也得以广泛流行，直到现在仍为人们所沿用。

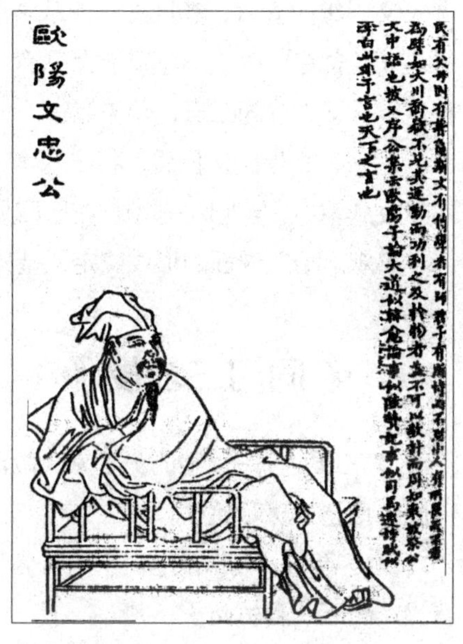

宋代文学家欧阳修。

八大家是主持唐宋古文运动的中心人物，他们提倡言之有物的散文，反对六朝的浮丽文体，对当时和后世的文坛均产生了很大的影响。

大历十才子

大历（766～777年）是唐朝代宗李豫的年号。在这个时期，唐代诗歌经历了一个由背离到转趋现实主义的阶段。著名的“十才子”便是这一阶段的重要作家。

一般认为，“十才子”“窃占青山、白云、春风、芳草等以为己有”，流连山水，称道隐逸，反映社会现实的诗歌较少，多数是唱和应别之作，风调相高，稍趋浮响。但是，到了大历后期，诗风有所改变，也写了一些反映现实生活的作品。

关于十才子有些什么人，历来有不同说法。《新唐书·文艺·卢纶传》：“纶与吉中孚、韩翃、钱起、司空曙、苗发、崔峒、耿湋、夏侯审、李端，皆能诗，齐名，号大历十才子。”其他书所载十人姓名略有出入。计有功《唐诗纪事》谓：“大历十才子……卢纶、钱起、郎士元、司空曙、李端、李益、苗发、皇甫曾、耿湋、李嘉佑。又云：吉顼、夏侯审亦是。或云：钱起、卢纶、司空曙、皇甫曾、吉中孚、苗发、郎士元、李益、耿湋、李端。”

元曲四大家

元曲是元代散曲和杂剧的合称。在文学史上，元曲有着和唐诗、宋词一样高的盛誉。在元代，出现了众多优秀的元曲文学家，最著名的就是元曲四大家。据元朝人周德清《中原音韵》和明朝人何良俊《四友斋丛说》记载，元代四个著名杂剧作家关汉卿、马致远、郑光祖、白朴被合称为“元曲四大家”，或称为“关马郑白”。

在四大家中，关汉卿成就最高，被尊

为我国戏曲史上最早最伟大的戏剧作家。在元代杂剧作家中，他的作品在数量上、质量上均占第一位。他一生共写了杂剧 60 余种，现存 16 种（其中 3 个是残本）。他的作品大多暴露了统治者的黑暗腐败，表现古代人民尤其是青年妇女的苦难遭遇和斗争精神。其作品语言“文而不文、俗而不俗”，雅俗共赏。他不仅能从事散曲、杂剧创作，也能粉墨登场、参加演出。他在我国文学史上是一位光耀百代的戏剧家。其代表作是《窦娥冤》。

马致远是一位“姓名香贯满梨园”的著名作家。他著有杂剧 16 种，散曲 120 余首。他的剧作文辞豪放有力，内容显示出对当时社会的不满，但也有的作品流露出向往仙道的消极思想。成就突出的有《汉宫秋》，写王昭君的故事。

郑光祖是元代后期著名杂剧作家。共创作杂剧 18 种，现存 8 种。他的杂剧的主要特征是情致凄婉，词曲清丽，但也有贪于俳谐，多于斧凿之缺点。《倩女离魂》是其代表作。

白朴是元初剧作大家，写杂剧 16 种，今完整保存的只有 3 种。他的风格淡雅庄重，凄凉沉痛。所作以《墙头马上》最出色，与关汉卿的《拜月亭》、王实甫的《西厢记》、郑光祖的《倩女离魂》并称为元代四大爱情剧。

十八学士

唐初，李世民消灭王世充、窦建德等割据势力后，于武德四年（621 年）十月，被唐高祖任命为天策上将，地位在诸王之上，并允许于秦王府设官属。

于是，李世民锐意经营，在宫城之西的秦王府开设文学馆，广泛地延揽天下文学之士。房玄龄、杜如晦、虞世南、褚亮、姚思廉、李玄道、蔡允恭、薛元敬、颜相时、苏勖、于志宁、苏世长、薛收、李守素、陆德明、孔颖达、盖文达、许敬宗 18 人，同时以本官兼文学馆学士。

文学馆成立后，李世民对十八学士的待遇非常优厚，每人均享受五品膳食，并将这十八学士分为三班，轮流值宿。

后来，李世民即位后，将十八学士全部吸收到朝中，与他们一起讨论天下政事，为“贞观之治”局面的形成奠定了基础。

同门三才俊

“三班”——汉朝的史学家、政治家班固、班超、班昭兄妹。

“三曹”——魏晋建安年间著名诗人曹操、曹丕、曹植父子。

“三张”——西晋诗人张载、张协、张亢兄弟。

“柳氏三绝”——宋朝词人柳永（柳三变）、柳三复、柳三接兄弟。

“三苏”——宋朝文学家苏洵、苏轼、苏辙父子。

“三袁”——明朝公安派诗人袁宗道、袁宏道、袁中道兄弟。

“三万”——我国著名电影工作者（美术动画）万籁鸣、万古蟾、万超尘兄弟。

唐代诗家的别称

1. “诗仙”李白。

李白是一位在我国文坛上彪炳千秋的大诗人。他那啸傲山林、求仙寻道、纵酒狂歌的言行和作品，都给人一种飘逸如仙的感觉。李白年轻时就才华横溢，他从蜀地刚到长安时，老诗人贺知章到旅舍看他，李白拿出其《蜀道难》一诗给贺看，贺未看完就再三击节称赞并给他起了“谪仙”的雅号。因此后人便称李白为“谪仙”、“诗仙”。

2. “诗圣”杜甫。

杜甫是我国古代最负盛名的现实主义诗人，一生创作了1400多首诗。在他笔下，突出地表现了对国家命运的关注，对民众苦难的同情。他大胆抨击权贵、官吏、军阀的罪恶，甚至指向执政者。他的诗，由于广泛、真实地反映了唐代社会由盛转衰的种种现实，而被称为“诗史”。其卓越的思想和艺术成就，被后人推崇为诗中的圣人。

3. “诗豪”刘禹锡。

刘禹锡的诗歌当中艺术成就最高的有两大类：一是政治讽刺诗，他采用寓意托物的手法，写得形象逼真；一是民歌体的《竹枝词》等作品，通俗清新，生活气息浓郁，风格别具。晚年寄托身世和咏怀古迹的诗昂扬乐观，充满激情。其诗气势豪迈，笔力雄健，锋芒毕露，故白居易称其为“诗豪”。

4. “诗魔”白居易。

白居易在创作理论上提出了许多符合现实主义基本精神的文学主张，提出“文章合为时而著，歌诗合为事而作”，真实地反映社会现实，抨击当时的政治弊端，反对“嘲风雪，弄花草”一类的无病呻吟。由于他酷爱行吟作诗，“昼课赋，夜课书，间又课诗，不遑寝息”，“以至于口舌成疮，手肘成胝”，加之他又有“惟有诗魔降不得，每逢风月一闲吟”的诗句，后人于是以“诗魔”称呼他。

5. “诗佛”王维。

王维作为盛唐名重一时的诗人，早年思想较为开朗积极，其诗歌题材颇为广泛，政治诗、边塞诗、山水田园诗都有成就。但他晚年失意并信佛，思想消沉，过着吃斋念佛和半官半隐的生活，自称“晚年惟好静，万事不关心”，所作诗中常有虚无冷寂的情调，宣扬隐士生活和佛教禅理，故有“诗佛”之称。

6. “诗囚”孟郊、贾岛。

孟郊一生穷困潦倒，他的诗大多反映社会现状，诉说民生困苦，谴责统治者的罪恶，抨击世道不平，表现出作者悲越激愤的情绪。他的诗用字造句尽力避免平淡浅显，崇尚古拙，追求奇险，被后人称为苦吟诗人。

和孟郊一样，贾岛一生也是孤寒坎坷，安于荒凉寂寞的生活，其诗以清奇苦辟为特色，靠锻句炼字取胜，与孟郊同以苦吟著名于当世，有“郊寒岛瘦”之称。元好问《放言》诗云：“长沙一湘累，郊岛两诗囚。”这里的“郊岛”，即指孟郊、贾岛。

7. “诗鬼”李贺。

李贺一生政治上不得志，体弱多病，

生活孤独，性格冷癖，心情抑郁不展，年仅 27 岁就离开了人世。李贺诗名早负，在他的作品中，最具特色的是描写神仙鬼魅的诗，想象诡异，形象新奇，意境幽冷神秘，构思不拘常法，使他的诗歌形成一种奇崛幽峭的独特风格，故后人称之为“诗鬼”。

“二十四史”的由来

三国时期，社会上已经有“三史”的说法。“三史”是指《史记》《汉书》和东汉刘珍等写的《东观汉记》。南朝刘宋时，《后汉书》撰成后，开始取代《东观汉记》，被列为“三史”之一。

历史上还有“十史”之称，它是记载三国、晋、宋、齐、梁、陈、魏、齐、周、隋十个王朝的史书的合称。后来又出现了“十三代史”，在“十史”的基础上，加上了《史记》《汉书》《后汉书》。

到了宋代，在“十三史”的基础上，又加入了《南史》《北史》《新唐书》《新五代史》，形成了“十七史”。明代又增以《宋史》《辽史》《金史》《元史》四种，合称“二十一史”。

清朝乾隆时期，《明史》撰成，与前面的“二十一史”一起合称“二十二史”，后来又增加了《旧唐书》，成为“二十三史”。从《永乐大典》中辑录出来的《旧五代史》也被列入，经乾隆皇帝“钦定”，合称“二十四史”。

“二十四史”形成以后，刊印全套“二十四史”的，主要有过三种版本：清朝乾隆年间的武英殿刻本，清朝末年由金陵、淮南、浙江、江苏、湖北五个书局刻印的“局本”，以及民国时期由商务印书馆影印的“百衲本”。

民国初年，北洋政府设馆编修了记载清朝历史的正史——《清史稿》（《清史》的未定稿）。后人将其列入前述“二十四史”中，合称为“二十五史”。“二十五史”之中，除第一部《史记》是通史之外，其余皆为断代史。

中国第一部妇女专史

我国第一部妇女专史是西汉时期刘向撰的《列女传》。刘向原名更生，字子政。他是汉高祖的弟弟楚元王刘交的四世孙，成帝时任光禄大夫。他曾受命校阅宫中藏书，著述甚丰，是中国著名的文献学家、史学家。

当时成帝贪恋女色，宠爱赵皇后、赵昭仪姊妹及卫婕妤，不理朝政，而使皇权旁落到外戚集团手中。刘向不愿看到刘氏皇族就此衰微，便将古籍中贤妃贞妇兴国振家和淫乱孽嬖亡国灭宗的妇女事迹编为《列女传》一书以作鉴戒，力图以此由内廷而外朝振兴王教朝纲。

今传本《列女传》已非刘向原著，全书七卷，分记七类妇女，每类 15 人，因第一类亡佚一篇，共记载了 104 位古代妇女。其“母仪传”记“行为仪表，言则中义”，能教子成才的模范母亲；“贤明传”记“咸晓事理，知世纪纲”，能助夫成业的贤惠妻子；“仁智传”记“归义从安，危险必避”，能见微知著的才女；“贞顺传”记“避嫌远别”、“终不更二”，能守义死节的节烈妇女；“节义传”记“好善慕节，终不背义”，能舍己为人的守义妇女；“辨通传”记“文辞可从”、“连类引譬”，富有言智的妇女；“孽嬖传”记“淫妒荧惑，背节弃义”，色美而德薄的妇女。

中国第一部地方志

《华阳国志》又名《华阳国记》，是东晋人常璩在东晋永和四年（348 年）到永和十年（354 年）所著，记载了巴蜀地区的历史、地理、人物等诸多情况，是中国第一部地方志。

常璩，字道将，生卒年不详，蜀郡江原（今四川崇州东南）人，曾在十六国中的成汉政权担任散骑常侍，掌管文书。东晋大将军桓温灭成汉后，常璩被桓温任命为参军，后随桓温一起到了建康。

常璩之所以写下《华阳国志》，一方面是因为心怀故土，一方面也是为了保存蜀地文化。在编撰体系上，《华阳国志》自成体系，它把东晋初年以前的梁、益、宁三州的历史面貌、政治变迁、不同时期的人物传记，由远及近、由广而微地编撰成一书，是一部地方史的杰作。

《华阳国志》对西南 30 多个少数民族和部落的名称、分布进行了详细记述，特别是一些部落的历史、传说、风俗及与汉族皇朝关系的记载，为研究民族的起源、迁徙历史提供了重要线索和依据。

《山海经》：古代的怪书

在我国众多古籍中，《山海经》以“怪”而出名。其中的怪事、怪物吸引和激发了无数学者的兴趣和想象。

《山海经》共有 18 卷，其书名最早见于《史记·大宛列传》，但司马迁认为它荒诞不经，不能登大雅之堂，因此没有怎么说明。刘向、刘歆父子整理《山海经》并将它公布于世，以为是大禹、伯益治理洪水时所记。班固依刘歆《七略》作《汉书·艺文志》，把《山海经》列在“数术略”中探究地域、人、物等形状，以制其吉凶贵贱的“刑法类”之首，这是对《山海经》性质的最早说明。

东汉王景治水，明帝赐以《山海经》《河渠书》《禹贡图》。《山海经》被视为实用的地理书。到《隋书·经籍志》，《山海经》被冠以“地理类”之首，以后《旧唐书·经籍志》都把它归为地理书。很长时间以来便形成了这样的定论。

《山海经》据图为文，主要记录了古代山川、民族、物产、药物、祭祀、巫医等状况，朴野粗犷，较多地保留了古代神话的原貌，对研究我国古代神话和历史、地理、民族、文化等都有较大的参考价值。

历史上的大型丛书

汉武帝时，曾下令在全国征集图书，到汉成帝时，文学家刘向开始校定民间征集来的不同版本，编写叙录提要，一共校定了 13000 多卷。刘向死后，其子刘歆根据刘向的叙录，编了一本图书分类目录《七略》，这是我国最早的一部图书分类目录著作。可惜的是，这本《七略》现已失传。

隋文帝时，也曾向民间征集图书，到隋炀帝时，仅藏于洛阳一地的书籍就有 89666 卷。这些书籍在隋末动乱中大半散佚。唐朝建立后，唐太宗又下令向全国征集书籍。到唐玄宗时，国家藏书共有 3060 部，51853 卷。安史之乱，这些书籍又大部分散失。后来，唐文宗又重行征集，图书达 56476 卷。

北宋初年，随着印刷技术的提高，书籍数量开始日益增多，仅就政府编纂的大型参考书《太平御览》《册府元龟》《文苑英华》来说，每一部各达 1000 卷之多。另行编纂的《太平广记》也有 500 卷。宋代除了官府刻书以外，私家、书贾、书坊刻书的数量可能更多，以致无法详细统计了。

我国最大的一部丛书，要数明成祖朱棣下令编纂的《永乐大典》。这部丛书由翰林学士解缙、姚广孝等负责编撰，用了大约三年时间编成，共编有 22000 多卷，装了 11000 多册，约 3.7 亿字，收集的图书上自先秦下至明初，内容广泛丰富。这部巨大的《永乐大典》，后来在清朝八国联军入侵北京时，大部分被抢掠或烧毁，现存北京图书馆的只有 200 多册了。

在清代，乾隆皇帝还下令编撰了另一部大型丛书《四库全书》，全书收集著作 3503 种，79337 卷，另有《四库全书总目提要》200 卷，共分装 36000 册。参加这部书的工作人员有 3800 人左右，历时十年，共抄写了 7 部，分藏在北京故宫内文渊阁、圆明园文源阁、奉天文溯阁、热河文津阁、镇江文宗阁、扬州文汇阁、杭州文澜阁。

在这七阁全书中，文源、文宗、文汇三阁曾先后毁于战火。它的底本也在英法联军等两次战祸中焚毁散失。文渊阁本现在台湾。目前大陆珍藏三部：文津阁本（藏北京）、文溯阁本（藏甘肃）、文澜阁本（藏浙江）。

古代文学家并称集锦

我国古代文学名家灿若星河，他们中的一些人或志趣相投，或出于同一师门，或处于同一时代且文风相近，或都擅长同一文体等等，因此人们赋予他们某一特定的称呼，以示对他们的赞誉和敬仰。

屈宋——指战国时楚国文人屈原和宋玉，屈原是骚体的开创者，是中国积极浪漫主义诗歌的奠基者。宋玉略后于屈原，也是有名的辞赋作家。

枚马——指汉代辞赋家枚乘和司马相如。两人都是汉代前期的大赋代表作家，对汉赋的发展颇有影响。

枚贾——指汉代辞赋家枚乘与贾谊。

两司马——指汉代辞赋家司马相如和史学家、散文家司马迁。两人在文学史上都有很大影响，后人有“文章西汉两司马”之称。

扬马——指汉代辞赋家司马相如和扬雄。扬雄作赋，在形式上模拟司马相如，因此人们常将两人并称。

班马——指汉代史学家班固和司马迁。司马迁是《史记》的作者，是通史的开创者；班固是《汉书》的作者，是断代史的开创者。

班张——指东汉文学家班固和张衡。二人都擅长辞赋，班有《两都赋》，张有《二京赋》，都是描写京都的大赋。

张蔡——指东汉文人张衡和蔡邕。旧时文学批评论著因两人都善作辞赋，因此将两人并称。

三崔——指东汉文学家崔骃、崔瑗、崔寔。

三曹——指曹操、曹丕、曹植父子。他们因政治上的地位和文学上的成就，后人合称为三曹。

建安七子——指汉末建安时期作家孔融、陈琳、王粲、徐干、阮瑀、应玚、刘桢。

大小阮——指三国魏后期诗人阮籍与阮咸。二人是叔侄，又均是竹林七贤中人物，世称阮籍为大阮，阮咸为小阮，并称大小阮。

竹林七贤——指魏晋间的嵇康、阮籍、山涛、向秀、阮咸、王戎、刘伶。

三张——指西晋诗人张载与弟张协、张亢。

二陆——指西晋文学家陆机与弟陆云。

两潘——指西晋文学家潘岳、潘尼。二人是叔侄，作品的思想倾向基本相同，在形式上都追求文辞藻丽。

潘陆——指西晋太康时诗人潘岳、陆机。两人都是太康体的代表人物。

陶谢——指晋末宋初诗人陶渊明、谢灵运。旧时以两人皆长于描绘自然景物，故并称。

颜谢——指南朝宋诗人颜延之、谢灵运。

三谢——指南朝宋诗人谢灵运、谢惠连和齐诗人谢朓。

大小谢——有两种说法，其一指南朝宋诗人谢灵运和族弟谢惠连。其二指谢灵运和南朝齐诗人谢朓。

元嘉三大家——指南北朝诗人谢灵运、颜延之、鲍照三人。三人中，以谢灵运成就最高。

竟陵八友——南朝齐竟陵王萧子良门下的八个文学家。他们是萧衍、沈约、谢朓、王融、萧琛、范云、任昉、陆倕。他们作诗都注重声律。

北地三才——是北魏文学家温子升和北齐文学家邢邵、魏收的誉称。三人都是北方人，同以诗文为世所重。

阴何——指南朝梁诗人何逊和陈诗人阴铿。两人作诗善于炼句修辞，风格相近。

王杨卢骆——指初唐文学家王勃、杨炯、卢照邻、骆宾王，四人也称“初唐四杰”。

沈宋——指唐诗人沈佺期、宋之问。二人俱以律诗见称。

吴中四士——指盛唐前期诗坛上的四位诗人贺知章、包融、张旭、张若虚。

王孟——指唐诗人王维、孟浩然。二人艺术风格较相近。

高岑——指唐诗人高适、岑参。两人都善写边塞诗，风格也相似。

李杜——指盛唐诗人李白、杜甫。

小李杜——指唐诗人李商隐、杜牧。两人同为晚唐的著名诗人。

竹溪六逸——李白客居任城（今山东济宁）时，与孔巢文、韩准、裴政、张叔明、陶沔六人共隐于徂徕山，酣歌纵酒，时号“竹溪六逸”。

大历十才子——有多种说法，一般指卢纶、吉中孚、韩翃、钱起、司空曙、苗发、崔峒、耿湋、夏侯审、李端十人。

韩柳——指唐散文家韩愈、柳宗元。韩柳都是唐代古文运动的代表作家，对后代散文的发展很有影响。

韩孟——指唐文学家韩愈、孟郊。两人诗风相近。

元白——指唐诗人元稹和白居易。

温李——指晚唐诗人温庭筠、李商隐。两人作品风格较为接近。

皮陆——指晚唐文学家皮日休、陆龟蒙。两人作品的思想倾向基本相同。

唐宋八大家——指唐、宋两代八个散文作家，即唐代的韩愈、柳宗元和宋代的欧阳修、苏洵、苏轼、苏辙、王安石、曾巩。

唐宋十大家——在“唐宋八大家”之外，加上韩愈的弟子李翱和韩愈的三传弟子孙樵二人，合称十大家。

九僧——指宋初诗僧希画、保暹、文兆、行肇、简长、惟凤、宇昭、怀古、惠崇等九人。此九僧互相唱和，有九人合集《九僧诗》。

三苏——指北宋文学家苏洵与子苏轼、苏辙。

苏黄——指北宋文学家苏轼、黄庭坚。两人以诗歌齐名。

苏门四学士——指北宋诗人黄庭坚、秦观、晁补之和张耒，他们均为苏轼门生。

苏辛——指宋词人苏轼、辛弃疾。二人为豪放词派的代表。

二安——指宋代词人辛弃疾、李清照。辛字幼安、李号易安居士。两人字号中都有一安，故得名。

周柳——指宋词人柳永、周邦彦。两人皆精于音律，创制长调，作品的思想内容也较相近。

周姜——宋词人周邦彦、姜夔的并称。两人皆是格律词派的代表。

姜张——指南宋词人姜夔和张炎。两人词风相近。

尤杨范陆——指南宋诗人尤袤、杨万里、范成大、陆游。四人在当时都很著名，故称。

永嘉四灵——指南宋永嘉（今属浙江温州市）诗人徐照、徐玑、翁卷、赵师秀。照字灵辉、玑号灵渊、卷字灵舒、师秀号灵秀，故有此称。

元曲四大家——指元朝杂剧作家关汉卿、白朴、马致远、郑光祖。

吴中四杰——指明吴中诗人高启、杨基、张羽、徐贲。

闽中十子——指明朝福建诗人林鸿、王恭、王偁、高棅、陈亮、郑定、王褒、唐泰、周玄、黄玄。十子于诗推崇盛唐。

前七子——指明弘治、正德时期文学家李梦阳、何景明、徐祯卿、边贡、康海、王九思和王廷相。

后七子——指明嘉靖、隆庆时期文学家李攀龙、王世贞、谢榛、宗臣、梁有誉、徐中行和吴国伦。

三袁——指明文学家袁宗道、袁宏道、袁中道兄弟三人的并称。他们都是公安派的代表作家。

易堂九子——指清初魏禧、魏际瑞、魏礼、彭士望、林时益、李腾蛟、邱维屏、彭任、曾灿等九个文学家。

宁都三魏——指清初散文家江西宁都魏际瑞、魏禧、魏礼。

岭南三家——指清初广东诗人屈大均、梁佩兰、陈恭尹。

西泠十子——指清初杭州诗人陆圻、丁澎、柴绍炳、毛先舒、孙治、张丹、吴百朋、沈谦、虞黄昊、陈廷会。西泠为西湖桥名，陆圻等结诗社于湖上，因此得名。

南洪北孔：指清代剧作家洪升、孔尚任。洪升是南方人，孔尚任是北方人，因此得名。

八大家——指清朝曹尔堪、宗琬、沈荃、施闰章、王士禄、王士禛、汪琬、程可八位文学家。另外，清代袁枚、邵齐焘、刘星炜、吴锡麒、曾燠、洪亮吉、孙星衍、孔广森也称“八大家”。

我国最早的书店

以前，书店被称为“书局”，古时则叫“书肆”。书肆最早出现在什么时候呢?

据有关文献推断，汉唐之际应是我国古代书肆产生和初步发展的重要时期。书肆产生并出现在文献中，是在西汉时期。书肆还有叫“书林”、“书铺”、“书棚”、“书堂”、“书屋”等名的，既刻书，又卖书。古代也有直称字号的，有“当文堂”、“养正斋”、“鸿运楼”、“崇文阁”之类。这些名号，除统称“书肆”外，宋代以后也统称为“书坊”。“书店”一名最早见于清乾隆年间，距今已有200多年。

唐代是我国文化典籍最为兴盛的时期之一，也是我国书肆发展史上的重要阶段。唐代的书肆遍及江南各地，其中以西京长安的书肆最为兴盛，所售之书种类齐全，应有尽有。东都洛阳是唐代的第二大城市，又是当时举行科举考试的第二试场，书肆之设自不待言。益州成都是唐代麻纸的主要产地，自然也是书肆的活跃之地。

图书馆的由来

世界上最早的图书馆，是希腊神庙的藏书之所和附属于希腊哲学书院（公元前4世纪）的藏书之所。

我国的图书馆历史悠久。只是起初并不叫作“图书馆”，而是被赋予“府”、“阁”、“观”、“台”等种种称呼。如西周的盟府，两汉的石渠阁、东观和兰台，隋朝的观文殿，宋朝的崇文院，明代的澹生堂，清朝的四库全书七阁等等。“图书馆”是一个外来语，于19世纪末从日本传入我国。

据《在辞典中出现的“图书馆”》说，“图书馆”一词最早于1877年在日本的文献中出现；而这个词最早在我国文献中出现，当推《教育世界》第62期中所刊出的一篇《拟设简便图书馆说》，时为1894年。

什么是“乐府双璧”

在乐府诗中，《木兰诗》和《孔雀东南飞》堪称是其中的“双璧”。

《木兰诗》是一首著名的乐府民歌，是古代文学史上现实主义和浪漫主义成功结合的一个范例。关于它的产生年代及作者历来存在争议，但一般认为产生于北魏，创作于民间。

《木兰诗》叙述了一个普通女子花木兰代父从军的故事，她不仅“弯弓征战学男儿”，而且“将军百战死，壮士十年归”。在花木兰身上，汇聚了中华民族勤劳、善良、机智、勇敢而又淳朴的美德。同时，她乔装 10 年，驰骋沙场的传奇经历和洋溢全诗的高昂的英雄主义精神，又无不带有浓厚的浪漫主义色彩。

《孔雀东南飞》则讲述了一个贤淑、勤劳的民间妇女刘兰芝的故事。刘兰芝“十三能织素，十四学裁衣，十五弹箜篌，十六诵诗书”，是一个家教严谨、多才多艺而又知书达理的闺阁少女。17 岁那年，她嫁给了焦仲卿为妻。

刘兰芝嫁到焦家以后，起早贪黑，辛勤操持家务，一天到晚忙个不停，把家里打理得井井有条。然而焦母却蛮不讲理地百般挑剔，更要让儿子休了刘兰芝。焦仲卿不得已屈从了母亲的意思，约定暂送刘兰芝回娘家，择日再迎她回来。

刘兰芝回娘家后，家人强迫刘兰芝再嫁。焦仲卿闻讯赶来责备刘兰芝。刘兰芝委屈不已，趁人不备，跃身投入村外的池塘之中，用生命诠释了她对爱情的忠贞。焦仲卿得知真相，羞愧不已，也自缢而死。

第二十编　体育艺术

蹴鞠：古代最早的足球

足球是最具世界性的体育运动，而古代足球运动的发源地就在中国。一般认为，中国人至少在公元前 3000 年前新石器时代就有了足球游戏，不过那时的足球是石头的。在公元前 1500 年的殷代，人们边踢球边跳舞以求神降雨。

真正意义上的足球，产生于战国时代，那时被称为“蹴鞠”。“蹴”即踢，蹴鞠即为用脚踢的球。据《史记·苏秦列传》记载，苏秦到齐国游说连横抗秦之事，看到齐都临淄十分繁荣，市民无不奏乐下棋，玩耍蹴鞠。

到了西汉，还出现了专供足球游戏的“鞠城”，足球运动成了训练军士的一种方法。骠骑将军霍去病在对匈奴作战间歇时，曾在塞外设球场并亲自带领将士参加足球竞赛。这个时期的足球还是以毛发充塞的。

到唐代时，开始出现充气的皮球，里面以动物的尿泡作球胆，吹满气后闭口，外面再用八片厚皮子缝起即可踢。

到宋代时，足球发展达到了高潮，开国皇帝宋太祖赵匡胤和宋太宗赵匡义都爱踢足球。有一幅元代人钱选绘画的《宋太祖蹴鞠图》就描绘了赵匡胤兄弟与赵普、石守信等六人踢球的情景。宋徽宗还曾经作诗赞扬蹴鞠，可见宋代帝王对踢球运动痴迷的程度。不光是帝王将相喜欢，而且在宋代铜镜、陶器上都绘有男女踢球的图像，这说明宋代的老百姓不论男女老少都十分喜爱蹴鞠活动。

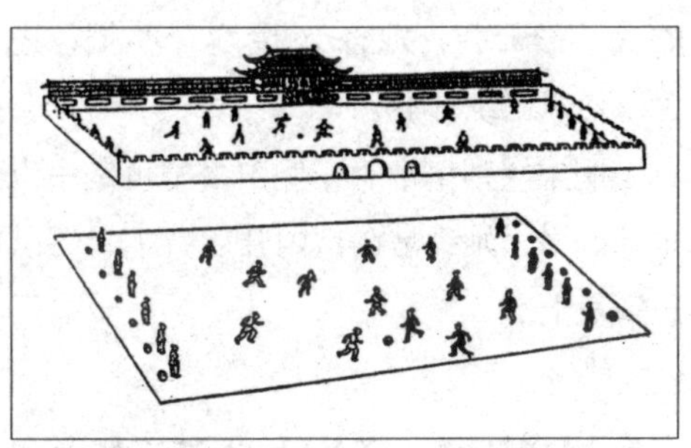

汉代军人蹴鞠图。

东汉时足球举行对抗赛，于球场东西两边各设六个球门，以进球多少为胜负。唐代球门已近于现代足球的球门，是用两根大竹竿竖起一网，以踢进多者为胜。

古代的女子足球运动

我国不仅是足球的起源国，而且我国的女子足球运动也是世界上最早的，距今已有 1000 多年的历史了。

唐代大历诗人王建的《宫词》中有“寒食内人长白汀”一句。所谓“白汀”，就是一种不设球门的单人或数人的“蹴鞠”运动。由此可见，女子足球运动在唐朝就已经流行了。

在宋代遗留下来的一些陶枕上，也绘有女子踢球的图样，多为民间百姓的装束，形象生动逼真。在宋人朱胜非编的《绀珠集》里，更具体写道：“两人对踢，三人角踢，胜者有彩。”所指的就是女子足球规则。

在元明两朝，见于文献的还有不少女子足球高手。元末明初时，有位江湖卖艺的女子彭云秀，她有 16 套踢球绝招，还可以使球“绕身不坠”。

明末崇祯皇帝的宠妃田贵妃也是一位足球好手，她经常在宫内开展赛事，用以慰解皇上。

击鞠是一种什么运动

击鞠是骑在马上或驴上打球的运动，现在称为马球运动。

据记载，我国东汉时已有马球活动，东汉末曹植《名都赋》中，写京洛少年“连翩击鞠壤，巧捷惟万端”，当是马球的最早记录。

击鞠在唐代极为盛行，既是一种军事训练手段，也是宫廷贵族的娱乐活动。当时除男子参加击鞠外，也有女子击鞠竞赛。

唐代马球选质地坚硬而又有弹性的木料，先制成拳头大小的木球，然后再把中间掏空，外涂朱红漆，就成了光滑坚硬的马球了。球杖则长数尺，杖头形如弯月。打球骑的马，往往也都是些西北名马。唐代宫城及禁苑里，多半筑有打球的场地，而且球场的建筑也很讲究，质量较高。比赛分两队进行，人数无严格规定。双方各树红旗若干面，进球者增一面红旗，失一球者拔一面红旗，得一分称得一筹，裁判员称唱筹。

与我国南宋同时代的金朝，出了一个马球状元完颜宗亨，他的球技“天下第一”，名声传播于南宋。

健身球漫谈

健身球，旧称铁球，在我国流传已有 500 多年的历史了。最初，健身球只是作为玩物盛行于民间，据南宋《都城纪胜》一书记载，在当时京都临安，已经有民间杂耍艺人用铁球表演技艺，称为“弄球子”。明朝嘉靖年间，铁球逐渐引起朝廷的注意。从此，民间每年向朝廷进贡若干副，后来就有身怀绝技的工匠被召进宫里，专为皇帝精制铁球以供赏玩。

又据清朝大内档案记载，纪晓岚曾将铁球推荐给乾隆，供他作日常保健用品。传说乾隆皇帝活到 86 岁，纪晓岚也活到 84 龄，都得益于铁球。

后来，有人把实心球改为空心球，球内装有音板和子球，当子球碰击音板时，能发出悦耳的音响，按音调的高低不同又分为雌、雄球。标准的健身球有 45、50、55 毫米三种，均镀铬或镀金。

游泳史话

游泳是深受人们喜爱的一项体育活动，其在我国有着悠久的历史。最早的记载，见于公元前 6 世纪成书的《诗经·邶风·谷风》："就其深矣，方之舟之。就其浅矣，泳之游之。"可见，我国周代的人们已经掌握了游泳的技能。

游泳的产生与古人的劳动及生活的需要有关。《庄子·秋水篇》说："水行不避蛟龙者，渔父之勇也。"宋人苏东坡认为，南方人之所以会游泳，是因为"日与水居"，"七岁而能涉，十岁而能浮，十五而能没"，最终掌握了游泳的规律，"得于水之道"（《日喻》）。同时，游泳还是一项军事技能。古代兵书《六韬》中就把"越深水、渡江河"列为"奇技"。

正因为游泳技能有着广泛的用途，因此不断地得到发展。汉代古籍《淮南子》中已有了关于游泳姿势的记载："游者以足蹶（蹬），以手柨（划）。"汉魏时已有端午节举行游泳比赛的习俗。

唐宋时，每年八月浙江一带都有"善泅之徒，竞作弄潮之戏"。宋人周密《武林旧事》"观潮"一节中作了非常生动的描写："吴儿善泅者数百，皆披发纹身，手持十幅大彩旗，争先鼓勇，溯迎而上，出没于鲸波万仞中，腾身百变，而旗尾略不沾湿，以此夸能。"这说明，当地群众已有较高的踩水本领了。

滑冰小史

很多人认为，滑冰是从外国传来的，事实上，早在八九百年以前，我国就已经有了滑冰运动，不过，那时不叫滑冰，而是称之为"冰嬉"。"冰嬉"包括速度滑冰、花样滑冰及冰上杂技等多种项目。

《宋史·礼志》记载：公元 1230 年，南宋皇帝"幸后苑观花，作冰嬉"。到了元朝，冰上活动开展得更加广泛，《帝京岁时记胜》中就描写了人们在封冻的江河上滑冰的情景。到了清朝乾隆年间，清政府已把滑冰当作一种军事训练手段，成立了"技勇冰鞋营"兵种。

清朝野史还介绍了当时使用的冰刀："以铁条嵌于鞋底，作势一奔迅如飞羽。"清中后期，还曾把滑冰改变为供观赏的娱乐活动，每到冬季还挑选能手 1000 余人作各种项目的滑冰表演。鸦片战争后，外国冰刀及滑冰方法才传入我国。

举重漫话

举重在我国也起源很早，在战国时代，举重就已经盛极一时了，涌现出许多叱咤风云的人物。《史记·秦本纪》载："武王有力好戏，力士任鄙、乌获、孟说皆至大官，王与孟说举鼎，绝膑。"还有著名的商鞅"一言为重百金轻"的故事，说商鞅为了推行变法，在京城竖起重木征求力士，中者赏百金。西楚霸王项羽也是位“力能扛鼎”的大力士。

汉代时，还设有“鼎官”，负责扛鼎事宜，胜者封为“武力鼎士”。魏文帝时，铸了一个“万钧之鼎”，据说任城王能举起走动。

唐朝时，开设武举，举重被列为考试的正式科目。据说唐朝的博通，膂力过人，双手各举一床，床上放一些盛着酒的碗，他从石阶上走下来，停放时，碗中的酒纹丝不动。此后各朝都沿袭唐制，武举考试均设举重一项，不过是所举器物有所不同而已。

拔河小史

拔河，也是一项历史悠久的体育运动。拔河的最早形式是春秋战国时代楚国的一种名叫“牵钩”的游戏。

《隋书·地理志下》说：“（楚）又有牵钩之戏，云从讲武所出。楚将伐吴，以为教战，流迁不改，可以相传。钩初发动，皆有鼓书，群噪歌谣，震惊远近。俗云以此庆胜，用至丰穰。”根据所描述的竞赛情景可知，这种牵钩很像后来的拔河。

在六朝时期，拔河被称为“施钩”，隋朝时则称之为“牵钩”，到了唐代才改称为“拔河”。拔河是隋唐时期春季开展的一项群众性体育活动，“大绳中立大旗为界，震声叫噪，使相牵引，以隙者为胜，就者为输。”

神龙年间，唐中宗命其侍臣，在宫内梨园球场，举行过一次“御前拔河比赛”。其一方为七宰相二驸马组成，另一方由三宰相五将军组成，比赛之中，仆射韦巨源、少师唐休由于年老扑倒在地，竟气喘吁吁半天不能直立于地，引得中宗大笑不已。

唐玄宗喜欢拔河，他曾举行了一次盛大的拔河比赛。“挽者至千余人，喧呼动地，蕃客庶士，观者莫不震骇。”为此，进士薛胜，曾写了一篇《拔河赋》，以描述热闹的拔河竞赛盛况，其词甚美，时人竟传之。

民间的拔河活动则更为普遍。据记载，在襄汉一带，常常在每年的正月十五举行正式的拔河比赛。古时拔河所用器材都很简单。据《封氏闻见记》记载，拔河最初用的是篾绳，后改为大麻绳。在唐代这种麻绳长四五十丈（1 丈 =3.3333 米），两头分系小索数百条，供拔河者手挽。

在我国少数民族的体育游戏活动中也有拔河。藏族的拔河就独树一帜，别有情趣。据传拔河活动大约是在公元 2 世纪西藏五赞王时，同佛教一起从印度传来的。比赛分单人拔河、双人拔河、男女混合拔河、夫妻拔河和三人拔河几种形式。双人拔河绳和三人拔河绳在比赛时，运动员把打结的环套在颈脖上，转身相背，使绳经过腹部从裆下通过，两手两膝着地，模拟大象的动作，利用颈部的力量和四肢的力量向前爬去。

跳绳的来由

跳绳，这种有益的运动游戏在我国有

着悠久的历史，在古代被称为“跳白索”。

早在南北朝时期，跳绳就已开始作为“祛病延年”的娱乐活动而盛行。每逢农历正月十六，在黄河流域的农村中，都要进行儿童跳绳比赛，胜者有奖，绊绳者要受罚。

明末清初，跳绳有了进一步发展，济南府《府志》中载：“每年孟春正月元旦……儿女以绳跳为戏。”《松风阁诗抄》中也有记载：“白光如轮舞索童，一童舞索一童唱，一童跳入光轮中。”

秋千小史

关于秋千的起源，古代有两种不同的传说。其一为《古今艺术图》记载的：“鞦韆，北方山戎之戏，以习轻赶者。”山戎是我国古代北方的一个少数民族，可见到齐桓公北伐山戎时，秋千才开始传入中国。其二是高无际《秋千赋》中写的：“秋千者，千秋也。汉武帝祈千秋之寿，故后宫多秋千之戏。”

荡秋千。

从上述两种传说可知，秋千起源于少数民族，春秋时期传入中原地区，到了汉代进入宫廷之中。直到现在，荡秋千的活动仍很盛行。

南朝时宗懔著的《荆楚岁时记》中有这样一段记载：“春时悬长绳于高木，士女衣彩服坐于其上而推引之，名曰打鞦韆。”这种游戏就叫打秋千。到唐时宫中每年寒食时节竞架秋千，嫔妃宫娥嬉笑为乐，唐玄宗呼为“半仙戏”。

一些地方的群众认为，荡秋千能祛除疾病。这也许就是荡秋千能世代相传、经久不衰的原因。

围棋的历史

围棋是我国传统棋艺之一，是中国古代文化的瑰宝之一。

围棋在我国起源很早，先秦史官编的《世本》说：“尧造围棋”；晋张华《博物志》说：“或曰舜以子商均愚，故作围棋以教之”，尧、舜都是传说中的人物，这类记载并不可靠。迄今发现的有关围棋的最早的文字是《左传》中以围棋来比喻卫国国政的记载，说的是公元前559年的事情，距今2500多年了。这说明当时围棋已发展到一定阶段。

围棋在古代颇为风行，不管帝王将相，还是平民百姓，都常以弈为风尚。春秋战国出现了像“弈秋”这样的围棋高手，可谓围棋的鼻祖。春秋时，围棋理论逐渐形成，对于围棋发展起了重要作用。

三国时，围棋出现了大发展的局面，

涌现出大批围棋高手。由于社会贤达的喜爱和注意，这个时期出现了一些有关围棋的专著。魏末晋初，兴玄学，作为娱乐工具的围棋也风靡一时。南北朝时围棋在宫廷中受宠，刘宋时曾举行全国性的围棋比赛，选拔出 278 位围棋高手。宋明帝在位时还给棋家设置官署，授以俸禄，梁武帝萧衍就亲自撰写过《棋经》。我国现存最早的围棋著作是从敦煌石室发现的北周时期的手抄本《棋经》，它记载了当时的围棋规则和棋艺。

唐时，围棋有了空前发展，唐玄宗为棋手们设置了官阶九品的“棋待制”，使棋手成为国家的高级文职官员，从而促使围棋在更大更广的范围内得到迅速发展。南宋更是出现了有理论、有经验、有指导的系统围棋著作《忘忧清乐集》。

明朝，围棋高手辈出，女棋手薛素素颇负盛名。清王朝的前期，也是中国围棋高手辈出的时代。黄龙士、徐星友、施襄夏、范西屏的棋艺至今仍为中外人士称道。但是到了清道光年间，由于帝国主义入侵，清朝政府的腐败，经济文化衰退，围棋的命运也日益艰难，这是围棋史上最衰退的时期。这种情况直到新中国建立后才得以恢复。

象棋的起源

象棋在我国有着悠久的历史。它大约起源于商周时代，那时盛行着一种文博象棋，每方有棋子 6 枚。棋子的名称，有枭、卢、雉、犊、塞。塞有两枚。枭为首，即主帅。

棋盘里的河界，又名“楚河汉界”。这个名称，可能是受到楚汉相争中韩信作象棋的传说的影响，由后人附加的。据传说：韩信带兵攻打赵、齐等国，一段时间打仗，一段时间休整，在休整时作象棋以教士兵。

唐代，象棋在我国发生了很大的变化，有了一些变革，已有将、马、车、卒 4 个兵种，棋盘和国际象棋一样，由黑白相间的 64 个方格组成。后来又参照我国的围棋，把 64 个方格变为 90 个点。

北宋末南宋初，中国象棋基本定型，除了因火药的发明增加了“炮”之外，还增加了“士”和“象”。宋代的《事林广记》中就记载着中国目前所能看到的最早象棋谱。据发现的宋代象棋实物可知，一副象棋正是 32 子，其中将 2 枚，士 4 枚，象 4 枚，马 4 枚，车 4 枚，炮 4 枚，卒 10 枚，双方各 16 枚，棋正面刻上楷体汉字，背面刻有相应的图案。元代象棋已演变为今天的黑卒红兵制度。

到了明代，可能为了下棋和记忆的方便，才将一方的“将”改为“帅”，和现代中国象棋一样了。

现在，中国象棋已流传到十几个国家和地区。在日本、菲律宾还成立了中国象棋协会。

麻将溯源

麻将，是风行全国的“方城之戏”，又称麻雀牌、马将牌。据《辞海》所载：

麻将牌是由明代的马吊牌演变而成；马吊牌又是由唐代的叶子戏发展而来的。

叶子戏是唐代中叶产生的一种娱乐品，分诗牌叶子和博戏叶子两途。到了宋代，诗牌叶子演变为一种新的牌戏——骨牌。一副骨牌为三十二张，每张牌面均由骰子的两个面组成，常见的玩法有“推牌九”和“打天九”两种。这种玩法现在还有。

诗牌叶子演化为骨牌后，其间不断融入种种“创造”而致流变。到明代天启年间便演变为马吊牌。马吊牌盛行于明末清初，并且这类纸牌于14世纪前后作为纸的媒介、印刷技术的先导传入欧洲。

马吊牌在清代乾隆年间很流行，但这时它已受骨牌及碰和牌的影响，变为默和牌。曹雪芹《红楼梦》第四十七回中，提到了一种斗牌就是默和牌。它有文钱、索子、万贯三门，每门皆一至九共二十七色，又有幺头三色，每色四张，共一百二十张牌。

默和牌又受一种称为花将牌的影响，加上了东、南、西、北四门风牌即形成了共一百三十六张的麻将牌。在20世纪20年代初流入西方和日本。

武术的起源

中华武术是中华民族文化的组成部分，也是民族传统体育的主要内容，具有与中华民族同样悠久的历史。

在原始社会，人类为了生存，已开始用棍棒等原始工具作武器同野兽进行斗争，一是为了自卫，二是为了猎取生活资料。后来人们为了互相争夺财富，进而制造了更具有杀伤力的武器。这样，人类不仅制造了兵器，而且逐渐积累了具有一定的攻防格斗的技能。

商周时期，铜、铁武器相继出现，武器的内容更加丰富，武术的技击性进一步突出，同时武术的健身作用也受到重视。这时比试武艺的形式已广泛出现，更加推动了武艺的发展。

秦时盛行角抵和手搏，比赛时有裁判，有赛场，有一定的服装。汉时，有了剑舞、刀舞、双戟舞、钺舞等。这都说明，汉时的武舞已有明显的技击性，有招法，又多以套路的形式出现。汉代是武术大发展的时期，形成了多种技术风格的流派。

唐朝时，统治阶级开始实行武举制，并授予武艺出众者以相应称号，如“猛般之士”、“矫捷之士”等。这一通过考试选拔人才的制度，促进了社会上的练武活动。

刀、枪、戟——武术中常用器具。

宋代出现了民间练武组织，见于记载的有“锦标社”（射弩）、“英略社”（使棒）等。这些社团因陋就简，在街头巷尾打场演武，十分热闹。

明代是武艺大发展的时期，出现了不

同风格的技术流派，拳术、器械都得到了发展，特别是在理论上总结了过去的练武经验，具有代表性的著作有《纪效新书》《武篇》《耕余剩技》等。

清代统治者禁止练武,民间则以“社”、“馆”的秘密结社形式传授武艺。其中著名的拳种，如太极拳、八卦掌、形意拳、八极拳、劈挂拳等，多在清代形成。

太极拳的起源

太极拳是我国著名武术拳种之一。“太极”一词源于《周易》：“易有太极，是生两仪。”“太极”是指至高、至极、唯一之意。太极拳的取名，就寓有此意。

太极拳始于何时，创自何人，历来有几种不同的说法，有些甚至带上一层神秘的色彩。

清人陈鑫《陈氏太极拳图说》“自序”曰：明朝洪武七年（1374 年），“始祖讳卜。耕读之余，而以阴阳开合，运转周身者，散子孙以消化饮食之法，理根太极。故名曰太极拳。”有人据此认为太极拳是陈卜创始的。

陈卜是由山西洪洞县迁居河南温县陈家沟的陈氏家族第一代人，其后代陈王庭造太极拳的传闻颇广。陈王庭是明末清初人，他曾率领温县军民英勇抗清。入清后，他隐居乡里，晚年“闲来时造拳，忙来时耕田。教下些弟子儿孙，成龙成虎任方便”（见《陈王庭遗词》）。

唐豪先生曾于 1932 年专赴陈家沟调查，发现陈家沟的太极拳动作，有很大一部分取自明朝著名的武将戚继光所撰的《纪效新书·拳经》中的动作。

据说在清朝初年，陈王庭参照了戚继光的《纪效新书·拳经》，研究了道家黄庭关于呼吸的方法，融会贯通，创长拳十三势，编出了一套太极拳，拳势螺旋缠绕，快慢相间，意、气、形密切配合，把养生、健身和技击合而为一。今人方古、武术史研究家顾留馨皆持此说。

据《清史稿·王来咸传》载：清朝中叶，河北出现了太极拳，其拳法出于山西人王宗岳，“其法式论解，与百家之言相出入”。直至清末，传习者越来越多。王宗岳，是清朝乾隆年间山西人，上过私塾，精通拳法、剑法、枪法，研究数十年，颇具心得。其所著《太极拳谱》中之《太极拳论》，被视为太极拳经典理论。因此，王宗岳又被人认为是太极拳的创始人。

今人旷文楠则认为，太极拳形成和发展的过程，即太极拳的一些招式、动作、要领、方法，早已分别在古代的拳术和导引中引用了。到了明代，武术家们出于增进健康的目的，才将这些拳法和导引术加以糅合而编制成太极拳，以陈王庭、王宗岳贡献最大。所以太极拳并非一时、一地、一人所独创，而是经过武术家们长时期的继承、发展与创新而成的。

古代的击剑运动

击剑运动在我国发展较早，流传甚广。

早在西周时，击剑就已出现，春秋时已相当发达。当时统治者以观赏击剑寻欢作乐，他们豢养剑客，作为竞技场上的牺牲品，每场比赛均以一方死为之结束。《庄子·说剑》一文中曾描绘过这样一个情景："赵文王喜剑，剑士夹门而客者三千余人，日夜相击于前，死伤者岁百余人，好之不厌。"庄子对此大加抨击，认为"无异于斗鸡"，一旦命已绝矣，无所用于国事。

但是，击剑运动在民间却得到了健康的发展，出现了众多剑术高超的武术家，如越女、鲁石公等。《吴越春秋》中著名的"越女论剑"故事，便是生动写照。越女说："凡手战之道，内实精神，外示安仪，见之似好妇，夺之似惧虎……杳之若日，偏如腾兔，追形逐影，光若仿佛，呼吸往来，不及法禁，纵横逆顺，直复不闻。斯道者，一人当百、百人当万……"说明当时的人对击剑中的呼吸、动静、虚实、内外、顺逆、攻防等矛盾双方关系处理的重要性已有深刻认识。

三国时期，盛行以剑会友和以剑论武。剑道在这个时期出现较复杂的招式，出现了竞技性质的比赛，竞争激烈。三国时曹丕在其《典论·自序》里曾记下一件他本人亲历之事：一天，曹丕与邓展一起饮酒，席间论及剑道。曹指出了邓的一番错误说法，并向邓展表示，若不信服，可以较量一番。邓展经曹一激当即表示愿与之较量。恰巧当时他们正在吃甘蔗，于是曹邓二人以蔗代剑交手比试，结果丕三中邓臂。邓不服，要求再比，在第二轮比赛中，丕又击中其额。

不过，在火器时代以前，击剑运动无法摆脱战争中攻杀拒防的第一需要，因而很难成为意味纯粹的体育运动。后来，随着火器时代的到来，剑开始失去原有的军事价值，于是才开始成为真正的体育运动。

古代的摔跤运动

摔跤是一种较量力量和技巧的对抗性运动，在我国起源甚早，旧称角力、角抵、相扑、争跤等。

相传摔跤创始于黄帝与蚩尤的搏斗。最初是一种头戴牛角，模仿野牛动作相抵的游戏，以后逐渐变为角力的体育和军事训练项目。

据《礼记·月令》记载，周代把摔跤、射箭和驾车三者列为军事训练项目，"孟冬之月……天子乃命将帅讲武，习射御、角力"。在汉代，角力成为经常表演的一项竞赛活动。如《汉书·武帝纪》载："元封三年（前108年）春，作角抵戏，三百里内皆来观。"

晋隋以后，角抵已成民间风俗，晋代多在元宵节举行摔跤比赛。唐时规定，每年举行两次角抵大赛，日期在元宵节和中元节。比赛时，左右擂鼓助阵，优胜者获奖而归。五代时期，摔跤技术强调轻便敏捷，名手辈出，出现了中国第一部讲摔跤的书——调露子的《角力记》。

宋代还出现了女子摔跤。而且在公共场所还常常举行赌彩的"露台争交"比赛，旧小说中描写的打擂台，就是这种场面。

清代设有"善扑营"，专门训练清朝贵族青年摔跤。他们常为王公贵族表演，或与蒙古族、回族摔跤手比赛，这叫“官跤”，并且摔跤手和教练员都是终身职业。

斗鸡趣谈

斗鸡，就是促使两只公鸡相斗的娱乐。春秋后期的贵族已开始有这种娱乐。例如鲁国季孙氏斗鸡，用草芥装备鸡毛，用金属装备鸡爪，结果导致比赛发生争吵。

到战国、秦汉之际，斗鸡开始广泛流行于民间。据说汉高祖的父亲在其故乡沛县丰邑里，卖酒卖饼，以斗鸡为乐。在汉代石刻、画像砖中也能看到有不少斗鸡图。

唐时皇帝观斗鸡。

到了唐代，斗鸡成风，不仅是民间斗鸡，连皇帝也参加斗鸡。唐玄宗成立了皇家鸡坊，专门饲养、培育、训练斗鸡。每逢节日盛典时，在大庭广众中展示皇家的斗鸡，故有人称玄宗为“斗鸡皇帝”。

斗鸡在明代还很盛行，甚至还出现了专门的斗鸡社。《陶庵梦忆》载：“天启壬戌间好斗鸡，设斗鸡社于龙山下。”这种民间斗鸡组织的出现，也说明了当时斗鸡的流行。

何谓八音

我国在 3000 多年前就已经有了 80 多种乐器。古人将这些乐器根据制作材料的不同分为八类，它们是金、石、土、革、弦、木、匏、竹。这就是所谓的“八音”。所以说，“八音”是我国古代的乐器分类法，也是对乐器的统称。

金是指青铜铸造的编钟；石是指用坚硬的石块制成的磬等打击乐器；土是指用黏土制成的埙；革是指用皮革制成的鼓；弦是指用木料及纤维材料制成的弹拨乐器；木是指用木料制作的板等打击乐器；匏是指用竹管和簧片制作的笙等吹奏乐器；竹是指用竹管制作的笛等吹奏乐器。

箫的历史

“箫”是指一种编管乐器，又名洞箫，以竹制成。箫有着悠久的历史。《风俗通》说：“舜作箫，其形参差，以象凤翼。”这说明那时的箫并不是单管，而是由许多长短不同的竹管直排而成的，形制很像飞鸟张开的翅膀。

今日横吹的单管箫，古代叫“笛”，又叫“羌笛”。这种乐器，大约在汉武帝时才由西域传入中原地区。最初，它只有四个按孔，西汉音乐家京房（公元前77～前37年）在背面加一孔。西晋乐工列和在公元247年左右所演奏的箫，已有6个按孔，与今天的箫很接近。

箫大多用紫竹、黄枯竹或白竹制作，全长70厘米左右。其品种很多，其中产于黔东玉屏县的玉屏箫已有300多年的历史，明清两代曾作为朝廷贡品，有“贡箫”之称。

瑟的历史

瑟是我国原始的丝弦乐器之一，多用整木制成，面稍隆起，体中空，下嵌底板。多为25弦，也有23弦或24弦的。另有木质瑟柱施于弦下，用以调节弦长，确定音高。

瑟这个名称最早见于《诗经》，《诗经》中有“窈窕淑女，琴瑟友之，我有嘉宾，鼓瑟鼓琴”的记载。可见，早在西周时期，瑟就已经出现了。

据有关文献记载，古代宴享仪礼活动中，常用瑟伴奏歌唱。魏晋南北朝至隋唐时期，瑟是相和歌与清商乐演奏中必不可少的乐器。

宋末元初的熊朋来（1246～1323年）曾编著6卷本《瑟谱》，包括介绍瑟的形制及演奏方法、旧谱12首和他所创新谱20首。由此可知当时的瑟张弦25根，按12律吕半音排列，指法有擘、托、抹、勾等8种，用拇、食、中、无名各指分别向内外方向拨弦演奏。从古代有关诗文的记述推断，瑟似乎宜于表现悲哀幽怨的情调。

古代的编钟

编钟，就是将多个钟按音程高低悬在架子上编成一组，它是我国古代的槌击乐器。

早期的编钟是用泥土烧制的，是陶钟。夏商之际开始出现了用青铜制造的编钟。1978年，在今湖北随州曾侯乙墓发现了一套编钟，全用青铜铸造，共65件，总重量达5000多斤，编钟分三排悬挂在钟架上，每件铜钟都能敲出两个乐音。

这个编钟的音阶结构与现今国际通用的C大调七声音阶属同一音列，音域宽广，包含五个八度，比钢琴仅两端各少一组音域。在中心的三个八度范围内，有着完整的半音阶，不但可以“旋宫转调”，甚至可以演奏现代和声与复调手法的多声部乐曲。

此外，曾侯乙编钟每件都有关于乐律的铭文，共2800余字，记录着许多音乐术语，在科学概念上表现出相当精确的程度。

这套编钟的铸成，显示了我国古代青铜铸造工艺的巨大成就和音律科学达到的高度，在世界音乐史上具有划时代的意义。

古琴与古琴曲

琴是我国最古老的弹拨乐器，有3000多年的历史，被誉为琴棋书画四艺之首，在古代是地位最崇高的乐器。

古琴充满着传奇的象征色彩：长3尺6寸5分，代表一年有365天；13个徽位，代表一年的12个月及闰月。琴面弧形代表天，琴底为平象征地，表示天圆地方。有西方音乐人评价：这个乐器的构造，是依据中国天与地之间关系的观念而设计的，使人联想到传说中只有天上的神仙才能听得到的音乐。

在我国关于琴的漫长的发展历史中，产生了严密的制琴工艺和众多的造琴名家。南朝梁代丘明（494 ～ 590 年）传谱的《碣石调幽兰》为现存最早的琴曲谱。明代朱权（1378 ～ 1448 年）编订的《神奇秘谱》为现在最早的琴曲谱集。

在我国历史上，著名的琴曲有《高山流水》《酒狂》《潇湘水乐》《广陵散》《幽兰》《离骚》《梅花三弄》《胡笳十八拍》《良宵引》《秋江夜泊》《静观吟》等，有些已经失传。著名的琴歌有《关山月》《苏武思君》《阳关三叠》等。

古代四大名琴

古琴的制作历史悠久，许多名琴都有文字可考，而且具有美妙的琴名与神奇的传说。其中最著名的是齐桓公的“号钟”、楚庄王的“绕梁”、司马相如的“绿绮”和蔡邕的“焦尾”。这四张琴被人们誉为“四大名琴”。

“号钟”是周代的名琴。此琴音之洪亮，犹如钟声激荡，号角长鸣，震耳欲聋。传说古代杰出的琴家伯牙曾弹奏过“号钟”琴。后来“号钟”传到齐桓公的手中。他尤其珍爱这把琴，曾令部下敲起牛角，唱歌助乐，自己则奏“号钟”与之呼应。

琴以“绕梁”命名，足见此琴音色之特点，必然是余音不断。据说“绕梁”是一位叫华元的人献给楚庄王的礼物，其制作年代不详。楚庄王自从得到“绕梁”以后，整天弹琴作乐，陶醉在琴乐之中。

“绿绮”是汉代梁王赠予著名文人司马相如的一张琴。“绿绮”琴内有铭文曰“桐梓合精”，即桐木、梓木结合的精华。相如得“绿绮”，如获珍宝。他精湛的琴艺配上“绿绮”绝妙的音色，使“绿绮”琴名噪一时。后来，“绿绮”就成了古琴的别称。

“焦尾”是东汉著名文学家、音乐家蔡邕亲手制作的一张琴。蔡邕在隐居时，曾于烈火中抢救出一段尚未烧完、声音异常的梧桐木。他用此木制成一张七弦琴，果然声音不凡。因琴尾尚留有焦痕，就取名为“焦尾”。“焦尾”以它悦耳的音色和特有的制法闻名四海。

雅乐与俗乐

雅乐是古代祭祀天地、祖先和朝会、宴享时所用的正统音乐。相传孔子听了尽善尽美的雅乐《大韶》后，竟至“三月不知肉味”。

雅乐最早出现在周公时期，是为巩固统治所制订的一套礼乐制度。西周雅乐有“六代之乐”，歌颂黄帝、唐尧、虞舜、夏禹、商汤、周武王，有“诗乐”，即后来《诗经》中“风”、“雅”、“颂”的内容；有“四夷之乐”及敬神礼鬼的宗教性乐舞。雅乐的应用有严格的等级区别。王的乐队排四面，诸侯的排三面，卿、大夫的排两面，士只排一面。

雅乐的演奏乐器由金、石、土、革、丝、木、匏、竹八类材料制成，主要是编钟和编磬。

俗乐，指在民间流行的音乐。《诗经》十五国风中的郑风与卫风，也即郑国和卫国的民间音乐就属于俗乐。

由于俗乐历来受到儒家的排斥，因此自战国时代起，雅乐和俗乐就成了历代音乐的两大壁垒。但在隋、唐以前，还没有明确区分雅乐和俗乐，宫廷宴会时二者都可采用。隋文帝时音乐分雅、俗二部。唐玄宗时设左右教坊，选乐工演奏俗乐，教法取自梨园，称为皇帝梨园弟子，于是俗乐达到极盛。俗乐在历史上先后被称为“清乐”或“燕乐”。

何谓女乐

“女乐”是我国古代最早出现的专业舞蹈表演艺术家。早在远古时期，先民们就产生了模拟劳动动作或动物情态，直接表现劳动生活及自然界的原始舞蹈。但真正意义上的舞蹈表演艺术的产生，是在人类进入阶级社会以后。

奴隶社会的进一步分工，出现了以表演歌舞供奴隶主娱乐消遣的专职乐舞女奴，这就是后世女乐的端绪。据《吕氏春秋·洪乐》记载，夏桀和殷纣这两位暴君的宫中就有“女乐数万”，她们常常被迫表演放荡淫泆的群舞，且“以巨为美，以众为观”。这应当是夏、商奴隶制王朝存在乐舞女奴的直观反映。

史籍记载，春秋战国时诸侯们每当宴赏群臣，总是“女乐罗列”，国与国之间也常以女乐相互馈赠。拥有众多的女乐舞伎，已成为当时日常享乐及政治生活中的一项重要内容。秦始皇统一六国后，汇聚了原六国的音乐舞蹈艺术，以致女乐舞伎，充盈宫室。汉代时，上起宫廷，下至豪门，收养女乐成风，歌舞伎乐盛行一时。

乐舞图。

从现存的文献资料来看，当时的女乐舞蹈内容丰富，形式多样。现今的各种舞蹈形式，如独舞、双人舞、三人舞、抒情舞、多段结构的大型歌舞，在汉代女乐舞蹈中都已出现。

到了隋唐，女乐的发展更达到它的鼎盛时期，隋炀帝大业年间，在洛阳举行过一次大规模演出，曾集中了歌舞伎三万人，为制作舞衣竟把长安、洛阳的锦缎彩绸抢购一空。唐时，皇室宫廷中有宫伎，军队有营伎，地方政府部门有官伎，官僚富户有家伎，即便是平常士人之家也养有一定数量的女乐舞伎。

安史之乱以后，唐王朝盛极而衰，繁盛的女乐也开始步入了曲终筵散、逐步衰落的时期。正如杜甫在《观公孙大娘舞剑器行》一诗中所感叹的："梨园弟子散如烟，女乐余姿映寒日。"宋代以后，随着市民文艺的兴盛，除宫廷贵族间尚有部分女乐遗留外，原来的女乐舞伎队伍开始分化，大多转向了城市的瓦肆勾栏，成为了职业的歌舞演员。

何谓六舞

"六舞"又称"六乐"，它是由周公制定的，包括《云门》《咸池》《大韶》《大夏》《大汉》《大武》6支乐舞。以后的历朝统治者都奉之为乐舞的最高典范，称它为"先王之舞"。

这6支舞蹈又可分为文武两类。黄帝、尧、舜、禹等人以文德服天下，所以他们的乐舞是文舞；汤与武王都是以武功征服天下，所以是武舞。

"六舞"的演出仪制有明确规定，表演者都是在"大司乐"门下受教育的贵族子弟。贵族子弟们在隆重的典礼中俯仰回旋，应律合节。在这里，统治阶级除了达到祭祀天地山川、夸耀政治修明隆盛、歌功颂德的目的之外，还使他们的下一代耳濡目染，自然而然地受到了统治阶级礼教的感化。但慢慢地，统治阶级极力的神化使"六舞"僵化在固定的程式中，结果连统治阶级都不爱看了。

何谓软舞和健舞

"软舞"、"健舞"是唐代按照风格特点划分的两个舞蹈品种，多为单、双人的小型表演性舞蹈。

一般来说，"健舞"动作刚健豪迈，节奏明快，中间偶尔有舒缓的段落。"软舞"动作优美柔软，节奏舒缓，但是有的时候也有快节奏的舞段。

《胡旋舞》是健舞的一个重要节目，以快速、轻盈、连续旋转的高超技艺为主要特征。这种舞蹈在唐代风靡一时，杨贵妃、安禄山都是表演胡旋舞的好手。据说安禄山大肚垂膝，但是跳起胡旋舞来却像风一样敏捷、轻盈，很得唐玄宗的喜欢。

唐代乐舞。

此外，著名的健舞还有《胡腾舞》《柘

枝舞》。软舞则以《绿腰》《凉州》和《甘州》等为代表。

唐朝的三大乐舞

唐朝的三大乐舞，是指《七德舞》《九功舞》和《上元舞》。

《七德舞》原名《秦王破阵乐》，是唐武德三年(620年)唐太宗平定刘武周时，由军队创编出来的凯歌军乐。战士随乐起舞，形成独特形式的军舞。

《九功舞》本名《功成庆善乐》，庆善宫是唐太宗的诞生地，贞观六年，太宗宴群臣于庆善宫，赋诗十韵，后由乐府谱曲演奏，名为《功成庆善乐》，后又改编成《九功舞》。《旧唐书·音乐志》载："舞者六十四人，衣紫大袖裙襦，漆髻皮履。舞蹈安徐，以象文德洽而天下安乐也。"

《上元舞》为唐高宗编创。《新唐书·礼乐志》载："舞者百八十人，衣画云五色，以象元气。"

《霓裳羽衣曲》

《霓裳羽衣曲》是唐朝歌舞的集大成之作，它是一个带有宗教意识的、表现仙女姿态的艺术珍品。《霓裳羽衣曲》由唐玄宗作曲，在开元、天宝年间曾盛行一时，安史之乱后，宫廷就没有再演出了，后失传。

此曲约成于718年至720年间，关于它的来历，有三种说法：

第一种说法是玄宗登三乡驿，望见女儿山（传说中的仙山），触发灵感所作。

第二种说法是说唐玄宗以太常刻石的方式，更改了一些西域传入的乐曲，此曲就是根据《婆罗门曲》改编的。

第三种说法认为，此曲前部分（散序）是玄宗望见女儿山后悠然神往，回宫后根据幻想而作；后部分（歌和舞）则是他吸收河西节度使杨敬述进献的印度《婆罗门曲》的音调而成。

五代时，南唐后主李煜和昭惠后曾一度整理排演，但那时宫廷传存的乐谱已经残缺不全。南宋年间，姜夔曾发现商调霓裳曲的乐谱十八段。

古乐的标准音

对于标准音，古人制订了这么一个标准："大不出钧，重不过石。"所谓钧，就是取一根长7尺的木条，系一条弦，拉紧之后，击弦发音。用这个音高作为钟音最大的限度。也就是说，编钟的音从黄钟之宫的那个钟开始，升到钧音为止，不能制造音更高的钟了，即所谓"大不出钧"。120斤为石，重不过石，就是编钟最重不得超过120斤。

有了量的限制，再来定度的标准。关于这点，古人制造一个黄钟管作标准。黄钟是十二律的首律，首律的音高就叫作"黄钟之宫"，也就是现代音乐上所谓音阶的主音。主音的音高是这样定的，取一根竹子，要粗细均匀，内半径1.5厘米。在两节中截取9寸（1寸=3.3333厘米），把一头封闭起来，在开口的一头吹，吹出的音就是黄钟之宫。

标准音黄钟管确定后，其他乐器的标音都根据黄钟管所发出的音为标准来定音。

古代的教坊

教坊，就是我国古代管理宫廷音乐舞蹈的机构。在历史上，唐代的教坊最为完备。

唐代的教坊。

宫中的内教坊，乐工有男有女。女乐工按色艺分档，色艺最高的称“内人”，居于宫中宜春苑，她们在大型歌舞时总是站在队伍的前面。其次为“宫人”，再次为档“弹家”。这些人有的来自世代乐工之家，有的则是罪人妻室沦落为乐伎的，还有一部分是各地的艺人。教坊对乐工的训练非常严格，有专门的教师教授。

唐代教坊是当时天下音乐舞蹈精华的荟萃之地。其中名家云集，他们精湛的演技曾使当时倾国仕女们如痴如醉。其中许永新、李龟年等人，都是一时之秀，蜚声艺坛，留下了不少传诵后世的风流佳话。

梨园及梨园子弟

旧时常将戏曲行当叫作“梨园行”，将戏曲艺人称为“梨园子弟”，这些称谓一直沿用至今。为什么这样叫呢?

据传说，唐玄宗开元、天宝年间，由于社会安定、国力强盛，到处是一派歌舞升平的景象。于是，歌舞百戏的技艺在当时十分流行。唐玄宗李隆基本人也是个戏曲、音乐的爱好者，他自己不仅爱听、懂欣赏，还能唱上两口，玩玩乐器，指挥排练。由于他偏爱大型歌舞，还主持选拔了三千名乐师，常亲自光临指导，将艺人留在皇宫的梨园演奏乐曲，供自己消遣。

后来，人们便把皇上提供的演练场地“梨园”称为戏曲音乐行当了，更有人将唐玄宗李隆基称为戏曲界的“祖师爷”。

戏曲界除了被称为“梨园”之外，也被称为“菊部”。徽宗第九子高宗赵构在杭州称帝，重建宋朝，即历史上的南宋。国难深重，宋高宗赵构的压力颇大，内宫有位菊夫人能歌善舞，精通音律，常为高宗演出歌舞消遣，宫中称此女子为“菊部头”。所以，戏曲行当也有“菊部”的特别称谓。

此外，戏曲还有“雅部”和“花部”的称呼，这两种叫法始于清朝乾隆年间。“雅部”指当时被认为是雅乐的昆腔；“花部”指昆腔之外的地方戏曲。后来这两部通指戏曲了。

京剧的由来

京剧是我国最大的戏曲剧种，流行于全国各地，它是由多种地方戏在北京汇聚、融合、发展而成的，约有 170 年的历史。

清初，京师梨园盛行的是昆腔和京腔（即传至北京的弋阳腔）。乾隆年间，各地方剧种借着为皇帝、皇太后祝寿之名，纷纷进京献艺，受到观众的热烈欢迎。随后，又有“四喜”、“春台”、“和春”三个徽班入京，后来和“三庆班”合称“四大徽班”。

道光年间，湖北楚调（汉剧）也进入北京，形成了湖北西皮调与安徽二黄调的合流，而产生了“皮黄戏”。在此基础上又吸收了昆腔、京腔、柳枝腔、吹腔、四平调、拨子等，于清末出现了“京腔”，后称“京戏”、“京剧”，也曾一度称“平剧”。

1840 年前后，京剧便成为继昆曲之后在全国风行的主要剧种。到了同治、光绪年间，京剧更是盛行全国，出现了程长庚、余三胜、张二奎等著名演员，时称“老生三鼎甲”。

京剧艺术比其他剧种更突出了戏曲集中、概括和夸张的特点，形成了唱、做、念、打一套完整体系和统一风格，表演时具有鲜明的色彩和强烈的节奏感，被人称为“国粹”。京剧的历史虽然不长，但已成为了一个博大精深的艺术的代表，并在世界艺林中占有一席地位。

京剧主要流派

我国京剧流派繁多，影响巨大，其主要流派都有自己的代表人物和代表剧目。

1. 梅派。

创始人梅兰芳（1894 ～ 1961 年），演青衣，兼演刀马旦，在京剧旦角的唱腔、念白、舞蹈、音乐、服装、化妆等各个方面均有所创新和发展，形成了自己的艺术风格，影响很广，世称“梅派”。代表剧目有《宇宙锋》《贵妃醉酒》《霸王别姬》《游园惊梦》《抗金兵》等。

2. 尚派。

创始人尚小云（1900 ～ 1976 年），演青衣，兼演刀马旦，唱法以刚劲见长，世称“尚派”。擅演剧目有《二进宫》《祭塔》《昭君出塞》《梁红玉》等。

3. 程派。

创始人程砚秋（1904 ～ 1958 年），演青衣。他根据自己的嗓音特点，创造出一种幽咽婉转的唱腔，世称“程派”。代表剧目有《春闺梦》《青霜剑》《荒山泪》《窦娥冤》等。

4. 荀派。

创始人荀慧生（1900 ～ 1968 年），演花旦、刀马旦，功底深厚，吸收梆子唱腔、唱法和表演艺术，对京剧的传统技法有所发展，形成了自己的艺术风格，世称“荀派”。以《金玉奴》《红楼二尤》《钗头凤》《荀灌娘》等剧目著名。

5. 谭派。

创始人谭鑫培（1847 ~ 1917 年），演老生，以唱、做、念、打相互结合见长，并创造了一种悠扬婉转而略带感伤的唱腔，形成了自己的艺术风格，世称“谭派”。以《空城计》《定军山》《卖马》等剧目著名。

6. 余派。

创始人余叔岩（1890 ~ 1943 年），演老生，善用唱腔表达人物思想感情，继承了谭鑫培一派的表演艺术特点而有所变化，形成了自己的艺术风格，世称“余派”。以《盗宗卷》《战太平》《定军山》《桑园寄子》等剧目著名。

7. 马派。

创始人马连良（1901 ~ 1966 年），演老生，博采众长，形成了自己圆润、潇洒的风格，世称“马派”。擅演剧目有《群英会》《借东风》《甘露寺》《四进士》等。

8. 麒派。

创始人周信芳（1895 ~ 1975 年），艺名“七龄童”，后来取其谐音“麒麟童”，演老生，继承和发展了民族戏曲的现实主义表演方法，形成了自己独特的风格，影响很广，世称“麒派”。代表剧目有《四进士》《徐策跑城》《萧何月下追韩信》《清风亭》《义责王魁》等。

评剧的起源

评剧是我国较大的一个地方剧种，以前叫“奉天落子”、“棒棒戏”。

如痴如醉的剧迷。

评剧诞生于河北乐亭、丰润县一带。最初是二人对唱、莲花落等民间小调，后来吸收了河北梆子和京剧的音乐成分，逐步由对口说唱发展成为由演员扮演角色的小戏。这种小戏流行于唐山一带，又叫“唐山落子”。

“唐山落子”随着内地农民向东北迁移而传到奉天（沈阳），由于受到当地人民的生活、风俗、语言和民间艺术的影响，逐渐形成了粗犷豪放、激越昂扬的“奉天落子”。

“奉天落子”在当时也称为“平剧”，由于和京剧的别称“平剧”重合，于是在“平”字边加一个“言”字旁，成为“评剧”。

黄梅戏是怎么产生的

黄梅戏亦称黄梅调，是安徽省的地方剧种，黄梅戏内容通俗、形式活泼、风格清新、曲调悠扬委婉。严凤英、王少舫、马兰、黄新德、陈小芳等都是黄梅戏演员中的佼佼者。《天仙配》《打猪草》《金钗记》都是著名的黄梅戏剧目。

关于黄梅戏产生的时间和地点，最普遍的说法是，黄梅戏源于湖北省黄梅县的“采茶调”。这种小调在形成过程中，与附近的江西调、凤阳花鼓相融合，不断丰富完善。清道光以后，传入安徽、江西一带，又受到了青阳腔的影响，并与当地民间歌舞、说唱音乐相结合，逐渐形成为民间小戏，在安徽安庆一带扎下了根。安徽人称其为“黄梅调”，1952年改称为“黄梅戏”。

昆曲与昆腔

昆曲是我国古老的戏曲声腔、剧种，原名“昆山腔”或简称“昆腔”，清代以来被称为“昆曲”，现又被称为“昆剧”。

据明朝《南词引正》记载，昆曲是由元代末年的顾坚开创。大多数戏曲研究者认为，昆曲中昆山腔是在明代嘉庆年间经魏良浦吸收海盐腔、弋阳腔的音乐，以及各地的民歌小调、各兄弟民族的曲调予以加工而来的。

昆曲继承了唐宋大曲和元明的南北曲的精华，创造了最完整的表演体系。昆曲在其鼎盛时期曾遍及大江南北，成为全国剧坛的霸主，并产生了北昆、湘昆、川昆、宁昆等许多支派，形成一种声腔系统。

18世纪后期，地方戏兴起，昆曲由于过于文雅和繁难，便呈衰落趋势。

新中国成立后，对昆曲采取了保护措施，使它重新获得了新生。

生旦净末丑名称的由来

在我国传统戏剧中，按扮演人物的类型，将演员划分为“生”、“旦”、“净”、“末”、“丑”等不同的角色行当。这些角色的名称是怎么来的呢?

对戏曲颇有研究的徐渭在《南词叙录》中说：“生就是男子的称谓，戏剧史上有董生、鲁生。宋代歌舞的女子上场，均把乐器之类的东西放置在篮子里，挑着它而出场，称作花旦，现在陕西还是这样，后来省略一个花字，简称为旦。丑，用墨搽脸，其形状十分丑陋，现在简称丑。净字无法解释。我认为是古‘参军’二字的合音，后错写为净字。末，优伶中不重要的角色充当，因而居于末位。”

而戏剧史家周贻白认为，“旦”字系由“妲”字演变而来。顺序是先有“妲”，由“妲”讹为“妲”，再由“妲”简笔为“旦”。“妲”历来是对女性的称谓，而“旦”即“妲”之讹，也即代表女子。

元人柯丹丘认为“净”即“靓”之讹。他解释说：“傅粉墨献笑供谄者，粉白黛绿，古谓之靓装，今俗讹为净。”“净”用脸谱，确是粉白黛绿。

梨园三怪

清末民初，戏剧界有所谓的梨园“三怪”。

跛子孟鸿寿：自幼患了软骨病，身长腿短，头特别大，脚小而纤弱，行走不便。他暗下决心，苦学三年，扬长避短，成为独树一帜的名丑，戏园争相邀请。

瞎子双阔亭：自幼学戏，后因病双目失明，但并未灰心丧气，更加勤学苦练。在台下行走要人搀扶，但上了台却泰然自若，寸步不乱，成为功深艺湛的名须生。

哑巴王益芬：先天不会说话，平日看父母演戏，一一默记于心，虽无人教授，但每天起早贪黑练功。艺成后一鸣惊人，成为有名的武花脸，最后被戏班奉为导师。

四大名旦与四小名旦

20 世纪 20 年代京剧旦行先后成名的四位有代表性的演员：梅兰芳、尚小云、程砚秋、荀慧生。四大名旦在艺术上不断进取，表演、唱腔精益求精，各有独门剧目，蔚成流派。

继“四大名旦”以后，20 世纪 30 年代又有一批旦行演员脱颖而出。1940 年，北京《立言报》邀请李世芳、张君秋、毛世来、宋德珠四人合作，在北京新新大戏院演出两场《白蛇传》，四个人分演自己擅长的一折戏，各展所长，社会影响强烈。从此即被公认为四小名旦。

面具的来历

头戴模样多姿的面具，装扮成各种形象，进行一定的表演，曾一度是中国传统喜庆典礼活动中普遍流行的习俗现象。今天，逢年过节，我们还可看到戴面具活动的遗风，面具游戏，仍是民间喜闻乐见的一种民俗娱乐活动。然而，趣味盎然的面具是何时产生的？它又是从何而来的呢？

一种意见认为，面具出自于南北朝间军人之手，为威慑敌人而制作。传说北齐兰陵王虽为武将，却长了个小白脸，打仗时，担心容貌缺少勇猛的武将风度，气势上不足威慑敌人，不得不做面具戴上。这段历史搬上舞台时，面具也就进入了戏剧之中。

上述见解，遭到了近代一些学者的质疑。他们认为，戴面具的习俗，至少在周代已经出现，不过，当时不是娱乐，而是一种驱鬼逐疫的民俗活动。

王国维认为：“面具之兴古矣，周官方相氏掌蒙熊皮，黄金四目，玄衣朱裳执戈扬盾，似已为面具之始。”

相传古时候有一种叫方良的精怪，专门食人脑。特别是死人脑，这在祈求死人灵魂复归的古人眼中，确是十恶不赦的魔鬼，如何驱除它们呢？

人貌不足威，古人就想法把自己打扮成凶狠可怕的形象，掌上套了猛兽熊皮，头上戴了四个眼的金属面具，身披花花绿绿的衣服，手拿武器盾牌，俨然也是一个凶神恶煞，以吓唬方良这些魔鬼，使其恐惧逃匿。

可见，远在古时，面具已出现在人们的生活中，至汉代已大量用于娱乐。我们知道1936年当时的国立中央研究院在安阳殷墟发掘古物，即掘到一些铜面具、铜兜鍪等考古实物，也证明面具起源甚早。

《录鬼簿》是一本什么样的书

《录鬼簿》是我国第一部重要的戏曲书。它的作者是元代后期的戏曲作家钟嗣成。

《录鬼簿》一书系统地记载了元代杂剧和散曲作家152人的姓名、生平、作品，并对其中一部分加以评论，这是有关元代戏曲的第一手宝贵资料。

钟嗣成在《录鬼簿》序中说，人只知已死的叫鬼，而不知没有死的也是鬼。一些醉生梦死、道貌岸然、空谈义理之徒，虽然活着，与已死之鬼也差不多。天地间也有不死之鬼，那些优秀的戏曲作者由于高才博艺而永垂史册。他还说，他自己也是鬼，他只是想使已死和未死之鬼，得以流传久远，并引导后来作者超过前人。所以把书名叫作《录鬼簿》。

《录鬼簿》对董解元、关汉卿等进步剧作家给予了高度评价。它在我国古代戏曲理论批评的发展史上，具有承前启后的作用。

木偶戏溯源

木偶戏也叫傀儡戏。传说西周穆王时，艺人偃师，带了倡优来朝见穆王，倡优能歌善舞，但解剖一看，原来是用木头和皮革制成的木偶。

木偶真正作为戏剧性的表演，大约是汉以后的事情。《通典》上说：“窟磊子作偶人以戏，善歌舞，本丧家乐也，汉末始用于嘉会。”

唐代时，提线木偶的制作已很精致，唐玄宗曾作诗赞曰：“刻木牵线作老翁，鸡皮鹤发与真同。”两宋时期，种类更加繁多，有仗头木偶、悬丝木偶、药发木偶、水木偶等。元、明、清以后遍及全国。

古代的杂技

杂技是一种表演艺术，它包括口技、手技、蹬技、踩技等各种民间杂耍，以及魔术、戏法、驯兽和马戏等项目。杂技在我国起源很早，已有2000多年的历史。杂技在汉代称百戏，隋唐时叫散乐，唐宋以后为了区别于其他歌舞、杂剧，才称为杂技。

在我国古文献中，很早就有关于杂技的文字记载。《史记·李斯列传》记载过秦二世曾经在甘泉宫看角抵戏的情形。角抵戏类似今天的摔跤表演。汉朝张衡在《西京赋》里描写了跳剑丸、走绳索、爬高竿的表演情景。

隋炀帝还曾集中很多乐工，传授技艺。杂技到了唐代又有发展，据古籍记载，唐玄宗常在兴庆宫举行宴会，会上百戏杂陈，走索、弄丸、舞剑、寻橦，无所不有。宋代的杂技不仅在城里演出，而且遍及乡村。宫内有百戏教坊，村落有百戏艺人。元朝的杂技也有一定的发展，直至清代，杂技依然为广大群众所喜爱。

口技漫话

口技是一种传统的杂技节目。表演者运用口腔发声，逼真地模仿自然界及人类生产活动中的各种声响。

口技产生的时代很早。早在远古时代，人们在狩猎活动中模仿动物之声诱捕动物。在春秋战国时代，口技有了很大发展，甚至用于政治斗争。战国时就有孟尝君门客在函谷关夜半学鸡鸣之事。

至宋代，口技正式成为杂技节目。这时已有“百禽鸣”或“学象声”。皇上生日，口技也成了表演技艺之一。南宋时，还有一个专门训练口技艺人的组织，如《都城纪胜》所载，临安有“小女童象生叫声社”，另有一种“学乡谈”，大约是专门模仿各地的方言、语音而表演。

明朝时，口技被称为“象声”，涌现出了众多的口技艺人。清代，口技表演的范围愈益广泛，涉及社会生活的各个方面，并出现了许多著名的口技表演专门人才。如“百鸟张”张昆山，表演鸟鸣，清脆宛转，几乎乱真。

新中国成立后，扩音器在口技表演中被广泛应用，大大扩展了口技的表现范围，丰富了口技的表演技巧，为口技技艺开辟了新天地。

相声的来源

我国的相声艺术至少已有 2000 多年的历史，根据古籍记载，早在春秋战国时代，我国就有滑稽和戏谑的表演形式，这就是最早的单口相声。

到了唐代，又出现了两个人表演的“参军戏”，由于这种表演相声的演员常是军营中的幕僚，又称“弄参军”。它是一种对口相声，一个人穿绿色衣服，手持简策，扮作机灵滑稽的参军；另一人穿着破烂不堪的衣服，扮作愚蠢可笑的苍头，互相笑骂、戏弄，甚至扑打。这种相声演员的形象，可以从唐墓中出土的戏弄俑上看到。

到了宋代，街头集市上已有了专门“打砌”和“说诨话”的艺人，他们插科打诨、说学逗唱，使对口相声又有了新的发展。到了元、明、清代，随着戏曲的不断发展，相声表演也日益丰富多彩。

清朝同治年间，相声艺术在北京得到长足的发展，日渐成熟，并规定用北京方言表演，外地也偶有用地方方言的。

如今，相声已成为一种遍及全国各地，独具风格、群众喜闻乐见的艺术形式。

双簧的由来

“双簧”有两个意思，其一是指有双簧片的一种管乐器，常被称为“双簧管”；其二是指一种源于北京的曲艺名字，表演方式是由前面的一个演员表演动作，藏在后面的一个人或说或唱，互相配合，好像前面的演员在自演自唱一样。

“双簧”这种演艺节目，其起源和慈禧太后有关。

据说晚清有位叫黄甫臣的唱单弦曲的艺人，他唱的段子不仅声音洪亮，抑扬顿挫，韵味十足，而且动作精湛得体，内容风趣幽默。慈禧太后很喜欢听他的曲艺，于是就经常将他召进宫去表演。

有一次，慈禧太后又想听黄甫臣的单弦演唱，便传下懿旨，召他进宫表演。但是，正在黄甫臣接了旨意要去表演的时候，他却得了感冒，嗓子突然间哑了，一点声音都发不出来。

这可让他为难了，要是不去吧，触犯了慈禧可不是闹着玩的，要是去吧，却没有声音，同样会受到责罚。黄甫臣为此愁眉不展，想不出办法。黄甫臣的儿子是门里出身，唱功也很不错。他一见，就对父亲说：“我们何不这样。我藏在后面唱，你在前面做动作表演好了。”黄甫臣想了想，觉得也只好这样了。

没想到，父子二人这次搭配演出却十分成功，慈禧太后也听得非常开心。不过，演到最后，他们还是被发现了，父子俩跪地请罪，慈禧太后一时高兴，就免了他们的罪，赏赐了银子说：“没想到你们演的双簧，反比一个人演出更觉精彩好看呢！”

自那以后，“双簧”形式的节目便流行开了。

古代书法名家的合称、特称

崔杜：指东汉崔瑗、杜操（又改杜度），二人是师徒关系，都擅长章草。

钟张：指东汉张芝、三国魏钟繇。张芝创今草，被推为“草圣”，钟繇代表作有《宣示表》《贺捷表》等。

三谢：指东晋的谢尚、谢奕、谢安三人，他们在书法上均有造诣。

二王：指东晋王羲之、王献之父子。王羲之被称为书圣，代表作有《兰亭序》等，王献之代表作有《鸭头丸》《十二月帖》等。

羊薄：指南朝宋书法家羊欣、薄绍之。羊欣善隶（正）书，薄绍之善行草。

虞欧褚薛：指初唐的四大书法家虞世南、欧阳询、褚遂良、薛稷。虞氏的代表作有《孔子家庙碑》，欧阳氏代表作如《九成宫醴泉铭》《化度寺邕禅师舍利塔》《虞恭公温颜博碑》《皇甫诞碑》，褚氏名作如《雁塔圣教序》《孟法师碑》等，薛氏代表作如《信行禅师碑》等。

二薛：指初唐书法家薛稷、薛耀兄弟。后者的代表作有《夏日游石淙诗》《伊阙佛龛碑》等。

颠张醉素：颠张即张旭，代表作如《肚痛帖》；醉素指怀素，代表作如《自叙帖》《千字文》《苦笋帖》等，二人亦唐草圣。

颜柳：指唐之书家颜真卿、柳公权，书史上又有“颜筋柳骨”之称。前者的代表作如《多宝塔感应碑》《郭家庙碑》《元吉墓碑》《颜勤礼碑》《颜家庙碑》《祭侄季明文稿》《争座位帖》等；后者的代表作如《李晟碑》《金刚经》《神策军碑》等。

苏黄米蔡：指宋“四大家”苏轼、黄庭坚、米芾、蔡襄。苏氏代表作如《天际乌云帖》《洞庭春色赋》《中山松醪赋》《寒食诗》《醉翁亭记》等；黄氏代表作如《松风阁》《苏轼寒食诗跋》《花气诗》《诸上座帖》等；米氏代表作如《多景楼诗》《苕溪诗帖》《蜀素诗》等；蔡氏名作如《万安桥记》《颜真卿自书告身跋》。“四家”之蔡一说为蔡京。

米薛：指北宋米芾、薛绍彭，后者代表作如《杂书卷》等。

鲜赵：指元代书家赵孟頫、鲜于枢，又称元“二雄”。赵氏代表作如《仇锷墓碑铭》《三门记》《汲黯传》《二陆文赋跋》《嵇康绝交书》《兰亭十三跋》等；鲜于氏代表作如《韩愈进学解》《渔父词》《透光古镜歌》《韩愈石鼓歌》《苏轼海棠诗》《老子道德经》等。

三宋：指明初宋克、宋广、宋瑶兄弟三人。

二沈：指明初沈度、沈粲兄弟二人，又号称“大小学士”。前者以婉丽胜，后者以遒逸胜。

吴中四才子：指明代居于苏南的书法家唐伯虎（唐寅）、文征明、徐祯卿、祝允明。

邢张米董：指晚明四大家邢侗、张瑞图、米万钟、董其昌四人。其中董其昌、邢侗又有“南董北邢”之说。

钟王：指三国魏钟繇、东晋王羲之。

二张：指东汉张芝、唐代张旭二位善草书之书家。

颜柳欧赵：又称“楷书四大家”，指唐之颜真卿、柳公权、欧阳询，元之赵孟頫四人。

赵董：指元代赵孟頫、明朝董其昌二人。

楷书之祖——颜筋柳骨

唐朝是中国书法艺术空前繁荣的时代。有唐一代近 300 年间，杰出的书法家辈出，楷书、草书、隶书、行书如林花璀璨、鲜艳夺目。

初唐书坛上唱主角的是欧（阳询）、虞（世南）、褚（遂良）、薛（稷）四大名家。其后则以张旭的草书最为人称道，再后，则以颜真卿和柳公权的楷书最具特色。

颜真卿（709 ～ 785 年），字清臣，京兆万年（今陕西西安市）人。因曾任平原太守，赐爵鲁郡开国公，人称“颜平原”，亦称“颜鲁公”，是我国盛唐至中唐时期著名的书法家。

颜真卿一生曾与杨国忠、鱼朝恩、元载、卢杞等奸相权臣进行不屈的斗争。安史之乱发生后，他又是叛乱与分裂的坚决反对者，作为国家重臣，他置生死于度外，竭尽全力平息叛乱，在他 76 岁时终于以身殉国。

颜真卿的书法，初学褚遂良，后又师从张旭，作为集大成者，颜真卿熔铸汉魏两晋以来书法艺术的造型经验，汲取了篆、隶、行、楷、草的字形构架、线条形式和用笔特点。他所开创的“蚕头燕尾”笔法，点画更显得遒劲有力，故世称“颜筋”。

在楷书造型上，颜真卿吸取篆隶特点，以篆隶入楷，正面取势，使左右竖划略带弧形，且横轻竖重，使笔下的楷字具有立体感，这是不少书家的楷书不宜写成大字，而颜真卿楷书写成大字更妙的原因。

颜真卿的书法作品，流传至今的墨迹及碑刻拓本约有 70 余种。其中最为著名的楷书有《多宝塔碑》《大唐中兴颂》《颜氏家庙碑》《祭侄稿》等。

柳公权（778 ～ 865 年），字诚悬，京兆华原（今属陕西）人。他是唐代继颜真卿之后又一位楷书的集大成者，他的楷书，人称“柳体”，历来是学习楷书者必学的重要书体，而且往往是楷书入门必学的范本。柳公权的代表作有《玄秘塔碑》《神策军碑》等。

古代山水画

在我国古代绘画各科中，山水画是最重要的一个科目，也是影响最大的。

我国山水画的历史可追溯到战国以前，那时人们在生产劳动中，将大川河流的形象广泛用于工艺装饰，于是山水画也随之逐渐崛起，如夏商周铜鼎上的山云纹等。

魏晋六朝尽管山水画有所发展，但绘画中的山水还只是作为人物故事的陪衬出现在画面上的。以表现景物为主的山水画，大约始于隋代展子虔的《游春图》。展子虔笔下，山水成了构图的主体，并且注意到客观物体之间远近、大小、高低的比例关系。它的出现，是山水画成为独立艺术的标志。

到唐朝时，山水画出现了青绿和水墨两种不同的表现手法和审美风格。青绿山水，也就是用矿物质石青、石绿作为主色的山水画，笔法工整，着色浓重，金碧辉煌。代表人物有展子虔和大小李将军（李思训、李昭道父子）等；水墨山水是当时创立的新兴画派，其特点在于以墨的浓淡变化和层次交融来展现大自然的空间深度及韵致，主要代表人物有张桑、王维等。王维将诗的意境熔铸在绘画之中，是和他在创作技法上的创新分不开的。传说他的传世作品有《雪溪图》。

山水画创作的全盛时期是五代和北宋，当时涌现出不少名画家。以他们所处的不同地区，划分为两大画系。北方画派以荆浩、关仝、李成、范宽为代表，作品较多表现出雄壮峭拔的风格。此外，还出现了以泼墨为法，追求“意似”之“简”的米芾、米友仁父子，他们画山画树重在墨法，墨中见笔，以浑然之水墨来写空濛云雾中的烟雨景象，达到“满纸淋漓障犹湿”的境界，开创了山水画创作的新的艺术境界。

元代出现了许多山水画家，其中成就很大的有钱选、赵孟頫、高克恭和“元末四大家”即黄公望、吴镇、倪瓒、王蒙。尤其是元末四大家，他们的水墨写意山水画在题材选择和审美意识上都表现出文人摆脱仕途烦恼，思想孤高，隐逸山林以寻求内心平衡的心态。

明代，初期有以戴进为代表的浙派，明中期则有被称为“吴门四大家”的沈周、文征明、唐寅、仇英，他们打破了以往画家拘守一科的局限，既画山水也画花卉、人物，虽然审美风格各有特点，但总的倾向是注重抒发文人潇散淡逸的意兴，发扬光大了文人画的传统。

清代山水画的代表人物是“四画僧”，即渐江、石溪、八大山人和石涛。他们在艺术创作上的共同特点，是反对当时复古的风气，主张师古而不囿于古，强调“师造化”，即以自然为师。石涛更明确提出“我自用我法”，即主张在艺术上要有自己的创造。

古代的人物画

以人物形象为主体的绘画，是中国书画中的一个大科目，通常就称为“人物画”。

在中国古代绘画各科目中，人物画是较早出现并较早趋于成熟的。1949 年长沙楚墓出土的《人物龙凤帛画》，是至今见到的最早的具有独立意义的绘画作品。距今已有两千多年。汉墓壁画中，也有不少人物作品。

魏晋时期，一代宗匠顾恺之，是一位杰出的人物画家。他提出了“以形写神”等艺术见解，为人物画的创作奠定了理论基础，对后世影响很大。代表作品《洛神赋》《女史箴图卷》等，至今闻名于世。

人物画在唐代发展到高峰。阎立本、吴道子是唐代人物画的杰出画家。阎立本的许多人物画作品都是奉唐太宗之命创作，其中有不少是肖像画。传世的《步辇图》是阎立本的代表作。吴道子被人们誉为“古今独步”的“画圣”，主要从事壁画创作，题材以释道人物为主。传世作品有《天王送子图》。

唐代值得一提的还有以张萱和周昉为代表的宫廷仕女画。张萱的《虢国夫人游春图》《捣练图》和周昉的《簪花仕女图》，着意描绘的是民间社会的女性，体态丰腴，体现了唐人的审美观点。

五代、两宋以后，人物画转而以社会实践为内容，在人民生活中，产生了很大影响。

古代花鸟画

花鸟画是中国画的一种，其渊源可上溯到 7000 年以前的新石器时代。河姆渡文化、仰韶文化的彩陶上有植物形纹饰以及鸟、鱼、花、草类的图案。商周铜器、战国秦汉的漆器上，更离不开花鸟。花鸟在那时因负有与上帝神衹交通的使命而更具神秘的性质。

魏晋六朝时期，在顾恺之等著名画家笔下，花鸟画已经从人物山水画中独立而出，到唐代，花鸟终于成为文献记载的名正言顺的画种。当时的代表人物有边鸾、滕昌佑、刁光胤等。

五代的花鸟画分成两种画法体系：即黄筌的重彩写生（设色）和徐熙的重墨写意。徐熙所画多为江湖汀花、野竹、水禽之类，而黄筌表现的则为奇花异草、珍禽稀兽。两人所画内容和表现手法迥异，但他二人都对后世、特别是宋代的花鸟画的发展，产生了极其深远的影响。

北宋后期花鸟画步入全盛，这与宋徽宗“嗜玩”书画有着直接的关系。他不仅自己兼长书画，重视写生，以精工逼真著称，而且还扩充并亲自掌管翰林图画院，对绘画的发展，颇有功绩。

明代后期，水墨写意花鸟十分兴盛，花鸟画有了很大的突破性进展，其中以陈淳、徐渭为杰出代表，二人将水墨写意风格推向成熟的高峰。他们笔下淋漓奔放的大写意花鸟画对后世影响颇大，其后如石涛、朱耷以至近、现代的吴昌硕、齐白石、潘天寿等无不深受影响。

古代风俗画

所谓风俗画，是指以人们的生活习俗为题材的绘画。我国古代，从最早的岩画，到汉代的画像砖，再到三国、隋唐的壁画，都有不少是描绘狩猎、耕耘、集市、祭祀、庆典等社会生活情景的图画，这就是早期的风俗画。

宋代社会的一个特征是市民阶层迅速崛起，反映到绘画领域则是风俗画的繁荣。由张择端创作的《清明上河图》，便是中国古代风俗画的代表作，历来被认为是中国绘画艺术中的瑰宝。

《清明上河图》全卷长528.7厘米，高24.8厘米，以全景式的构图反映了北宋都城汴河两岸清明时节的风光景象。

《清明上河图》全图约可分为三大段，开端一段写的是城郊景色：寒意尚未退去，树枝上却已露出了新绿，路上往来的行人，有的匆匆赶路，有的赶着毛驴往城里送炭，有的则是携亲带眷踏青扫墓归来。中段是全图最精彩的地方：以一座横跨的拱桥为中心，汴河上船只穿梭往来，一艘巨大的漕船正放倒桅杆准备过桥洞，船夫的吆喝声引来众多驻足观望的人们，呈现出一派运输、商贸的繁忙景象。末段绘的是城区繁华景象：各式各样的店铺作坊鳞次栉比，不仅药铺、旅舍、肉店、钱庄应有尽有，甚至看相算命等三教九流也无所不包。城区内外行人摩肩接踵，有官吏、士绅、兵丁、和尚、乞丐、苦力等，一应俱全。

整个《清明上河图》共绘有人物五百余人，可称得上是宋代社会的一个缩影。整幅画面内容丰富，结构严谨，繁而不乱。

古代岩画

人类在还没有发明纸和笔之前，为了美观，就开始在山岩上进行美术创作，这就是岩画。

我国的岩画分布面很广，约有半数的省份都发现有岩画的痕迹。其中又分为南方与北方两种不同的风格类型。

北方岩画主要分布在内蒙古、宁夏、甘肃、青海、新疆、黑龙江等地，著名的有内蒙古阴山岩画、宁夏贺兰山岩画、新疆天山岩画等。这些岩画大多凿刻于山岩岩壁上，线条简洁明快、粗犷有力，多为表现远古人民游牧、狩猎、部落战争、图腾崇拜、祭祀或庆贺的舞蹈等题材，充分体现了北方游牧民族的生活习性和审美观念。这些岩画创作的时间很早，不少是史前时代的作品，有些岩画具有明显的原始时期生殖崇拜的特点。

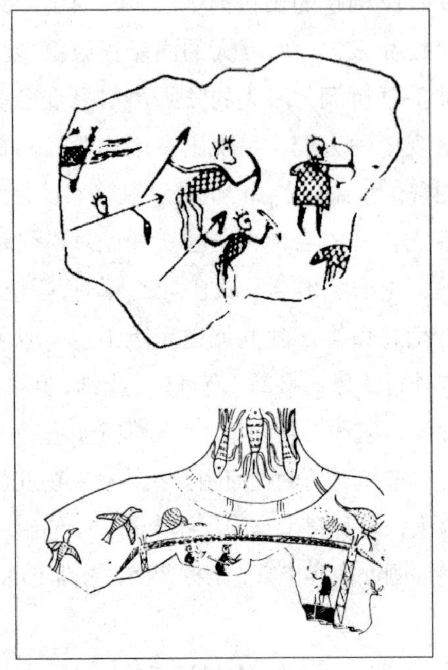

古代的岩画。

南方岩画主要分布在广西、云南、贵州等地，在台湾也有发现。南方岩画一般不用工具凿刻，而是蘸着某种天然矿物颜料涂画的。广西花山崖岩画高约 40 米，宽约 221 米，绘有各类形象近 2000 个，是国内已知最大的岩画。

我国的岩画创作起始时间早，延续时间长，风格多样，是全民族共同创造的优秀文化成果。它不仅是艺术的萌芽，也为我们追溯中华民族的源头，提供了宝贵的形象资料。

版画的演变

版画是属于造型艺术中的一种独特的美术形式，它是由画家提供画稿，再由工匠镌刻的。与其他画种的最大区别是，版画不再是独幅的创作，而是可以成批地复制。

版画在我国有着悠久的历史，源于木版刻印书籍，隋文帝时便有“废像遗经悉令雕版”的记载。唐代佛教流行，为宣传教义，寺院刊印佛经散发，在佛经的卷首往往会附上一张诠释经义的版画。现存最早的版画作品就是刻于 868 年的《金刚经》扉页画《说法图》。

到了宋代和元代，木刻版画有了较大的发展，从文集、子书到医书、文学等，普遍运用版画艺术，甚至人们美化生活和环境也用版画作品来装饰。南宋的《梅花喜神谱》共有 100 幅，描绘了梅花的不同形态，刀法古朴明快，十分传神。

明代市民文化日趋繁荣，小说、戏曲创作进入高潮，书刊印刷业更加兴旺。书坊老板为了迎合读者的趣味，竞相聘请名师名工作画镌刻，从而使得版画创作进入了一个新的阶段。

到了清代，版画发展更快，不仅刻、画、印等技巧方面有了很大的突破，而且题材、风格多样，遍及城乡，成为人民喜欢的艺术形式。如河北杨柳青、苏州桃花坞、山东潍坊的木刻年画，都以独特的艺术风格而赢得了人民的喜爱。

年画漫谈

我国人民新年挂年画的习俗起源很早。《山海经》载有神荼、郁垒二神缚鬼饲虎的传说，人们在除夕之际将二神画于门上，以辟凶邪，这种门画就是年画的最初形式。

到了两汉，门神已逐渐成为人们辟凶纳福的偶像。《荆楚岁时记》载："正月初一，绘二神贴户左右，左神荼，右郁垒，俗谓之门神。"门神就是春节张贴的年画。

雕版印刷方法开始运用以后，年画大兴。到了宋代，随着市民阶层的崛起，描绘民俗内容的岁令图开始流行，年画的题材趋于多样，除了门神、财神之外，更多的是表现对现实美好生活的憧憬。

明代年画以宗教为题材者居多，木刻年画渐渐地发展起来。清代年画进一步繁盛，成就最高的是天津杨柳青、江苏桃花坞、山东潍县、福建漳州、河北武强等地的年画。

杨柳青年画始于明代万历年间，到清乾隆年间进入鼎盛时期。一时间画坊林立，以至出现"家家都会点染，户户皆善丹青"的景象。直到现在，杨柳青年画仍为广大群众所喜爱。

桃花坞年画在雍正、乾隆年间，制作和行销均达到高潮。印制精美的桃花坞年画以雕印套色为主，并吸收了西方透视法及铜版画用细密的排线表现光阴面的手法，层次感和纵深感更加分明。但遗憾的是，鸦片战争后，桃花坞年画逐渐衰落，现在已基本上不复所闻。

小谈玺印

玺印，在《释名》中是这样说的："玺，德也，封物使可转德而不可发也。印，信也。所以封物为信验也。亦言因也，封物相因付也。"

秦代以前，无论官印还是私印，都叫"玺"，也叫作"钤"。在秦始皇统一六国后，为了体现皇帝的至高无上，规定只有皇帝的印章才能叫"玺"，而官吏及一般人的印章则称"印"。汉代也有诸侯王、王太后的印章称为"玺"的，平民的还是叫"印"。

唐代，武则天觉得"玺"和"死"同音，就改"玺"为"宝"。但武则天一死，就又改回了"玺"。从唐代一直到清代，皇帝的印章就一直叫"玺"了。

印则有官印和私印，作为官府书信往来和私人交往的凭证。汉代印又称"章"和"印信"。唐以后又将印称"记"或"朱记"，明清又称"关防"。古印有钮，可以系绶。印钮形式有覆斗钮、鼻钮、龟钮、蛇钮、虎豹钮等。

篆刻始于何时

篆刻是镌刻印章的通称，由于印章多用篆书，先书后刻，形成一门书法和雕刻相结合的独特的工艺美术，因此又被称为篆刻艺术。

我国镌刻文字有悠久历史。远古时，我们的祖先就已用利器在龟甲兽骨上刻画文字，在陶器、青铜器上刻铸铭文。这可以说是刻印技艺的开端。

春秋战国时期，出现了印章，篆刻印章也就随之而兴。印章的印文有阳文和阴文，字体依时代变化。先秦时代是六国古文，秦汉至魏晋南北朝是篆字，隋唐以后多隶书、楷书。

剪纸漫话

剪纸，又叫刻纸、剪花，是用镂空透雕来创造美的一种艺术形式，也是历史悠久的民间传统工艺之一。

我国民间剪纸艺术起源于古代“镂金剪采”的风俗。“金”指金片。“镂金”工艺发展至汉唐称“金银平脱”，主要用于装饰漆器和银镜背面。当纸发明后，剪纸艺术就从“镂金剪采”的古俗中产生了。

这一古俗是立春风俗，因此剪纸首先主要用于迎春仪式。腊月里剪纸贴窗花，已成为迎接春节必不可少的步骤之一。

目前我国发现的最早的剪纸，是北魏时期的作品。在新疆吐鲁番阿斯塔那地区的古墓葬中，先后出土了五幅剪纸。这些剪纸作品的图案，层次交错，变化繁复，颇有韵律感。其艺术表现之成熟，决非萌芽的原始状态。

宋朝时，剪纸已经在民间普及。这个时期，剪纸已经突破了迎春古意，而成为装饰用品。它多起着抒发感情、美化生活的作用。

宋代剪纸的普及，还表现为专业剪纸艺人的出现。这在周密《武林旧事》中有记载。

明代剪纸已达到很高的艺术水平。据记载，著名的佛山剪纸，在明代就已经远销东南亚一带，博得声誉。

清代剪纸进入宫廷。这时，剪纸艺术开始走出民间，初登“大雅之堂”了。

参考文献

[1] 王力 . 中国古代文化常识（插图修订第 4 版）[M]. 北京：世界图书出版公司，2008.

[2] 叶涛 . 中国民俗 [M]. 北京：中国社会出版社，2006.

[3] 张冰隅 . 农历与民俗文化 [M]. 上海：上海教育出版社，2008.

[4] 袁庭栋 . 古代职官漫话 [M]. 成都：巴蜀书社，1989.

[5] 楼庆西 . 中国传统建筑文化 [M]. 北京：中国旅游出版社，2008.

[6] 袁鹏 . 中华语文大观园 [M]. 北京：海潮出版社，2008.

[7] 黎明 . 新编中华文化知识全知道 [M]. 北京：海潮出版社，2010.

[8] 文宇 . 中华文化常识全读本 [M]. 北京：中国纺织出版社，2011.

苇杭文库 · 国学玩诵本系列

论语（玩诵本）

孟子（玩诵本）

孝经　大学　中庸（玩诵本）

道德经（玩诵本）

国学经典荟萃

《声律启蒙》与《笠翁对韵》探源精解

孙子兵法 · 鬼谷子 · 三十六计：一本书读懂兵书三绝

菜根谭 · 小窗幽记 · 围炉夜话（精华版）

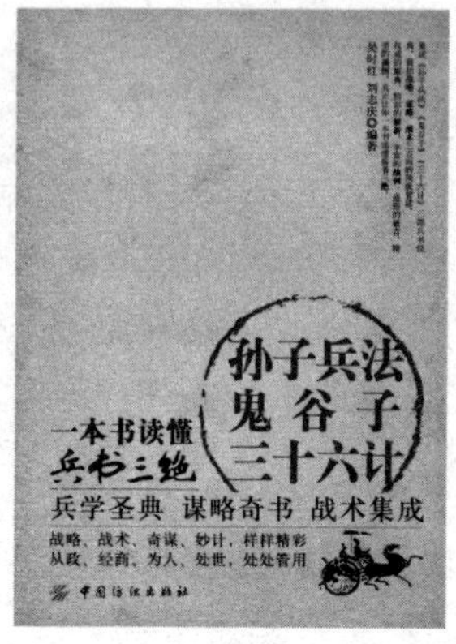